ŒUVRES DE PAUL FÉVAL.

Madame Gilblas, 2 forts vol. in-18 (2e édition).
Le drame de la jeunesse, 1 fort vol. in-18 (3e édition).
Aimée, 1 vol. in-18 (2e édition).
La garde noire, 1 vol. in-18.
Bouche de fer, 1 fort vol. in-18 (2e édition).
Le Capitaine Fantôme, 1 vol. in-18.
Les filles de Cabanil, suite et fin du CAPITAINE FANTOME, 1 vol. in-18.

SOUS PRESSE :

JEAN DIABLE.

POISSY, TYP. ET STÉR. DE A. BOURET.

LES FILLES
DE CABANIL

SUITE ET FIN

DU CAPITAINE FANTOME

PAR

PAUL FÉVAL

PARIS

E. DENTU, ÉDITEUR,

LIBRAIRE DE LA SOCIÉTÉ DES GENS DE LETTRES

13 ET 17, GALERIE D'ORLÉANS, PALAIS ROYAL,

ET A LA LIBRAIRIE CENTRALE, 24, BOULEVARD DES ITALIENS

—

1863

Tous droits réservés

LE
CAPITAINE FANTOME

DEUXIÈME PARTIE
LES FILLES DE CABANIL

I

La chambre octogone.

C'était toujours la même nuit, et, loin de faire marcher le temps, nous sommes obligés de rétrograder encore de quelques heures, pour introduire enfin le lecteur dans cet antique château de Cabanil, dont nous avons parlé tant de fois et dont jamais nous n'avons franchi le seuil. Ce château, œuvre des temps reculés où Maures et Castillans se disputaient pied à pied le sol de l'Espagne, était une de ces forteresses réputées imprenables avant l'introduction des nouveaux systèmes de guerre.

Même avec les méthodes modernes, le siége en eût encore été très-malaisé, parce qu'il s'élevait au fond d'une gorge, abritée de tous côtés contre l'artillerie. La défaveur populaire du marquis Blas de Cabanil avait pour cause première ce fait qu'il en avait refusé l'entrée aux Anglais de Moore, poursuivis par l'armée française, en 1808.

Le château se composait d'un carré long, fermé par des remparts d'une énorme épaisseur que flanquaient les quatre tours carrées, déjà mentionnées dans ce récit. Chacune de ces tours se reliait par une galerie intérieure diagonale avec le corps de logis, situé au centre de figures et construit dans le vieux style roman-espagnol. Il y avait la tour de Sanche, la tour d'Alphonse, la tour de Jean et la tour de Ferdinand-le-Catholique.

Depuis quatre jours, un étranger, Samuel da Costa, Portugais puissamment riche, occupait presque militairement les trois premières tours et le corps de logis. Dona Mencia et sa fille, défendues par un seul serviteur, pauvre vieillard qui n'avait d'autre force que sa fidélité, habitaient, barricadées et, on peut le dire, assiégées, la tour de Ferdinand-le-Catholique.

Le Portugais avait pour lui la junte et, par conséquent, les autorités espagnoles, en sa qualité d'acheteur d'un bien confisqué ; l'armée anglaise lui devait protection pour divers motifs, parmi lesquels il faut ranger de nombreuses affaires, faites de compte à demi entre lui et des agents anglais, sinon entre lui et l'Angleterre elle-même. Il avait enfin, non pas la sympathie, mais l'appui de la population insurgée, parce qu'il profitait de ses haines.

Sa maison était montée d'une façon formidable. On voyait bien qu'il était venu là, déterminé à tout et avec la conscience nette des dangers à courir, comme ces hardis trafiquants qui vont s'établir en plein cœur de la vie sauvage, en Amérique, et qui mettent d'héroïques vaillances au service de leur cupidité. Il avait avec lui des gens résolus comme lui : un noyau d'aventuriers qui ressemblait à l'équipage d'un pirate et qui le suivait de loin. Il avait en outre des gens du pays, ramassés çà et là, et presque tous les anciens serviteurs de Cabanil qui avaient tourné le dos à leurs maîtres au premier vent de la proscription.

Il est, en Espagne comme partout, Dieu merci ! des cœurs dévoués, mais s'il n'était puéril de faire entre nations des catégories, selon la mode des statisticiens d'almanachs, nous rappellerions que la patrie du Cid n'est pas rangée parmi les crus classiques du dévouement, comme la Suisse, par exemple, l'Écosse et la Bretagne française.

Nous ajouterons, pour descendre plus avant au fond des choses, que le vice dominant des Espagnols, aussi bien que leur vertu la plus vulgairement acceptée, exclut ce besoin de vassalité qui est l'envers de la médaille en fait de dévouement : ils sont paresseux et ils sont sobres.

Sont-ils menteurs, comme on les en accuse? Leur mot parler signifie mentir dans tout le reste de l'Europe, mais les peuples se calomnient entre eux comme les voisins dans les petites villes, et il n'est guère de nation qui ait dans son histoire des pages plus hautement chevaleresques que l'Espagne.

En 1809, nous avons fait déjà cette comparaison, l'Espagne monarchique ressemblait à la France révolutionnaire de 93. C'étaient les mêmes passions, soulevées par d'autres mobiles, et, s'il faut respecter profondément les causes de ce transport que l'Espagne avait alors au cerveau, on doit avouer aussi que jamais, de source noble, il ne jaillit eau plus trouble et plus sanglante. C'était la Terreur avec toutes ses épouvantables folies, multipliées, s'il se peut, par l'ardeur naturelle du sang et la férocité endémique.

Bien des poëtes ont décrit la solitude désespérée où mourait le patient de la peste, au milieu de sa famille et de ses meilleurs amis; d'autres ont dépeint l'abandon plus étrange et plus effrayant encore qui entourait au moyen âge les blessés des foudres de l'Église.

Il y avait en Espagne un mot qui éloignait comme la peste et qui excommuniait comme un anathème. Toute famille convaincue, ou pour mieux dire accusée d'avoir des sympathies pour la France, avait une croix rouge à sa porte, ses membres étaient hors la loi de plein droit. Non-seulement il fallait leur refuser le pain et le vin, mais on pouvait les tuer comme des chiens dans la rue. Ceux-là ne gardaient ni parents, ni amis, ni serviteurs, et ce seul mot : Joséphin, appliqué juste ou par calomnie, assassinait un homme plus sûrement qu'un coup de poignard.

Ces Cabanil, les Riches-Hommes, comme l'Espagne entière les traitait par excellence, parce que leurs domaines couvraient l'Espagne et aussi parce qu'une croyance traditionnelle accordait au trésor des grands-marquis des proportions fabuleuses, ces Cabanil étaient une race que n'eût point désavouée Rome antique : ses mâles, du moins, car la tendre faiblesse des femmes y était proverbiale comme l'inflexible austérité des hommes, et depuis le temps du premier Blas, l'écusson aux mains noires, armes parlantes, avait raconté plus d'une fois l'histoire de la famille.

De père en fils, les Cabanil avaient été des hommes de fer : rude volonté, orgueil indomptable; mais ces hommes de fer avaient un noble cœur sous leur dure enveloppe, et la générosité de Cabanil était populaire autant que sa richesse.

Longtemps, — pendant des siècles, — le coin de terre où se passe notre récit avait adoré Cabanil comme une providence. Les Riches-Hommes ressemblaient au soleil, dont les rayons sont l'abondance. Il n'y avait point de misère dans le pays, aussi loin que pouvait s'entendre la grosse cloche du beffroi; les malheureux venaient de dix lieues à la ronde à la distribution du vendredi de chaque semaine, qui durait, à la porte du château, depuis le lever jusqu'au coucher du jour.

Si les jeunes gens de l'heure présente avaient oublié ces choses d'un autre âge, ils pouvaient se souvenir d'hier. Hier, lors de la grande famine, en l'année 1806, des boulangers venus de Madrid, où tous les fours chômaient, et des chariots de pain, toujours attelés, allaient, loin et près, chercher la faim dans les cabanes.

En ce temps-là, servir Cabanil était un honneur, et de la montagne jusqu'au Tage, vers le midi, vers le nord, du Douro jusqu'à la montagne, tout un peuple jurait par Cabanil. Quelle grande catastrophe ou quel grand crime avait donc pesé sur cette destinée? D'où venait la foudre et comment expliquer cette chute?

La foudre vient d'en haut, mais la terre tremble parfois, ébranlée dans ses profondeurs, et ces coups qui frappent d'en bas renversent comme la foudre. L'ennemi de Cabanil avait travaillé sous terre. Il se peut qu'en une époque paisible ses efforts eussent été impuissants, mais, à l'heure de la tempête, le trou qu'un ver a creusé dans le bois peut submerger un grand navire.

Le marquis Blas de Cabanil était un homme du temps passé, un contemporain du roi Sanche. Faire de lui un francisé, un Joséphin, un partisan des idées nouvelles, était *à priori* une si audacieuse imposture et une si noire absurdité, qu'on n'y devait espérer aucune créance.

Le marquis Blas était bien loin en arrière du parti le plus immobile; il n'avait pas descendu un seul degré de l'antique foi espagnole; solide et fils des autres siècles, il regardait l'Espagne moderne en pitié, comme peut faire, pour les pauvres maisons qui s'élèvent à son ombre, ce vieillard de granit, la cathédrale de Burgos. Il se tenait en arrière de tout, impassible et ferme.

Nous l'avons vu repousser comme des novateurs dangereux, non pas les soldats de Napoléon, mais des émigrés français : une femme, des enfants, un prêtre ! Non-seulement il n'admettait pas Joseph roi, mais il n'admettait pas même son compétiteur Ferdinand. Sa loyauté obstinée remontait plus haut. Le roi d'Espagne était toujours pour lui Charles IV, et la junte suprême ne pouvait passer à ses yeux que pour une poignée de révoltés servant un factieux qui s'appelait le prince des Asturies.

Aux jours de calme, il faut le répéter, ces entêtements, qui n'étaient pas rares dans le vieux caractère espagnol, auraient passé inaperçus; mais quand gronde l'ouragan politique, a-t-on le temps de détailler les nuances? Précisément parce que le marquis de Cabanil ne reconnaissait pas Ferdinand, la calomnie avait beau jeu à dire qu'il était l'homme de Joseph.

Personne, en effet, ne songeait plus à Charles IV, qui faisait ménage à trois quelque part, dans la banlieue de Rome, avec son prince de la Paix et sa vieille reine. Charles IV était à cent pieds sous terre. Il n'y avait en présence que Ferdinand et Joseph. Quiconque ne servait pas l'un était pour l'autre.

Une haine sourde, habile, infatigable, avait exploité cette circonstance. Cette haine n'avait ni corps ni nom. La rumeur était née on ne sait où, elle avait grandi on ne sait comment, puis, un jour, elle avait éclaté comme un coup de tonnerre.

Et au moment où elle avait éclaté, deux faits avaient été remis en lumière, — par qui? nul ne le savait, — qui avaient changé tout d'un coup le soupçon public en certitude.

Le marquis Blas était l'ennemi des Anglais. Le canon anglais de Gibraltar avait tué son fils et démoli son château.

Le marquis Blas avait une famille française. Le fils du marquis Blas était mort à l'autel où il épousait une Française.

Comment qualifier un homme qui ne reconnaissait pas Ferdinand, qui avait juré vengeance aux Anglais et qui donnait pour femme à son fils une Française?

C'était un vieillard, chargé d'âge, il est vrai, mais c'était le Riche-Homme, et il avait en mains le trésor de Cabanil, suffisant pour soudoyer une armée.

Encore une fois, si vous eussiez essayé de remonter à la source de tout ceci, vous n'eussiez trouvé au-devant de vous que le néant et la nuit; mais le marquis Blas de Cabanil était au secret dans les prisons de Talavera-de-la-Reine, ses biens avaient été vendus dans toutes les provinces de l'Espagne; sa femme et sa fille soutenaient le blocus de la famine, qui devait bientôt se changer en siége réglé, dans le dernier réduit où elles pussent abriter leur détresse.

Ce n'était pas un Anglais ici, c'était un Portugais : mais cela se ressemble en Espagne, où l'Anglais entre toujours par les portes du Douro ou par celles du Tage. Ce Portugais était-il étranger à la mine, creusée à bas bruit et par des mains obscures? Il a été question deux fois dans ces pages d'un Portugais anonyme, contrebandier à Gibraltar, négociant en assassinats dans les eaux des Baléares.

La première fois que nous avons parlé de la felouque, Ange de Cabanil fut frappé à mort et Jeanne de Chabancil enlevée; la seconde fois, une pauvre enfant était seule en cause, qui ne tenait point à la famille du Riche-Homme : Lilias, l'ancienne Doncella de l'auberge du Toro Matado, la petite sœur de César de Chabancil, mais les deux fois, un sombre et mystérieux personnage, anonyme aussi et bien autrement important que le Portugais : l'Écossais dont le Gibose avait lu l'horoscope sur la table de pierre, — l'homme de la chapelle Sainte-Thérèse et de l'échelle de soie, jetée par la pauvre Blanche, cette nuit où César fut poignardé sous le rempart de Cabanil, — le *Fay* qui devait racheter son âme vendue en prenant au dernier des Guadalupe *son sang, sa femme, ses sœurs, son cr*, était derrière la toile...

La tour Ferdinand-le-Catholique, extérieurement semblable aux trois autres, s'en distinguait à l'intérieur par le soin avec lequel le marquis Blas en avait entretenu l'ameublement et conservé les peintures.

Il y avait des années que les tours de Sanche, d'Alphonse et de Juan, étaient abandonnées, tandis que, de père en fils, les chefs de la maison de Guadalupe avaient gardé la coutume de faire leur retraite privée dans la tour de Ferdinand-le-Catholique.

Le premier marquis Blas y était mort dans la solitude et dans la tristesse, après avoir sacrifié ses deux filles à l'impitoyable honneur castillan. Au fond de l'oratoire, pratiqué dans l'épaisseur du mur, on voyait deux peintures qui étaient, selon la tradition de famille, les portraits des deux belles amies du roi-chevalier. C'étaient deux figures, tracées d'un pinceau rigide et dont le temps avait terni les couleurs, mais on distinguait encore sur la toile la richesse de deux admirables chevelures, ayant toutes deux ces reflets d'or bruni, particuliers aux filles de Guadalupe, et qui formaient une si riche couronne sur la tête de Blanche, dont le portrait pendait à la muraille, non loin de là, entre ceux de Jeanne et du comte Angel.

Le cabinet de travail était de forme octogone et tenait tout l'intérieur de la tour, la chambre à coucher n'étant qu'une sorte d'alcôve, prise dans la galerie qui communiquait avec le corps de logis. Cette pièce, large et haute comme une chapelle, était éclairée par quatre fenêtres, formées de deux cintres accolés, étroites et démesurément hautes, regardant les quatre points cardinaux. La galerie s'ouvrait entre la croisée de l'est et celle du sud, au moyen d'une porte à deux battants, également lancée en hauteur, et du chambranle de laquelle tombait une draperie déteinte, où était brodée à l'aiguille l'éternelle scène du bal de Valence : le père, traînant ses deux filles par les cheveux, entre deux rangs de gentils-hommes, l'épée à la main.

On reconnaissait le roi, couvert et barbu. Il tenait la plus longue épée. Mais il ne frappait pas, et la devise en lettres d'or terni criait encore, après tant d'années, les paroles du père : *Hijas son mias!* ces filles sont à moi !

A la voûte, dont les pierres, sculptées grossièrement, étaient à trente pieds des dalles, cinq lampes de fer pendaient par des chaînes. Celle du milieu, descendant plus bas que les autres, portait seule des traces d'usage. Entre les croisées, il y avait des peintures à fresque d'un caractère antique, doubles et séparées par des colonnes en demi-relief.

L'ameublement était celui dont se servait le Grand-Marquis lui-même : des fauteuils carrés à dossiers énormes, bois et fer, recouverts de cuir de Cordoue dont les dorures, réchauffées à neuf, tranchaient violemment sur un fond sombre. La table, octogone comme la chambre elle-même, avait un de ses pans chantourné pour donner place au corps.

Elle était en marbre noir, avec une écritoire creusée dans son épaisseur et large comme un verre à boire. Un crucifix géant tenait, scellé à son milieu. Elle supportait, en outre, deux casiers à trois étages, faits de tringles de fer et supportant des livres de piété.

C'était tout, sauf un chevalet de forme circulaire, placé devant une des fenêtres et servant d'appui à un trophée d'armes de guerre.

Les vibrations de l'horloge qui venait de sonner minuit étaient dans l'air. Un flambeau reposait sur la table et aucune des cinq lampes n'était allumée.

La pauvre petite lumière, tremblante et comme opprimée par cette vaste nuit, envoyait à peine quelques lueurs aux noires peintures des murailles, tandis que les dorures des fauteuils luisaient étrangement dans l'obscurité. L'œil perdait les chaînes à quelques pieds des lampes, qui semblaient suspendues dans le vide, car la voûte restait invisible.

On apercevait deux portes ouvertes : celle de l'oratoire où les ornements de l'autel gothique apparaissaient vaguement, celle de la chambre à coucher où l'on distinguait une forme sombre couchée sur un lit blanc.

Les fenêtres brillaient, parce que la lumière de la lune était plus forte que celle de la bougie. Celle qui regardait le midi surtout montrait ses vitraux pleins de rayons et projetait sur les dalles des figures de saints aux couleurs livides.

Il y avait un vieillard qui dormait sur des bottes de paille, non loin de la porte de l'alcôve, et sur un fauteuil, mince et comme aérienne dans l'immensité massive de ce siége, une jeune fille qui veillait, la tête appuyée sur sa main.

Auprès d'elle était le flambeau, et, sous le flambeau, un petit morceau de pain.

La lumière, perdue partout ailleurs dans la trop vaste étendue de la chambre, tombait de près sur la jeune fille, dont elle éclairait vivement la gracieuse et délicate beauté. Nous l'eussions reconnue, bien qu'il lui manquât le sourire. C'était la miniature contenue dans le médaillon volé que le lieutenant Hector Chabaneil portait si précieusement contre son cœur et qui était marqué de ces initiales, expliquées par Ned Wellesley : M. I. G. C., Maria Joaquina Guadalupe de Cabanil.

Elle était charmante encore, malgré l'absence du sourire, et pourtant cette figure aux traits délicats, exquis, mais légèrement mutins, semblait faite surtout pour exprimer les brillantes joies de la jeunesse opulente et noble. Autour d'elle, il y avait quelque chose de lugubre, j'allais dire de tragique dans l'air ; mais sa figure ni sa tournure ne participaient aux sombres couleurs du tableau.

Elle était triste, il est vrai ; on voyait bien que le malheur l'avait frappée, mais on voyait bien aussi que sa jeune témérité avait regardé le malheur en face, jusqu'à présent, et qu'elle ne connaissait point encore la signification du mot désespoir.

Je ne saurais dire combien l'aspect de cette jeune fille intéressait et reposait, parmi ces mornes émanations du passé, et aussi, faut-il ajouter, parmi les menaces plus cruelles de l'avenir. Il y avait en elle comme une garantie de bonheur. Elle était une consolation et une force; on eût tout osé avec elle et par elle.

Elle écouta pendant quelques secondes et plongée dans sa distraction le son de la cloche qui allait dans l'air, mourant par ondées décroissantes. Son grand œil noir brilla tout à coup et un sourire essaya de naître autour de ses lèvres pâlies.

— C'est beau, une épée! dit-elle.

Puis, ramenant ses paupières sur l'éclair de ses yeux :

— Si j'avais été Blanche, ma pauvre sœur chérie, j'aurais prévenu le malheur... Quand on tarde trop, le mauvais sort profite... Si elle avait été la femme de César, César vivrait et la défendrait, ainsi que nous tous, lui qui était beau et brave comme un lion!

Elle soupira. Pourquoi soupirait-elle? Un vent de mélancolie avait passé sur sa beauté. A ses longs cils tremblait une perle humide.

Mais ce fut l'affaire d'un instant. Son œil hardi se releva, tandis qu'un léger froncement rapprochait les courbes délicates de ses sourcils.

— Il est tout jeune! murmura-t-elle. Il a l'air doux et bon comme un enfant. Le soleil donnait sur l'acier de son épée et me revenait dans les yeux. Est-ce les yeux qu'il faut dire? Ce n'est pas comme cela que la crainte fait battre le cœur... Que m'importent leurs haines espagnoles? Je veux être sauvée et vengée. Celui-là m'aimera!

Le sourire s'épanouit tout à fait sur sa bouche, qui était redevenue rose comme une fleur.

Mais tout à coup une nuance de pâleur plus mate envahit sa joue. Elle porta les deux mains à sa poitrine et dit avec une surprise effrayée :

— Est-ce la faim, cela? Je souffre.

Ses doigts mignons s'allongèrent jusqu'à toucher le petit morceau de pain qui était sous le flambeau, mais avant de l'avoir touché, sa main retomba.

— Quand maman s'éveillera, murmura-t-elle, peut-être

qu'elle aura faim aussi... et nous n'avons plus rien que cela... le reste du déjeuner d'Andrès ! Et Juanita ne viendra pas, car l'heure est passée.

Elle se leva, comme si elle eût voulu secouer cette pensée qui était venue au travers de sa rêverie. Elle n'était pas grande, mais sa taille était comme son visage, hardie et toute pleine de grâces adorables.

— Je veux bien essayer de dormir, moi ! dit-elle encore comme si elle eût répondu au sage conseil de quelque personne prudente, mais je sais que je ne pourrai pas... Et puis, si le Portugais faisait quelque tentative contre nous !... Sainte Vierge ! quelle fille suis-je donc ? J'ai déjà fait mon choix parmi les armes qui sont là. Je peux très-bien soulever la moins lourde des épées... Je me battrais, au moins. En conscience, je n'ai pas peur en songeant à cela, et ils ne m'auraient que morte !

Elle prit le flambeau et se dirigea vers la chambre à coucher. En passant, elle jeta un bon regard au vieil homme endormi.

— Pauvre Andrès ! soupira-t-elle. Nous avions tant de serviteurs autrefois !

La forme sombre qui s'étendait sur un lit blanc, au fond de l'alcôve, était une femme très-belle encore, quoiqu'elle eût franchi les limites de la jeunesse. Dans les traits de Joaquina, il n'y avait rien de cette femme, dont le charme était triste, majestueux et doux. Son visage était comme enfoui dans une masse de cheveux de jais où quelques fils argentés se montraient. Elle dormait d'un sommeil profond, mais pénible, et des gouttelettes de sueur perlaient sur la pâleur livide de ses joues.

Joaquina s'arrêta devant elle avec son flambeau. Un instant elle la contempla en silence. Il était évident que ses regards allaient surtout aux cheveux blancs.

— Cela est venu en quelques nuits ! prononça-t-elle avec une pitié enfantine. Pauvre mère ! Elle avait encore, il y a trois jours, toute la chevelure de sa jeunesse.

Elle cacha le flambeau et s'inclina doucement sur le front de la dormeuse pour y déposer un baiser.

— Blanche!... murmura dona Mencia dans son rêve. Ma fille bien-aimée!

Il n'y eut point de jalousie dans le regard de Joaquina, mais une larme brilla de nouveau à ses cils.

— Oui, oui... pensa-t-elle, Blanche!... C'était tout son cœur !

Un bruit sourd qui semblait sortir des entrailles de la terre la redressa en sursaut. Elle écouta, droite et intrépide. Le bruit continuait comme si on eût martelé des murailles au-dessous d'elle. Le cabinet de travail était au rez-de-chaussée de la tour; le bruit, par conséquent, se faisait dans les caves.

Joaquina marcha droit au vieil Andrès, l'écuyer second, qui dormait paisiblement sur sa paille. Sa bouche s'ouvrit et sa main s'étendit pour le secouer et pour l'appeler, mais elle se ravisa pour écouter encore.

— Le Portugais fait des fouilles, dit-elle de sa voix harmonieuse et claire, qui ne tremblait pas devant ce danger nouveau. Est-ce nous qu'il cherche ou bien le trésor?

— Pauvre Andrès! reprit-elle avec une douce pitié, la vieillesse l'a fait plus faible qu'une femme. Il n'oserait pas et il m'empêcherait d'oser... J'irai seule... irai-je armée?

Elle se dirigea vers le chevalet où était l'arsenal et choisit une épée-dague, dont la poignée sembla énorme entre ses doigts d'enfant. Elle la souleva pourtant sans effort, mais au moment de quitter la chambre, un petit frisson la prit et ses joues devinrent pâles...

— Toute seule! répéta-t-elle. Oh! si j'avais ma bonne, ma vaillante Juanita!...

Ce fut comme dans les contes de fées où il ne s'agit que de former un souhait. Trois coups légers retentirent auprès de l'alcôve, place où la muraille ne semblait point avoir d'ouverture. Joaquina déposa son flambeau et son arme en poussant un cri de joie.

— Juanita! ma Juanita! dit-elle en s'élançant vers le lieu d'où les trois coups étaient partis, nous ne sommes donc pas encore abandonnées!

II

Deux señoritas.

Toutes les personnes qui ont fait une étude approfondie du cœur humain et toutes celles aussi qui ont des prétentions aux *aperçus pleins de finesse* s'accordent à déclarer que le *post-scriptum* est la partie importante d'une lettre. Dans ces vieilles demeures à la construction desquelles une pensée bizarre ou cauteleuse présida souvent, on est parfois étonné de voir que la porte principale d'un réduit est précisément celle qui se dérobe sous une tapisserie ou qui cache son secret sous l'épaisseur d'un mur.

Les deux portes qui étaient visibles, dans la retraite que les Riches-Hommes s'étaient choisie au rez-de-chaussée de la tour de Ferdinand-le-Catholique, ne communiquaient qu'avec l'intérieur du château. Joaquina tira une torsade de laine qui semblait appartenir aux rideaux de l'alcôve, et la boiserie s'enfonça, découpant une ouverture étroite et basse dans le panneau voisin. C'était la porte du dehors.

Lilias parut sur le seuil avec son panier à la main. L'animation de la course avait mis du rose à ses joues. Elle souriait bonnement comme le Petit Chaperon-Rouge apportant le dîner de sa mère-grand.

Joaquina ne lui donna pas le temps de déposer son panier. Elle lui jeta ses deux bras autour du cou et lui donna trois ou quatre pétulants baisers en disant, les larmes aux yeux :

— Je croyais que tu ne viendrais plus!

— Hier, répondit Lilias en lui rendant ses caresses, j'étais bien loin d'ici, et mon temps ne m'appartient pas....

— Ma Juanita chérie! interrompit la fille de Cabanil, ne nous abandonne jamais! Ma pauvre mère a parlé de toi bien souvent. Elle est comme moi, elle t'aime tant! Il y a des moments où je crois qu'elle t'aime mieux que moi, mais je ne suis pas jalouse.

La porte était refermée et l'œil eût en vain cherché sa trace sur le mur uni. Joaquina débarrassa la nouvelle venue de son panier et lui prit les deux mains pour la baiser encore.

— J'étais en train d'avoir grand'peur, figure-toi, dit-elle. Tu es une fée et te voilà, parce que tu m'as entendue t'appeler.

— De quoi aviez-vous peur, chère senorita? demanda Lilias.

— Écoute plutôt... nos nuits sont bien terribles ici... Mais je ne crains rien dès que tu es près de moi.

Lilias prêtait l'oreille. Par hasard, le bruit souterrain avait cessé quelques minutes après son entrée. Les sourcils mutins de Joaquina se froncèrent.

— Est-ce que je deviendrais poltronne? murmura-t-elle. Je suis bien sûre de n'avoir pas rêvé pourtant! Les coups de pioche faisaient trembler le flambeau sur la table... Mais dès que tu arrives, terreurs et malheurs s'en vont, ma petite Juanita. Tu es notre bon ange.

Elle lui montra l'épée qui était encore sur le marbre et ajouta :

— J'allais descendre et visiter la galerie souterraine.

Lilias sourit, puis elle secoua sa jolie tête plus sérieuse.

— Ce n'est pas dans votre main que l'épée peut vous défendre, senorita, murmura-t-elle.

Joaquina ne répondit point, mais elle devint aussi plus grave. Elle passa son bras sous celui de Lilias et l'entraîna vers l'autre extrémité de la chambre, où elles s'assirent toutes deux dans le même grand fauteuil.

Elles restèrent là silencieuses et serrées l'une contre l'autre comme deux enfants qui ont froid ou frayeur dans la nuit. La lumière lointaine de la bougie ne leur envoyait plus qu'un vague reflet. Le bras de Joaquina entourait la taille de Lilias et son front attristé tout à coup s'appuyait contre son épaule.

C'était dans cette demi-ombre et parmi les austerités de cette retraite, un tableau gracieux et charmant. Elles étaient admirablement jolies toutes deux et toutes deux belles aussi, mais si différemment! L'admirable chevelure aux sombres nuances d'or qui couronnait le front blanc de Lilias paraissait blonde auprès des bandeaux de Joaquina, plus noirs que l'ébène. Les contours harmonieux de son visage rayonnaient une lueur sereine ; sa jeunesse avait je ne sais quelle auréole de douce et vaillante gaieté, sur laquelle les mélancolies de son cœur passaient comme les nuées au ciel. L'autre pétillait de hardiesse et de fougue. Son regard était un éclair, sa voix un chant, son sourire un charme.

En les voyant ainsi réunies et comme pressées à deux dans la place d'une seule, on se fût surpris à penser qu'elles étaient plus délicieuses l'une par l'autre et qu'il fallait à chacune, pour que son attrait fût complet et parfait, l'étincelle qui sort du contraste ou le rayon qu'allume ce jeu des caressantes tendresses entre deux sœurs enfants.

Le dossier haut et carré du vieux siége formait un rude cadre à la ravissante esquisse. Parfois, deux sœurs ont ainsi des types absolument contraires, et l'on ne sait lequel est le plus attirant de ces contrariétés ou des chères ressemblances qui tirent en souriant plusieurs épreuves rajeunies du portrait de la mère.

Elles étaient du même âge ou à peu près, quoique Lilias, moins espiègle, parût avoir droit au titre d'aînée. Là-bas, auprès de la source de San Julian, elle avait dit à l'assemblée qu'elle était la servante des dames de Cabanil ; cette parole devait avoir un but, car elle n'était pas l'expression de la vérité. Joaquina tutoyait Lilias, il est vrai, et Lilias disait vous à Joaquina ; mais, à part ce symptôme, il y avait égalité manifeste entre les deux jeunes filles, et si l'une d'elles paraissait être la protégée de l'autre, ce n'était pas Lilias.

Le silence ne dura pas bien longtemps, non plus que l'accès de gravité qui avait pris la Cabanilla. Elle regarda sa compagne qui venait de baiser ses cheveux et s'écria :

— Il faut bien te prendre comme tu es, Juanita. Maman et moi nous t'appelions la fée mystère, quand maman riait encore parfois. Je te confie tous mes secrets, et toi, tu ne me dis rien des tiens : est-ce juste ?

— Les secrets que j'ai ne sont pas à moi, senorita.

— Certes ! certes ! Il y a des formules connues à l'usage des gens discrets, et ceux qui ne veulent pas prêter d'argent à leurs amis viennent toujours d'acheter un domaine... Deux jours entiers sans nous voir!

— Vous savez bien que j'ai un maître.

— Ce beau correo-mayor, plus mystérieux encore que toi. Il n'y a rien à répliquer! Mais que ferais-tu, s'il t'ordonnait de nous tourner le dos, petite sœur.

— Senora!...

— Tu vas me dire qu'il est bien trop noble pour cela, n'est-ce pas? C'est la perfection des perfections, et quand tu parles de lui... écoute! maman l'a remarqué comme moi... on dirait que tu parles du roi ou de ton confesseur.

Quoique le flambeau fût tout à l'autre bout de la grande table, on aurait pu voir le rouge qui montait au front et aux joues de Lilias.

— N'avez-vous pas faim et ne voulez-vous point manger, Joaquina? demanda-t-elle.

La malicieuse lui décocha un de ces rapides baisers que seules savent lancer les jeunes filles.

— Non, répondit-elle. Nous avons eu faim hier, parce que tu ne venais pas. Le pauvre bon Andrès était plus pâle qu'un spectre et tremblait comme la feuille. Et cependant il a gardé pour nous, en cachette, la moitié de son dernier morceau de pain, sais-tu? L'épreuve est faite; nous n'avons que toi, rien que toi : ainsi, tu peux nous réduire par la famine, si tu es, en cachette, du parti de nos ennemis. Hier, Andrès a fait tout le pays pour acheter un pain. On le connaît partout, car c'est lui qui distribuait les aumônes de maman : partout on l'a refusé, et Suzan-la-Veuve, dont maman a soigné elle-même le pauvre mari, l'a chassé de chez elle en brandissant un couteau et l'a fait poursuivre par les enfants à coups de pierres. Les Espagnols sont des ingrats.

— La souffrance amène le délire, prononça doucement Lilias. Les Espagnols ont le délire et ne savent plus reconnaître la main de leurs bienfaiteurs.

— Je méprise les Espagnols et je les hais! s'écria la Cabanilla avec une soudaine violence. Maudite soit l'Espagne!...

La belle main de Lilias se posa sur sa bouche.

— Vous voyez bien, dit-elle, que le délire vient par la souffrance.

— Hier aussi, continua Joaquina, nous sommes sorties en carrosse avant le jour, car le Portugais n'avait pas encore pénétré jusqu'aux écuries privées de mon père qui sont au-dessous de nous. A trois lieues d'ici, Juanita, tu m'entends, à trois lieues, de l'autre côté d'Arenas, je suis descendue à la porte d'une auberge et j'ai demandé du pain pour un douro. Je croyais être moins connue qu'Andrès, mais tu vas voir : il y avait là une mendiante qui m'appelait autrefois son ange sauveur parce que je cousais moi-même les vêtements de sa petite famille. « Ah ! ah ! s'est-elle écriée, voici la fille du traître ! Mort aux francisés ! » Je n'ai eu que le temps de sauter dans la voiture, et les chevaux ont pris le galop... Je te dis que les Espagnols sont des ingrats et des lâches !

— Mais revenons à la faim, s'interrompit-elle, mobile comme un oiseau et reprenant sa gaîté comme si sa colère eût été à cent lieues déjà. Sais-tu ce que c'est que la faim, toi, Juanita? C'est la peur. Ce n'est rien que la peur. Maintenant que ton panier est là, mon estomac est sage comme une image. Les chartreux ont des jeûnes de huit jours et ne s'en portent pas plus mal. Avec un panier plein pour guérir de la peur, on pourrait ne manger jamais... ou presque jamais, railleuse ! N'allez-vous pas vous moquer de moi, maintenant?

— Vous êtes une chère enfant, Joaquina, murmura Lilias, qui la serra contre son cœur avec une émotion qui, certes, n'était pas provoquée par les paroles récemment prononcées.

La cadette de Cabanil lui rendit ses caresses avec usure, mais tout à coup elle se recula autant que le lui put permettre le bras du fauteuil.

— Il ne s'agit pas de bavarder ainsi sans suite, senora, dit-elle en prenant un ton d'importance, car je vous appellerai *senora*, désormais, c'est décidé, si vous ne voulez pas me tutoyer et me dire *petite sœur*... J'ai beaucoup de choses à vous apprendre, et maman peut s'éveiller. Soyez sérieuse, s'il vous plaît! mettez votre bras autour de mon cou, comme cela, et tâchez de me prêter attention.

— Te souviens-tu, s'interrompit-elle brusquement et d'un accent qui malgré elle trahissait une soudaine rêverie, te souviens-tu, sœur, d'une vieille, vieille, vieille femme que j'avais rencontrée, une fois, de l'autre côté de la montagne, en descendant vers le Léon?

— La Gitana?

— Oui... Vous me disiez tous que j'étais une jeune téméraire et qu'il fallait craindre ces vagabonds dans les campagnes désertes... Moi, je m'arrêtai à regarder ses yeux d'aigle et ses grands cheveux gris qui s'en allaient au vent par mèches aiguës et roides... Je lui demandai ma bonne aventure. Elle me dit: Tu te crois la plus riche de l'Espagne et tu es plus pauvre que moi. Quand tu te croiras plus pauvre que moi, tu seras la plus riche d'Espagne. C'est un homme d'Écosse qui t'apportera ta destinée.

— Croyez-vous donc à ces prédictions, senorita!

— Je n'y croyais pas quand nous étions heureux... Néanmoins les paroles de cette femme restèrent toujours gravées dans ma mémoire. La nuit, je les répétais comme ces refrains qu'on ne peut chasser... Et il y avait une chose qui m'avait frappée plus encore que la prédiction... Je ne t'avais pas dit cela, sœur, et je ne sais pourquoi je ne te l'avais pas dit... La vieille femme ne voulait pas me rendre ma main. Elle me regardait dans l'âme.

Quand je lui donnai un quart d'once d'or, elle baisa la pièce par trois fois en murmurant des paroles inintelligibles, — puis, sur ma joue, au travers de ses lèvres flétries, je sentis ses longues dents: elle m'avait baisée... et ma joue était humide, car elle pleurait, Juanita, j'avais vu ses larmes.

— Ah!... fit la Doncella toute pensive. Elle pleurait!...

— Et il me semble encore la voir, pendant qu'elle s'éloignait sans détourner la tête, marchant à grands pas et appuyée sur son bâton blanc, recourbé comme une crosse d'évêque. Elle vient souvent dans mes rêves...

— Eh bien! petite sœur, s'interrompit-elle encore, suivant

les soubresauts de sa pensée capricieuse, depuis que le jeune officier des grenadiers écossais me parlait avec ses yeux, j'avais envie... mais une terrible envie de la revoir !

Elle faisait de son mieux pour sourire. Les grands yeux de Lilias peignaient une naïve curiosité.

— Un homme d'Écosse doit vous apporter votre destinée... murmura-t-elle.

— Ne raille pas, ou je me fâche ! Je n'aime que les Français.

— Les Français ! répéta Lilias étonnée.

— César de Chabaneil n'était-il pas un Français ?

— L'aimiez-vous donc, senora ? demanda Lilias vivement.

Et si la lumière eût été plus vive, Joaquina n'eût pas manqué d'apercevoir la soudaine pâleur qui monta à sa joue.

— Eh ! non ! répondit-elle, tandis que son petit pied frappait la dalle avec impatience. Tu sais bien que c'était notre pauvre Blanche... Mais j'avais l'idée d'aimer notre autre cousin Hector.

— Comme cela, d'avance ! s'écria la Doncella franchement égayée.

— Je te dis de ne pas rire ! Le jeune Ecossais est beau comme on se représente les chevaliers des anciennes romances... Je suis sûre qu'il m'aime, celui-là, et comme il nous fallait un défenseur...

— Senora !... petite sœur chérie ! interrompit Lilias, ne vous ai-je pas dit que le courrier mayor avait la puissance et la volonté de vous protéger ?

— C'est un Espagnol ! ne me parle jamais de lui.

— Cependant...

— Je te dis qu'il s'est passé bien des choses depuis que je ne t'ai vue... Aimes-tu quelqu'un d'amour, toi, Juanita ?

— Non, répondit la belle jeune fille d'une voix altérée, je n'aime personne.

— Ton demi-dieu... don Pedro de Thomar ?...

— Je n'aime personne, répéta Lilias.

Tant pis ! Si tu avais aimé, tu m'aurais mieux comprise. Moi, j'ai bien peur d'aimer.

Ceci fut dit d'un tel accent que Lilias ne put s'empêcher de l'embrasser en riant de tout son cœur et en demandant :

— Serait-ce l'Écossais de la destinée?

Joaquina se recula en colère.

— Tu es une hypocrite, s'écria-t-elle. Tu te fais passer pour bonne, et tu n'es qu'une moqueuse!

— S'il faut vous demander mon pardon, chère senorita?...

— Je ne te pardonnerai jamais. Non, ce n'est pas l'Écossais... quoique je n'aie pas vu en ma vie un jeune homme plus digne d'être aimé... à une exception près...

— Hélas! cela suffit! murmura cette fois Lilias incorrigible.

Mais la cadette de Cabanil avait pris son parti. Elle saisit la tête de sa compagne à deux mains, l'attira vers elle et lui dit dans un baiser :

— Raille, si tu veux, mais sers-moi. Je veux pour défenseur celui que j'aime.

Celles à qui l'on permet ainsi de railler ne raillent plus. C'est la règle entre jeunes filles. L'instant d'après, nos deux belles amies étaient mieux serrées encore l'une contre l'autre, s'il est possible. Lilias écoutait de toutes ses oreilles et Joaquina contait de tout son cœur.

— Cet uniforme des chasseurs-voltigeurs, disait-elle en baissant la voix et bien confidentiellement, n'est pas si brillant que celui des grenadiers écossais, je suis de ton avis, mais il me plait mieux. A quoi bon discuter des goûts? C'est hier au soir, c'est-à-dire avant-hier, maintenant que minuit est passé. J'allais chez ma vieille Gitana, tout uniment, et au lieu de courir comme une poltronne, je me promenais, respirant avec délices l'air frais d'une belle nuit.

Ma Gitana demeure à l'ancien couvent de Saint-François de Sor... cela t'étonne?... Elle pourra demeurer bientôt à l'ancien château de Cabanil, car les ruines gagnent vite en ce pays abandonné de Dieu... Ce que font une quarantaine de soldats français, ici où les détachements anglais et espagnols foisonnent, je n'en sais rien, mais il y avait un détachement français dans la plaine... J'ai vu le jeune officier... Ne va pas croire que je l'aie aimé à première vue comme dans les livres.

Non. Vous n'avez que trop de propension à me faire passer pour folle... Ce fut seulement le lendemain et dans une circonstance qui en valait la peine...

Néanmoins, je le trouvai fort bien au clair de la lune et je pensai de suite que ses quarante hommes pourraient nous faire escorte dans notre retraite... Tu le vois, je débutai par l'égoïsme, c'est-à-dire par la sagesse... Il me regarda. Ces jeunes gens sont extravagants ! Je crois qu'il eut envie de se jeter à mes genoux pour me dire que j'étais celle qu'il rêvait depuis le collége. Il n'osa pas et je suivis mon chemin sans encombre. Voilà la première rencontre. Elle n'a rien de remarquable.

La seconde, par exemple... tu vas voir ! Tu sais mieux que personne, puisque tu as été pour nous à Talavera-de-la-Reine, que mon pauvre vieux père, dont la raison est peut-être un peu attaquée par tant de souffrances et par tant de malheurs, refuse obstinément de nous apprendre où est caché le trésor de Cabanil. Je connais les affaires bien mieux qu'on ne croit, et je sais que, sans argent, deux femmes sont, par tout pays, bien exposées.

Or, nous manquons d'argent auprès d'un trou qui contient, dit-on, assez d'or pour acheter la ville de Tolède. Soit que nous cherchions une retraite en Portugal, soit que nous nous déterminions à réclamer la protection de la France, il nous faut de l'argent, car, après le décret de confiscation lancé contre nous par la Junte, aucun banquier en Europe n'avancerait un douro sur les immenses domaines de Cabanil. Nous avions un dernier espoir.

Frère Ramon Espinosa, prieur du couvent de Saint-Vincent de Toril, vers Plasencia, est le confesseur de mon père depuis vingt ans et le dépositaire de tous ses secrets. Frère Ramon est en même temps l'ami de ma mère, et nous ne doutions pas qu'il ne se prêtât volontiers à une chose qui est de toute justice. C'est pour nous rendre au couvent de Saint-Vincent que nous sommes montées en carrosse hier matin, avant le jour.

Nous avons trouvé le couvent désert et aux trois quarts démoli. Les Anglais s'y sont logés un beau jour pour soutenir l'atttaque des Français; les Français en ont débusqué les Anglais. C'est l'histoire de l'Espagne. Il ne reste là que des pierres entre lesquelles l'herbe commence à pousser.

Nous revenions tristes, mais un malheur n'arrive jamais seul. Comme notre carrosse atteignait la route de Plasencia à Ségovie, de l'autre côté d'Arenas, une nuée de coquins est sortie des broussailles. C'étaient de ces bandits qui se nomment eux-mêmes soldats irréguliers et qui aident les Anglais à tondre le sol de l'Espagne. Ils étaient cent contre le pauvre vieil Andrès, qui leur aurait livré son âme, tant il avait grand peur. Ils nous dépouillaient déjà en répétant leur éternel refrain : Mort aux francisés! quand leur chef, devenant tout à coup plus blême que le bon Andrès lui-même, signala l'approche d'un corps de troupes. C'étaient les Français, — c'était lui, petite sœur.

Je n'ai jamais vu la foudre tomber, et toi? La foudre doit être moins rapide. Ces Français n'étaient qu'une poignée, mais j'ai bien compris pourquoi nos armées, trois fois supérieures en nombre, se dispersent devant quelques-uns de leurs régiments. Une décharge, puis la baïonnette. Nos bandits culbutés ont pris la fuite en laissant une douzaine de morts et de blessés dans la poussière.

Il est venu, lui, avec son épée rouge de sang. Sais-tu à qui il ressemble ?

— Au capitaine César de Chabaneii, répondit Lilias avec lenteur.

— Tu le connais donc! s'écria Joaquina stupéfaite.

— Je le connais et je puis vous raconter en deux mots la fin de votre propre histoire.

— Il est prisonnier, n'est-ce pas? demanda la cadette de Cabanil, dont le regard inquiet était fixé sur sa compagne. De loin, en revenant au château, nous avons entendu une longue et terrible fusillade...

— Car, s'interrompit-elle en devenant pâle comme la batiste du mouchoir qui essuyait son front en sueur, il n'est pas mort! mon cœur me l'aurait dit!

— Il n'est pas mort! répéta la Doncella, qui avait aux lèvres un sourire pensif.

— Combien étaient-ils pour le prendre? interrogea Joaquina.

— Cinq cents... et votre bel Ecossais parmi eux.

La tête de Joaquina s'inclina sur sa poitrine.

— Si je ne l'avais pas rencontré, murmura-t-elle, j'aurais eu dans l'autre un défenseur. Je sais cela, quoique je n'aie eu l'aveu de celui-ci ni de celui-là : je suis aimée des deux, et ce sont deux nobles cœurs... Mais je l'ai rencontré, mais je l'aime; mais je serai fidèle à son malheur!

— A l'heure où nous sommes, dit Lilias, il est encore prisonnier; mais avant que le jour soit levé, il ne le sera plus.

— Est-ce que tu es prophétesse, toi aussi, Juanita?

— Non, mais si quelqu'un que je sais bien me promettait de vous sauver, je dirais hardiment : Elle est sauvée!

— Le beau courrier mayor?... demanda la cadette de Cabanil.

Lilias ne répondit point.

— Et serait-ce le seigneur Pedrillo qui doit délivrer le jeune Français? interrogea encore Joaquina.

Même silence de la part de Lilias qui restait toute rêveuse. Ce fut elle pourtant qui reprit la parole la première, disant :

— Je ne sais ce qui est vrai et ce qui est faux dans la science de ces gens qui devinent l'avenir, mais il y a des choses étranges. Artioh Amour vous a dit qu'un homme d'Ecosse vous apporterait votre fortune. Savez-vous le nom de l'Ecossais qui vous aime?

— Je préférerais savoir celui du Français qui sera mon bonheur.

— L'Ecossais s'appelle Edouard Wellesley; il est fils d'un pair d'Angleterre et neveu du général en chef.

— Ah!... fit Joaquina avec indifférence. Et l'autre?

— Je répète qu'il y a des choses étranges, senora... Vous disiez tout à l'heure que votre fantaisie d'enfant était d'aimer un inconnu.

— Le frère de mon cousin César.

— L'autre a nom le comte Hector de Chabaneil.

III

Mientras mi vida, ninguno fuera de mi.

A ce nom de Chabaneil, une flamme jaillit des yeux de Joaquina; mais, presque aussitôt après, le vent de sa pensée tourna et une larme trembla aux cils baissés de sa paupière.

— César! murmura-t-elle; Blanche! ma pauvre Blanche! morts tous les deux!

Lilias baissa la tête et garda le silence.

— C'est ma mère qui remarqua la première, reprit Joaquina suivant un autre courant, comme vous ressemblez à ma sœur, Juanita, chère fille. Moi, je ne savais pas pourquoi je vous aimais. Vous vous prîtes d'attachement pour nous, par la bonté de Dieu, et tout le monde ici, même mon pauvre vieux père, vit en vous l'ange consolateur de la maison. Vous avez des secrets que nous ne savons point, vous accomplissez une tâche qui nous est inconnue, mais vous trouvez le temps d'être encore notre providence.

Elle était grave et douce autant que Lilias elle-même. Elle ferma la bouche de sa compagne qui voulait repousser l'exagération de ces louanges et poursuivit:

— Juanita, je ne vous demande pas où vous avez appris ce que vous venez de me dire; je le tiens pour vrai, puisque c'est vous qui me l'avez dit. Moi aussi, je vous ai parlé vrai, quoi que vous ayez pu croire. J'ai ma mère à sauver. Si le jeune officier français qui nous a défendues hier eût été un étranger, j'aurais, malgré tout, pris le courage de me confier à lui et de lui demander son aide. Mais, puisque la Sainte Vierge, ma bien-aimée patronne, a envoyé notre cousin Hector à notre secours, quel scrupule pourrait m'arrêter? Le sort de ma sœur et de son frère? Qu'importe cela? Mon cousin Hector doit être brave, et moi je ne crains rien.

— Juanita, s'interrompit-elle d'un ton mélancolique et ferme à la fois, nous n'avons pas pour longtemps désormais à vivre en paix dans cette retraite. La fin du jour ne nous y trouvera peut-être plus. Voulez-vous porter en mon nom la demande d'un rendez-vous à M. le comte Hector de Chabaneil?

— Je veux tout ce que vous voulez, chère senorita, répondit Lilias; mais le lieutenant de Chabaneil est en danger autant que vous dans ce pays, et peut-être plus que vous. Pourquoi joindre vos deux faiblesses, quand vous pourriez vous appuyer sur un bras fort?

— Vous êtes sûre qu'il sera libre, à l'heure où j'aurai besoin de lui?

— J'en suis sûre.

— Cela suffit. Pour ce que je veux tenter, je n'ai besoin que d'un ami intrépide. J'ai, moi aussi, un secret. Je ne puis le dire à personne, sinon à celui qui sera mon mari.

— Mais je ne sais pas pourquoi je prends ce ton solennel avec toi, petite sœur! s'interrompit-elle encore. J'ai dit en ma vie des choses bien plus sérieuses en riant et, à tout prendre, il ne s'agit ici que d'un tas d'or. Tout ce qui peut être confié, tu as le droit de le savoir, Juanita. Le hasard m'a récompensée, cette nuit, du mauvais succès de notre voyage au couvent de Saint-Vincent de Toril. En feuilletant pour la centième fois les papiers de mon père, j'ai trouvé enfin ce que je cherchais entre les pages d'un vieux livre, un pli testamentaire adressé au comte Angel, et contenant le plan des souterrains de Cabanil.

— La position du trésor y est marquée? demanda Lilias vivement.

— De la façon la plus positive et la plus claire.

— Et pensez-vous, senora, reprit Lilias après un silence, que vous ayez le droit de révéler le secret de votre père, même à celui qui sera votre mari?

Joaquina la regarda étonnée.

— Le secret d'un Espagnol à un Français? poursuivit Lilias avec une sévérité croissante. Je retire ma parole et je refuse de porter votre message au comte Hector de Chabaneil.

Joaquina rougit et l'étincelle de ses yeux s'alluma.

— Les geôliers de mon père sont des Espagnols, dit-elle

avec colère et mépris. Je veux prendre dans le trésor de Cabanil de quoi acheter la liberté de mon père.

— Et puis, tu ne sais pas! s'écria-t-elle, lâchant la bride à sa passion pétulante. Je les ai entendus hier... Celui-là surtout, ce Portugais qui a le visage et le cœur d'un monstre! Vas-tu te mettre avec nos ennemis? Ils sont là, je t'en préviens, nos ennemis, ceux qui nous poursuivent dans l'ombre et dont les coups ressemblent depuis si longtemps à ceux de la fatalité!...

Elle se leva et fit tout d'un temps plusieurs pas en arrière. Son attitude exprimait une sorte d'horreur.

— La première fois que tu es venue au château, balbutia-t-elle d'une voix brisée et sourde, César de Chabaneil a été poignardé sous le rempart, et ces hommes dont je parle ont enlevé ma sœur Blanche... Qui es-tu? Tu ne nous aimes pas. Tu nous hais peut-être... Tu ressembles à une Cabanil, et l'on a dit qu'il y a une fille de mon père qui doit vivre de notre mort!...

Elle chancela, épuisée par la violence même de sa colère; mais ce fut à genoux qu'elle tomba, à genoux et la tête sur les deux mains jointes de Lilias, qui la regardait avec une mélancolique tendresse. Son sein battait comme s'il eût été sur le point d'éclater; les sanglots râlaient dans sa poitrine et tout son pauvre corps frémissait.

Enfin les larmes jaillirent de ses yeux, inondant à la fois son visage et les mains de sa compagne.

— Pardonne-moi, balbutia-t-elle avec détresse, aie pitié de moi, je t'en prie, ma sœur, ma sœur bien-aimée! Je n'ai que toi et je t'insulte. Oh! tu sais bien que je suis folle quelquefois... Nous sommes trop malheureuses... et il n'y a que moi, vois-tu, ma sœur, pour avoir surpris une portion de l'horrible secret...

— Nous deux, prononça Lilias de sa voix douce comme celle d'un ange en attirant Joaquina contre son cœur.

— Quoi! tu saurais!... s'écria celle-ci.

— Je sais que vous êtes une proie que les bêtes féroces entourent, et je suis ici pour vous sauver ou mourir avec vous.

Elles restèrent un instant embrassées, puis Lilias reprit, les lèvres sur le front de Joaquina :

— Leurs coups ressemblent à ceux de la fatalité, mais Dieu est plus fort que l'enfer. Si vous n'avez plus défiance de moi, il faut tout me dire, senora, tout ce que vous avez surpris et tout ce que vous avez deviné... Hector, croyez-moi, se présenterait désarmé devant cette horde d'assassins. Celui-là est l'homme de vos jours heureux. Donnez-moi vos larmes et ne lui gardez que vos sourires.

Joaquina se recueillit un instant, puis elle prit la main de sa compagne et la porta à ses lèvres si rapidement que celle-ci ne put se défendre.

— Pardon encore, murmura-t-elle, avec ma mère et lui tu es tout ce que j'aime. Je te dirai tout, je suivrai tes conseils... Mais ne parle pas selon la prudence commune, quand nous sommes en dehors de toutes les lois. La règle ne vaut rien pour nous. Il faut ici tout oser ou tendre sa gorge au couteau qui la cherche...

Ils sont là, près de nous, les deux assassins de notre race, s'il n'y en a que deux; ils ont parlé, se vantant de leurs coups, et je les ai entendus... C'était le soir, où, pour la première fois, j'ai rencontré Hector sans le connaître. Je revenais joyeuse, car toutes nos misères ont fait de moi une superstitieuse, et la bohémienne m'avait annoncé du bonheur. C'est à n'en pas douter, cette femme a pour moi de la tendresse ou de la pitié.

Il me semblait, pauvre insensée, que ce jeune homme, entrevu dans la nuit, allait changer mon sort... Au bas de la montagne, un bruit de voix se faisait. Ceux qui étaient là se disputaient avec trop de violence pour entendre mon pas. Je m'approchai d'eux en suivant la lisière du fourré ; je reconnus le Portugais da Costa... Sœur ! l'as-tu vu quelquefois ?

— Oui, répondit Lilias, dont l'œil à son tour s'anima, ici et ailleurs.

— C'est l'effrayante laideur du mal ! L'autre, au contraire, avait une haute et noble tournure, mais son visage disparaissait derrière le pan relevé de son manteau. Je compris tout de suite que celui-ci reprochait au Portugais d'avoir violé les termes d'un contrat qui avait pour objet nous-mêmes, les Cabanil. On devait se partager notre sang avec nos biens, et le Portugais, usant de subterfuge, s'était attribué la part du lion.

— Sais-tu l'histoire du serpent qui s'attaque à la lime, ami Pharès? disait le Portugais d'un ton provoquant. Je suis la lime et tu es le serpent : tes dents vont s'user : prends garde!

— Prends garde toi-même! répliquait celui qu'on appelait Pharès, avec un calme plein de menaces. Tu es un salarié, non pas un associé. On t'a payé ce que tu vaux. Si tu déchires le pacte, tu seras brisé.

— Essaie! défia le Portugais.

Je voyais sa taille difforme et ses larges épaules; l'autre me semblait doué d'une vigueur également terrible et je m'attendais à une lutte, car la colère les transportait tous deux. C'était à Pharès de frapper : le Portugais était sur ses gardes. Pharès garda ses bras croisés sur sa poitrine.

— Mon heure n'est pas venue, et je serais sûr d'avoir ta vie, prononça-t-il en contenant sa voix, mais le sang me répugne. Si j'ai répandu le sang, c'est que la destinée avait parlé. La destinée n'a rien dit de toi : je n'ai pas droit sur toi.

J'écoutais, stupéfaite, ces bizarres paroles qui me montraient la modération dans la folie et je ne sais quelle austère loi dans le crime même, car cet homme venait d'avouer qu'il avait répandu le sang. Le Portugais ricanait; il répondit :

— Tu me connais et tu n'oses pas!

Il n'avait pas fini de parler qu'une attaque, rapide et irrésistible comme la foudre, le couchait terrassé dans l'herbe. Il poussa un rugissement de tigre. Pharès n'avait fait usage d'aucune arme. Il mit le genou sur la poitrine du Portugais, et lui dit :

— Toi, tu ne me connais pas!

Le Portugais faisait pour se dégager des efforts désespérés. Tout à coup il resta immobile.

— Rouge-Dick et le neveu du général t'ont vu prendre

avec moi la route de la montagne, dit-il. Tu ne peux rien contre moi. Au jeu que tu viens de jouer, tu n'as gagné que ma haine.

Quand Pharès reprit la parole, sa voix tremblait de rage. Il avait le pied sur la gorge de son ennemi, mais c'était lui qui était le vaincu.

— Transigeons, dit-il. Je veux bien te racheter le château de Cabanil.

Terrassé qu'il était, le Portugais éclata de rire.

— On dit que le trésor du Riche-Homme contient la valeur de cinq millions de louis d'or, répliqua-t-il; cela fait quatre millions sterling; si tu les as, donne : je te passerai la terre couverte de broussailles et les vieux murs par-dessus le marché.

— Le trésor du Riche-Homme est comme l'urne de Salomon, cachée dans les grottes du fond de la mer, objecta Pharès. Tu dépenseras ta vie à le chercher et tu mourras à la peine.

— Nous verrons cela, mon colonel!... Puisque vous n'osez pas me tuer, lâchez-moi ; c'est peut-être votre genou qui me rend ainsi intraitable.

Je vis avec étonnement que Pharès lui rendait la liberté. Le Portugais se releva et secoua ses membres. Quand il fut debout, il dit :

— Merci! Pharès, je te hais, mais ce qui m'a sauvé de tes griffes te sauve de mon couteau ; nous ne pouvons rien l'un contre l'autre.

— Aujourd'hui, mais demain?...

— Demain, tu recevras du quartier général l'ordre de me protéger et de m'aider, car j'ai promis la moitié du trésor à la Junte. Je t'invite à mes fouilles. Salomon était plus fin que le vieux Cabanil. La mer est insondable, mais, pour retourner la terre, il ne faut que du fer et des bras : tout cela s'achète, et je suis riche.

Pharès garda un instant le silence. Mes deux pieds étaient cloués au sol et je n'avais même pas l'idée de fuir. Au contraire, je m'étais rapproché au point que j'entendais le souffle de Pharès gronder dans sa poitrine.

II. 2.

— Laissons de côté le trésor, dit-il. Tu as acheté de la Junte le droit sur le château de Cabanil, mais la Junte n'a pas pu te vendre le droit qu'elle n'a pas sur les habitants du château. Me comprends-tu ?

— Je te comprends, répondit le Portugais.

— Tu as dit à des gens qui me l'ont répété : Il y a dans cette vieille masse de pierres deux trésors : l'as-tu dit ?

— Je l'ai dit.

— Quelles sont tes intentions, da Costa ? et réfléchis avant de parler.

— Je n'ai pas besoin de réfléchir, Pharès... Nous ne sommes pas assez bons camarades tous deux pour que je te confie mes affaires privées.

— La jeune fille est à moi, souviens-toi de ceci ?

Ces paroles furent prononcées par Pharès avec une effrayante énergie. Rien ne pouvait me les faire pressentir. La jeune fille, ce ne pouvait être que moi. Mes jambes chancelèrent sous le poids de mon corps.

— Qui te l'a donnée ? demanda le Portugais avec une rudesse farouche. Est-ce le Destin, encore ? Je n'ai jamais vu la signature du Destin au bas d'un contrat de vente. Je ne connais pas le Destin. Si la fille est à toi, prends-la. Elle me plaît : je tâcherai de la prendre.

J'avais assez de connaissance pour penser : si je tombe évanouie, ils vont m'entendre et me saisir ! Je me tenais cramponnée au tronc d'un arbre, mais je sentais bien que le souffle allait me manquer.

— Je te défends, Samuel da Costa, et sous peine de la vie, cette fois, m'entends-tu ? je te défends de toucher à Joaquina de Cabanil !

L'horreur que m'inspirait le Portugais était si grande que j'eus un mouvement comme pour me réfugier sous la protection de Pharès. Mais le Portugais répondit par ces paroles qui glacèrent jusqu'à la dernière goutte de sang dans mes veines :

— N'as-tu pas bu assez de jeune sang, vampire ? Veux-tu faire de celle-ci ce que tu as fait de Jeanne et de Blanche ?

Je ne sais ce qui suivit, Juanita. Vois : la sueur froide est encore à mes tempes. Je dus perdre connaissance un instant, car je me retrouvai agenouillée dans l'herbe, au moment où ils se séparaient. Le Portugais disait avec une terrible ironie :

— Cela ne m'en fera qu'une sur trois !

Et Pharès, s'éloignant à grands pas déjà dans la direction de la plaine Léonaise, répondait :

— Tu es sur mon chemin désormais, Samuel. Tu as voulu la guerre. Que ton malheur retombe sur toi !

Joaquina se tut. Lilias l'avait écoutée avec une extrême attention, mais peut-être avec moins de surprise qu'un tel récit n'en méritait. Elle attira contre son sein la jeune fille toute pâle et qui avait de l'égarement dans les yeux.

— La guerre civile est comme une nuit où les malfaiteurs rôdent, murmura-t-elle. Tous les crimes, toutes les démences sortent de terre, semblables aux mauvaises herbes qui remplacent le bon grain dans un champ abandonné. On dirait que l'Espagne a les cauchemars de l'agonie.

Joaquina l'interrompit avec rudesse.

— Je ne t'ai pas dit cela pour que tu récites des phrases de livre sur la guerre civile et sur l'agonie de l'Espagne, prononça-t-elle sèchement. Je ne reste jamais bien longtemps abattue, moi, tu le sais. Rentrée ici, où nous sommes comme sur un écueil battu de tous côtés par la tempête... voilà que je fais des phrases aussi : c'est ta faute !.. Rentrée ici, je n'ai rien dit à ma mère, qui fléchit déjà sous le poids de ses chagrins et de ses épouvantes ; je n'ai rien dit à Andrès, pauvre dévouement inutile, et j'ai fait toute seule le compte de mes ressources.

Hormis moi, je n'ai que toi, Juanita, doux et cher cœur, qui pardonnes aux brusqueries de ma fièvre et aux violences de ma folie. Mais la proie a du répit et peut fuir pendant que les deux loups se battent.

Le Portugais et Pharès se font obstacle mutuellement, puisque voilà un jour et deux nuits que nous passons tranquilles dans cette retraite. J'ai employé ce jour et ces deux nuits à chercher un champion et des armes. J'ai le trésor et mon cousin Hector de Chabaneil.

— Le trésor!... répéta Lilias, qui tressaillit et prêta l'oreille.

C'était le bruit souterrain qui reprenait après un intervalle de repos.

— Ils cherchent, dit Joaquina, dont le sourire exprimait plus de curiosité que de crainte. Voilà déjà longtemps qu'ils cherchent, mais ils seront longtemps encore avant de trouver.

— Le trésor n'est-il pas dans les caves? demanda Lilias.

— Pharès disait vrai avec ses comparaisons mystiques, répliqua la cadette de Cabanil : le trésor est presque aussi bien caché que l'urne de Salomon dans les grottes qui sont au fond de l'Océan.

— Le château de Cabanil renferme deux trésors... murmura la Doncella.

— Pauvre trésor, l'autre! dit tout bas Joaquina, et pourtant, sœur, il me semble que ces coups se rapprochent. Avec Andrès, dès le premier jour, j'ai barricadé toutes les avenues. Ils doivent avoir déjà déblayé plusieurs caves... Sais-tu? Je donnerais cent jours de ma vie, si ma vie doit avoir cent jours, pour mesurer au juste leurs progrès.

Elle s'agenouilla et mit son oreille contre terre. Quand elle se releva toute la pétulance de son sang était dans ses yeux.

— Ce n'est pas que j'eusse défiance de toi, au moins, petite sœur. Non! tu es une d'entre nous, et te dire un secret, à toi, ce n'est pas le faire sortir du cœur de la famille... Mais cette idée-là ne m'était pas venue. Il me semblait qu'il fallait un homme. Ecoute! nous sommes aussi hardies que des hommes, nous deux; avec toi, rien ne m'effraie. Ils sont loin encore... Veux-tu?...

La prunelle de Lilias brillait aussi. Quelle femme n'est curieuse? Et peut-être y avait-il en elle un autre mobile, plus puissant que la curiosité. Elle comprenait cette question qui pourtant restait tout entière sous-entendue, et si elle donna à sa compagne impatiente le temps de la compléter, c'est qu'elle s'arrêtait à je ne sais quel vague scrupule.

— Veux-tu? répéta Joaquina en frappant du pied, dis vite, veux-tu que nous allions ensemble au trésor de Cabanil?

Lilias se leva. Il y avait une expression de gravité presque majestueuse sur son doux et charmant visage.

— J'ai droit! murmura-t-elle si bas que Joaquina ne put l'entendre.

Puis elle ajouta tout haut :

— Senora, je suis prête à vous suivre.

La cadette de Cabanil bondit de désir et de joie. Elle saisit la courte épée sur la table et voulut prendre aussi le flambeau, mais Lilias l'avait prévenue.

— Je vous éclairerai, vous me défendrez, dit-elle en souriant.

— Crois-tu donc que je n'oserais pas me servir de cela? demanda Joaquina, regardant d'un œil assuré la lame noire et historiée. Éclaire!

Elle pesa sur le cordon qui pendait au lambrequin de l'alcôve. La porte dérobée s'ouvrit, montrant la cage noire et profonde de l'escalier tournant qui conduisait au dehors. Lilias passa la première, quoique l'autre eût l'épée. Au bout d'une vingtaine de marches, elle arriva à la poterne donnant sur le sentier de la montagne. L'escalier ne s'arrêtait point là.

Lilias continua de descendre les marches qui devenaient humides. En même temps, l'air fraîchissait autour de ses tempes brûlantes. Sous sa tranquillité apparente elle était profondément émue, et il semblait qu'elle accomplît en ce moment un acte solennel.

Joaquina ne voyait point son visage. Son émotion à elle ou plutôt son agitation avait un tout autre caractère. C'était la fièvre aventureuse, l'impatience de savoir, et c'était aussi ce vague frémissement qui accompagne les tentatives audacieuses.

Après vingt autres marches, nos deux belles compagnes se trouvèrent dans un couloir de moyenne largeur, creusé dans la pierre et aboutissant à une salle de forme ronde, percée de quatre portes répondant aux quatre fenêtres de la tour de Ferdinand-le-Catholique. Dans les endroits où le roc vif cédait, on pouvait voir les cyclopéennes fondations de la tour.

Dans cette salle, on entendait beaucoup plus distinctement les coups dont le bruit avait interrompu l'entretien de nos deux amies. Ils venaient à niveau, mais d'une assez grande distance.

Joaquina montra l'une des portes barricadées en dedans et dit :

— C'est par là qu'ils arriveront.

Les trois autres portes n'étaient fermées qu'au loquet. Joaquina en poussa une et Lilias entra dans une seconde galerie, ventilée par des soupiraux en forme de meurtrières. Elle fit arrêter Lilias devant une niche vide dans laquelle la bougie fut posée. Quand on entrait sa tête dans la niche, les coups semblaient frappés tout près, et l'on eût dit même parfois qu'on entendait un bruit de voix.

Joaquina retira de son sein un parchemin sur l'enveloppe duquel étaient écrits ces mots : « Pour le comte Angel, — à son défaut, pour mes filles Maria Blanca et Maria Joaquina, — à leur défaut pour Charles de Bourbon, roi d'Espagne et des Indes. »

Il n'y avait point d'écriture sur le parchemin contenu dans l'enveloppe. C'était une série de trois plans, marqués des chiffres 1, 2, 3. Les plans étaient tracés au simple trait. On reconnaissait dans le premier la forme du château lui-même, avec ses quatre tours, reliées au corps de logis principal par quatre galeries dont la projection figurait une croix de Saint-André.

Le second plan changeait de forme. Il présentait l'aspect d'une carrière, fouillée selon l'art, avec des rues régulières, se croisant à angles droits. Le troisième ressemblait à un labyrinthe.

Chacun de ces trois plans était marqué à un endroit différent par un rond rouge, au centre duquel était l'écusson de Cabanil, d'où partaient comme d'un centre les quatre traits majeurs de la boussole.

Lilias couvrait le parchemin d'un regard curieux. Joaquina dit :

— J'ai étudié cela et je marche à coup sûr. Nous sommes au plus haut étage des souterrains représenté par le plan n° 1, et au lieu précis marqué par l'écusson. Voyez ce signe, placé sous le rond rouge : une main fermée : cherchons !

Du mur même de la niche sortait une main de bronze que Lilias aperçut la première. Joaquina essaya de tourner cette main comme le bouton d'une porte; elle résista ; Joaquina la poussa, elle résista encore, mais elle céda à un mouvement de pesée et la pierre de taille où elle était scellée, s'abaissa, montrant l'entrée d'un escalier plus large et presque monumental.

Nos deux belles aventurières s'introduisirent dans l'ouverture et descendirent l'escalier qui conduisait à cette carrière, dont les rues s'alignaient exactement selon le tracé du plan n° 2. Il y avait au centre une sorte de place avec une colonne au milieu qui portait cette inscription en lettres romaines : *Indè Castrum*.

De là le château. Cette carrière avait fourni les énormes pierres de taille qui étaient maintenant la maison de Cabanil.

Le parchemin fut étendu au pied de la colonne qui recouvrait l'espace désigné par le second écusson. Sous l'écusson était marqué un A. Les deux jeunes filles cherchèrent tout autour de la colonne et sur les larges dalles de granit.

Il n'y avait rien que l'inscription elle-même. Mais l'inscription contenait un A ; Lilias eut l'idée de le toucher. Une des dalles qui entouraient la colonne bascula aussitôt lentement sur son axe invisible, et découvrit une sorte de puits où pivotait la spirale d'un escalier presque à pic.

Avant de descendre, les deux jeunes filles prêtèrent l'oreille. Les coups de pioche, sourds et comme étouffés, ne s'entendaient presque plus. Au bas de l'escalier, qui était beaucoup plus haut que les autres, le silence était profond et parfait.

L'aspect changeait. Le labyrinthe était très-bas voûté ; les routes allaient, descendant et montant, interceptées parfois par des flaques d'eau stagnante, dont le suintement brillant des parois dénonçait l'origine.

La bougie brûlait péniblement dans cet air presque méphitique, et c'est à peine si sa flamme mourante rendait à quelques pas les ténèbres visibles. Il fallut consulter le plan bien des fois avant d'arriver au lieu où l'écusson marquait le terme de la recherche. Ce lieu était une sorte d'impasse où la route s'arrêtait brusquement fermée par une porte de fer qui semblait encastrée dans une vigoureuse maçonnerie.

Le cœur des deux jeunes filles se prit à battre. Un instant elles oublièrent le poids qui chargeait leurs paupières et l'oppression qui serrait leurs poitrines. D'une main tremblante Joaquina déplia le parchemin. Lilias regardait la porte de fer, qui était parfaitement plane, sans verrou, bouton ni serrure.

— Une croix! s'écria Joaquina en découvrant le signe marqué sur l'écusson.

— Voici la croix! ajouta-t-elle presque aussitôt après en apercevant deux fiches de marbre noir qui se croisaient sur la dalle grise.

Elle y posa son pied, tremblant d'émotion. La porte se dédoubla, ou plutôt une armure de tôle qui recouvrait la véritable porte, en fer massif, roula sur ses gonds en criant. La véritable porte avait une large serrure, dont on voyait les quatre pènes s'enfoncer profondément dans leurs gâches.

La clef seule manquait. Lilias et Joaquina cherchèrent, jusqu'à ce que la première ayant approché la bougie de la serrure, déchiffra ces mots qui en faisaient le tour : « *Mientras mi vida, ninguno fuera mi.* » Tant que je vivrai, nul excepté moi.

Elles se regardèrent.

— Notre expédition est finie, dit Lilias.

— En es-tu contente! s'écria Joaquina avec colère.

Puis elle ajouta en laissant retomber l'armure de tôle :

— Avec une de ces couleuvrines qui sont sur la plate-forme de notre tour, en quelques minutes, nous aurons raison de cela!

— Il y a loin d'ici à la plate-forme, senorita, répliqua doucement Lilias, et les couleuvrines sont trop lourdes pour nous.

— Tant que je vivrai, nul excepté moi! murmura la Cabanilla. Sa prison est fermée comme son trésor, et la clef de l'un manque pour ouvrir l'autre...

— Mais nous n'en sommes pas plus pauvres! s'interrompit-elle, relevée par l'indomptable vaillance de sa nature, et nous savons du moins désormais que ceux de là-haut peuvent creuser, fouiller, miner pendant dix ans avant de trouver le secret de cette voûte... Nous seules au monde...

Elle s'interrompit en étouffant un cri et recula jusqu'à Lilias étonnée.

— N'as-tu rien vu? demanda-t-elle.

— Rien, assurément, répondit la Doncella.

— Moi, j'ai vu... ou j'ai cru voir une ombre qui passait là-bas dans le noir... une figure blanche qui ressemblait... Mais je suis folle et je crois que j'ai peur... Rentrons, Juanita, et marche devant, car je ne retrouverais pas ma route...

Lilias obéit. Après cinq minutes d'une marche pénible, elles respirèrent toutes deux l'air meilleur du second souterrain, où le bruit lointain de la pioche se faisait toujours entendre.

— Cela fait du bien, murmura Joaquina, quelque chose qui n'est pas le silence... même le bruit d'un ennemi qui marche!

Sa main n'avait garde, à présent, de brandir l'épée, dont elle se servait humblement comme d'un pauvre bâton, pour assurer son pas chancelant. Elle vint s'appuyer au bras de Lilias, qui la sentit trembler et s'arrêta.

— Marche! marche! ordonna la Cabanilla. J'ai hâte d'être sortie d'ici. Vois-tu, sœur, je ne craindrai jamais les vivants... Mais ceux qui ne sont plus... Tiens! la pioche du Portugais me rassure... Ils vivent de l'autre côté de ces murailles!

Le grand escalier était franchi. Elles rentrèrent dans le premier souterrain par la niche, que Lilias referma avec soin.

Joaquina lui serra le bras et reprit haleine avec force.

— Dis-moi, murmura-t-elle, car je n'osais pas parler de cela en bas, mais j'ai vu... je suis sûre d'avoir vu un homme dont le pas ne sonnait point sur la terre... Dis-moi... Est-ce une histoire bien accréditée chez les Français?... les Français ne sont pas crédules... l'histoire de mon cousin César de Chabaneil?... l'histoire du capitaine Fantôme.

Lilias tressaillit et demanda :

— Est-ce à César de Chabaneil que la vision ressemblait ?

— Ah!... fit Joaquina, qui mit de l'air plein sa poitrine ; nous voici hors de terre, enfin!... Je me retrouve moi-même et l'idée de la couleuvrine me revient...

Elle s'interrompit et Lilias la vit pâlir de nouveau. Son doigt montrait la porte extérieure, donnant sur la montagne. Cette fois, Lilias devint plus pâle qu'elle. La brise faisait battre la porte, qui n'était que poussée.

— Est-il possible que j'aie commis une pareille imprudence! murmura-t-elle.

— Cela est possible, répondit Joaquina, dont toute la fermeté semblait revenue.

Elle ferma la porte solidement et ajouta :

Ce n'est pas un fantôme que j'ai vu là-bas dans le souterrain!

IV

Le rêve.

Joaquina et Lilias montèrent l'escalier de la tour rapidement. La même inquiétude les tenait. Quelqu'un avait pu s'introduire en leur absence dans la retraite de la marquise de Cabanil. Elles trouvèrent l'intérieur de la tour exactement dans l'état où elles l'avaient laissé, le vieil Andrès ronflait comme un juste, et dona Mencia se plaignait dans son sommeil.

— On n'a pas monté, dit Joaquina, mais on a pu descendre. As-tu la clef de la poterne?

Lilias la lui montra et dit :

— S'il était permis de jurer d'après un souvenir, je ferais serment que j'avais refermé la poterne.

— Je ne t'accuse pas, petite sœur, répliqua la Cabanilla dont le joli visage ne montrait plus trace de ses terreurs passécs. Un danger de plus ou de moins, c'est pour nous une goutte d'eau dans la mer. Si j'avais pensé là-bas qu'on nous avait tout uniment suivies, je n'aurais pas tremblé comme à l'idée des choses de l'autre monde.

— Moi, j'aurais tremblé bien plus fort, dit Lilias. Je n'ai pas peur de mourir, et peut-être n'ai-je pas des motifs bien puissants pour désirer de vivre; mais quand je songe qu'il suffisait de la main d'un enfant pour nous murer vivantes dans ce sépulcre !...

— Songes-tu à cela, Juanita? murmura Joaquina toute pensive, et si quelqu'un d'ennemi nous eût suivies, pourquoi n'eût-il pas fermé sur nous en effet la pierre de cette tombe?

Puis, détournée par une autre facette luisant tout à coup dans son cerveau :

— Qu'y a-t-il derrière cette porte de fer? Aurais-tu voulu voir ce fleuve d'or, toi, ma sœur, et cette mystérieuse statue qui a une âme d'acier? On dit que les diamants et les perles sont là comme dans les palais des fées, entassés pêle-mêle avec les émeraudes et les rubis. Il y a si longtemps qu'en Espagne Cabanil est le Riche-Homme !... Écoute, mon cousin César m'aimait comme on aime les enfants. Lui aussi m'appelait sa petite sœur. Le fantôme de mon cousin César n'aurait pas dû me faire trembler... Et plaise au Ciel que son âme loyale puisse hanter ces routes souterraines, chargée par Dieu de garder la maison de Cabanil !

Une plainte mieux articulée vint de l'alcôve. Les deux jeunes filles tressaillirent à la fois et tournèrent vers le lieu où dona Mencia reposait le même regard de tendre sollicitude.

— Elle souffre! dit Lilias.

— Elle rêve plutôt, répliqua Joaquina. Ceux qu'elle a perdus sont avec elle dans son sommeil... De tous ceux qu'elle aimait, j'étais peut-être la moins près de son cœur, quoiqu'elle ait toujours été pour moi la plus indulgente et la meilleure des mères.

Elle saisit les deux mains de Lilias et reprit brusquement:

— Elle va s'éveiller. Il faut que tout soit dit entre nous

avant qu'elle s'éveille. Nous ne sommes convenues de rien, et tout doit être fixé, car il se peut que tu aies des raisons pour me refuser ton aide, sœur, des raisons puisées dans la tendresse même de ton dévouement. Tu es une sage, toi. Si tu me refusais, j'agirais par moi-même. Ma détermination est prise.

Ma détermination était prise, je veux que tu le saches, avant même de connaître son nom à lui que j'ai choisi pour défendre et protéger ma mère. Une preuve : quand je l'ai rencontré la première fois, j'avais dans mon sein une lettre écrite par moi à ce jeune Écossais. Je lui demandais garnison anglaise pour un jour, et je réclamais de lui une escorte afin de gagner Talavera-de-la-Reine. On ne refuse pas cela, même aux indifférents, et j'étais sûre d'être exaucée. J'ai déchiré ma lettre, j'ai préféré à la sécurité que m'auraient donnée les sentinelles anglaises le péril et les angoisses de notre solitude. Pourquoi? Parce qu'il ne pourrait venir, lui, en une maison gardée par des soldats anglais. Or, je le voulais déjà pour chevalier et non pas un autre. La folie des filles de Cabanil est d'aller aux Français, dût la noire main de l'Espagne les saisir aux cheveux et les rejeter mortes en arrière.

Ses yeux étincelants et fixes couvraient d'un regard de défi l'écusson de sa maison. Elle ferma d'un geste impérieux la bouche de Lilias qui voulait parler et ajouta :

— Cela sera ainsi. Mon désir est d'accord avec ma destinée. Hector est venu, parce que c'est le sort... Et maintenant, l'heure des hésitations est passée. La nuit prochaine ne doit pas nous trouver ici, et il faut que je voie aujourd'hui, ce matin même, à tout prix, mon cousin Hector de Chabaneil.

Comme Lilias allait répondre, un cri faible et déchirant sortit de l'alcôve. Elles s'élancèrent toutes deux à la fois, pendant que le vieil Andrès, éveillé en sursaut, s'étirait sur sa paillasse et se frottait les yeux.

La marquise était assise sur son lit, pâle, les cheveux en désordre, les paupières démesurément ouvertes, le regard fixe comme celui d'une somnambule. Elle dormait encore, mais elle avait conscience et, au bruit que firent les deux jeunes filles en entrant, elle s'écria, étranglée par l'angoisse:

— Non! non! c'est impossible! une mère ne peut pas choisir! Ayez pitié de moi! écrasez-moi le cœur!

Joaquina la saisit entre ses bras et la pressa contre sa poitrine en l'appelant :

— Ma mère! ma mère!

— Oh! fit dona Mencia, luttant contre l'horreur du cauchemar. Ne les entendez-vous pas qui me disent : Ma mère! ma mère! toutes deux... Oh!... oh!...

— Madame !... appela Lilias à son tour.

La paupière de dona Mencia se détendit et tomba. Une sueur abondante coula de ses tempes et tout son pauvre corps amaigri fut pris d'un tremblement convulsif. C'était le réveil. Elle rouvrit ses yeux, qui exprimèrent une joie passionnée à la vue de deux jeunes filles et se remplirent de larmes.

— Blanche! ma Blanche bien-aimée! murmura-t-elle en jetant ses deux mains froides autour du cou de Lilias. C'était toi qu'ils voulaient m'arracher la première!

— Ma bonne mère, dit Joaquina doucement, éveillez-vous.

— Eveillez-vous, madame, répéta plus bas la Doncella.

Un frisson secoua tout le corps de dona Mencia.

— Ne suis-je donc pas encore éveillée? balbutia-t-elle.

Joaquina couvrait son front de baisers, tandis que Lilias rechauffait ses mains contre ses lèvres. Elle se rejeta en arrière violemment. Ses deux mains couvrirent son visage et un sanglot déchira sa poitrine.

— Blanche! dit-elle en un profond gémissement. Il y a longtemps que ma Blanche est morte!

Elle ne parla plus. Elle resta quelques instants ainsi, immobile et comme engourdie dans sa douleur. Les deux jeunes filles, respectant ce spasme de l'âme, demeuraient muettes comme elle. Au bout de deux ou trois minutes, dona Mencia laissa glisser ses mains le long de ses joues qui avaient encore de grosses larmes, mais déjà elle essayait de sourire.

Elle était bien changée. Ceux qui ne l'eussent point vue, depuis ce jour de fête et de deuil, au château de Guadalupe, ce jour où les prières funèbres avaient succédé tout d'un coup aux cantiques joyeux des épousailles, ne l'auraient point reconnue. Et pourtant, ses traits ravagés gardaient leur belle expression de douceur et de fierté.

Elle se redressa sur son séant, à l'aide de Joaquina qu'elle baisa tendrement. Lilias se tenait un peu à l'écart. Elle l'appela et attira son front jusqu'à ses lèvres.

— Je ne devrais pas vous aimer ainsi, jeune fille, dit-elle. Personne au monde tant que vous ne m'a fait verser des larmes.

— Elle ressemble à notre Blanche chérie par le cœur aussi, ma mère, dit Joaquina pour la défendre.

Et pourtant, elle savait bien que Lilias n'avait pas besoin d'être défendue; mais il y avait sous cette fantasque enveloppe une suprême bonté. Nul ne connaissait encore tout le fond de l'âme de la Cabanilla.

Doña Mencia avait appuyé ses deux mains sur les épaules de Lilias. Elle la contemplait en pleurant.

— Parfois, pensa-t-elle tout haut, quand elle venait à mon réveil, les matinées d'hiver où la lampe était encore allumée, les lueurs jouaient ainsi dans les pauvres boucles de ses cheveux, et c'était le même reflet..., le même. Jeune fille, je ne devrais pas vous aimer, car, si ma peine pouvait se consoler, votre vue seule suffirait à la renouveler sans cesse...

— Madame... commença la Doncella.

— Tais-toi! s'écria la marquise en l'attirant vers elle d'un geste plein de passion. Vas-tu me dire que tu ne viendras plus? Je veux souffrir ainsi, moi. Tu es trop jeune pour savoir ce qu'il y a de joie dans cette torture! Que je te voie toujours, Juanita, pauvre enfant, toujours! Promets-moi que tu ne nous abandonneras pas comme les autres!

— Jamais, madame, répondit Lilias, qui faisait effort pour contenir ses larmes.

La marquise prit sa tête à deux mains et tint son front collé contre ses lèvres. Elle avait les yeux au ciel et semblait en extase.

La paupière de Joaquina se baissa et un soupir furtif souleva son sein. Sa mère l'aimait, mais sa mère lui donnait d'autres caresses. Elle eût payé cher un pareil baiser.

Il fut long, trop long au gré de la justice maternelle, car

dona Mencia repoussa Lilias d'un brusque mouvement, et dit avec cette étrange hypocrisie du remords :

— Et toi, Joaquina, tu ne viens donc pas m'embrasser ?

Elle la voulut tout près d'elle, assise sur son lit. Elle joua d'une main caressante, mais déjà distraite, avec les boucles de ses noirs cheveux.

— Mes pauvres enfants, dit-elle, respirant comme après une longue course qui l'eût harassée, c'est ce rêve, toujours ce rêve, qui me tuera... Une femme inconnue, — et que son visage est sévère et terrible ! — qui vient vers moi, implacable comme le destin et qui m'ordonne de choisir entre Blanche et Joaquina... car ma Blanche est toujours vivante dans ce rêve... mais la mort est là, tout près, derrière la porte, la mort menaçante et avide de sa proie... Les rêves sont fous... Dans le mien, j'ai pouvoir de sauver une de mes filles... et cette femme me montre la porte, fixant tour à tour son œil de pierre sur les deux enfants qui attendent... et elle me dit : « Choisis ! choisis ! choisis ! »

Ses dents claquaient et ses cheveux remuaient sur son front.

— Horrible ! horrible ! acheva-t-elle, comme si la vision l'eût poursuivie jusque dans la veille.

— Ma mère, dit Joaquina, qui pressait sa main frémissante contre son cœur, il faut oublier cela. Qu'importe un rêve ?

— Ce sont parfois des présages... commença dona Mencia, qui s'interrompit pour ajouter avec une poignante amertume :

— Il y a une consolation à me donner. Ce ne peut être un présage, puisque je n'ai plus à choisir. Dieu ne m'a pas laissé deux filles.

Sa tête s'inclina plus désolée. Dans le silence qui suivit, on entendit la voix du vieil Andrès disant :

— S'il m'était permis de parler sans manquer au respect, je dirais que c'est une chose bien connue que les rêves venant après minuit sonné ne valent rien pour deviner l'avenir. J'ai dépensé assez de réaux dans ma vie pour faire expliquer mes rêves, et, quoique rien ne me soit arrivé jamais de ce qui me fut prédit, j'ai la foi, en ceci comme en tout... Mais don Manuel Seguidillas, qui était médecin premier du Riche-Homme à Madrid, au temps où tout allait bien en Espagne, et Dieu puisse-t-il bénir le Riche-Homme, mon maître, ainsi que tous ceux de son illustre maison, don Manuel Seguidillas, disais-je, dont personne ne conteste la science, puisque le prince de la Paix le prenait pour les six enfants qu'il avait eus de la senora Tudo, en tout bien tout honneur, après mariage chrétien où ils s'étaient donné tous deux la main gauche, don Manuel Séguidillas, donc, m'apprit un soir qu'il me demandait si nous avions en cave du xérès de l'an 80 où il y eut trois comètes, m'apprit que les cauchemars, mauvais rêves et incubes de toute sorte, étaient produits par le seul vide de l'estomac, la nature ayant horreur du vide, comme chacun le sait bien, même les petits enfants des pauvres, et les diverses forces physiques tendant continuellement à s'équilibrer dans l'ordre matériel, sans quoi les fleuves déborderaient et le sang jaillirait par nos pores au moindre mouvement que nous ferions, n'est-ce pas l'évidence?

Andrès reprit haleine, toussa et poursuivit :

— Nous avions du xérès de l'an 80 et du malaga aussi. J'en apportai à don Manuel Seguidillas pour lui montrer qu'il ne manquait de rien chez le Riche-Homme : puisse-t-il triompher de ses ennemis et que Dieu bénisse sa noble famille ! J'en voulais donc arriver à ceci, car je ne suis pas encore impotent d'esprit, grâce à la Très-Sainte-Trinité : si vous souhaitez dormir paisiblement, mettez quelque chose dans votre estomac. Les grands d'Espagne sont faits comme les mendiants au point de vue des organes, et si ma noble maîtresse dona Mencia daigne sucer une aile de cette volaille, qui a bonne odeur, j'en réponds sur mon salut éternel, j'espère qu'elle me permettra d'en détacher une cuisse pour les besoins personnels de son pauvre écuyer second.

Lilias lui avait déjà pris des mains le panier auquel il adressait des œillades de tendre appétit. Aidée de Joaquina, elle prépara tout pour le repas de la marquise dont les forces avaient en effet grand besoin d'être réparées. On doit bien se rendre compte de ceci que tous ses malheurs étaient dans le passé.

L'accord de Lilias et de Joaquina la protégeait contre les

erreurs du présent. Elle se croyait à l'abri dans le pauvre asile que la dureté des temps lui avait laissé, et c'est tout au plus si de vagues inquiétudes tournaient autour de son esprit affaibli. Ç'avait été autrefois pourtant un esprit énergique et un grand cœur, mais l'infortune avait trop lourdement pesé sur elle.

Au fond de la chute de sa maison, elle pleurait surtout la perte de ses enfants chéris, et ce qu'elle ressentait le plus, c'était le vide élargi par la mort autour d'elle. De tous ceux qu'elle avait tant aimés, Joaquina seule lui restait, car sa dernière amie, qu'elle appelait sa sœur, madame la comtesse de Chabaneil, lui avait dit aussi, quelques semaines auparavant, un adieu éternel.

Tout l'amour réparti autrefois sur tant de têtes chères était donc l'héritage de Joaquina, et, certes, c'était de l'adoration que sa mère avait pour elle. Mais, s'il y a des degrés dans cette suprême tendresse, Dona Mencia, penchée sur le sommeil de sa dernière fille, s'accusait parfois de ne pas l'adorer assez. Une autre était venue, une étrangère, presque une aventurière, car on savait seulement de son passé ce qu'elle en avait voulu dire elle-même, et la vue de celle-là lui faisait battre mieux le cœur, et la voix de celle-là faisait vibrer dans son âme des cordes autres et plus profondes.

Elle s'assit entre elles deux, servie par toutes deux avec des empressements rivaux. L'amour a de magiques remèdes. En prenant son léger repas, la marquise de Cabanil retrouva plus d'une fois son sourire. Elle s'informa, renaissant aux intérêts présents. Elle demanda des nouvelles du marquis, son mari; elle voulut savoir l'état des affaires.

Andrès, moins exigeant, était retourné sur sa paille où il découpait avec plaisir sa cuisse de poulet obtenue. Il avait encore de bonnes histoires à raconter sur le docteur Manuel Seguidillas et bien d'autres, mais il connaissait trop son devoir pour parler la bouche pleine, et puisque son appétit était satisfait, à quoi bon eût-il dépensé son éloquence?

Joaquina était en train d'arranger toutes choses pour tranquilliser sa mère en éloignant d'elle toute pensée inquiétante, lorsque l'entretien, caressant et paisible, fut interrompu soudain par un bruit qui venait du dehors. C'était comme le son régulier et sourd d'une troupe de soldats en marche, frappant le sol d'un pas égal. On allait vite et l'on ne parlait point.

Lilias, après avoir prêté l'oreille, se leva et gagna la fenêtre de l'ouest, ouverte précisément au-dessus de la poterne. Cette fenêtre donnait par conséquent sur la route qui traversait la montagne. Lilias sortit sur le balcon de pierre et se pencha au dehors. Elle vit une masse sombre et mobile qui avançait dans la nuit.

Il n'y avait plus de lune; au milieu des ténèbres profondes, elle put distinguer cependant, au moment où la masse mouvante passait au pied de la tour, les uniformes français, et au centre de la troupe, quatre hommes que l'on portait étendus sur des civières.

Lilias rentra et dit à la marquise en lui baisant la main :

— Madame, vous n'êtes plus sans amis dans votre retraite, et ceux qui passent marchent pour votre bien. Je prends congé de vous, et quand vous me reverrez, vos épreuves seront bien près d'être finies. A ce soir!

— Tu vas encore nous quitter, Juanita! répliqua la marquise attristée. Toujours des absences et toujours des mystères!

Elle avait attiré Lilias contre son sein, mais elle se retourna vivement vers Joaquina et lui dit :

— Toi, du moins, tu me restes toujours!

— Toujours, ma mère! répéta la Cabanilla en se laissant glisser à genoux.

Elle suivit pourtant Lilias qui se dirigeait vers la porte et celle-ci lui dit dans le baiser d'adieu :

— Hector de Chabaneil est libre maintenant, senora, et votre commission sera faite.

V

L'anneau de fer.

En descendant par cette ouverture d'où s'échappait au commencement de la nuit une large et tourbillonnante colonne de fumée, dont Petit-Eustache, revenant de sa pêche manquée, avait si chèrement apprécié l'odeur, on passait sous l'ancien perron du couvent de Saint-François de Sor et l'on arrivait dans les caves spacieuses et presque à fleur du sol, qui avaient successivement servi de cuisine à quelque chevalier, contemporain du Cid, puis aux moines gris, l'ordre le plus riche qui fût dans le royaume de Léon.

Quoique ces cuisines eussent encore la plupart de leurs fourneaux, savamment aménagés, et leurs grandes cheminées, pourvues de la crémaillère cyclopéenne où tant de fois avait pendu la soupe renommée du couvent, il y avait plusieurs feux, allumés sur la terre même de la cave, et au-dessus de ces foyers d'énormes marmites bouillaient, suspendues chacune à trois pieux, dont les sommets formaient le faisceau.

Aucune race ne tient obstinément à ses coutumes comme cette mystérieuse famille, reste de quelque grand peuple dispersé, qui se donne à elle-même le nom de Roumi ou de Rômes, et que nous appelons en Europe, selon les pays, tantôt les bohémiens, tantôt les zingari, les tziganes, les gitanos, les gypsies, etc. C'est la horde errante par excellence, possédant tous les vices et quelques-unes des vertus que donne le vagabondage ou, si mieux vous aimez, la liberté illimitée.

La liberté illimitée produit quelques vertus, le mot étant pris surtout dans le sens de force, et une formidable quantité de vices. Ceux-ci paraissent, du reste, s'occuper assez peu de distinguer la vertu du vice, et si le vice vaut mieux pour arriver à la satisfaction d'un besoin matériel, ils préféreront hautement le vice.

Leur astuce, en effet, n'exclut nullement une sorte de franchise qui ressemble comme deux gouttes d'eau à l'effronterie. Seuls, entre toutes les races de l'univers, ils méconnaissent l'idée d'un Dieu.

Leur culte, car ils en ont un, quoi qu'on en ait dit, est une sorte de matérialisme mystique, qui a pour objet la nature telle quelle et non personnifiée. Ce culte varie selon les tribus, de sorte qu'on les a pu prendre, suivant les cas, pour des adorateurs de l'air, de l'eau, du feu. Dussions-nous être accusés de prosaïsme, car cette race est commode aux poëtes, nous affirmons qu'ils adorent principalement ce que l'air fertilise, ce que l'eau arrose et fait pousser, ce que le feu mûrit ou cuit.

Les juifs se prosternèrent un jour devant le veau, parce qu'il était d'or ; sans mépriser l'or aucunement, les gitanos s'agenouilleraient plutôt devant ce même symbole, s'il était à la broche ou s'il sortait de la marmite. Ils sont philosophes à leur manière; et, par conséquent, ils ne peuvent être avares, l'avarice étant la négation même du bon sens philosophique et de toutes les passions la plus absolument idiote. S'ils aiment l'or, c'est pour ce que l'or achète.

Ceux qui les ont suivis dans les diverses parties de l'Europe qu'ils infestent, en Angleterre, en Espagne, en Italie et surtout de l'autre côté du Danube, dans ces provinces demi-chrétiennes, demi-musulmanes, où ils composent un élément de la population, s'accordent à leur prêter deux qualités très-opposées, mais qu'Alcibiade et plusieurs autres grands hommes ont réunies en eux-mêmes, avant eux, une admirable faculté de supporter la privation et une sensualité effrénée.

Beaucoup d'habiles gens ont cru que c'était le bois même dont on fait l'héroïsme. A ce compte, les bohémiens seraient tous des héros, et cela est plus près de la vérité qu'on ne pense. Seulement, il leur manque d'être hommes.

Ce sont des bêtes sauvages, douées de qualités héroïques.

Le peu qu'on sait de leurs traditions voilées avec un soin jaloux contient une foule d'absurdités et quelques vérités hardies. C'est un peu le cas de la plupart des traditions. Ils ont une sagesse qui consiste à vivre, et ce n'est pas aisé dans le milieu toujours hostile où ils passent; ils ont une loi qui leur défend de se mêler aux *hommes*, car ils se rendent justice absolument et n'ont aucune prétention à faire partie du genre humain qu'ils méprisent.

Il n'y a point parmi eux de lettrés proprement dits, quoique leur langue soit, assure-t-on, bien à eux et merveilleusement riche d'expressions, d'images et d'harmonies. On ne leur connaît pas un seul livre, mais une sorte de poésie se transmet de père en fils sous leurs tentes nomades, et il est certain qu'ils chantent entre eux des chansons qui ne sont point pour les profanes.

Quant à l'autre vie, leur croyance est connue. Ils ont scindé le système de Pythagore et pensent que le corps de l'homme (il n'y a point d'âme chez eux) retourne à la terre, où il devient, suivant les affinités de l'être qui a vécu, brin d'herbe, minerai de fer, algue du rivage, perle, fange, goutte d'eau ou diamant.

Il n'y a bien entendu ici ni récompense ni peine. C'est une loterie où le grain de sable a perdu, où le bloc de cristal de roche a gagné. On a vécu selon sa destinée, on meurt de même. Le caillou est libre comme l'homme.

Dans notre monde où tant de *curieux* dépensent leurs facultés, leur temps et leurs fortunes, à scruter de tout petits secrets ou à collectionner de véritables fadaises, on pourrait croire que de puissants efforts ont été tentés pour sonder le mystère de ces existences anormales, fils d'Adam abrutis ou loups intelligents. Ils vivent depuis longtemps ; ils ont excité l'étonnement du moyen âge, et depuis lors leur postérité disséminée ne paraît pas diminuer sensiblement ; ils présentent toujours la même série de problèmes à résoudre.

Vaste et superbe pâture pour les chercheurs ! Mais les chercheurs n'aiment que l'herbe courte qui a peine à repousser dans les sentiers déjà tondus. Ils sont hardis à la manière de ces bons Anglais qui viennent à la file chaque année tenter — les premiers — l'escalade du mont Blanc ; ils sont clairvoyants à la façon de ces même Anglais qui, chaque année encore, font un petit voyage de Ferney pour acheter, les larmes aux yeux, la canne de Voltaire. Pour découvrir l'Amérique, ils attendent volontiers la publication d'un guide-Richard.

Il y a bien eu des livres publiés sur la matière ; ce sont de ces livres très-savants dont l'édition entière encombre la voie qu'ils voulaient ouvrir. Les sentiers de l'inconnu sont parquetés de ces livres, comme l'enfer est pavé de bonnes intentions.

Et les bohémiens du XIXe siècle restent une vivante énigme comme les bohèmes du temps de saint Louis.

Leur trait distinctif, aujourd'hui comme alors, est l'amour du vagabondage et l'entêtement avec lequel ils s'attachent à leurs coutumes. L'ignorance où ils semblent être de la loi du tien et du mien leur est en effet commune avec un très-grand nombre de familles civilisées.

Si vous les rencontrez sous un toit, ce ne peut être qu'un fait accidentel, et, alors même, vous êtes bien sûrs de les y voir se comporter comme s'ils étaient en plein air. S'ils ont choisi, par hasard, leur domicile de quelques jours dans une maison abandonnée et ruinée, ils préféreront la cour à la cave, et si un motif de sûreté les force à ne point rester découverts, ils prendront la cave pour ne point respirer l'air des étages où les hommes ont demeuré.

Dans les anciennes cuisines du couvent des Moines-Gris, les marmites bouillaient loin des cheminées vides et loin des fourneaux froids. C'est la règle. Ils rendent aux hommes le dédain que les hommes leur prodiguent, et le fait de se servir d'un objet que les hommes ont touché leur cause une invincible répugnance. Cette répugnance devrait les gêner dans leur métier de voleurs, mais le vol est leur vie. Il a pour eux les entraînements de l'art, de la gloire et de la passion. C'est le vol qui met des rayons autour d'un nom de Roumi.

Auprès de chacune des marmites, il y avait une ou deux vieilles sorcières chargées de surveiller l'étuvée. Elles étaient toutes uniformément accroupies à la manière orientale et tenaient à la main la longue perche de bois vert à l'aide de laquelle leurs feux attisés brûlaient comme des fournaises.

Çà et là rôdaient quelques fillettes et quelques garçonnets

gourmands que ces mêmes perches avaient grand'peine à tenir à distance. Pour ces incomparables larrons, c'est un jeu de saisir une poule ou un dindon au fond d'une marmite en ébullition.

Les cuisines communiquaient immédiatement avec les offices, enfoncés plus profondément en terre, puis avec les celliers, qui se terminaient par un mur d'une énorme épaisseur, au centre duquel s'ouvrait une large brèche.

Au delà de cette brèche, c'étaient les cryptes de la chapelle, admirable débris de la première architecture chrétienne en Espagne, et dont les vastes piliers, chargés encore de dorures et de peintures, soutenaient une voûte ronde, avec des étoiles d'or sur un ciel d'azur, aussi solide et aussi saine que le jour de son achèvement.

Partout il y avait du monde, des feux et des jeux. L'éclairage, très-abondant, était fait à l'aide de chandelles et de bougies fichées en terre, de cierges élevés sur des flambeaux, et de lampes suspendues ou supportées dont quelques-unes, magnifiques par la matière et par le travail, provenaient d'un récent pillage.

On buvait en divers endroits, dans d'autres on dansait. Quelques belles filles causaient à l'écart avec leurs amants maigres, bazanés et bizarrement accoutrés. Le sang des femmes semblait là de beaucoup supérieur à celui des hommes.

Les chanteuses répétaient leurs romances avec fatigue, en s'accompagnant de la mandoline; de jeunes élèves des deux sexes prenaient des leçons de vol sur le fameux mannequin, — l'Homme, comme ils l'appellent aussi, — couvert de clochettes. Ainsi les fils des chevaliers s'exerçaient jadis sur la quintaine au noble maniement de la lance.

Ailleurs, les dés roulaient sur le sol nu ou sur des tapis, au milieu de groupes nombreux aux figures avides et farouches. Sauf les joueuses de guitare et les sorcières qui poussaient le feu sous les marmites, nulle main n'était occupée ici à un travail utile. Chez les gitanos, travailler, c'est déchoir. L'Espagnol de vraie race, nous sommes chagrin de l'avouer, n'est pas très-éloigné de partager cet avis.

Une chose frappait en entrant dans ce repaire, c'était le bon état physique de la horde, où les étoffes neuves composaient en majorité les costumes étranges des hommes et la gracieuse toilette des femmes; c'était aussi l'abondance de tous objets nécessaires à la vie et l'air de bien-être répandu sur tous les visages.

Si les Rômes sont, comme on l'a prétendu, un peuple maudit qui fait son purgatoire ici-bas, ceux-ci avaient trouvé moyen d'obtenir un répit dans leur supplice, ou bien leur purgatoire était devenu un lieu de bombance, d'où les démons tourmenteurs s'étaient enfuis.

Les outres, les flacons débouchés, les douros ruisselant sur les tapis, l'élégance inusitée des jeunes gens des deux sexes, la profusion des lumières surtout, étaient autant de symptômes qui prouvaient que la famille des Pharaons de l'anneau de fer avait enfin trouvé son paradis terrestre.

Tout était à l'avenant; le tabac brûlait partout, emplissant l'atmosphère de ses odorantes fumées; les chiens avaient de la pâtée à revendre et refusaient le pain blanc, des chiens de gitanos! et les marmites étaient si pleines que leur contenu en soulevait les couvercles.

Paradis, en effet, et véritable pays de cocagne que la Péninsule, à cette époque, pour tout ce qui était bandit ou gitano! L'Espagne mourait de faim, mais les voleurs y péchaient en eau trouble avec une telle impunité, qu'on eût dit en conscience que les malheureux campagnards étaient pour eux un gibier.

Il n'y avait plus de police; la force armée, constamment aux prises avec les Français, ne s'inquiétait guère de la sécurité publique, et quant aux Anglais protecteurs, le système avéré de leur général en chef était de fermer les yeux et de se concilier l'amitié des larrons de toute sorte, afin de s'en faire des espions.

Il aimait l'espion; il semait l'espion, il l'arrosait, il le cultivait, il le récoltait. C'était une vocation et une monomanie. S'il eût écrit ses commentaires comme César, il aurait établi cette vérité que, pour faire la guerre, les soldats sont presque du superflu.

C'était donc le moment ou jamais de mener grande vie. La guerre, en courant, dépeuplait les châteaux et les monastères; elle prenait au village tous ses hommes forts.

Quand, par hasard, la maison n'était pas déserte, on n'y trouvait que des vieillards et des femmes. Le pillage n'avait plus besoin de se gêner; il allait en plein soleil, s'il voulait, et le front haut : il était le maître.

Non loin de l'entrée de la crypte, sous une lampe à sept becs qui aurait fait la folie d'un antiquaire, le sénat de la tribu était rassemblé et traitait *inter pocula* les affaires communes. La horde s'était enflée, dans ces derniers temps, comme toutes les choses qui prospèrent; elle comptait pour le moins trois cents têtes, et son conseil supérieur était composé d'une douzaine de pères-conscrits dont la respectable tournure et l'accoutrement majestueux prouvaient assez le haut rang.

C'étaient presque tous des hommes d'âge mûr, et leurs visages appartenaient uniformément à cette catégorie qu'on n'aime point à rencontrer dans les chemins couverts, à la brune. Ils étaient présidés par une femme jeune encore, vêtue d'oripeaux constellés et d'une laideur tellement originale qu'elle force la description. Cette femme avait une figure absolument ronde avec des oreilles retournées et pendantes comme celles d'un chien de chasse. Son nez faisait à peine saillie entre sa large bouche fendue au couteau, et ses yeux moins ouverts que ceux d'une Chinoise.

Soit qu'elle eût reçu de la nature ce masque étrange, couronné par une calvitie complète, soit que l'art y eût aidé, ce qui est plus probable, cette femme, qu'ils appelaient la Lune, paraissait jouir, dans le Sanhédrin, d'une considération hors ligne. La source de ce crédit n'était ni l'engouement ni la faveur; on est juste, chez les Pharaons, et chacun y est coté à son prix.

La Lune avait un beau prix. Elle se montrait dans les foires pour un maravedi, en qualité précisément d'habitante exilée du corps céleste dont elle portait le nom. Pendant que la foule se pressait pour admirer cette merveille, les jeunes espoirs de la bande travaillaient à vider les poches de la foule. En une seule journée, au temps où il y avait des foires, la Lune avait mis jusqu'à deux et trois cents réaux dans l'anneau de fer.

L'anneau de fer, qui se pouvait voir en ce moment aux pieds de la Lune, symbolisait peut-être toute une philosophie très-mystérieuse et très-élevée ; mais dans notre ignorance à ce sujet, nous ne parlerons que de son usage vulgaire. C'était un simple cercle de tonne. Il servait de tirelire et protégeait religieusement l'œuvre importante du partage.

Hors de l'anneau de fer, le vol était un acte méritoire, mais le vol dans l'anneau de fer, passait pour un sacrilége ; il était puni de mort : tant il est vrai que toute société, si dé-dévergondée que vous la puissiez supposer, a sa règle et sa loi.

Tous les soirs, après le butin récolté chaque Rôme était tenu de jeter son gain au centre de l'anneau de fer, et le plus honnête homme de la famille opérait le partage avec des pincettes et nu comme un serpent, afin de n'être point soupçonné d'escamotage.

La Lune fumait sa pipe, assise dans une stalle sculptée, arrachée aux boiseries du chœur. Elle était ivre. Auprès d'elle s'accroupissait un grand corps, flottant dans l'uniforme d'un colonel anglais et dont le visage maigre semblait plus terreux parmi tout ce drap écarlate.

Il répondait au nom de l'amirante de Castille et coudoyait un certain commandeur d'Alcantara, beau coquin charmeur de poules de son état, qui se drapait fièrement dans un châle de fabrication française. La nièce de Mahomet suivait : elle avait conquis sa place par son habileté à voler les petits enfants, dont on obtenait ensuite rançon ; puis venaient un astrologue, un pharmacien distillateur de philtres, et d'autres qui n'auront point ici de mention spéciale, bien qu'ils en fussent dignes. Ainsi est l'histoire.

Mais le principal personnage de la horde ne se montrait pas là. Ceci était tout au plus le conseil des ministres ; le souverain se tenait à part, dans la majesté de sa solitude.

A l'autre bout de la crypte, sur une estrade protégée par une grille dont la rouille n'avait pas rongé encore toutes les riches ciselures, une femme au visage sévère et d'une régularité frappante était accroupie sur la terre nue et adossée à la dernière marche de l'autel abandonné.

Une chevelure abondante et d'un blanc de neige se séparait en deux masses égales sur son front, sillonné par une multitude de rides profondes; ses yeux étaient noirs, durs, vifs, tranchants; son nez avait la courbe du bec de l'aigle, et sa bouche, affaissée dans les mille plis que creuse la vieillesse, gardait une vigoureuse expression de commandement.

On devinait sa haute taille à la longueur de son torse, son port était droit et fier. Selon les vieillards de la tribu, elle avait été si admirablement belle qu'on avait vu tous les riches hommes et tous les grands d'Espagne pleurer l'amour à ses pieds.

Les Rômes de l'anneau de fer la reconnaissaient pour reine depuis grand nombre d'années. C'était Antioh-Amour, la Haute-Femme.

Il est connu que tous les gens vivant de superstition sont superstitieux. Ils exploitent une tromperie qui les trompe eux-mêmes. Il n'était pas un seul gitano sous les voûtes du couvent de Saint-François de Sor qui ne crût sincèrement et fermement au pouvoir prophétique de la Haute-Femme. Elle y croyait elle-même.

Devant elle un feu brûlait sur la dalle. Au-dessus d'elle, un long fil, tombant de la voûte, suspendait un oiseau mort, dont le corps tournait lentement aux courants d'air qui allaient et venaient dans ces caves ouvertes. Il y avait un vase de cristal épais, plein d'eau claire, à ses côtés, et sa main desséchée tenait sur le feu une large cuiller de fer où fondait du plomb. De temps en temps, on entendait le frémissement du plomb fondu, plongeant dans l'eau tout à coup.

La Haute-Femme appelait alors Handasi. Un jeune garçon beau comme une femme et vêtu de blanc s'approchait avec un flambeau éteint. Il l'allumait au feu et l'élevait au-dessus du vase où Antioh-Amour déchiffrait gravement les signes mystérieux que le métal refroidi avait tracés au fond du cristal.

L'oracle ayant parlé son muet langage que seule la prophétesse pouvait entendre, Handasi éteignait le flambeau en soufflant la flamme vers l'Orient, puis il se retirait à l'écart et la Haute-Femme méditait dans la solitude.

Personne ne la venait troubler. Ceux des autres galeries, les danseurs, les chanteurs, les joueurs, n'avaient le droit d'entrer dans la crypte qu'à l'heure du partage. C'est tout au plus si parfois un regard curieux et craintif se glissait au travers de la brèche. Quant aux membres du sénat, ils ne semblaient ni craintifs ni curieux; et s'arrêtaient seulement de causer chaque fois que le plomb fondu frissonnait dans l'eau froide.

— Il paraît que le métal ne veut pas dire son secret ce soir, murmura l'amirante de Castille après une de ces pauses. Voilà cinq fois qu'Handasi éteint et rallume le flambeau, et la Haute-Femme n'a pas encore parlé.

— Nous avons le temps d'attendre, répliqua la Lune, dont la bouche large et sans lèvres engloutit un verre de vin épicé.

— Nous pouvons dormir à présent sur les deux oreilles, reprit le charmeur de poules, commandeur d'Alcantara, qui drapa son châle français avec coquetterie. Autrefois, le plomb fondu nous annonçait la Sainte-Hermandad ou les alguazils; maintenant, la Sainte-Hermandad est avec la Sainte-Inquisition, quelque part où nous n'irons pas la chercher, et les alguazils ont assez à faire pour mettre le séquestre, comme ils disent, sur les biens des Josephinos,.. Puissante Adama, parlez-nous du temps où vous étiez dans la lune.

— Le vin n'y vaut rien, répondit bonnement la Curiosité. C'est trop loin de Xérès et d'Alicante.

— Si on travaille demain, comme il a été dit, au château de Cabanil, s'écria l'astrologue, c'est là que nous pourrons remonter notre cave!

— Qui donc a parlé de cela? demanda la nièce de Mahomet. Puis elle ajouta entre haut et bas :

— C'est au château de Cabanil que j'ai volé mon premier enfant... Il y a longtemps de cela!

— Un enfant du marquis? interrogea le commandeur.

— J'ai gardé le secret dix-huit ans, répliqua la nièce de Mahomet, qui mit sa tête alourdie sur ses genoux ; ce n'est pas pour le trahir aujourd'hui.

— Garde ton secret, nourrice. L'enfant doit être grand, s'il pousse toujours, et toi, en ce temps-là, tu étais une jolie fille... Mais qui donc a été aujourd'hui à Cabanil?

— Moi, répondit le charmeur de poules. N'avez-vous pas vu que j'ai jeté vingt onces d'or dans l'anneau?

— Et qui t'a donné ces vingt onces d'or?

— Une ancienne connaissance de la Haute-Femme... Qui de vous se souvient de l'aventure de Gibraltar?

— Ce fut moi, répondit la Lune, qui portai la jolie blonde à la felouque.

— Et qui vis-tu sur la felouque?

— La plus hideuse figure de coquin que j'aie rencontrée en ma vie.

— Lune, dit gravement le charmeur de poules, tu as le droit d'être difficile en fait de visages... Eh bien! le maître actuel du château de Cabanil, celui qui m'a donné les vingt onces d'or, c'est le contrebandier portugais de la felouque.

Il y eut un murmure de surprise.

— Et pourquoi, demanda-t-on, t'a-t-il donné les vingt onces d'or?

— Parce que c'est un rusé coquin, mes frères. Il craint les Anglais et n'ose rien entreprendre contre la femme et la fille du vieux marquis Blas, qui est prisonnier à Talavera... Je ris quand je les vois ainsi se dévorer entre eux : nous mangerons la queue du dernier, vous verrez! Il veut la fillette et le trésor. Pour arriver à ses fins sans se compromettre, il a imaginé d'ameuter les gens du pays; mais il n'y a plus dans le pays que des enfants et des femmes... C'est donc tout bonnement pour faire une émeute espagnole qu'il a besoin de nous.

— Et que dit la Haute-Femme?

— La Haute-Femme n'a encore rien dit.

La nièce de Mahomet, qui avait écouté toute pensive, demanda :

— La fillette dont tu parles a-t-elle les cheveux noirs et la peau brune ?

— Je me moque de la fillette comme d'une bouteille brisée, répondit le commandeur d'Alcantara. Je regardais les fillettes au moment où tu volais ton premier nourrisson. Maintenant je vais au solide. J'ai examiné avec un soin scrupuleux ce bon vieux château qui contient encore bon nombre d'excellentes choses. Je promets bien que, si le Portugais nous en ouvre une fois les portes, nous y ferons plus d'une visite d'amitié, pour peu qu'il reste en magasin une demi-livre de cire à prendre l'empreinte des serrures...

Le plomb rendit en touchant l'eau du vase un grincement retentissant, et la Haute-Femme appela :

— Handasi !

Dès que le jeune garçon eut allumé le flambeau, Antioh-Amour n'eut besoin que d'un regard jeté au fond du vase. Elle leva précipitamment les yeux vers l'oiseau qui tournait à l'extrémité de son fil.

Ses deux mains battirent l'une contre l'autre avec un bruit de parchemin sec.

Tous ceux qui étaient dans la crypte se levèrent, et la Lune, déposant sa longue pipe, demanda :

— Quels sont les ordres de notre mère ?

Dans les caves voisines, les joyeux murmures de la fête avaient pris fin comme par enchantement. Le souterrain entier s'emplissait de silence.

— N'y a-t-il point de sentinelle dans les roseaux, sur la route de Castille ? interrogea la Haute-Femme.

— Mère, il y a mon fils, répondit la voleuse d'enfants.

Et de toutes parts on chuchotait déjà :

— Elle a vu venir quelqu'un du côté du sud.

— Ton fils sera puni, femme, reprit Antioh-Amour, s'il a dormi à son poste.

Elle n'avait pas achevé qu'une huée plaintive et perçante, semblable au cri d'un oiseau de nuit, monta de la vallée.

Il y eût un silence. Chaque preuve nouvelle de la lucidité de la reine prophétesse causait toujours ici une profonde sensation.

— C'est bien, dit-elle adoucie. Le jeune homme veillait. Auprès de la voûte, il y avait déjà bien des mousquets en arrêt.

— Qu'on laisse les armes! commanda la Haute-Femme.

Puis elle reprit :

— Que deux seigneurs aillent au dehors et reçoivent avec respect celui qui va venir. Il a dans les veines le sang des rois d'Égypte.

VI

Les sorts de plomb.

En quittant sa tente après sa conversation avec le courrier mayor, Noir-Comin, traversant le camp comme nous l'avons vu, avait été reconnu par le soldat Mac-Pherson. Cela lui importait peu, parce que, dès longtemps, il avait habitué sa troupe au mystère de ses excursions nocturnes. Ce qu'il prétendait cacher, c'était le but même de son voyage.

Après avoir dépassé la source de San Julian, il s'engagea dans le sentier qui descendait aux rives du Tietar et le suivit pendant quelques minutes d'un pas rapide. A un coude du chemin, il se jeta brusquement dans un bouquet d'oliviers qui le bordait et resta immobile, écoutant et guettant. Nul pas ne le suivait. Il attendit pourtant, et ce fut seulement après un assez long intervalle qu'il coupa à travers champs pour rejoindre la route de la montagne.

C'est, dit-on, le climat qui donne le tour aux idées; mais une fois le tour pris, les idées vont en dépit du climat. Les Anglais apportent leur spleen humide et noir, les Écossais voiturent les brumes de leur pensée jusque sous le ciel radieux de l'Italie et de l'Espagne.

Le laird de Comin allait, tête baissée et un poids sur la poitrine, le long de ce chemin que la lune inondait de clartés. Les mêmes spectres qu'il eût entrevus parmi les brouillards nocturnes du Ben-Nevis tournoyaient autour de sa vue éblouie. Il pressait le pas comme s'il eût voulu fuir sa crainte. Malgré lui, parfois, il s'arrêtait pour prêter l'oreille, et alors les battements de son cœur étaient comme un grand bruit qui semblait l'épouvanter.

Il était brave, pourtant. Ses compagnons de guerre auraient porté ce témoignage que jamais plus vaillante main n'avait tenu la claymore. Mais que peut une lame d'acier contre ceux que redoutait le laird de Comin?

Il eût donné sa bourse, et encore sa paie du mois qui venait, pour ne point passer en un certain endroit, dont la pensée seule mettait du froid dans ses veines. Mais il n'y avait point ici de chemin de traverse et toutes les routes de la montagne convergeaient, comme les ruisseaux vont aux fleuves, vers le défilé qui fermait le château de Cabanil.

C'était la voie unique par où le laird de Comin pût se rendre au lieu où la nécessité l'appelait.

Les fumées de genièvre obscurcissaient son regard, mais ne lui réchauffaient point le cœur.

Il arriva enfin dans une gorge où les tours carrées de Cabanil fermaient la vue, comme un profil de prison. La nuit avait beau être brillante, ici, c'était l'obscurité. Sans se rendre compte de ce qu'il faisait, Comin mit le pistolet à la main et doubla le pas.

Il y avait un endroit où la route semblait se bifurquer pour longer le château à gauche comme à droite, mais, à gauche, ce n'était qu'une impasse, close par ce mur de rochers qui rejoignait le rempart. Nous savons bien cela, car le récit du courrier mayor nous a déjà conduits ici : c'était à cette partie du rempart que pendait l'échelle de soie de la pauvre Blanche, au moment où, en ce lieu même, une main inconnue poignardait César de Chabancil par derrière.

Quand le laird de Comin passa devant l'enfoncement où le meurtre avait été commis, ses jambes eurent une défaillance. Il détourna les yeux, mais la peur voit par derrière, comme aussi le remords. Le laird de Comin vit une ombre qui se glissait sous le rempart. Il se prit à courir jusqu'à ce qu'il eût dépassé la tour de Ferdinand-le-Catholique, qui formait l'extrémité du château.

Arrivé là, son orgueil se révolta violemment contre sa faiblesse. Il se retourna, défiant du regard la route parcourue ;

il voulut revenir sur ses pas, mais le cœur lui manqua de nouveau et il suivit son chemin en étouffant un blasphème.

Sa grande taille se redressa pourtant quand il atteignit la plaine, et ce fut la tête haute qu'il arriva aux ruines de Saint-François de Sor.

Sachant comment se guider dans ce labyrinthe de débris, il marcha droit au perron du vieux monastère. Il trouva là deux hommes enveloppés de manteaux comme lui et qui lui dirent en une langue qui n'était ni l'espagnol, ni le français, ni l'anglais, ni l'écossais gaëlique :

— Frère et seigneur, soyez le bienvenu.

Il répondit en la même langue :

— Que la paix soit où vous êtes, frères et seigneurs; conduisez-moi auprès d'Antioh-Amour, la Haute-Femme.

Les deux Pharaons, qui étaient l'amirante de Castille et le commandeur d'Alcantara, charmeur de poules, descendirent les premiers l'échelle et lui firent traverser les caves, au milieu d'une double haie de gitanos immobiles et muets. Ils s'arrêtèrent à l'entrée de la crypte où il n'y avait plus personne.

Dès que le laird de Comin eut franchi la brèche, il se trouva seul. Une vieille draperie constellée avait glissé en grinçant sur sa tringle. Elle fermait la brèche, et les deux Pharaons étaient restés en deçà.

La crypte n'était maintenant éclairée que par le foyer où la Haute-Femme faisait fondre son plomb. Celle-ci n'avait point changé d'attitude. Elle se tenait toujours accroupie et droite sur son séant, adossée à la dernière marche de l'autel. La lueur rouge du foyer tombait sur ses traits où elle marquait brutalement les contrastes d'ombre et de lumière. Ses yeux étaient fixés dans le vide. Son visage avait une expression morne et sévère.

Le laird de Comin traversa la crypte d'un pas ferme. Ici, il n'avait plus peur. Il monta les deux degrés, franchit la balustrade et s'arrêta debout devant le foyer.

Ce fut seulement lorsqu'il parla que la Haute-Femme tourna les yeux vers lui. Il dit :

— Je vous salue, Antioh, ma mère.

A quoi elle répondit d'une voix plus morne encore que son regard :

— Pharès, mon fils, je vous salue.

Le laird de Comin rabattit alors le manteau dont le pan lui avait jusqu'ici caché le visage. Il était très-pâle, quoique la rapidité de sa course eût mis des gouttes de sueur à ses joues. L'œil perçant de la Haute-Femme ne fit que glisser sur son visage. Elle dit :

— Les heures de la nuit sont mauvaises pour ceux qui ont versé le sang, à moins qu'ils n'aient frappé pour accomplir le devoir de la vengeance.

— Sommes-nous seuls? demanda Noir-Comin, dont l'œil essayait en vain de percer les ténèbres qui l'entouraient.

Le plomb tombait en fusion de la cuiller de fer.

— Handasi! appela Antioh au lieu de répondre.

Quand le jeune garçon vêtu de blanc eut fait son office et soufflé la flamme de la bougie vers l'Orient, il se retira. Comin le suivit du regard, et ne voyant point soulever la draperie, il reprit :

— Je ne pourrai parler, si nous ne sommes pas seuls.

— Alors, ne parle pas, Pharès, répliqua la Haute-Femme. Les heures de cette nuit sont pleines pour les tiens et les miens, puisque le même sang est dans nos veines. Le sort dévoile à chaque instant un secret nouveau. C'est comme la nuit d'août où les étoiles tombent du ciel, annonçant le nombre des existences qui s'éteignent. Le moment est propice et j'accomplirai le rite jusqu'au lever du soleil.

— L'enfant a-t-il donc la confiance?

— Personne n'a ma confiance... As-tu oublié la langue des Gaëls?

— Ma mère, dit aussitôt Comin en écossais, qu'as-tu fait de celles que je t'ai confiées?

— Entends-tu parler de la bru de Mencia de Cabanil et de sa fille?

— J'entends parler de Jeanne et de Blanche, ma mère.

La Haute-Femme appela sur ses traits une expression de froide impassibilité.

— Celles-là sont ma vengeance, répondit-elle, et ma vengeance est à moi. Pourquoi m'interroges-tu?

— Parce que ma vie dépend de votre réponse, ma mère.

— Et tu tiens à la vie comme ceux de ta nouvelle famille?

— Je tiens à l'honneur, à la fortune.... à l'avenir de ma fille.

Antioh eut un sourire amer.

— L'honneur, la fortune, l'avenir! répéta-t-elle, ces mots n'ont pas de signification chez nous.

— L'honneur! ajouta-t-elle presque aussitôt après, tandis que les rides de son front se creusaient. Ils prononcent ce mot chaque fois qu'ils méditent quelque lâche infamie; nous n'avons pas d'honneur. La fortune! c'est le prix auquel ils vendent ce qu'ils appellent leur âme. Nous sommes d'aujourd'hui; nous ne savons plus ce qu'était hier; nous bravons ce que sera demain. Nous n'avons pas d'âme et nous ne voulons pas de richesses. L'avenir! sais-tu combien d'heures te séparent du néant, Pharès?

Comin tressaillit et balbutia :

— Et vous, le savez-vous, ma mère?

Puis, sans attendre la réponse, et comme s'il eût fait appel à tout son courage :

— Je n'ai jamais agi que d'après vos conseils, reprit-il d'une voix plus ferme. Vous m'aviez dit qu'il était dans mon ciel une étoile plus haute que la mienne... une étoile ennemie. Mon métier de soldat m'a appris les ruses de la guerre. J'aurais pu tuer celles dont nous parlons; j'ai mieux aimé les garder pour otages. Maintenant, je suis en face de cette étoile ennemie qui est plus haute que la mienne au ciel. J'ai besoin de mes otages; je viens vous les redemander.

Antioh-Amour déposa sur la dalle sa cuiller où le plomb se figea.

— Tu n'es plus d'entre nous, murmura-t-elle. Tu as tué par avarice et tu veux pardonner parce que tu as peur. Tu es un homme!

— J'ai tué pour ma fille! s'écria Comin. Ma fille est mon cœur!

— Tu mens! prononça la Haute-Femme avec un inexprimable dédain.

— Toi aussi, s'interrompit-elle, comme si elle se fût donnée involontairement à la rêverie, toi aussi, tu as été mon cœur! J'étais toute jeune, et tu me révélais le bonheur d'être mère! J'avais un fils, et il semblait que j'eusse tout prodigué pour lui, tout, jusqu'à la science inaltérable qui est l'héritage des aïeux.

Je n'avais pas de remords, quoique j'eusse donné ma jeunesse, non pas au frère que la loi m'imposait pour époux, mais à un chrétien, à un ennemi, à celui qu'entre tous ma mère m'avait ordonné de haïr : au Riche-Homme, don Blas de Cabanil... Je l'aimais et il pleurait en me jurant une éternelle tendresse...

— Vous m'avez dit cela déjà, ma mère, l'interrompit Comin avec sa rude impatience.

— Les vieilles gens se répètent, mon fils. Ceux qui les écoutent profitent, car c'est goutte à goutte que les lèvres laissent tomber un secret. Ce qu'on ne sait pas se mêle à ce qu'on sait. Souviens-toi que le jour où je t'appris le nom de ton père, tu t'étais écrié dans ta révolte aveugle : Ma mère, vous m'avez déjà dit cela !

— C'est vrai, murmura Comin, qui croisa ses bras sur sa poitrine. Mon temps est précieux cette nuit, mais j'écoute.

— Blas de Cabanil était alors mineur et en tutelle, reprit Antioh. Une famille puissante l'entourait. Moi aussi, j'ai répandu le sang, mais je le garde à mes mains avec orgueil et je n'ai point de remords. Notre loi n'est-elle pas la vengeance? J'ai tué le tuteur de Blas, qui était père de ma rivale. Ma rivale eut de beaux enfants... Je ne parle pas ici de dona Mencia, puisque Cabanil a l'âge d'être son père... je parle de longtemps... Les beaux enfants sont morts... ma rivale aussi. J'ai bien fait : j'avais droit... Mencia est venue après. Elle tient ma place. J'ai droit sur Mencia de Cabanil, et je puis lui torturer le cœur !

Ces paroles furent prononcées à haute voix et avec une sauvage énergie. Antioh-Amour avait la tête droite et l'œil grand ouvert. Elle ne s'excusait pas, elle se vantait d'avoir pratiqué la première vertu de sa race.

— Ils étaient forts, continua Antioh, ils s'attaquèrent à ma faiblesse. Ce crime dont ils nous accusent si amèrement, ils le commirent, et ce furent des chrétiens, cette fois, qui volèrent l'enfant de la bohémienne! Blas partit pour un long voyage et je fus oubliée. L'enfant passa la mer. Ils vendent tout, tes Ecossais si nobles : celui dont tu as le nom vendit jusqu'au berceau vide et encore chaud de son premier-né, qui venait de mourir..... C'était un de ces pauvres gentilshommes ruinés par leur entêtement à vouloir je ne sais quel roi à la place d'un autre roi tout pareil et à prononcer dans leurs prières je ne sais quels mots au lieu de tels autres. Car voilà le motif de vos guerres! N'est-ce pas pitié! Il s'appelait Munro, laird de Comin.

Moyennant le prix d'une masure et d'un champ, dans la montagne de Lochaw, tu devins son fils aîné. Et moi, je fus vingt ans à te trouver. Tu avais de la barbe et il te naissait justement une fille. Je te racontai ton histoire; je te montrai la route libre et droite où tes aïeux ont marché : mais tu avais subi déjà la contagion de l'esclavage. Tu avais de l'honneur, c'est-à-dire l'orgueil du mal; tu avais de l'ambition, c'est-à-dire la faiblesse des enfants qui pleurent après le hochet; tu croyais en un Dieu qui tolère le crime, tu étais homme, tu étais perdu. Je t'abandonnai.

Encore quinze ans, Pharès, et nous nous retrouvâmes. Il y avait des fils d'argent dans tes cheveux noirs. Les rides venaient autour de tes yeux. Tu avais la sombre folie de tes compatriotes : tu voyais double et tu en croyais mieux voir!

Cette fois, je n'avais rien à te dire, et ce fut toi qui me racontas une histoire : ton histoire.

Tu avais appliqué à nos ennemis la peine du talion, qui est justice; tu leur avais enlevé leur fille qui, par ton fait, vivait misérablement dans un coupe-gorge de l'Aragon. C'était bien. Mais tu ne t'étais pas arrêté là, parce que ton œuvre n'était pas vengeance. Ton œuvre était avarice. Tu es un homme! A la place de leur fille enlevée, ta fille grandissait dans leur maison. La chair de ta chair, Pharès! de quel droit la vouer ainsi au malheur?... Tais-toi! Je vais répondre... On t'avait dérobé, selon toi, l'héritage de ton père, les domaines de Cabanil, le plus riche apanage de toute l'Espagne. Tu voulais le restituer à ta fille, est-ce vrai?

— C'est vrai, dit Comin, et je le veux encore.

— Et tu vins me consulter, au plus profond de ta maladie, rêvant éveillé, divaguant, réduit à un état plus vil que celui de l'animal sans raison. Tu me demandas comment racheter ton âme... Tu n'as jamais eu d'autre âme, Pharès, que le trésor de Cabanil... Je tirai ton horoscope. Pouvais-je refuser à mon fils ce que je ne refuse à personne? Les astres ne savent pas mentir.

Les astres répondirent à ton intention, non pas à tes paroles, à l'esprit, non pas à la lettre de ta question; ils te crièrent par ma voix de reprendre ton âme à celui qui l'avait. Qui tenait ta place? Ange de Cabanil. Les astres te dirent de prendre à Ange de Cabanil *son sang, sa femme, ses sœurs, son or :* tout, en un mot. Et n'attends jamais rien autre chose du meilleur des oracles. Ta passion interroge; la réponse qui descend de la voûte céleste n'est qu'un écho de ta passion. Je te défends de répéter que tu as agi d'après mes conseils!

— Femme, prononça Noir-Comin avec une colère concentrée, si tu m'abandonnes, c'est que tu me vois bien près d'être vaincu.

Au lieu de répondre, elle eut un rire méprisant en reprenant à la main la longue tige de sa cuiller de fer.

— C'est toi qui as tout fait! poursuivit Noir-Comin. Ma folie me poussait à l'aveugle, toi, tu as arraché le bandeau. Combien de temps ont duré les préparatifs de ce meurtre qui ressemble à l'invention d'un hardi menteur? N'a-t-il pas fallu mesurer le terrain pouce à pouce afin de braquer le canon? N'a-t-il pas fallu amener, entre mon but et mon arme, un prétexte qui allumât la mèche aux mains de mes canonniers?... Il y eut des jours, il y eut de longues semaines! Et je venais à toi, et je te demandais pitié; j'avais ta réponse, toujours la même, implacable comme la vérité... La veille encore, la veille même du mariage, tu écrivis sur la table de pierre ton dernier arrêt : quelques heures après, je prenais à Angel son sang et sa femme !

Sous la cuiller, Antioh-Amour attisa le feu qui allait s'éteignant.

Te voilà muette! s'écria le laird de Comin dont les lèvres tremblaient. Je suis prophète aussi ; je ne dormais pas quand j'ai vu ma fille dans la pleine lumière. Ma fille aura tout ce que j'ai acheté pour elle à un prix si funeste !

— Et toi, Pharès? demanda la Haute-Femme avec son froid dédain. On dit que ceux qui ont la seconde vue peuvent se voir eux-mêmes vivre et mourir. Qu'as-tu vu de toi?

— Rien, répondit Comin à voix basse. Ne savez-vous pas que celui qui est *fay* voit tout autour de lui, mais jamais lui?

— D'un seul coup, murmura Antioh-Amour, tu avais accompli la moitié de l'oracle.

— Depuis, je n'ai fait qu'un pas, au prix d'un meurtre. La seconde sœur d'Ange, celle que son abandon semblait livrer à moi sans défense, m'a échappé comme si elle eût été défendue par une main surnaturelle. Deux fois, j'ai été sur le point de vaincre : au couvent des Visitandines de Madrid et sur la felouque de Samuel da Costa, dans les eaux des Baléares... Mais tu l'as dit, femme, il y a dans mon ciel une étoile plus haute que la mienne !

Il se rapprocha et poursuivit à voix basse :

— Veux-tu répondre à une seule question, ma mère?
— Laquelle?
— César de Chabaneil est-il mort ou vivant?

La Haute-Femme jeta une poignée de bois sec dans son foyer qui rendit une grande flamme. A cette lueur soudaine, son visage railleur et dur sembla surgir hors de la nuit.

— Ne t'étais-tu pas déguisé en moine pour assister à son exécution? dit-elle.

— Si fait. J'ai risqué ma liberté, afin d'établir mon repos sur le témoignage de mes propres yeux.

— Et que vis-tu?

— Je vis l'homme frappé de douze balles, je vis le corps dans la charrette, puis dans la fosse creusée au Campo-Santo.

— N'est-ce pas assez ?

— Non... J'ai entendu ce soir des paroles menaçantes... Ce n'était pas le même visage, et cependant toutes les voix de mon être me criaient : C'est lui... Tu sais que la tombe est vide, là bas, au cimetière de Madrid ?

Un sourire plus sarcastique creusa les rides d'Antioh-Amour.

— Si ce n'est pas lui, acheva le laird de Comin d'une voix altérée, la légende dit vrai : j'ai vu un fantôme.

La Haute-Femme répondit d'un accent dédaigneux :

— L'homme meurt tout entier, il n'y a point d'âme ; il ne peut y avoir des fantômes.

— Alors, il est vivant ! s'écria Comin ; alors rends-moi sa sœur et son amante qui sont mes otages et qui seront ma force contre lui.

Antioh-Amour redressa lentement sa grande taille. Avant de répondre, elle parut se recueillir.

— Celles-là, dit-elle enfin d'un ton glacial, mais qui du moins était exempt de raillerie, celles-là sont le cœur de Mincia de Cabanil et ma vengeance. La loi défend d'ouvrir la main pour laisser échapper la vengeance. Pour toi comme pour ceux qui les ont aimées, Jeanne de Chabaneil et Blanche de Cabanil sont des mortes.

Comin ouvrit la bouche pour l'interrompre, elle lui imposa silence d'un geste souverain.

— Quand j'ai parlé, tout est dit, reprit-elle. Je n'ai pas achevé, prête l'oreille et profite. Tout à l'heure, tu m'accusais de t'avoir abandonné. Il y a longtemps que je ne suis plus ta mère. Je t'ai pleuré vingt ans. Le jour où tu as refusé de rentrer parmi nous, mes larmes ont été séchées pour jamais. Entre toi et le moindre de nos frères, je n'hésiterais pas ; *tu es un homme !*... Ne m'interromps pas, te dis-je ; mes paroles sont la loi...

Cependant, si pur que soit l'acier dont la nature a trempé le cœur des premiers-nés de Pharaon, quelque chose reste de ces rêves délicieux qui furent la jeunesse. Tu étais l'enfant de mon amour, je n'ai pu oublier cela. Non-seulement je ne t'ai pas abandonné, mais j'ai conservé l'espoir de reconquérir mon fils et la fille de mon fils.

Je la connais. Elle est venue plus d'une fois, partageant la folle envie de l'autre race et cherchant à déchirer le voile salutaire qui couvre les jours à venir. Elle est belle, elle est hardie ; sa figure est de nous ; j'ai vu notre sang à travers le bleu tissu de ses veines. Je pourrais l'aimer... Pharès, tu n'as pas combattu seulement jusqu'ici tes ennemis et ta destinée. Ta mère était contre toi, parce qu'elle voulait te racheter par le malheur !

— J'avais deviné cela ! murmura Comin entre ses dents serrées. Merci de ta franchise, femme !

— Silence ! je vais aujourd'hui t'offrir, et ce sera la dernière fois, toutes les armes qui te manquent ; je vais te donner une égide bien autrement puissante que ces deux femmes, derrière lesquelles veut s'abriter ta frayeur. Ne vois-tu rien autour de toi, Pharès, qui t'annonce le changement des temps ? Ignores-tu que nos prospérités doivent être un jour égales à notre chute ?

Nous sommes le plus ancien et le plus glorieux des peuples. Le monde qui dure depuis des millions d'années a des saisons de quelques heures qui s'appellent la nuit et le jour, des saisons de quelques mois qui sont l'été et l'hiver et d'autres saisons dont notre vue bornée ne peut saisir l'étendue, qui n'ont point de nom et qui durent des siècles.

Tout roule, tout va et vient sans cesse, selon l'ordre de ces éternelles marées, montant, descendant, en un mot, s'abandonnant à ce mouvement éternel qui est la vie. Tout ce qui est périra, tout ce qui est mort naîtra. L'alternative du repos et de la veille explique et régit l'univers.

Pharès, regarde autour de toi, je te l'ordonne ! Que tes yeux soient dessillés ! Vois les hommes acharnés à se détruire, vois les nations s'entre-dévorer comme des troupeaux de bêtes féroces. N'entends-tu pas le râle de l'Europe agonisante ? Nous venons d'Afrique, Pharès, après être sortis d'Asie. Nous attendons, spectateurs de ces convulsions haletantes, nous attendons, nous, les héritiers... Viens au milieu de nous, et tu seras roi, et père de reines !

Il y avait une étrange et véritable majesté dans l'expression que la Haute-Femme avait donnée à ces paroles.

— Puis-je répondre, maintenant? demanda Noir-Comin en contenant sa voix.

— Tu ferais mieux de méditer, répliqua Antioh-Amour.

— J'ai réfléchi : puis-je répondre et ta harangue est-elle achevée?

— Parle, je n'ai plus rien à dire.

— Eh bien! s'écria le laird de Comin avec un brutal éclat, voici ma réponse. J'aimerais mieux voir ma fille vivandière du régiment que reine au milieu de tes danseuses de cordes et de tes courtisanes. Et quant à moi, plutôt que de commander à tes escrocs en haillons, je préférerais brosser l'uniforme de mon dernier grenadier! Oses-tu bien prononcer le mot folie, femme, quand tu viens proposer à un lieutenant-colonel de l'armée anglaise de coiffer ta couronne pour rire et de prendre en main ton sceptre de carton!

Antioh-Amour tourna la tête et désigna du regard, appuyée contre une colonne voisine, la longue crosse blanche qui était le symbole de son autorité.

— Si je frappais la terre avec cela, dit-elle d'un ton calme et hautain, tu serais englouti!

Noir-Comin haussa les épaules.

— Ton père d'adoption, continua Antioh, l'Ecossais dont tu portes le nom, était l'ami d'un roi mendiant comme nous. J'ai ouï dire que le dernier de la race de ce roi est mort sous la tonsure. Où sont les rois de France, les rois de Naples et tant d'autres rois? Où est le roi de ce pays où nous sommes? Aveugle! aveugle! Railles-tu mon bâton de commandement qui est entier, à l'heure où tant de spectres sont en poussière? Ma main t'a ouvert une porte; tu l'as refermée du pied : que ta destinée soit sur toi!

Elle versa brusquement le plomb fondu dans le vase et appela Handasi. Comin suivait chacun de ses mouvements avec une avide inquiétude. Elle regarda longtemps au fond de l'eau. Quand le jeune garçon eut éteint le flambeau et se fut retiré, elle dit :

— Pharès, sans moi, tu n'auras jamais le trésor. Je vois

le trésor comme je te vois, le trésor qui est sous la garde d'une statue. Si tu veux être avec nous, je t'ouvrirai la porte qui n'a pas de serrure; si tu veux être avec nous, je romprai le charme de l'homme au corps d'acier, et tu te baigneras dans l'or !

Noir-Comin sourit avec dédain.

— Pharès, reprit Antioh-Amour, les deux femmes qui sont ta sauvegarde périront par ta propre main.

Noir Comin eut un court frisson et ne répondit point encore.

Mais il tressaillit bien autrement lorsque Antioh-Amour, ayant levé les yeux vers l'oiseau suspendu au-dessus de sa tête, dit tout à coup :

— Pharès, l'homme à qui tu as donné rendez-vous ici est en route !

Le regard du laird exprima de l'épouvante et de l'admiration, comme il arrivait chaque fois que la Haute-Femme lui imposait une preuve irrécusable de sa puissance.

— Connais-tu bien cet homme ? reprit-elle.
— Tout le monde le connaît, répondit Comin.
— Qui est-il ?
— Ne peux-tu le voir ?
— Non, je ne peux le voir... Il y a des étoiles au ciel trop hautes ou trop petites.
— Celui-ci est un pauvre diable qui est roi comme tu es reine, répliqua Comin essayant de mettre un peu d'insolence en guise de masque sur son trouble. Peut-être ces gens-là n'ont-ils pas d'étoile.
— Son nom ?
— Urhan Moreno.
— Ah !... fit Antioh-Amour, qui devint pensive.

Elle reprit après un silence :
— Il vient vite.
— C'est qu'il est en retard, répondit le laird, qui consulta sa montre.
— Quel superbe cheval ! ajouta la Haute-Femme.
— Il passe pour le plus habile cavalier des Espagnes.
— Et qu'as-tu besoin de cet Urhan Moreno, Pharès ?

— Samuel da Costa m'a trahi.

— C'est juste, murmura Antioh. Il est maître de l'enfant et dort au-dessus du trésor. Quoique tu sois habitué à mépriser mes conseils, écoute : frappe toi-même Samuel da Costa, si la juste vengeance t'y autorise, mais ne te sers pas de cet homme qui va venir.

— Je ne peux pas frapper Samuel, dit Comin avec quelque répugnance.

— As-tu perdu jusqu'à la vulgaire bravoure de ceux de tes montagnes ? demanda Antioh.

— Il a mes secrets et ses mesures sont prises contre moi.

— Nos frères peuvent boire et goûter librement le plus grand plaisir de l'homme, qui est l'ivresse, dit la Haute-Femme, dont l'accent austère avait une expression de triomphe; mais vous autres, vous avez raison d'appeler vice la sublime volupté qui naît dans le vin. Vous avez tous quelque chose à cacher. Le vin est pour vous un poison, car il vous arrache la vérité qui vous tue.

Comin courba la tête.

— J'ai essayé de ne plus boire, dit-il, mais il faut oublier.

Le cri d'oiseau de nuit qui était le signal de l'approche d'un étranger retentit au dehors.

— Veux-tu qu'on le repousse ou qu'on le reçoive ? demanda Antioh-Amour. Il est encore temps de choisir.

Comin hésita un moment.

— J'ai besoin de lui, dit-il enfin, puisque je ne puis compter sur toi. Qu'il entre !

Antioh étendit la main, prit sa crosse de commandement et en toucha le bord d'un bassin de métal qui pendait, suspendu par son centre à une tige fixée dans la colonne. Le bassin vibra fortement et la draperie qui fermait la brèche fut à l'instant soulevée.

— Qu'on introduise l'étranger ! ordonna la Haute-Femme. Elle se leva et ajouta :

— Sois libre, Pharès. Je te donne jusqu'à l'heure de midi pour revenir sur ta décision, et jusque-là je suis ton amie.

Handasi, appelé, prit le plomb, le flambeau et le vase. Il se dirigea vers une porte fermée, à gauche de l'autel. Antioh le suivit, appuyée sur son bâton blanc. Son pas était solennel et ferme.

Pendant qu'elle marchait, un grand bruit se fit derrière la draperie. Le souterrain tout entier retentit d'acclamations et de bravos.

La Haute-Femme mit le pied sur le seuil de la porte ouverte, et avant de disparaître elle dit :

— Souviens-toi qu'il vaudrait mieux pour toi enfoncer un poignard dans ton propre sein que d'essayer de me combattre !

Les acclamations redoublèrent au dehors, la draperie s'ouvrit et un homme entra dans la crypte à ces cris mille fois répétés :

— Bravo, senor Moreno ! Bravo, le bandit d'Estramadure ! El Verdugo, bravo ! bravo !

VII

El Verdugo.

Qu'ils fussent ou non les débris du premier peuple du monde et destinés à redevenir la plus grande nation de l'univers, les sujets de la Haute-Femme n'en savaient pas si long qu'elle et regardaient de plus bas les choses de notre planète. De tout temps, les bohémiens ont entouré les bandits un peu notables de leur respect amoureux et profond. Qu'ils aient frayeur d'eux, c'est probable; mais ils les regardent en outre comme des collègues : des collègues plus osés et plus brillants.

En Espagne, où le bandit atteint fort souvent cette renommée légendaire que beaucoup de braves guerriers ne peuvent conquérir au prix de leur vie, ce sentiment est encore plus développé qu'ailleurs. En Espagne, un bandit bien couvert est un héros comme le beau boucher qui déshonore l'épée à frapper des taureaux.

Il y a là un renversement du sens moral qui nous étonnerait, si nous n'avions des milliers de romances avec accompagnement de piano qui essaient d'apprendre à nos jeunes filles cette religion idiote. Nos jeunes filles aiment la romance et ne détestent pas les bandits, soleils de la romance. Seulement, chez nous, il n'y a plus guère de bandits que dans les romances.

Là-bas, le bandit existe et c'est le bourreau des cœurs. Il a l'honneur d'être le rival du torero. Les fillettes courent bel et bien après le bandit ou après le matador, comme les bonnes de nos enfants brûlent leurs cœurs aux yeux des sergents-majors, ces derniers neveux de don Juan ! Ce sont les femmes qui font partout la popularité. Là-bas, matadors et bandits ont la popularité comme les jeunes-premiers de nos théâtres, ce qui est le sommet de la gloire.

Le seigneur Urban Moreno était sans doute habitué à ces hommages, car il les accueillit en bon prince. Il donna des poignées de main aux hommes, des sourires aux dames et distribua même à propos quelques baisers qui mirent l'enthousiasme au comble.

Aussi les Rômes de l'anneau de fer, mâles et femelles, furent-ils unanimes pour offrir au seigneur Urban Moreno une réception hors ligne. Ils n'en auraient certes pas fait autant pour le capitaine général de la province. Dès que le seigneur Urban Moreno parut au haut des degrés, on fit la haie sur son passage, les toques furent agitées, les mains battirent et un bravo bien nourri ébranla les voûtes du vieux monastère.

Urban Moreno avait un nom. C'était une étoile. Il avait inspiré des chansons. Qu'il fût mort autrefois et que sa gloire servît de parure à un successeur, peu importait. Homère aussi a passé pour un être multiple. Ces mystères qui entourent la vie d'un brigand célèbre ne font qu'augmenter sa renommée.

La Lune et la voleuse d'enfants, nièce de Mahomet, voulaient qu'on le portât en triomphe à travers les galeries ; l'amirante de Castille et le charmeur de poules, commandeur d'Alcantara, lui firent une garde d'honneur jusqu'à la brèche.

— Bravo ! seigneur bandit ! El Verdugo, bravo !

A la brèche, on le quitta, parce que nul n'avait le droit de franchir la brèche jusqu'à nouvel ordre de la Haute-Femme. La Lune mit une lampe entre les mains de Noir-Comin et la draperie retomba.

Noir-Comin déposa la lampe sur les anciens fonts, et, aussitôt la draperie fermée, il rejeta son manteau en arrière, découvrant ainsi son costume de lieutenant-colonel de l'armée anglaise. Urban Moreno salua, en réponse à cette démonstration muette, et tous les deux restèrent en face l'un de l'autre. Comin s'était arrangé de façon que son partner fût placé en pleine lumière.

Le seigneur Urban Moreno semblait s'inquiéter assez peu de cela. C'était un bon gros garçon qui, en apparence, avait la force d'un bœuf. Une ligne de taffetas noir, cachant sans doute et pansant une récente balafre, prenait au-dessus de son sourcil droit, passait entre ses deux yeux et allait rejoindre le coin gauche de sa bouche. On ne saurait dire l'air martial que lui donnait cette mouche gigantesque et très-coquettement posée.

Il avait les cheveux d'un roux sombre et presque fauve, avec d'énormes favoris de la même couleur. Il ne portait pas de moustaches, mais une grosse touffe de poils, également fauves, faisait bouquet à son menton. Il était plutôt petit que grand, et cela paraissait d'autant mieux par la largeur démesurée de ses épaules.

Son costume était presque aussi bariolé que celui de Noir-Comin lui-même, dans un autre genre, et je ne suppose pas qu'on en trouvât un aussi beau à Paris, fût-ce dans le magasin de l'Opéra-Comique, patrie des romances et refuge des bandits. C'était un justaucorps de velours marron, sanglé sur une triple veste de velours, autour de laquelle s'enroulait une riche ceinture de soie écarlate. Les culottes ou caleçons étaient de la même couleur que le justaucorps, et par-dessus se laçaient de grandes guêtres en cuir de Hanovre.

Le justaucorps, les trois gilets et les passements du pantalon étaient tellement chargés de boutons d'argent, ciselés à jour, qu'il fallait les compter par centaines. Le seigneur Moreno portait en outre le sombrero avec la cocarde de la junte et une résille verte dont les franges lui tombaient jusqu'au milieu du dos.

N'était-ce pas un joli brigand, et peut-on s'étonner qu'en passant il eût fait battre plus d'un cœur sous les corsages débraillés des filles de Pharaon ? Sa taille paraissait un peu épaisse et un peu courte, il est vrai, mais c'est souvent signe de vigueur, et ces petits gros hommes possèdent parfois une agilité suprême.

Sa balafre, habillée de taffetas, changeait peut-être un peu le caractère de sa physionomie. Cela *durcit*, dit-on, les figures. Nonobstant, la physionomie du seigneur Moreno n'exprimait guère qu'une résolution un peu brutale, recouverte d'une épaisse couche de joyeuseté. Le tout formait une apparence d'humeur joviale et insouciante.

Noir-Comin l'examina longtemps, à cause des dernières paroles d'Antioh-Amour. Il fit avec soin dans son souvenir la revue de ceux qui avaient été ou qui étaient encore ses ennemis. Il compara, mais en vain, les images évoquées à l'image présente. Sa mémoire ne lui rappela personne qui ressemblât à l'homme qui était devant ses yeux.

Ce fut d'abord avec beaucoup de patience et une indifférence parfaite que le seigneur Urban Moreno soutint l'examen dont il était l'objet, mais tout à coup le sang lui monta au visage, et il jeta un regard oblique vers l'arsenal complet d'armes éclatantes que soutenait sa belle ceinture.

— Caramba ! seigneur colonel, gronda-t-il en faisant un pas en arrière, je suis Espagnol et hidalgo, cousin par les femmes de Guzman, de Medina Sidonia et de Porto-Carrero. Je poignarderais le roi, si le roi se moquait de moi !

Le laird sourit paisiblement et se découvrit.

— Seigneur Urban, dit-il, pardonnez-moi, je ne suis qu'un bien petit gentilhomme auprès de vous. Les graves affaires qui m'occupent doivent excuser ma distraction.

El Verdugo se dérida tout à coup.

— Je remercie Votre Excellence de sa politesse, dit-il en touchant le bord de son grand feutre. Les gens de mon pays sont connus dans toute l'Europe par leur fierté chatouilleuse, mais je sais fort bien que vous êtes un seigneur d'importance, puisque vous êtes seul chargé d'intercepter les courriers, de ce côté du Tietar, entre le quartier général des Français et les corps d'armée des maréchaux qui reviennent de Galice. Je ne m'étonne point que vous réfléchissiez.

— Peste! fit le laird en souriant de nouveau, il paraît, seigneur Moreno, que parmi vous on est bien informé de nos affaires.

— Assez bien, Excellence.

— N'est-il pas permis de vous demander si vous êtes bien le même Urban Moreno qui rendit autrefois son nom célèbre entre Medina et Siguenza, sur la route de Madrid à la frontière de France?

El Verdugo toucha pour la seconde fois son feutre et répondit :

— Excellence, y a-t-il plus d'un César et plus d'un Alexandre le Grand?

— Non, certes! alors c'est bien vous?... N'avez-vous pas eu quelque crainte en recevant votre message?

— Jamais de craintes, Urban Moreno! Fi donc! Espagnol et hidalgo!

— Je m'exprime mal... J'entends quelque défiance.

La prunelle du bandit eut un éclair de finesse.

— Je ne me défie jamais de personne, Excellence, répondit-il, mais j'ai coutume d'agir comme si je me défiais de tout le monde.

— C'est-à-dire que vous avez pris vos précautions? demanda vivement le laird.

El Verdugo s'inclina gravement.

— Dois-je conclure de là que votre troupe est dans les environs?

— Concluez, Excellence, concluez, vous ne courez d'autre danger que de vous tromper. Je ne voudrais pas donner une leçon à un homme tel que vous et lui dire qu'il m'adresse là une question indiscrète. J'aime mieux répondre franchement, comme un hidalgo et un Espagnol. Ma troupe est quelque part, ici ou là, je l'affirme. Un peu plus près, un peu plus loin, voilà la vérité.... Peut-être la détonation d'un de mes pistolets amènerait-elle assez de bons garçons pour mettre Votre Seigneurie dans l'embarras, au cas, s'entend, où Votre Seigneurie aurait de mauvais desseins contre un pauvre gentilhomme... Mais est-il besoin de ma troupe pour cela?... et sait-on beaucoup d'endroits dans la Castille, dans l'Aragon, dans le Léon et dans l'Estramadure où El Verdugo crierait à l'aide sans être entendu?

— Seigneur Urban, dit le laird avec quelque hauteur, j'aurais voulu que vous eussiez vos hommes à portée, voilà tout.

— Franc comme l'or, l'Espagnol, vous savez, Excellence! Ils y sont peut-être, mais peut-être aussi n'y sont-ils pas... J'aimerais savoir, maintenant que nous avons suffisamment tourné autour du pot, pour quel motif Sa Seigneurie m'a fait prier de lui rendre une visite de courtoisie?

Le laird prit son parti bravement. Il ne conservait pas l'ombre d'une inquiétude, et sa seule gêne était d'expliquer honnêtement ce qu'il attendait de son compagnon. Il passa son bras sous celui du Verdugo d'un air de familiarité. Celui-ci se laissa faire.

— Vous avez raison, seigneur Urban, dit-il, causons. Je me permets de vous prendre le bras, parce que je veux parler pour vous seul et que les piliers comme les murs peuvent avoir des oreilles. Marchons, s'il vous plaît, en causant.

— C'est un grand honneur que me fait Votre Excellence, dit froidement le bandit. Je suis tout oreilles.

Après une douzaine de pas, qui mirent nos deux interlocuteurs dans un large espace découvert, Noir-Comin baissa la voix, et débuta ainsi :

— Avez-vous quelque liaison avec Samuel da Costa, Portugais de naissance, qui s'est rendu récemment acquéreur du château et des terres de Cabanil?

— Bonne affaire, seigneur colonel... Quatre ou cinq cents pour cent de bénéfice, quand viendra la paix... J'avais songé à ce placement pour mes faibles économies... Quant aux relations, pas l'ombre!

— Auriez-vous répugnance à vous saisir de lui et à le retenir prisonnier?

— Pas l'ombre!

— Il faudrait agir à force ouverte.

— Très-bien... Espagnol et hidalgo!... Qu'a-t-il fait, ce quidam?

— Que n'a-t-il pas fait, plutôt! s'écria le laird; c'est un scélérat chargé de tous les crimes!

— Votre Excellence, demanda El Verdugo d'un ton piqué, entend-elle par crimes certaines actions péniblement appréciées par la loi et qu'un gentilhomme de ma sorte?...

— Du tout, seigneur, du tout! l'interrompit Noir-Comin; nous ne sommes pas des enfants... et je viens d'Écosse, où l'on trouve aussi sur les grands chemins plus d'une vaillante claymore se souciant peu de la loi.

— Beau pays, à ce qu'il paraît, seigneur colonel... Qu'a fait ce da Costa?

— Je ne sais par où commencer, ma parole! s'écria Comin s'échauffant de bonne foi. N'avez-vous point ouï parler de ce misérable qui commandait une felouque de Cabrera et qui assassinait les prisonniers français sous prétexte de les faire évader?...

Les yeux de Verdugo s'allumèrent.

— C'était lui?... dit-il vivement.

Mais aussitôt après il eut un petit rire sec et déclara d'un ton péremptoire :

— Seigneurie, ce n'est pas un péché que d'assassiner des Français.. Franc comme l'or, vous savez... Dites-moi quelque autre petite chose pour tranquilliser ma conscience.

— Eh bien! reprit le laird, qui n'avait pas compté sur ces scrupules, chérissez-vous la gloire de l'Espagne?

— Espagnol et hidalgo, Excellence... Cinquante fois plus que ma vie!

En disant cela, le seigneur Urban avait la main sur le cœur.

— Sachez donc, poursuivit le laird un peu au hasard, que ce da Costa déshonore l'Espagne...

— Caramba! le coquin! s'écria El Verdugo, pas un mot de plus, seigneur colonel! s'il déshonore l'Espagne, je n'ai pas besoin d'en savoir plus long... Vous autres Anglais, vous êtes ici pour sauvegarder l'honneur de l'Espagne, c'est évident... Et peut-être que vous seriez bien aise d'acheter le château de Cabanil à la place de ce misérable coquin, Excellence ?

Ceci fut dit avec une si impudente bonhomie que le laird ne put s'empêcher de rire.

Le seigneur Urban fit comme lui et ajouta :

— Franc comme l'or, vous savez...

— Je dois entendre, alors, que vous acceptez le fond même de ma proposition ? demanda le laird.

— Certes! certes! L'hidalgo n'a qu'à le!

— Où sont vos hommes ?... Cette question ne peut plus vous causer d'étonnement.

— Pas l'ombre !... Ils sont à Saraiz... à Garganta... un peu partout, vous savez, autour de Placencia... ou ailleurs.

— Faudrait-il beaucoup de temps pour les rassembler ?

— Oh ! répliqua El Verdugo, je n'y vais jamais par quatre chemins, Excellence... Cela dépend.

— Cela dépend de quoi ?

— Franc comme l'or... Nous parlerons un peu des conditions, n'est-ce pas ?

— Sans doute, mais la question de temps est principale.

— Tant mieux ! Les gens pressés sont coulants en affaires... J'espère ne pas m'exprimer avec trop de liberté...

— Vous vous exprimez parfaitement, seigneur Moreno... J'ai ouï dire que vous étiez un cavalier accompli.

— Votre Seigneurie me comble, répondit le Verdugo, qui fit de suite trois saluts.

— Combien faut-il d'heures pour aller où sont vos hommes ?

— Avec un bon cheval... est-ce trop d'une journée ?

— Ne nous égarons pas, dit le laird sérieusement; il faut que vous soyez revenu aujourd'hui même et de bonne heure; sans cela, marché nul.

— On fera de son mieux, Seigneurie.

— Point d'ambages !... une certitude !

— En ce cas, franc comme l'or... parlons du prix tout de suite.

— Faites le prix vous-même, répliqua Comin avec quelque impatience, et n'oubliez pas de mettre en ligne de compte le pillage du château.

— Votre Excellence me garantit qu'on ne nous fera point de chagrin pour cela?

— Sur mon honneur!

Le Verdugo prit une pose chevaleresque.

— L'honneur d'un noble cavalier, dit-il avec conviction, vaut tous les contrats et toutes les signatures... Mais avec un écrit, vous savez, on dort sur les deux oreilles... Quelques mots d'estime et d'amitié dans une lettre...

— S'il vous faut un écrit, seigneur Moreno, interrompit le laird sèchement, brisons là. Vous me demandez une chose impossible.

Le Verdugo hésita manifestement. Comin, qui l'observait du coin de l'œil, admirait combien ces brigands d'Estramadure sont retors en affaires et ressemblent aux maitres-clercs des procureurs d'Edimbourg, sauf le costume. Après une bonne minute de réflexion, le seigneur Urban se gratta l'oreille sous sa résille et grommela entre ses dents :

— Espagnol... hidalgo... le cœur sur la main! Je me confie à Votre Excellence comme à mon propre père.

— Alors, dites votre prix.

— Est-ce le parlement qui paie?

— Non, c'est moi.

Le bandit parut encore réfléchir.

— Vous vous souviendrez d'un pauvre gentilhomme, Seigneurie, dit-il enfin. Pour vous, ce sera gratis.

Comin le regarda étonné.

— J'ai peur que ce ne soit trop cher! murmura-t-il.

— Avec moi? répliqua le Verdugo, jamais! Franc comme l'or! Pas de portes de derrière! Nous traitons de cavalier à cavalier, n'est-ce pas? Il y a au château deux dames...

Le front de Comin se rida.

— Ne vous fâchez pas, Excellence! dit agréablement le bandit, et si vous avez des prétentions, ne soyez point jaloux. Le pauvre gentilhomme passe pour aimer le beau sexe, mais, pour ses petites histoires d'amour, il ne va pas chercher la permission des colonels anglais. Ceci est une affaire.

Les senoras sont prisonnières ou quelque chose d'approchant. Outre le pillage du château, je vous demande leur liberté.

Tous les soupçons revenus de Noir-Comin étaient dans ses yeux assombris et inquiets.

— Quel intérêt avez-vous à cela? demanda-t-il brusquement.

— Entre Espagnols et hidalgos, répondit Urban avec fierté, nous nous adressons rarement de ces questions indiscrètes; mais l'éducation est tout pour ces délicatesses qui font le charme des rapports dans la société des personnes bien nées. On dit que l'Ecosse est un pays tant soit peu sauvage. Je pardonne volontiers à Votre Excellence, qui n'a pas eu sans doute l'intention de m'offenser.

— Je vous remercie de votre pardon, seigneur Moreno, insista le laird d'un ton ferme et froid, et je vous prie d'y ajouter une réponse à ma question.

— Pourquoi non, seigneur colonel? On fait de nous tout ce qu'on veut, quand on y met les formes. Le pillage est pour mes vaillants camarades; je n'en aurai que ma part. Est-ce de la franchise? Au contraire, les deux senoras sont pour moi. Avez-vous compris?

— Non... à moins que vous n'ayez contre elles des projets?...

— Vous parlez à un Espagnol et à un hidalgo, Seigneurie! interrompit sévèrement le bandit. Toujours à genoux près du beau sexe!... S'il faut vous mettre, cependant, les points sur les I, le Riche-Homme a de quoi faire vingt fois la fortune d'un pauvre cavalier...

— Il *avait*... rectifia Noir-Comin.

Le Verdugo approuva la distinction d'un sourire et d'un petit signe de tête.

— Certes, certes! dit-il, Votre Excellence a parfaitement raison. Pour le moment, les biens du Riche-Homme sont à la junte, que Dieu bénisse! car elle est composée d'Espagnols et d'hidalgos... Mais... le cœur sur la main, on dit que le vaillant général en chef de l'armée anglaise se prépare à livrer une grande bataille sur l'Alberche, à Talavera-de-la-Reine ou ailleurs... Vous qui êtes mieux informé que nous, Seigneurie, y a-t-il du vrai là-dedans?

— Le roi Joseph ne peut longtemps éviter le combat, rectifia encore Comin.

— On prétendait chez nous qu'il le cherchait...

Noir-Comin fit un geste d'impatience.

— En tout cas, s'écria-t-il, qu'a de commun la bataille prochaine?...

— Votre Excellence va le comprendre, interrompit El Verdugo de ce ton précis et doux qui discute les affaires sérieuses. Nous autres patriotes, nous désirons bien que l'intrépide sir Arthur Wellesley remporte la victoire sur ces démons de Français... mais...

— Mais quoi? de par le diable! gronda le laird.

— Pourquoi s'échauffer, seigneur colonel? Franc comme l'or, voyez-vous! Quand les Français vont avoir rompu vos lignes, tout le pays entre le Tage et la montagne sera encore au pouvoir du roi Joseph...

— Comment! coquin! tu vois déjà nos lignes rompues!..

El Verdugo mit la main au couteau.

— Coquin! répéta-t-il en faisant un pas en arrière. Vous allez voir ce qu'il en coûte, caramba! pour tutoyer un hidalgo!

Noir-Comin caressait aussi la poignée de corne de son skene-dhu; mais il résista à la bonne envie qu'il avait de châtier ce maraud, insolent et bavard. Ce qui l'irritait, en effet, lui donnait en même temps confiance. Il n'y avait rien dans ce drôle que fanfaronnade vide et vulgaire cupidité.

— Je vous prie d'accepter mes excuses, seigneur Moreno, dit-il. Vous avez, le premier, maltraité l'armée anglaise, dont je fais partie...

— Point, point, seigneur! s'écria le bandit avec effusion. Des excuses! Je sollicite humblement l'honneur de toucher votre noble main. L'armée anglaise n'a pas sa pareille dans l'univers, après les troupes de la junte. Nous parlons affaires, n'est-ce pas? avec franchise et courtoisie. L'hidalgo espagnol est chatouilleux, mais facile à calmer. La colère du lion!

— Que Dieu et la Vierge vous fassent victorieux, puisque l'Espagne profitera de votre victoire, ajouta-t-il après avoir secoué chaleureusement la main du laird. Mais... je réduis à sa plus simple expression, Excellence, ce raisonnement qui paraît vous déplaire, et je dis, franc comme l'or, qu'après la bataille, quand l'illustre sir Arthur Wellesley fera sa retraite sur le Portugal, je ne donnerais pas pour quatre mille onces le petit service que je pourrai avoir rendu à la fille du Riche-Homme. Voilà la franchise d'un hidalgo!

Noir-Comin garda un instant le silence. A bien voir d'où partait le coup, la blessure de son orgueil se guérissait d'elle même. Involontairement, il songeait aux dernières paroles d'Antioh-Amour qui était montée sur ses plus hautes échasses pour lui dire de prendre garde à ce pauvre diable.

Les prophétesses peuvent se tromper, et Comin éprouvait une joie singulière à constater que la Haute-Femme n'était pas infaillible. C'était autant d'enlevé à la valeur de ses menaces.

— La femme et la fille de Cabanil passent pour être des francisées... commença-t-il.

— Je fais observer à Votre Excellence, interrompit El Verdugo, que toute ma petite spéculation est précisément fondée là-dessus... Si, néanmoins, le seigneur colonel préférait me compter lui-même seulement la moitié, soit deux mille onces d'or... Espagnol et hidalgo! pour faire plaisir à un gentilhomme, je lui abandonnerais volontiers les deux dames.

La bourse d'un officier écossais ne contient pas souvent pareille somme et le laird ne l'aurait pas eue de son domaine, vendu à l'encan. Il ne jugea même pas à propos de répondre.

— Si votre demande est accordée, seigneur Moreno, à quelle heure pourra-t-on compter sur vous?

— Ma demande est-elle accordée?

— Oui... sur ma foi de gentleman, vous aurez la liberté de dona Mencia et de sa fille.

— Cela suffit, Excellence. Votre heure sera la mienne.

— Vous est-il possible de commencer votre besogne à midi?

— Avant midi.

— Votre cheval a donc des ailes! Combien m'amènerez-vous d'hommes?

— Cinq cents; est-ce assez?

— Le quart suffirait, mais ce sont vos affaires. Seigneur Moreno, vous allez accomplir une mission de justice dont un officier de l'armée anglaise ne pouvait pas se charger, parce que da Costa est sous la protection de la junte de Séville. Soyez prudent, mais soyez ferme. Nous avons à traiter ensemble une autre question.

— Permettez, Seigneurie, dit Urban, pendant que j'y songe, que faudra-t-il faire de Samuel da Costa?

— Ce que vous voudrez, pourvu qu'il ne puisse approcher du château de Cabanil.

— Les prisonniers nécessitent des dépenses et des soins. Nous ne gardons pas volontiers des prisonniers.

— Vous avez ma réponse: vous ferez ce que vous voudrez... Veuillez approcher... plus près. Etes-vous superstitieux, seigneur Moreno?

Le Verdugo eut un mouvement de surprise. Il répondit:

— Je suis bon chrétien, Excellence, et vous ne m'entraînerez pas aisément dans une entreprise qui sentirait le péché. Vous autres hérétiques...

— Il ne s'agit pas de cela... Croyez-vous au pouvoir surnaturel que s'attribue celle chez qui nous sommes?

— Caramba! j'ai mon chapelet et des reliques d'un disciple de saint Jacques dans la doublure de mon scapulaire.... Je me moque du démon comme d'une guigne!

— Parlez plus bas! Vous n'auriez pas peur d'agir contre Antioh-Amour?

Ceci fut prononcé avec une précaution extrême. La bouche du laird touchait l'oreille du bandit.

— Non, sur ma foi! répliqua ce dernier. Ils ont beau m'applaudir comme un comédien sur les planches, ce sont des rongeurs qui mettront la famine dans le pays. Partout où nous allons, nous trouvons la place nettoyée. Ils ont le lard le plus gras de toutes les huches et le meilleur vin de toutes les caves. Donnez-moi seulement ordre et je délivre le Léon de cette plaie d'Egypte...

— Parlez plus bas! dit encore une fois Comin.

Et lui-même parla si bas que le Verdugo eut peine désormais à l'entendre. Il sentait les lèvres froides du laird sur son oreille ; il écoutait la voix changée du laird qui tremblait. Le laird parla cinq minutes environ, après quoi il se redressa. Le bandit murmura :

— C'est bien, Excellence, vous pouvez compter sur moi.

Alors ils se séparèrent, après s'être donné la main.

Aussitôt que le Verdugo fut de l'autre côté de la draperie, on put entendre les mêmes acclamations qui avaient accueilli son entrée. La voix retentissante du bandit dominait le tumulte. Elle disait :

— Merci, mes compagnons, merci! Espagnol et hidalgo! Franc comme l'or! Vous avez en moi un véritable ami!

Le laird de Comin était seul. Il écoutait et souriait.

— Espagnol en effet! pensa-t-il entre haut et bas : orgueilleux et menteur comme un laquais! Plein de lui-même et comptant sur sa prétendue finesse... âpre à la curée, prêt à tout... Entre mille, on ne pourrait choisir un plus parfait instrument.

Les bravos avaient cessé de l'autre côté de la brèche. Le laird était immobile, à la place même où le bandit l'avait quitté. Il avait croisé ses bras sur sa poitrine et s'était plongé au plus profond de sa méditation.

Tout à coup, de la tête aux pieds, il tressaillit violemment. Un bruit connu venait de frapper son oreille. Le plomb fondu avait frissonné dans l'eau froide. Il se retourna, saisi d'une secrète horreur. C'était à croire qu'il rêvait. Le foyer brillait, éclairant la Haute-Femme accroupie et adossée à la dernière marche de l'autel.

— Handasi! appela-t-elle.

Et le jeune garçon vêtu de blanc sortit de l'ombre de sa colonne pour allumer le flambeau.

Depuis combien de temps était-elle là? Aucun bruit n'avait annoncé son retour. Et la flamme de ce foyer n'aurait-elle pas dû trahir plus tôt sa présence? Le laird avait froid dans les veines, et toutes ses épouvantes qui renaissaient à la fois étaient autour de ses tempes humides comme un bandeau d'acier.

La Haute-Femme se pencha pour regarder au fond du vase. Elle regarda longtemps.

Puis elle se tourna vers Comin dont la grande taille sembla fléchir et son doigt étendu le menaça.

— Le plomb fondu ne veut rien me dire, prononça-t-elle lentement, sinon que tu t'es confié à l'ennemi, maître de ta vie et de ta mort. Le plomb ne veut pas me révéler ce que tu as dit à cet homme, mais parler trop bas, c'est avouer qu'on trahit. Pharès, tu as parlé trop bas : prends garde !

VIII

Lettre close.

Les premières lueurs de l'aube mettaient à l'horizon une ligne de gris nacrée de rose, quand le seigneur Urban Moreno, fleur des bandits de l'Estramadure, sortit de l'antre où s'achevait l'orgie nocturne et quotidienne des gitanos. Il avait refusé les offres hospitalières de tous les grands d'Egypte ; en vain l'amirante et le commandeur lui avaient proposé leurs gobelets pleins ; il n'avait pas même voulu toucher de ses lèvres les coupes souriantes présentées par la beauté.

La Lune, dont la face ronde et blême valait un domaine, la voleuse d'enfants, virtuose du genre et dont on ne connaissait pas la pareille sous toutes les tentes des Romes des divers anneaux, n'avaient pu lui faire accepter une seule goutte d'aguardiente, leur boisson favorite. On l'avait accompagné néanmoins jusqu'au perron comme un corps saint, et son ovation s'était prolongée jusqu'aux limites des ruines, où il avait retrouvé son beau cheval, qui semblait tout noir dans la nuit.

Il s'était mis en selle, remerciant et souriant, comme font tous les favoris de la popularité et, maintenant, il galopait déjà entre les rives de l'étang et le pied de la montagne. Son triomphe ne paraissait pas lui donner beaucoup de fierté. Il était soucieux, au contraire, et tournait des regards d'impatience vers cette ligne perlée qui marquait l'horizon.

Au lieu de suivre la route où il était et qui menait droit au camp des Écossais, par le château de Cabanil, le Verdugo tourna brusquement à droite dès que le bruit des acclamations eut cessé de bourdonner à son oreille. Il remonta au galop la pente qu'il venait de descendre et se dirigea vers cette partie des ruines où nous avons assisté au souper des quatre dragons.

Il ne s'approcha point cependant des broussailles amoncelées au-devant de la principale entrée, il fit un détour et mit pied à terre à la porte de l'enceinte qui précédait les étuves servant d'écurie. Après avoir attaché son cheval, il s'introduisit dans l'écurie qu'il traversa. Le couloir communiquant des étuves au dortoir de nos braves lui était familier. Au bout de deux minutes de marche, il se trouva dans le caveau bas voûté où restaient encore quelques bonnes odeurs de l'étouffade modèle, cuisinée par Jean Coutard.

Le feu achevait de se consumer. Ses lueurs mourantes éclairaient un pêle-mêle de têtes et de corps immobiles. Ce n'étaient pas des morts, car il y avait là un terrible concert de ronflements. Parmi ces têtes, plusieurs sortaient en lumière çà et là et nous les eussions pour la plupart reconnues.

Le soldat Mac-Pherson et le caporal Grant dormaient côte-à-côte dans leurs plaids quadrillés; non loin sommeillaient sans rancune les deux éternels rivaux de gloire et d'amour : Pont-Neuf, de Paris, et Toulousain, de Toulouse. Sur une pierre qui lui servait d'oreiller s'éclairaient l'énergique figure du sergent Morin, et à ses pieds le candide visage de Propre-à-Rien qui, rêvant de ses grandeurs passées, s'imaginait peut-être qu'il était encore caporal de route.

Les traits, moitié malicieux, moitié naïfs de l'Aimable-Auguste, étaient à la suite, tandis que, sur le lit de camp, trois mâles figures apparaissaient vaguement : Petit-Eustache, Sarreluck et Lafleur. Ils dormaient dans leurs uniformes de dragons. Jean Coutard, au contraire, qui était debout et qui montait la garde, avait sa défroque espagnole qui, d'ordinaire, lui servait de robe de chambre.

C'était à lui précisément que le seigneur Urban Moreno en voulait. Un coup de sifflet contenu et modulé d'une façon particulière avertit le dragon de sa présence dans le couloir souterrain. Il faut croire que Jean Coutard était habitué aux façons du seigneur Urban Moreno, car il l'alla joindre aussitôt dans le couloir. Là, quelques paroles, soumises de la part du dragon, brèves et impérieuses du côté du bandit, furent rapidement échangées.

A la suite de cet entretien, le Verdugo se retira et Jean Coutard alla éveiller tout doucement Petit-Eustache, qui monta la garde à sa place. Jean Coutard, sans changer de costume, gagna l'écurie et sella son cheval. Quelques minutes après, il galopait comme un tourbillon sur la route d'Estrémadure.

Urban Moreno galopait aussi le long du chemin qu'il avait quitté tout à l'heure. Il ne pressait point sa monture, mais c'était merveille de voir la rapidité de sa course. Ce beau cheval, souple et fier, qui semblait noir dans la nuit, avait le pas léger du cerf. Il rasait le sol poudreux que son sabot attaquait sans bruit.

L'aube montait au ciel découpant vaguement les profils du paysage. Quand Urban Moreno arriva au pied de la montagne, on pouvait voir déjà que c'était la nuit qui, tout à l'heure, était noire et non pas son cheval.

Le cheval d'Urban Moreno, dont les formes se détachaient maintenant plus gracieuses et plus parfaites, montrait sa croupe alezane, d'un rouge fauve et foncé où couraient quelques reflets de bronze.

Il allait, il allait sous son cavalier immobile, et derrière eux la route fuyait follement comme la marée qui se précipite entre les deux rives d'un canal.

A ce même moment, où les objets commençaient à accuser leurs formes et leurs couleurs, deux voyageurs marchaient à pied dans le sentier que nous avons déjà parcouru si souvent et qui passait sous les remparts du château de Cabanil : un homme et une petite fille, selon l'apparence qu'ils avaient à quelques pas de distance. Autant la course du Verdugo était rapide, autant la marche de ceux-ci était lente, parce que la petite fille avançait péniblement, accablée qu'elle était de lassitude.

En approchant, vous eussiez reconnu cependant, aux lueurs plus claires de l'aube, que la petite fille était une vieille femme bossue qui boitait et maudissait d'une voix aigre toutes les pierres de la route. Son compagnon était un tout jeune homme, beau cavalier et portant l'uniforme des chasseurs-voltigeurs français.

— Si j'avais bien su, disait la bossue en maugréant, j'aurais gardé le grand dadais qui m'a déjà servi de monture cette nuit. Au diable l'outre! Je saurai maintenant qu'il faut s'arrêter quand on a bu les trois quarts et demi de son plein.. Mon lieutenant, nous n'arriverons jamais, à moins que vous ne me donniez un peu le bras.

Hector de Chabaneil accueillit complaisamment cette requête, et la bossue consolée s'écria :

— Vierge sainte! plus d'une belle dame de la cour du roi Joseph voudrait être à ma place, je gage!

— Est-ce que l'endroit du rendez-vous est encore bien loin? demanda Hector. Voilà le jour qui grandit et je crains d'être en retard.

— Quelques centaines de pas, seigneur lieutenant. Si j'avais eu mes jambes de tous les jours, nous serions arrivés depuis une demi-heure.

La route se poursuivit silencieusement. Hector faisait de son mieux et portait presque la bossue. Au détour du chemin, les créneaux de la tour de Ferdinand-le-Catholique apparurent et coupèrent le ciel.

— Est-ce Cabanil? demanda le jeune officier.

— Dieu merci, oui, seigneur lieutenant, je jure bien que je n'aurais pas été comme cela jusqu'à Madrid; sans coucher en route... Si seulement vous m'aviez dit cette nuit où vous vouliez aller, nous avons déjà passé par ici et vous auriez été tout porté... Voici le rempart du Sud et la Grande-Roche: ma besogne est finie.

Elle lâcha le bras d'Hector, qui continua de marcher tout seul.

Hector avait regardé en passant, avec un avide empressement, l'imposante carrure de la tour de Ferdinand-le-Catholique. Ses yeux avaient cherché une lumière aux fenêtres étroites et hautes, derrière lesquelles, sans doute, tout dormait. Les fenêtres étaient noires aux lueurs de l'aube.

En tournant le coin du rempart et en découvrant cet angle obscur formé par l'intersection des murailles et de la rampe de rochers, il eut un battement de cœur. Le lieu n'était pas méconnaissable, d'après la description détaillée que le courrier major en avait faite dans son récit.

C'était bien la place que ses instructions assignaient au rendez-vous : le pied du rempart méridional du château de Cabanil, mais c'était aussi, par une étrange coïncidence, le théâtre même de ce drame nocturne où Blanche, sa cousine, et son frère César avaient laissé, l'un une part de son sang, l'autre sa vie peut-être. Il reconnut le cul-de-sac triangulaire, borné d'un côté par la route, des deux autres par la roche et le rempart.

En levant les yeux, il put choisir le créneau où l'échelle de soie avait dû pendre, attachée par la main tremblante de la belle et douce fille qui allait à son malheur ; en les abaissant, son regard se heurta contre le trou noir, — la *guérite*, — où César avait monté cette garde amoureuse, terminée par un coup de poignard.

Il alla droit à la guérite et dit tout haut :

— C'est là ! c'est là !

Il ne parlait point pour lui seul et s'adressait à son insu à la vieille femme bossue qui avait été son guide, car, à ces heures de suprême émotion, l'homme cherche toujours à qui communiquer sa pensée. Mais la vieille femme, qui l'avait habitué à son bavardage, ne répondit point : Hector se retourna pour l'appeler ; il ne la vit ni dans l'impasse, ni sur la route. Hector était seul.

Il s'appuya contre le roc, à droite de la guérite, choisissant malgré lui la place même où avait dû s'appuyer son frère. Le sang de César avait mouillé le sable où étaient ses pieds. Ce n'était pas là, cependant, que César était mort. Il avait échappé à cette embûche terrible pour tomber, quelques mois plus tard, hélas ! sous des balles françaises, derrière le palais du roi, à Madrid !

La rêverie avait pris Hector. Devant ce château qui renfermait celle qu'il aimait plus que sa vie, il ne songeait qu'à son frère. L'image de la belle et souriante Joaquina se voilait derrière ce deuil de famille. Et il ne pouvait s'empêcher de penser, ce jeune homme au cœur brisé par tant de regrets, qu'une mystérieuse connivence existait entre le coup de poignard du lieu présent et les coups de mousquet du palais royal de Madrid ; tout seul qu'il était maintenant dans la vie et pleurant le dernier lien brisé, il suivait malgré lui je ne sais quelle trace mystérieuse qui allait de cette première goutte de sang jusqu'au préau fatal.

Et il disait encore, exprimant par les mêmes mots une nouvelle pensée, il disait, la joue pâle et les larmes aux yeux :

— C'est là ! c'est là !...

— Oui, répondit une voix tout auprès de lui, vous avez raison, lieutenant de Chabaneil, c'est là !

Il se retourna comme si un choc l'eût frappé. Un homme était debout derrière lui, dans l'enfoncement même de la guérite. Et c'était bien là encore qu'avait dû s'arrêter l'assassin avant de lever la main qui tenait le couteau. Mais celui-ci n'était pas un assassin ; il n'avait point d'armes apparentes et ses bras se croisaient sur sa poitrine.

Le jour éclairait déjà pleinement les sommets de la roche et les créneaux du rempart. Au delà de la route, le paysage de la montagne s'allongeait en éventail, montrant ses pics brillants et ses gorges noires ; mais l'enfoncement restait encore dans l'ombre, qui était surtout plus épaisse sous l'auvent de pierre abritant l'entrée de la guérite. L'homme était sous l'auvent.

Hector, rendu à lui-même, le regarda de tous ses yeux. Il vit un fort gaillard à la figure hardie et insouciante, ombragée par un large chapeau de feutre, d'où pendait, par derrière, la bourse d'une longue résille. Ses cheveux abondants et ses gros favoris étaient roux : il vit, en un mot, le seigneur

Urban Moreno, tel qu'il était au sortir du couvent de Saint-François de Sor, sauf qu'il n'y avait plus d'armes dans les plis de sa ceinture.

Pour Hector de Chabaneil, la réponse de cet homme : « oui, c'est là, » était toute simple, si l'homme était celui qu'il devait rencontrer au rendez-vous, et, cependant, il fut une longue minute avant de trouver le sang-froid qu'il fallait pour faire son devoir.

— Qui êtes-vous? demanda-t-il enfin.
— Votre supérieur, répondit l'inconnu.
— Dites ce qui le prouve.
— *Espagne...*
— *Espoir...* prononça aussitôt Hector.

Puis il s'arrêta comme s'il eût attendu encore une réplique. Le seigneur Urban Moreno fut du temps avant de la lui fournir. Il considérait le jeune officier français avec une singulière attention et il eût été mal aisé de définir les sentiments qui passaient reflétés sur sa rude physionomie.

Enfin il décroisa ses bras et tendit sa main droite à Hector en prononçant ce dernier mot avec une expression non équivoque de tristesse :

— *Espion!*

Hector déboutonna aussitôt son uniforme et sortit de son sein un pli scellé avec soin, mais qui n'avait point de cachet officiel.

Ce pli portait pour suscription : « Au capitaine Louis. »

— C'est vous qui êtes le capitaine Louis? demanda Hector avant de remettre le message.

Urban Moreno fit gravement un signe de tête affirmatif.

Il décacheta l'enveloppe et prit connaissance du contenu.

Cela fait, il déchira une portion de la missive, qu'il remit entre les mains d'Hector. Sur ce morceau de papier il y avait deux lignes ainsi conçues :

« Ordre au lieutenant Hector de Chabaneil d'obéir au capitaine Louis comme à son chef immédiat. »

— Capitaine, dit Hector en lui remettant le papier, j'ai l'honneur de connaître l'écriture du maréchal. Je suis prêt à recevoir vos instructions.

— Elles peuvent être longues, et dans quelques instants nous ne serons plus seuls ici, lieutenant, répondit le Verdugo dont le regard était pensif et grave. Suivez-moi.

Il traversa la route, accompagné par Hector, et s'engagea dans un des mille passages tortueux et presque impraticables qui sillonnaient la montagne. Au bout d'un demi-quart de lieue, ils trouvèrent une pauvre hutte, couverte de fagots et fermée par une claie. Le Verdugo appela :

— Susan, Susan, la veuve !

Presque aussitôt après, la claie tomba en dehors et une vieille femme, coiffée de cheveux gris en désordre, parut sur le seuil. Elle recula à la vue de l'uniforme français et ses yeux éraillés jetèrent un éclair féroce. Mais quand elle aperçut le bandit, elle eut un sourire joyeux et plus féroce encore.

— Où avez-vous pris celui-là, Verdugo ? demanda-t-elle. Que Dieu vous bénisse, vous travaillez tôt et tard. Le souhait d'une pauvre veuve va-t-il être exaucé ? Voilà longtemps que j'en demande un à tous les saints du paradis !

— Susan, lui dit Urban à voix basse, — ton homme était oiseleur. Te souviens-tu comme il s'y prenait pour attraper les linots ?

— Il savait son métier, celui-là, Verdugo ! Il mettait un oiseau privé dans une cage ouverte, et les autres, l'entendant qui chantait, venaient au piége.

— Et donnait-il ses oiseaux privés, Susan ?

— Non, mère de Dieu ! pour argent ni pour or !

— Va te mettre sur le pic du Bœuf-Blanc, Susan, et pose-toi de manière que je puisse te voir toujours de la porte de ta maison. Fais sentinelle. Si quelqu'un monte le sentier, agite ton mouchoir de cou... Susan, ma bonne femme, je ne te donnerai pas mon oiseau parce qu'il est privé, mais il y aura de l'ouvrage aujourd'hui au château de Cabanil, et demain les oiseaux seront pour rien au marché... Va !

Susan cligna de l'œil d'un air d'intelligence, jeta sa mante sur ses épaules et sortit en lançant au jeune prisonnier un regard d'ogresse qui a senti la chair fraîche.

La conversation entre elle et le Verdugo avait eu lieu à

voix basse. Hector s'était tenu à l'écart. Le Verdugo vint le prendre quand Susan se fut éloignée et le fit entrer dans la hutte.

— Nous sommes ici en sûreté comme dans la chambre du roi! dit-il. Lieutenant, asseyez-vous et répondez-moi. Cette coïncidence de noms peut n'être qu'un effet du hasard. Vous m'étiez annoncé; ce nom m'avait frappé dès l'abord. Appartenez-vous à la même famille que le capitaine de dragons César de Chabaneil?

— Je suis son frère, monsieur, répliqua Hector.

Les gros sourcils roux du capitaine Louis se froncèrent.

— Il est impossible qu'on ignore cela au quartier général, pourtant! gronda-t-il avec une mauvaise humeur évidente... Il y a malentendu! Je dois croire qu'il y a malentendu!

Hector prit un air froid et se tint sur la réserve.

— Savait-on à l'état-major, demanda brusquement le Verdugo, que vous êtes le frère du capitaine César?

— Je n'en puis pas douter, monsieur.

— Alors, jeune homme, c'est une bévue! une grossière et lourde bévue! Les états-majors n'en font jamais d'autres. C'est plus qu'une bévue, c'est une cruauté gratuite et inqualifiable!

— Capitaine, dit Hector avec quelque hauteur, j'avoue que je ne vous comprends pas.

— Je le crois pardieu bien, jeune homme! On vous le donnerait en cent... Mais d'abord faisons connaissance. J'aime à remplir moi-même mon livret auprès des gens qui me voient pour la première fois. Je mène ici, monsieur de Chabaneil, un métier qui n'est pas brillant et qui ne fera jamais de moi un maréchal de France, mais qui est dangereux en diable, répugnant au possible et fatigant au point que j'en ai par-dessus les oreilles. Je suis espion en pays ennemi.

Hector eut un mouvement qu'il était aisé de traduire.

— Oui, oui, dit le capitaine Louis avec un gros rire, c'est clair, parbleu! Vous êtes comme moi, vous préféreriez commander un régiment de la garde... Sans vanité, je connais quelques honnêtes garçons qui commandent des régiments de la garde et qui auraient déjà laissé leur cuir avec leur poil aux buissons de cet atroce pays. Il faut du sang-froid, du coup d'œil, du talent en un mot, ici, rien que pour se coucher le soir et s'éveiller le matin.

Tel que vous me voyez, je n'ai pas l'air, mais je sais bien des petites choses : je viens de jouer le rôle d'un bandit à tous crins et j'en ai encore l'uniforme. J'étais moine hier, peut-être demain je serai colonel anglais ou alcade espagnol... et toujours un chapelet de plomb au bout de la comédie, si mon rôle n'est pas joué comme il faut... et bon diable avec cela, lieutenant, car si mon métier vous fait honte, votre malheur me fait pitié.

— Votre métier ne me fait pas honte, monsieur, répondit Hector, qui se sentait pâlir. Je sais qu'il est des dévouements d'autant plus grands qu'ils n'ont point derrière eux l'aiguillon du prestige. Je comprends que mes malheurs passés puissent faire pitié, mais je n'ai pas peur de l'avenir, car il ne me reste rien à perdre.

Le capitaine Louis le regarda comme s'il eût hésité à parler.

— Oui, oui, reprit-il enfin, l'état est dur... mais s'il me fallait dire tous les jours à quelqu'un le mal que ces manchots de l'état-major me forcent à vous faire aujourd'hui, ma parole de soldat, je déserterais !

Ceci fut prononcé avec une telle énergie que le cœur d'Hector se serra.

— Alors, frappez vite, capitaine, dit-il, c'est la clémence du bourreau.

— El Verdugo, le bourreau, c'est aussi mon nom. Bourreau ! espion ! les Français n'aiment pas beaucoup mieux l'un que l'autre, et le diable a mis dans mon lit plus d'un fagot d'épines. Mais j'ai à tout le moins l'oreiller de ma bonne conscience, jeune homme.

Quand je suis seul avec moi-même, le soir, et que j'ai achevé ma rude besogne, je me souviens du régiment et du drapeau que j'ai eu l'honneur de porter, car j'étais un bon soldat. Je me dis : Vieux, la patrie t'a demandé un petit peu plus que ton sang, pas de révolte ! Est-ce qu'il faut compter avec la patrie? Et je m'endors en rêvant que l'Empereur m'a rendu mon sabre... Il y a plus malheureux que moi, allez; c'est celui qui fait le métier d'espion pour l'ennemi, et qui a vendu son âme à l'Anglais après avoir eu sur le dos l'uniforme des soldats de France.

— Y a-t-il des gens comme cela? demanda Hector.
— Il y a des gens comme cela, oui.
— Des officiers....
— Un officier, à tout le moins... un officier qui était brave... Wellesley paie cher; c'est le bon Dieu des espions... Et puis la vengeance peut-être... ou la nécessité...
— La nécessité, répéta le jeune lieutenant.
— Je vous comprends bien, jeune homme! Il n'y a pas de nécessité tant qu'on a la main libre pour se faire sauter la cervelle, n'est-ce pas? Ce n'est pas moi qui devrais l'excuser ou le plaindre, puisqu'il est la cause de mon exil... Je suis ici pour cet officier-là, voyez-vous, qui à lui seul fait plus de mal que tous les *scouts* de Wellesley et que tous les *aclaradores* qu'on trouve ici dans tous les trous et sous toutes les brousses... et puisque, entre nous deux, vous et moi, M. de Chabaneil, je suis seul à le plaindre ou à l'excuser, c'est que vous n'avez pas encore deviné son nom.

Hector était aussi pâle qu'un homme à l'agonie, et cependant il parlait vrai quand il répondit :
— Je ne devine pas, en effet, monsieur, et il ne faut pas compter sur moi pour deviner, car, dans toute l'armée française, je ne me connais ni un parent ni un ami.

Il était assis sur une escabelle et dans l'attitude d'un patient, à quelques pas de la porte. El Verdugo restait debout et s'appuyait au chambranle. Le jour entrait maintenant dans la misérable hutte, frappant d'aplomb le blême visage d'Hector et laissant dans l'ombre celui de son compagnon.

Ce dernier jetait de temps à autre un regard vers le pic de Bœuf, au sommet duquel la vieille Susan, enveloppée dans sa mante brune, était immobile comme un bonze accroupi.

Mais il regardait plus souvent encore la joue blanche du jeune lieutenant, où la sueur perlait goutte à goutte.

— M. de Chabaneil, reprit-il en baissant les yeux et d'une voix altérée, je ne puis arrêter cet officier moi-même par des motifs que je n'ai point à vous déduire. Je connais sa retraite. Il m'appartient désormais. C'est pour opérer son arrestation que j'ai demandé un détachement à l'état-major général.

— Je ferai mon devoir, monsieur, dit Hector essayant de parler avec fermeté.

Le Verdugo lui demanda, en baissant le ton comme malgré lui :

— Connaissez-vous bien l'histoire de votre frère?

Les yeux d'Hector, tristes mais résolus, se fixèrent sur lui pendant qu'il répondait :

— Hier matin, monsieur, je la savais à demi; hier soir, je crois l'avoir apprise tout entière.

— L'homme qui vous l'a racontée, lieutenant, prononça son compagnon d'un accent étrange, aurait du moins pu vous la dire tout entière.

— Etiez-vous donc là pour l'entendre? demanda Hector étonné.

— Je vous ai dit, répliqua El Verdugo, que ma mission est de surveiller un espion très-adroit, très-hardi, en un mot, très-redoutable. Cet espion a soupé hier soir en face de nous.

— Le courrier mayor!

— Le seigneur Pedro de Thomar, que sir Arthur Wellesley ne donnerait pas quand on lui offrirait toute une compagnie de *scouts* en échange!

— Et cet homme est un Français!

— Comme vous et moi, lieutenant... Mon devoir est de le suivre comme son ombre... Hier au soir, j'avais en outre à dégager vos jambes du piége où vous étiez tombé...

— Capitaine, interrompit Hector, je vous avais reconnu et j'attendais, pour vous rendre grâces, une allusion au service anonyme que vous m'avez rendu. Je suis votre débiteur.

— Bien, bien, jeune homme! L'idée de grimper aux arbres n'était pas mauvaise, n'est-ce pas?... Cela m'a coûté de jouer ces pauvres diables d'Écossais qui sont la crème des braves, mais la guerre est la guerre et un espion n'est pas un chevalier... Vous souvenez-vous d'une voix qui a parlé, le soir précédent, derrière l'arbre où vous étiez adossé en arrivant au campement?

— Certes! répliqua vivement Chabaneil. La voix a dit : Ne donnez pas votre parole!...

— Cette voix appartenait à votre serviteur, jeune homme. Si vous eussiez donné votre parole, vous comprenez, tout était dit ; je n'aurais pas pris la peine d'endormir vos sentinelles et de pénétrer dans votre hangar en rampant comme un boa pour vous apporter vos instructions... A propos, je vous ai entendu de loin crier votre *all right*. Un peu plus de nez, si l'occasion se représente... mais pas mal, au demeurant, pour un début!... pas mal !

Cet honnête capitaine Louis avait l'air, en vérité, de reculer à plaisir la terrible nouvelle qu'il avait annoncée. Les bonnes âmes sont ainsi, et c'est le tort qu'elles ont, car celui qui attend est au supplice. Hector était au supplice.

— Vous avez entendu tout ce qu'a dit le courrier mayor? demanda-t-il, rentrant de lui-même dans la voie qui devait aboutir à une révélation.

— Tout, jeune homme. J'étais un de vos compagnons de table.

— Il n'a rien avancé qui fût de nature à blesser l'honneur de mon frère.

— Je crois bien! Il a fait plutôt de lui un héros de légende. Il avait, pardieu ! ses raisons pour cela.

— Vous pensez que c'est à cause de moi, monsieur?...

— A cause de vous, certes... et à cause de lui aussi... Nous serons bien forcés d'accoucher, jeune homme, à la fin. Nous ne sommes plus guère au temps des histoires de revenants, je pense que c'est votre avis, puisque vous êtes un garçon d'éducation et que vous sortez de l'école. En somme, allez au fond des choses... Je voudrais vous préparer, vous concevez...

— Au nom de Dieu, monsieur, s'écria Hector, ne me préparez pas et traitez-moi en homme !

— Soit, répondit El Verdugo, mais on n'éveille pas un homme à coups de massue, que diable! Allez au fond des choses, disais-je. Qu'est le récit de ce coquin de Thomar, sinon un conte à l'aide duquel il trouve place au feu des bivouacs français?... N'avez-vous pas deviné qu'il y avait quelqu'un pour jouer ce rôle de capitaine Fantôme?

— L'idée m'en est venue.

El Verdugo haussa les épaules.

— Et ces rôles-là, poursuivit-il, croyez-vous qu'on les joue pour le roi de Prusse?

— Je ne vois pas, commença Hector.

— Bien, bien... le coup d'œil vient quand durcit la moustache... Mais je veux être écartelé si nous arrivons au fait par cette route-là!... Est-ce que Lusan la veuve n'agite pas son mouchoir de cou, là-bas, lieutenant de Chabaneil?

— Non, monsieur, elle est immobile comme une statue.

— Qu'elle aille chez Satan, la sorcière maudite!... Eh bien! lieutenant, à votre place, il me semble pourtant que, moi, j'aurais déjà deviné. Votre digne mère et vous, quand il vous a plu d'aller un jour au Campo-Santo de Madrid, vous n'avez trouvé ni chair ni os dans la tombe de votre frère...

Hector ne pouvait plus pâlir.

— Le seigneur Pedro de Thomar aurait pu vous dire pourquoi la fosse était vide, continua El Verdugo, et aussi pourquoi la vieille bohémienne qu'il avait tant pourchassée vint à point nommé le chercher jusque dans sa prison. Sir Arthur Wellesley dépense comme il faut les guinées du parlement. Voici le mot de l'énigme : César de Chabaneil n'est pas au Campo-Santo sous le marbre de la tombe vide, précisément parce que le seigneur Pedro de Thomar se promène, sur le dos d'Alazan, son beau cheval, courrier mayor de ce côté-ci de l'Alberche et fantôme au delà : espion partout, faux espion pour la France, espion vrai pour l'Angleterre.

El Verdugo reprit fortement haleine et tamponna son front qui ruisselait de sueur.

— Avez-vous compris, enfin, jeune homme? demanda-t-il.

— Non, répondit Hector d'une voix étouffée.

— Vous chargerez-vous d'arrêter Pedro de Thomar?

Hector fit sur lui-même un effort terrible et répondit :
— Oui, je m'en chargerai.

El Verdugo tourna la tête et ses gros sourcils roux se rapprochèrent.

— Jeune homme, dit-il avec une évidente agitation, le cas d'excuse saute aux yeux. Le sergent Morin est un sous-officier d'intelligence et d'expérience, César de Chabaneil sera surpris seul et en tel état qu'il ne pourra se défendre. Il y a des heures qui mettent toute une vie en deuil. Je suis votre aîné, je suis votre chef : je vous conseille de vous abstenir.

La figure d'Hector était de marbre.

— Je vous remercie, capitaine. prononça-t-il tout bas. Le comte César de Chabaneil est mort. Je porte son deuil avec celui de ma mère. J'arrêterai de ma main l'espion Pedro de Thomar.

El Verdugo garda un instant le silence.

— Après tout, s'écria-t-il, c'est à votre volonté, jeune homme. Ces grands malheurs de famille ne se lavent que par l'héroïsme. Peut-être êtes-vous un héros : je le souhaite... D'ailleurs, bien des gens regardent les liens du sang comme un préjugé. C'est l'intimité qui fait l'amour entre frères, et votre frère est pour vous un étranger. Vous ne l'avez pas vu depuis votre petite enfance, vous le croiseriez sur la route sans le reconnaître. Il faut être juste : vous ne pouvez pas aimer votre frère.

Il y avait comme un reproche dans ces paroles ; ce reproche cadrait bien avec la nature loyale, bonne et un peu vulgaire du capitaine Louis.

Hector l'écouta sans broncher et ne répondit point.

Au bout d'un court silence, durant lequel son compagnon se promenait de long en large devant la porte de la cabane, Hector chancela sur sa chaise. El Verdugo s'élança pour le soutenir. Hector dit :
— Ce n'est rien, ce n'est rien.

Il essaya de sourire, mais un sanglot déchira sa poitrine et deux grosses larmes roulèrent sur sa joue.

— Mon frère! balbutia-t-il en couvrant son visage de ses mains, — mon bien-aimé frère!

Le Verdugo ne s'attendait pas à cela, car il devint presque aussi pâle qu'Hector.

— Voyons! voyons!... commença-t-il.

— Monsieur, interrompit le jeune lieutenant, vous avez un cœur généreux, et je ne garde point de rancune contre vous, mais vous m'auriez tué si j'avais pu croire un seul instant à vos paroles. Je ne vous dirai pas comment j'aimais mon frère, ni pourquoi je l'aimais..., comment je l'aime et pourquoi je l'aime plutôt, car son souvenir est en moi et durera autant que moi. Cela ne s'exprime pas.

Il y avait au fond de mon âme deux places chères et si larges qu'elles tenaient mon âme tout entière : deux noms étaient là : ma mère et mon frère. J'avais mes deux amours en moi-même et ma jeunesse s'est passée avec eux. La distance avait beau nous séparer; ils n'étaient pas des absents pour moi et maintenant qu'ils sont morts tous deux, mon cœur, pour cela, n'est pas vide. Nul n'y prendra leur place. Celle qui sera ma fiancée et ma femme, si Dieu me donne le bonheur d'être aimé, s'asseoira entre eux deux pour me parler d'eux. Elle les aimait; c'est peut-être pour cela que je l'aime.

Non, vous avez raison, je ne connaissais pas mon frère, et depuis l'enfance j'attendais cette joie de me sentir pressé contre sa poitrine. Je sais qu'il m'aimait comme un père et comme un frère à la fois; je sais que j'aurais eu en lui le meilleur des protecteurs, que sa tendresse m'aurait fait plus fort et plus brave, et que près de moi, son élève, lui, mon maître, aurait modéré la fougue de sa jeunesse trop riche.

Oh! ne vous méprenez pas à mes larmes! J'ai pleuré comme je pleure bien souvent. J'ai pleuré sur un deuil trop certain, non pas sur une honte impossible. César de Chabaneil, espion des Anglais! Je n'ai pas même de colère en écoutant cette imposture ou cette erreur. Je ris, voyez! Je veux arrêter moi-même cet homme qui a volé son nom. J'aurais pitié de celui qui m'outragerait, moi, de mon vivant; je serai implacable contre l'insulteur de mon frère mort!

Le Verdugo écoutait, immobile et stupéfait sans doute de

la profondeur de cette obstination. Que ce fût une feinte de l'orgueil de famille ou vraiment une folie de la tendresse fraternelle, cet entêtement ne voulait pas être discuté.

— S'il était possible, reprit Hector, car il y a ici deux faits qui éveillent mon imagination et font travailler jusqu'à mon sommeil : la tombe vide et cette vague croyance de l'armée à un fantôme qui aurait la taille, la chevelure et l'uniforme de mon frère... et qui aurait surtout l'héroïque vaillance de mon frère... La tombe vide, je l'ai vue; les récits du bivouac, je les ai entendus. S'il était possible, dis-je, de croire à je ne sais quel inexplicable dénoûment, si la raison ne se refusait à admettre qu'un homme a pu se relever vivant après avoir reçu presque à bout portant les balles de douze mousquets; s'il se pouvait, enfin, par miracle ou autrement, que mon frère vécût, Dieu, tout au haut du ciel, entendrait le grand cri de joie qui jaillirait de ma poitrine.

Vous êtes ému de mes larmes. Connaissez-vous celles que la joie fait répandre à torrents?... Écoutez, vous m'avez fait languir, capitaine, et je vous pardonne, car vous redoutiez mon angoisse dans la bonté de votre cœur; mais si vous aviez dit vrai, je ne vous pardonnerais pas de m'avoir pris quelques minutes de mon allégresse.

Si mon frère vivait, malheur à qui se mettrait comme un obstacle entre nos deux poitrines! Je suis soldat, je dois mon sang au drapeau; je suis Français, je dois ma vie à la France : mais mon cœur et ma pensée sont à moi. J'irai à César et je lui dirai : Me voilà : on t'accuse, je t'aime!

La promenade du Verdugo avait recommencé, et son pas était plus rapide.

— Exagération! gronda-t-il en se parlant à lui-même. Grands mots! phrases vides!

Hector aussi parlait pour lui-même, car il continuait, comme s'il eût nagé dans une sorte d'extase.

— Frère chéri! frère! frère! me voilà, on te calomnie, oh! sois mille fois plus aimé! Ils disent que tu es un lâche, toi, le brave! Ils disent que tu es un traître, toi, Chabaneil, le généreux et le loyal! Ils disent que tu es un espion de l'ennemi, toi qui as tout donné à la France, tout! même la grande foi de tes aïeux! Je veux être lâche comme toi, traître comme toi, espion comme toi, frère de mon cœur, fils de ma mère adorée et bénie! Je veux me parer de la honte comme d'une gloire, et mon nom me rend fier parce qu'il est le tien!

Il était resté jusqu'alors assis sur son escabelle. Ses deux mains pressaient sa poitrine et il souriait en levant ses regards vers le ciel. A son insu, peut-être, il se laissa glisser à genoux comme si ses paroles eussent été l'hymne de sa jeune et admirable tendresse.

Le Verdugo s'arrêta brusquement devant lui.

— De par tous les diables, s'écria-t-il avec une explosion de colère, tout cela est bel et bon, mais et le devoir, monsieur! et le devoir!

Hector se releva lentement et répondit avec douceur :

— Le devoir est sous-entendu, capitaine. Je ne croyais pas avoir besoin de dire que j'accomplirais mon devoir.

— Vous arrêteriez César de Chabaneil?

— Je ne songeais plus à cela, je l'avoue, répliqua le jeune lieutenant dans un sourire plein de tranquille hauteur; — oui assurément, capitaine, j'arrêterais César de Chabaneil.

— Et vous le conduiriez à ses juges?

— Pourquoi non, s'il est innocent?

— Mais, par la morbleu! dit le Verdugo en ébranlant d'un coup de poing le montant de la porte, s'il n'est pas innocent?

— Il est impossible qu'il ne soit pas innocent.

— Si l'on vous prouvait jusqu'à l'évidence qu'il est coupable?

— Je refuserais de le croire.

— S'il vous l'avouait lui-même?

— Je ne le croirais pas.

— Et si vous le croyiez?

Le Verdugo respirait avec violence. Tout son sang était à ses joues. Son œil étincelant semblait chercher autour de lui quelque chose à broyer. Hector répondit sans perdre son sourire :

— Je ne crains pas de croire, car un doute suffirait à me faire mourir!

Le Verdugo frappa du pied et tourna le dos en grondant avec fureur :

— Folie! folie!

— Folie, c'est vrai! folie! répéta Hector qui se laissa choir de nouveau sur l'escabelle.

La pâleur, plus livide, regagnait son front et ses joues. Son bras droit s'affaissa le long de son flanc, et de larges gouttes de sang tachèrent le sol. Il ne voyait point cela. Ses yeux battaient, prêts à se fermer.

— Folie! folie! répéta-t-il une seconde fois d'une voix brisée, espoirs et terreurs! César est mort et je suis seul sur la terre!

Il se tut. Ses lèvres étaient blanches et ses yeux demi-clos. Le souffle qui va et vient n'agitait plus sa poitrine, mais les larges gouttes de sang tombaient toujours.

Le Verdugo fut quelque temps avant de le regarder. Quand il tourna enfin les yeux de son côté, il jeta un cri rauque et balbutia dans un râle de navrante frayeur :

— Je l'ai tué!

Puis d'un bond, il franchit la distance qui le séparait du jeune lieutenant et l'enleva comme une femme dans ses bras musculeux en disant, parmi des baisers entrecoupés de larmes :

— Hector! Hector! mon frère chéri! réveille-toi! c'est moi!

IX

Le pacte.

Le soleil se montrait derrière les sommets confusément groupés qui vont s'échelonnant et descendant vers la Castille-Vieille. Les remparts carrés de Cabanil restaient bruns au fond de leur gorge. Le château de Cabanil défendait et armait la dent la plus profonde du feston dessiné par la Sierra de Gredos, et dont la frontière du Léon emplit l'angle rentrant. L'angle sortant est partagé par l'Estramadure à l'ouest, par la Vieille-Castille au sud et à l'est.

Le tertre où s'élevait la pauvre masure de Susan la veuve dominait trois provinces ; mais plus d'une fois par semaine, Susan aurait vendu pour un morceau de pain le vaste paysage que commandait le seuil de sa maison : une des plus riches vues de toute l'Espagne.

Vers le midi, la plaine s'étendait, poudroyant déjà sous la lumière du matin et parsemant son sol rouge de rares oasis de verdure ; au lointain, à perte de vue, au delà des clochers dont aucun bouquet d'arbres n'ombrageait la base, on devinait la ligne verte qui marque le cours du Tietar.

Au nord, les champs léonais, moins désolés, trompaient l'œil avec leurs landes de roseaux qui ressemblaient à d'immenses moissons de maïs desséché, tout le long des marais de Sor et jusqu'à la tour piriforme d'El Barco. Cela ressemblait davantage à la France. Le village voisin avait un bouquet de liéges noirs et deux rideaux de verts peupliers. Au nord-ouest et à l'est, c'était la montagne, rien que la montagne, ameutant ses pics tumultueux, dorés par les opulents reflets de l'orient.

Presque partout, ces sommets étaient nus comme une pierre de taille ; çà et là pourtant croissait par touffes la bruyère courte et sans fleurs dont les tiges s'emmêlent comme une chevelure d'Africain, et aussi cette herbe épineuse qui ressemble à l'ortie et qui dessèche ses pauvres pousses grises dès les premiers soleils de juin. Dans les gorges, le long des torrents rocheux où l'automne n'avait pas laissé une goutte d'eau, des pins rabougris nouaient leurs branches bossues, frangées de noirs feuillages, et rompaient l'éclatante uniformité des sommets roses, jaunes d'or ou d'un bleu de nacre.

C'était beau, non pas de la beauté de nos paysages où la végétation est tout. La terre, ici, n'a pas de parure. Elle s'éclaire comme Dieu l'a sculptée et brille sous la lumière dans l'orgueil de sa nudité, regardant en face l'immense saphir de ce ciel qui, lui aussi, ne connaît pas le vêtement des nuages. C'était beau, mais triste ; éblouissant, mais désolé : un glacier brûlant, un milieu entre les Alpes et le désert.

Dans la cabane de Susan la veuve, sur quelques brins de paille de blé qui jonchaient le sol et auprès de l'escabelle renversée, Hector de Chabaneil était couché, l'uniforme dégrafé, la chemise sanglante et les yeux fermés. Devant lui s'agenouillait un homme, dépouillé de ses habits et la tête nue.

Par terre était la défroque du Verdugo; sa veste à mille boutons, qui se tenait roide à cause de l'étoupe qui la bourrait, ses soubrevestes, une perruque rousse crépue et une paire de larges favoris.

L'homme agenouillé serrait Hector entre ses bras. La blessure qu'Hector avait reçue dans le combat de la veille venait de se rouvrir. L'homme agenouillé la pansait et la baisait. On voyait de dos seulement sa taille svelte et jeune qui, certes, n'était point celle du seigneur Urban Moreno. Il appelait Hector d'une voix douce comme celle d'une mère.

Quand Hector ouvrit les yeux, reprenant ses sens après un évanouissement qui avait à peine duré quelques minutes, son regard étonné fit le tour de la misérable maison. Il semblait y chercher quelqu'un qui n'y était plus. Ses yeux en se rouvrant avaient rencontré le visage d'un jeune homme, admirablement beau et fier; la prunelle de ce beau jeune homme était sur lui, souriante, mais mouillée de larmes. Hector sentait sa tête encore si faible qu'il se crut le jouet d'une illusion. Sa paupière fatiguée retomba.

— Ma mère! murmura-t-il, pourquoi cet homme a-t-il les traits de ma mère?

L'homme agenouillé semblait hésiter à prendre la parole, comme s'il eût craint d'ébranler d'un mot tant de chancelante faiblesse. Il avait les mains du jeune lieutenant dans les siennes et les serrait doucement.

Hector le regarda encore une fois et tressaillit.

— Pedro de Thomar! dit-il de ce ton qu'on prend pour railler le mensonge des rêves. Je suis fou! C'était le capitaine Louis qui était là tout à l'heure...

Comme la fatigue lui fermait les yeux de nouveau, l'homme agenouillé prononça tout bas :

— Hector, ce n'est ni le capitaine Louis, ni Pedro de Thomar.

— Sans doute, sans doute, répondit le cadet de Chabaneil

qui suivait sa pensée errante avec une peine extrême. S'ils s'étaient rencontrés, ils auraient combattu... Ce soleil m'éblouit, je ne peux pas ouvrir les yeux...Le capitaine Louis était là, pourtant : j'en suis sûr. Je voudrais me souvenir de ce qu'il m'a dit, de ce qui m'a brisé le cœur... C'est en songe peut-être que j'ai vu un visage qui ressemblait à ma mère.

— C'est moi qui ressemble à votre mère, Hector, murmura l'homme agenouillé.

Encore une fois, le cadet de Chabaneil souleva sa paupière lourde avec effort et, cette fois encore, il balbutia :

— Pedro de Thomar !...

Puis, secoué tout à coup par une lumière qui se faisait dans son cerveau, il ajouta :

— Ne disait il pas que mon frère était vivant, et... et...

— Espion, acheva l'homme qui était devant lui.

La tête d'Hector, qu'il avait soulevée à demi, retomba sur la paille lourdement.

Il sentit à son front un baiser, un baiser si long et si tendre que l'image de sa mère passa de nouveau sous ses paupières closes. Une voix lui disait, toute tremblante de larmes:

— Merci, Hector, mon Hector chéri ! Tu aimes bien ton frère, va ! Tu n'as pas douté de ton frère ! Il y avait longtemps, bien longtemps que ton pauvre frère n'avait eu des larmes de joie dans les yeux !

Le jeune lieutenant resta immobile et muet. Il comprenait pourtant, car une nuance rosée allait et venait parmi la pâleur de sa joue et son cœur battait tout haut dans sa poitrine.

— Tourne-moi contre le jour, César, dit-il enfin d'une voix nette et distincte, mais si faible qu'à deux pas on ne l'eût pas entendue. Je sais bien maintenant que c'est toi. Écoute, j'ai eu trop de douleur et j'ai trop de joie. Il me semble que je vais mourir. Tourne-moi vite, je t'en prie, car je veux te voir, te bien voir, mon bien-aimé frère, pour la première et pour la dernière fois!

César de Chabaneil ne crut pas, car s'il avait cru, il n'aurait pas eu la force de prendre Hector dans ses bras et de le tourner à contre-jour. Il le coucha et lui fit un oreiller de sa main, afin qu'il pût mieux voir, sa tête étant ainsi soulevée. Le lieutenant ouvrit alors ses yeux agrandis et les tint fixés sur son frère. Son extase fut silencieuse; il ne prononça que ces mots :

— Ma mère nous voit.

Puis il mit sa tête dans le sein de César, et son cœur tout à coup cessa de battre.

César n'avait pas peur. Croire à la mort possible de ce cher enfant lui eût semblé un blasphème. Dieu n'a pas de ces ironies cruelles. Il priait, confiant, et disait à sa mère, plus près de Dieu, de prier mieux que lui. Sa main était sur ce pauvre cœur arrêté; il attendait le premier battement et il tâchait, par une suprême tension de volonté, il tâchait de prendre sa vie à lui-même, oh! la meilleure part de sa vie, et de la transmettre comme on rend la lumière à un flambeau éteint.

Il lui sembla bien vite que sa propre chaleur entrait dans ce corps et le vivifiait; il attira son frère contre lui, dans lui, dirions-nous, car il l'eût voulu et il y songea. Il l'enveloppa de sa force, il le satura de sa mâle jeunesse, et vous n'eussiez pu admirer la tendre énergie de ce groupe sans penser à la jeune mère qui prodigue à l'enfant ce sang miraculeusement blanchi : le lait de ses veines.

Il avait raison : Dieu écoutait et sa mère priait. Au bout de quelques minutes, sa main frémit à la première pulsation du cœur, et ce mouvement presque imperceptible communiqua une délicieuse vibration à toutes les fibres de son être.

L'instant d'après, un peu de sang remontait aux joues décolorées d'Hector; l'instant d'après encore, les deux frères étaient assis sur la paille, tous deux dans les bras l'un de l'autre, et leurs sourires charmés se parlaient.

— César, disait le lieutenant qui donnait son front aux baisers de son aîné, c'est bien vrai, je serais mort avant de croire!

— Comme nous allons nous aimer, Hector chéri! murmurait le capitaine.

— Le cœur devinerait, mon frère, mais la raison s'impose comme un bandeau de fer... En t'écoutant, hier au soir, quand tu jouais ce rôle de Pedro de Thomar, je ne sais pas dire quelle émotion étrange m'agitait. Je pensais : voici la fièvre qui vient, car je souffrais cruellement et ce n'était pas à l'épaule que j'avais ma plus cuisante blessure... Je pensais aussi : César devait avoir cet œil doux et hardi... Une fois, le son de ta voix me fit songer à notre mère... Mais était-ce possible ? le courrier-mayor de sir Arthur Wellesley ! un Espagnol !...

Son regard tomba sur les diverses pièces du déguisement qui gisaient à terre. Le seigneur Urban Moreno était là tout entier : sa corpulence étoupée, son exubérante chevelure et jusqu'à ses gros sourcils roux qui lui faisaient l'œil si farouche.

En voyant son frère examiner tout cela, César rougit, baissa les yeux et sourit.

— J'étouffais là-dessous, murmura-t-il. Sais-tu que nous nous étions rudement échauffés, Hector ! Quand je me suis agenouillé près de toi, il m'a semblé que cette ouate me brûlait la poitrine et que cette perruque crépue était en feu...

— Frère, interrompit Hector, est-ce que tout cela était pour m'éprouver ?

— Non pardieu pas, petit frère ! s'écria gaillardement le capitaine. Reproche-moi ce que tu voudras, mais non pas cela ! Crois-moi, ma vocation de comédien n'est pas si bien établie, et je n'aurais pas pris tant de peine pour te torturer le cœur !

— Alors, commença le lieutenant, pourquoi ?...

César l'interrompit à son tour et il n'avait plus de sourire.

— Je voulais, non pas t'éprouver, dit-il, mais te tromper. J'étais engagé sous serment et je n'ai point de remords, car mon serment, je l'ai violé malgré moi.

— Je ne te demande pas ton secret, frère...

— Tu en as déjà la meilleure part : tu sais que j'existe.

— Oh ! s'écria le lieutenant, cette part de ton secret, je l'eusse achetée au prix de tout mon sang !

La voix de César se baissa plus grave.

— Enfant, dit-il, je ne te l'aurais point donnée de mon plein gré. J'ai eu la force de ne la point livrer à notre mère tant aimée, qui est morte en pleurant l'aîné de ses fils.

— Il fallait que le lien fût terrible!... murmura Hector.

— Pourquoi terrible? Nous sommes des Chabaneil. J'avais juré sur l'honneur.

Une parole vint jusqu'aux lèvres du jeune lieutenant, mais il se contint et répéta :

— Frère, je ne te demande point ton secret.

— Moi, je te demande le tien, petit frère, répliqua César en reprenant sa gaieté.

Son bras s'arrondit autour du cou d'Hector et il attira son oreille tout contre sa bouche.

— Elle est belle et charmante, n'est-ce pas, murmura-t-il, tandis que le lieutenant rougissait jusqu'à la racine de ses cheveux. Ne t'étonne pas. Je suis un fantôme, tu sais bien ; les fantômes sont tous un peu sorciers... Ne crains rien surtout! Je te promets d'être plus discret pour toi que pour moi...

— Pour elle, par exemple, s'interrompit-il, c'est différent ; je trahirai le premier battement de son cher petit cœur, qui m'a été confié par une bonne fée de mes créatures... J'ai une fée, j'ai un gnôme, j'ai quatre dragons, ailés ou non, voilà mon équipage de chevalier errant... sans le coursier magique qui ne fait défaut à aucun preux. Mon Alazan vaut pour le moins Bridedor, Rabican ou la longue monture des quatre fils Aymon. Donc, ma fée me dit tout... et vous êtes aimé, heureux Hector!

— Aimé!... répéta le lieutenant qui devint pâle.

— Tu as bonne envie d'ajouter : frère, ne joue pas avec cela! Peste! qui songe à jouer, mon officier? Nous savons que ce sont choses graves... Non, non, je ne joue pas avec ton cœur, frère chéri... Et comment ne t'aimerait-on pas?... Écoute! Je la connais mieux que toi... Elle est bonne, elle est franche, elle est digne de toi... Mais gare à vous, prince, puisque nous parlons des fées, il en est une qui fut oubliée, le jour où on les invita toutes autour du berceau de notre princesse... Gare à vous, lieutenant! cette fée oubliée, Carabosse ou autre, la toucha de sa baguette noire, et lui mit un petit diable dans le cerveau... Autant ma pauvre Blanche est timide et douce...

— *Est?...* répéta vivement Hector.

César eut un sourire.

— Il te reste bien des choses à apprendre, petit frère, dit-il, et je me donne une heure pour causer avec toi... Alazan rattrapera le temps perdu. Mon embarras est de savoir par où commencer. Eclaircissons d'abord ce qui te regarde. C'est moi qui t'ai fait venir ici, non pas pour arrêter don Pedro de Thomar, il est vrai, non pas même en vue de notre gentille cousine Joaquina, car j'ignorais que tu tomberais amoureux d'elle comme on glisse à l'eau, quand le pied manque; mais pour deux missions, l'une qui regarde ton métier de soldat, l'autre qui a trait à notre famille. La première n'as plus d'objet, car les dépêches que tu m'as apportées annoncent la bataille comme prochaine et ta place est sur l'autre rive de l'Alberche, désormais. La seconde consistait à me remplacer auprès de dona Mencia de Cabanil, la bienfaitrice et l'amie de notre mère, qui est en danger. Je n'ai pas besoin de t'expliquer pourquoi je ne pouvais m'aboucher personnellement avec elle, puisque je suis mort pour tout le monde... puisque tout à l'heure encore, j'étais mort, même pour toi. Ma pauvre comédie, qui a si bien et si mal réussi, avait tout uniment pour objet de me débarrasser de toi au plus vite.

Les Anglais sont en force ici maintenant, et il ne pouvait t'arriver malheur. Je me disais : ce garçon-là doit m'aimer. Vois-tu, on ne devine pas, du premier coup, toute la beauté d'une âme comme la tienne, mon Hector. J'entendais par aimer ce bon sentiment qui existe entre frères, et j'ajoutais, suivant mon argumentation : S'il m'aime et qu'on lui parle de m'arrêter, il prendra ses jambes à son cou pour fuir par la première porte ouverte...

— Aurais-tu fait cela, toi, César, si l'on t'avait dit de ton frère ce que le capitaine Louis m'a dit de toi?

— Je ne sais... je me fais vieux... Si tu avais été le capitaine Fantôme... Franchement, il passe pour avoir une pauvre tête, ce César de Chabaneil!... Mais ne te fâche pas! j'ajouterai, si tu veux, que c'est un brave garçon... au fond....

— Mais cette mission qui regarde dona Mencia?... interrompit Hector.

— Vois! s'écria César en riant, j'avais la fatuité de croire que tu ne pensais qu'à moi! La mission qui regarde la mère de dona Joaquina de Cabanil est tombée dans l'eau comme l'autre. Les choses vont si vite en ce pays et en ce temps. Que feraient tes quarante voltigeurs contre les grenadiers de Noir-Comin? Néanmoins, petit frère chéri, je me souviens de mes vingt ans. Tu ne t'en iras pas sans avoir répondu à l'appel de ta belle...

— Parles-tu de Joaquina? s'écria Hector.

César eut un malicieux sourire.

— Procédons par ordre, au nom du ciel, dit-il; sans cela, l'heure passera et nous n'en sortirons pas. J'ai cent ou cent cinquante lieues à faire à cheval, je ne sais pas au juste, et Dieu seul connaît le temps qui me restera pour cela. Tu ne me demandes pas mon secret, petit frère, mais tu voudrais bien l'avoir, et moi, j'ai besoin de te le confier, car, à la veille du voyage que je vais entreprendre, il est bon de faire un peu son testament. De ce que j'ai promis de taire, il me reste peu de chose à t'apprendre. Au contraire, s'il m'arrivait de mourir *une seconde fois*, je laisserais en suspens certains devoirs dont l'accomplissement deviendrait tout naturellement ton héritage...

— Ne me dis pas cela! interrompit Hector. Tu me parles toujours comme si j'étais aussi fort que toi.

— C'est vrai, je te parle comme à moi-même, mon frère chéri, répondit le capitaine dans une caresse. Pour ne rien feindre, je n'ai pas plus de remords de t'avoir confié ma résurrection, qui pourtant est un secret d'État, que si j'avais pensé tout haut dans la solitude. Nous ne faisons qu'un, dirai-je, si le roi m'adresse un reproche. Plutôt que d'être trahi par lui, je crois que je me trahirais moi-même!

Le regard d'Hector interrogeait et disait que ses lèvres retenaient ce mot qui voulait s'échapper :

— Le roi !...

César se leva et jeta un coup d'œil au dehors. Tout était calme. Susan la veuve restait immobile à son poste. Il revint s'asseoir auprès d'Hector et l'attira contre lui. Ainsi réunis, les mains dans les mains, tous deux insatiables du bonheur de se voir, l'un écouta, l'autre parla.

— Nous en étions restés au lendemain de mon exécution, dit César, après s'être un instant recueilli, car l'épisode de ma tombe ouverte et les quelques vagues rumeurs qui courent là-bas sur mes apparitions ne comptent que pour mémoire. Je n'ai pas besoin de te dire que le récit du seigneur Pedro de Thomar a été sincère de tout point. C'était à toi que le seigneur Pedro s'adressait.

Mais il y a des choses que le seigneur Pedro ne pouvait pas dire à des Anglais, et ces choses, il faut maintenant que tu les saches. En conséquence, nous remonterons quelques jours avant ma mort, et nous reprendrons deux points très-importants que le courrier-mayor a laissés volontairement dans le vague.

D'abord, mon entrevue avec Antioh-Amour, la Haute-Femme des Rômes de l'anneau de fer.

Antioh-Amour est un agent de sir Arthur Wellesley. Sir Arthur en a partout. Depuis que j'ai l'honneur de vivre avec lui dans des rapports très-intimes, je suis émerveillé de sa façon de faire la guerre. S'il fait école, ce sera une révolution plus radicale que celle dont la poudre à canon fut l'origine. La poudre à canon ne supprima que les armures ; la méthode nouvelle supprimera les soldats.

Avec des obusiers servis par des géomètres et quelques bataillons en habits rouges, dressés au joli jeu des marches et des contremarches, on fera des campagnes aussi ingénieuses que prudentes, à la suite desquelles une canonnade bien dialoguée entre arpenteurs, permettra aux diplomates d'asseoir la paix sur des bases solides.

Les Anglais disent que sir Arthur est un homme de génie et plus fort que Napoléon. Je pencherais à croire, en effet, que Napoléon n'eut jamais inventé son système d'espionnage à compartiments. Du fond de son quartier général, bien propre et rangé comme la chambre d'une douairière, sir Arthur Wellesley sait ce que le maréchal Soult mange à son souper en Galice, et le prix que Joseph Bonaparte paie pour avoir des pommes d'amour toutes fraîches à Tolède.

Comment la Haute-Femme pénétra dans ma prison, je l'ignore ; on en avait refusé l'entrée jusqu'alors à ma mère elle-même. Je ne la connaissais pas, car mes efforts pour la joindre avaient toujours été infructueux.

Néanmoins, dans l'univers entier, c'était peut-être la personne la mieux choisie pour la négociation que Wellesley voulait entamer avec moi. Elle avait des secrets que j'eusse payés autrefois au prix d'une bonne part de ma vie. Elle connaissait le sort de Jeanne, notre sœur, et le sort de Blanche, que j'aimais de toute mon âme. Elle se nomma. Elle me dit tout de suite que Jeanne et Blanche vivaient ; elle me l'affirma sous le serment solennel de sa race.

Pour me donner confiance, elle me raconta son histoire et celle de l'homme à seconde vue, cet Écossais assassin qui a fait, dans ces dernières années, aux Cabanil une guerre si cruelle et si malheureusement victorieuse. L'histoire est simple, au fond : c'est celle de toutes les légitimités perdues par des bâtards, mais elle est fort étrange dans ses détails et particulièrement curieuse. Je te la conterai quelque jour : d'autant que tu connais aussi bien que moi l'*homme de la chapelle et de l'échelle*. Cet homme est le fils d'Antioh-Amour.

L'histoire finie, la Haute-Femme me dit que moi seul au monde pouvais sauver Jeanne et Blanche.

La captivité est un poison lent qui abat avant de tuer. Je suis certain que le poison de la captivité a fait commettre des lâchetés à des héros. Ce sont les natures lentes et molles qui lui résistent le mieux. Il y avait des semaines que je n'avais vu âme qui vive ; j'étais fort abattu. Néanmoins, l'idée de sauver Jeanne et Blanche m'éperonna et me redressa. Je déclarai que j'étais prêt à tout pour acheter leur liberté.

Antioh-Amour ne voulut point me dire quel était leur sort, ni dans quel trou profond on les avait enfouies pour que je n'eusse jamais pu découvrir leurs traces. Avant de savoir quoi que ce fût sur elles, il fallait consentir le contrat qu'elle venait me proposer. Ce contrat, tu le devines : je devais me vendre aux Anglais.

Sir Arthur Wellesley avait fort admiré mon voyage au travers du grand incendie espagnol, quand j'étais allé seul, de Burgos à Baylen, porter les instructions de l'Empereur à l'infortuné général Dupont. Il connaissait aussi — car il connaît tout et se divertit infiniment de nos commérages soldatesques — ma fameuse promenade de Madrid à Paris et retour.

Il y a bien quelque exagération dans les chiffres de cette gageure, mais il ne faudrait pas ajouter vingt-quatre heures pour être au delà de la vérité. J'étais, pour sir Arthur, collectionneur de combattants excentriques, ce qu'est un virtuose hors ligne pour un entrepreneur de concerts. Il me voulait à tout prix. Mon évasion avait été admirablement préparée ; on avait gagné des gens au-dessus du soupçon. Un mot et j'étais libre.

Je n'ai pas besoin de te dire, frère, que ce mot, je refusai de le prononcer.

La Haute-Femme me pressa. C'est un esprit bizarre, qui ne manque ni d'élévation, ni d'éloquence ; mais ce n'est pas une sorcière, car, dès que je lui eus imposé silence définitivement, elle crut à ma mort certaine et me parla comme à un mort.

Elle me dit entre autres choses que ma chère et bonne Lilias avait de grandes destinées, mais qu'entre elle et l'immense fortune qui lui appartenait, le poignard de l'homme qui avait tué Angel ferait encore une mare de sang.

Tu verras Lilias. Elle ressemble à Blanche d'une façon qui me remue le cœur.

Quelques jours se passèrent, pendant lesquels on me permit de voir notre mère et Lilias, qui avait été jusqu'au roi. Je disais tout à Lilias.

Une semaine, heure pour heure, après mon entrevue avec Antioh-Amour, la veille du jour fixé pour mon exécution, un homme fut introduit dans ma prison. Je crus que c'était le prêtre qui revenait, car déjà mes affaires de conscience étaient en règle. Ce n'était pas le prêtre. Cet homme recula ma lampe, qui était près du lit de camp où j'étais étendu, et s'assit à mon chevet, sur mon propre billot. Il était enveloppé d'un manteau et je ne pouvais voir son visage. La porte du cachot était restée entr'ouverte.

Il m'éveilla, car je dormais. Il me dit venir de la part du maréchal duc de Dalmatie, mon maître et mon ami, qui avait appris, au fond du Portugal, mes fautes et leur châtiment. Je suis profondément attaché au maréchal Soult, et si sa volonté ne m'eût point séparé de lui, Hector, mon sort eût été bien autre; mais mon infortune même m'a permis d'être utile parfois à ceux que j'aime, et Dieu me garde de me plaindre, puisque nous vivons tous deux et que j'ai tes mains dans les miennes.

Le souvenir du maréchal me toucha et je dis pour lui à l'inconnu des choses qui étaient, je crois, touchantes. L'inconnu m'interrompit brusquement, et il me sembla découvrir de l'émotion dans sa voix.

— Vous êtes bien jeune pour mourir, capitaine, dit-il.

— Devant l'ennemi, non, répondis-je; mais sur le préau, il est toujours trop tôt.

— La France a besoin de tous ses soldats, continua l'inconnu qui semblait agité ou plutôt embarrassé. Ne feriez-vous rien pour continuer de servir la France?

— Je ferais tout, répliquai-je, sauf ce qui est contraire à l'honneur.

Il repartit avec quelque hauteur :

— Je suis un militaire comme vous, capitaine, et incapable de vous rien proposer qui soit contraire à l'honneur... La France, disais-je, a besoin de tous ses soldats, et il est tel soldat qui, s'il le voulait, vaudrait un bataillon... Ce n'est pas à mal faire, monsieur, à donner le mauvais exemple aux enfants qui sortent de l'école ou à éblouir la cohue des femmelettes et des sots qu'un homme, doué comme vous l'êtes, devait dépenser sa force.

Il fit une pause et poursuivit avec plus de douceur :

— L'Empereur et le roi vous connaissaient, monsieur de Chabaneil. Votre nomination au grade de chef d'escadron et votre croix de la Légion d'honneur sont aux bureaux du ministère de la guerre, à Madrid ; la commission et le brevet venaient de France. Cinq ans et deux faits comme votre course à Baylen, vous étiez général, dans la pensée de l'Empereur. Quel âge avez-vous ?

— Vingt-six ans.

— A trente ans vous pouviez être un des lieutenants de Napoléon.

— Monsieur, qui que vous soyez, lui dis-je, ne plaidez point, parlez. J'avais mes espoirs et j'ai mes regrets. Les uns ni les autres n'influeront en rien sur ma détermination. Avez-vous mission de me donner la liberté et la vie ?

— Oui.

— De la part de qui ?

L'inconnu hésita et me répondit :

— De la part du maréchal Jourdan.

— Il y a sans doute des conditions ?

— Une seule.

— Veuillez me la poser, je vous écoute.

L'inconnu drapa son manteau. Il semblait chercher ses paroles.

— Le maréchal Jourdan, dit-il enfin, a eu grand égard aux observations du duc de Dalmatie, qui lui a écrit en votre faveur, faisant valoir votre âge et l'impétuosité de votre caractère. Le roi admet difficilement ces sortes de considérations. Il regarde que les passions ne peuvent servir d'excuse. A ce compte, où serait la possibilité de maintenir la discipline ?

Le roi ne croit pas du tout que les grandes capacités soient inséparables des grandes passions, et, néanmoins, il s'estime capable de commander et de régner... Le maréchal Jourdan a eu de la peine près du roi, parce que vos folies ont contrarié les desseins les plus chers de Sa Majesté. A aucun prix, le roi ne voudrait annuler la sentence portée contre vous. L'exemple est de toute nécessité. Le roi, sur ce point, est et demeurera inflexible.

— Alors il s'agit d'une évasion, favorisée sous main par l'autorité ?

— Non, monsieur. On perdrait ainsi tout le bénéfice de la sévérité. Votre exécution doit avoir lieu dans tous les cas; cela est indispensable, tant pour le besoin de la discipline que pour le bien de la mission qui va vous être proposée.

— Je ne comprends pas...

— Vous comprendrez... Croyez-vous avoir mérité la mort?

— En aucune façon, répliquai-je vivement. Un officier de la garde espagnole ne peut être mon supérieur. J'appartiens à l'armée française, qui n'est qu'auxiliaire près du roi d'Espagne. Les officiers de la garde espagnole ne sont pas nommés par l'Empereur.

Ceci est le droit et l'argument des légistes. En dehors du droit, je suis gentilhomme et j'ai bien conservé quelques restes des anciennes manières de voir. Certaines fautes, enflées à la taille du crime par le rigorisme sincère ou non de certains puritains...

— Feriez-vous par hasard allusion au roi, monsieur? m'interrompit l'inconnu avec une sorte d'aigreur.

— Non, monsieur. La conduite privée de Sa Majesté lui donne le droit d'être sévère. Mais le roi fait tache en blanc, au milieu des mœurs de sa cour, qui sont noires.

L'inconnu parut se radoucir; il changea de posture sur son billot et reprit :

— Monsieur, je suis gentilhomme comme vous et d'aussi vieille extraction que vous. Cependant, j'estime que le conseil de guerre a bien et parfaitement jugé. Je suis fâché de ne pas trouver en vous le repentir qui est un bon conseiller. Je m'acquitte désormais purement et simplement du message de M. le maréchal. Nous faisons une guerre difficile où l'ennemi est informé de tous nos mouvements, tandis que nous ignorons toujours les siens. Les efforts du maréchal pour établir un système de surveillance près de l'ennemi ont échoué par le mauvais vouloir des populations... Les nouvelles du Portugal sont mauvaises, monsieur; nous allons avoir l'armée anglaise sur les bras, et le général Wellesley, qui la commande, est un manouvrier. Il possède, on peut le dire, des compagnies entières, des régiments d'éclaireurs, sans compter l'énorme quantité d'espions indigènes qu'il soudoie. Les propositions que le général anglais vous a fait tenir à vous-même...

Mon geste de surprise l'interrompit, et il ajouta :

— Je ne vous fais pas l'injure, capitaine, de vous adresser des éloges. Selon moi, je l'ai dit et je le répète, vous avez mérité la mort; mais je n'ai jamais pensé que vous ayez forfait à l'honneur. Quoi qu'il arrive, le roi l'a voulu, vous tomberez avec vos épaulettes.

— Que grâces soient rendues à Sa Majesté, répondis-je.

— Le roi voudrait mieux que cela, capitaine, reprit mon inconnu qui s'animait en parlant. J'entends le roi et le maréchal. Vous parlez admirablement espagnol, n'est-ce pas?

— A peu près comme si j'étais un enfant de l'Espagne.

— Et l'anglais aussi?

— Comme l'espagnol. J'ai vécu en Angleterre.

— Capitaine Chabaneil, vous pourriez faire au roi autant de bien que vous lui avez fait de mal.

— Par quel moyen, monsieur? Je vous prie de vous expliquer.

— En acceptant purement et simplement les offres que le général anglais vous a faites.

L'étonnement me réduisit d'abord au silence. Je ne réclamai point d'explications : je comprenais. Mon inconnu attendait.

— Avez-vous une preuve de votre mission? lui demandai-je.

— Acceptez-vous?

— Pas encore.

— Songez que votre vie est à ce prix.

— Je puis trouver le prix trop élevé, pour ce que vaut ma vie.

— Songez...

— Il ne me plaît pas de discuter. Avez-vous une preuve de votre mission?

— Oui, me répondit-il avec cette hésitation qui ne l'avait point quitté depuis le commencement de l'entrevue.

— Fournissez-la.

Il se leva et fit quelques pas de long en large dans mon étroite cellule. Au dernier tour, en passant devant la porte qui était restée entr'ouverte, il la ferma bruyamment. Puis, se rapprochant de moi et se posant de façon à mettre ses traits en pleine clarté, il écarta les pans de son manteau.

Tout cela n'était pas exempt d'une certaine visée à l'effet théâtral.

C'était le roi Joseph en personne.

— Avez-vous confiance, maintenant, capitaine Chabaneil?

Je m'étais levé sur le coude.

— Sire, répondis-je en m'inclinant autant que faire se pouvait, j'avais déjà reconnu Votre Majesté.

Il sourit et murmura :

— Suis-je si mauvais comédien? C'est la première et probablement la dernière fois que je me déguise.

— Ma présence doit vous dire, capitaine Chabaneil; reprit-il avec gravité, toute l'importance que j'attache à cette négociation. Ne parlons plus de racheter votre vie. Vous m'avez rendu autrefois un signalé service; je ne l'ai point oublié; en aucun cas je ne vous laisserai mourir. Tout est prêt pour votre départ, et demain après l'exécution, car l'exécution aura lieu, sans cela tous les officiers de mon armée prendraient décidément le mors aux dents, demain, dis-je, vous vous mettrez en route pour l'Amérique, en donnant seulement parole de changer de nom et de ne jamais repasser la mer...

— Sire!... m'écrai-je ému, cette fois, pour tout de bon.

— Veuillez ne pas m'interrompre ! Je vous rends la justice de croire que vous tenez plus à votre épée qu'à la vie. Votre vie est à vous, votre épée est à moi. C'est votre épée qu'il vous faut racheter.

— Sire, murmurai-je, car j'avais le cœur bien serré, je cherche en moi-même si aucun de mes aïeux eût acheté à ce prix le droit de porter encore une épée.

— Vos aïeux, monsieur! vos aïeux! dit le roi avec colère. Le monde a marché, depuis le temps où vos aïeux dansaient le menuet de Louis XV... Voyons! ne vous offensez pas. Je sais que Chabaneil est brave soldat de père en fils... mais, dans l'armée anglaise, les plus grands noms de la noblesse ne dédaignent pas l'office de *scouting-officer*.

— Ce sont des Anglais, sire.

— Je n'admets pas, monsieur, que le nom de tout un peuple soit pris ainsi comme une injure. Ces Anglais, dès qu'il s'agit de servir leur pays, ne connaissent point la folle honte. Vos aïeux aussi servaient leur roi. Imitez-les seulement et ne faites pas tant de façons pour servir le vôtre.

— Le métier d'espion..., commençai-je.

— Misérable préjugé, à la fin, monsieur! s'écria le roi qui frappa du pied. Quand vous êtes allé à Baylen, de la part de l'Empereur, vous vous êtes déguisé, vous avez déployé mille ruses pour tromper la surveillance des corps espagnols ; leur avez-vous parlé français, par hasard, sous votre costume de majo? Et en arrivant près du général Dupont, lui avez-vous caché la position des corps que vous aviez traversés? Étiez-vous un espion, pour cela? Et si vous étiez un espion, vous sentez-vous déshonoré?

Je méprise cet abus des mots, monsieur, et je crois me connaître en choses honnêtes et dignes. Tout ce que je puis vous accorder, c'est qu'il est certaines façons de servir plus brillantes et plus faciles que certaines autres. Vous aurez un temps d'épreuve, parce que vous avez péché. Sachez faire votre pénitence... Monsieur, en vous assurant que vous ne subiriez en aucun cas la peine de mort, je vous ai enlevé tout motif de me refuser ; en ajoutant que la France a besoin de vous, je vous arrache votre dernier prétexte d'hésitation.

— Si j'étais sûr de ne jamais faire autre chose que ce que j'ai fait sur la route de Bailey... commençai-je.

— Jamais autre chose, m'interrompit encore le roi, je vous l'affirme. Wellesley et l'Empereur n'ont pas la même façon de faire la guerre : nous n'avons pas besoin d'espions, nous avons besoin de neutraliser l'effet de l'espionnage ennemi. Vous serez seul là-bas contre des milliers d'adversaires, parmi lesquels vous pourrez compter par douzaines les lords et les baronnets. Écoutez-moi bien : s'il vous faut absolument quelques fumées de romanesque gloriole, vous pourrez vous vanter en vous-même d'accomplir la mission la plus impossible qui ait été tentée depuis Don Quichotte. La mort sera autour de vous, devant, derrière, à droite, à gauche, au pied de votre lit et sous votre oreiller. Et si vous avez honte décidément de votre héroïsme, il n'y aura que deux personnes au monde à le connaître : l'Empereur et moi...

— J'accepte, dis-je.

Hector, à ce mot, serra passionnément la main de son frère.

— Le roi fit comme toi, petit frère, dit César, qui était pâle d'émotion, mais dont le regard rayonnait la fierté ; le roi me tendit la main.

X

Don Pedro de Thomar.

Le roi ajouta, poursuivit César en pressant ma main dans la sienne :

— Capitaine Chabaneil, je vous donne ma parole royale qu'à la prochaine grande bataille, vous chargerez à la tête de vos dragons.

J'acceptai, parce que j'étais convaincu, frère, et parce que je me sentais capable de tenter cette entreprise qui, véritablement, offrait d'incroyables dangers, compensés par des résultats de premier ordre.

Le roi avait raison ; il ne s'agissait pas d'espionnage, il s'agissait de rétablir les communications presque partout interrompues entre la cour et les maréchaux, disséminés à d'énormes distances, et coupées pour la plupart par l'insurrection qui, cent fois vaincue, renaissait, plus menaçante, du sein de ses revers. La Catalogne, Saragosse, les corps de Ney et de Berthier, l'armée du maréchal Soult lui-même étaient dans cette position. Tous nos généraux avaient trouvé au bout de leurs victoires les dangers qui entourent une défaite. Ils étaient assiégés sur le champ même de leurs batailles gagnées. Pas un Espagnol ne voulait servir de courrier, ou si quelqu'un acceptait, c'était pour trahir.

Les membres disjoints de notre grande armée n'avaient plus ce centre commun : le cerveau qui combine et régularise les mouvements. Les bras ignoraient ce que voulait la tête, la tête ne savait pas ce à quoi travaillaient les bras. J'étais seul pour rendre à ce géant qui s'efforçait au hasard l'unité de la vie. Cela me parut une grande œuvre, et ce fut pour cela que j'acceptai.

Mais quel homme n'a au fond du cœur quelque motif personnel ? L'espoir de vivre m'avait rendu tous mes égoïsmes. En acceptant, je songeai à ma pauvre Blanche qui m'appelait sans doute du fond de son martyre, et je songeai à toi aussi, Hector, à toi qui allais venir, à toi qui avais été l'une des amertumes de mon désespoir, quand je devais mourir sans t'avoir embrassé.

Cependant mon entrevue avec le roi n'était pas terminée. Il avait à me donner ses instructions, qui me prouvèrent sa haute loyauté; il avait en outre à exiger de moi les garanties de discrétion sans lesquelles mon rôle, de difficile qu'il était, devenait radicalement impossible. Il fallait que je fusse mort pour tout le monde, pour tous ceux que j'aimais, pour ma mère, pour toi, pour Blanche elle-même, si Dieu me la faisait retrouver.

J'obtins seulement permission de garder les serviteurs dévoués à ma fortune et celle qui avait donné au roi l'idée qu'il mettait aujourd'hui à exécution : ma sœur Lilias, qui a toutes les ingénieuses délicatesses d'une femme avec la vaillance d'un brave. Sans l'humble dévouement de ma petite armée, j'aurais succombé cent fois à la peine. C'est grâce à mes bons soldats que j'ai pu te délivrer cette nuit.

Le roi me quitta vers trois heures du matin en me souhaitant bon voyage, car je ne devais pas le revoir.

— Au commandement de feu, me dit-il, vous tomberez en avant, la face contre terre. Le reste me regarde.

Le lendemain, au lever du jour, douze braves garçons me visèrent à la poitrine et les larmes aux yeux. Ce fut mon début de comédien, et j'avais répugnance à tromper ces pauvres diables qui détournèrent la tête tous les douze en me voyant chanceler, puis tomber.

Je fus mis dans la voiture par des hommes qui me croyaient mort et qui me plaignaient, disant que c'était pitié d'avoir tué un beau dragon qui aurait pu sabrer encore tant de peaux tannées. On me conduisit à l'hospice des Sœurs-Minimes, où je fus déposé dans le charnier des morts. Il y en avait là plusieurs. La sœur converse qui veillait était Lilias.

Nous choisîmes à nous deux mon remplaçant, qui fut cloué dans ma bière et mené au Campo-Santo le lendemain, dans la matinée; mais on l'enterra dans sa propre fosse pour garder à ses restes les prières de ses parents, et ma fosse à moi fut remplie de terre.

Deux heures avant cela, j'avais quitté l'hôpital sous le costume d'un prêtre, et je suivais déjà la route de Talavera, monté sur Alazan, qui est un cadeau du roi.

Présent royal, Hector, l'as-tu vu? Celui-là m'a sauvé la vie plus souvent encore que mes compagnons et que Lilias. Quand je suis seul avec lui dans ces plaines brûlées où les rivières dessèchent leurs lits, où les fontaines à demi taries n'ont pas plutôt suinté une goutte d'eau qu'elle est bue ou empoisonnée, j'ai parfois compris la passion de l'Arabe pour l'ami muet et fidèle qui partage ses dangers.

Alazan me reconnaît de loin, son hennissement joyeux me parle dans la solitude. C'est lui qui m'a donné mes ailes; c'est grâce à lui que j'ai pu accomplir cette œuvre fabuleuse de relier entre elles par un système de communications les diverses armées françaises en Espagne. Il va, toujours ardent, toujours infatigable; il a la vitesse sans pareille de son père arabe et la fougueuse vigueur de sa mère andalouse. L'espace n'est rien pour lui.

J'ai pensé parfois qu'avec un pareil coureur entre les jambes, un criminel pourrait défier tous les efforts de la justice humaine. Alazan peut être en quelque sorte ici et là en même temps; il résout chaque jour en se jouant ce problème de l'*alibi* que les tribunaux de toutes les nations regardent comme insoluble et qui arrête la main du juge prêt à frapper.

La poésie des temps héroïques faisait acte d'équité en inscrivant le nom du destrier sur la table de gloire où rayonnait le nom du preux lui-même.

Alazan est la moitié de ma force, et combien de fois n'ai-je pas senti que l'ardeur généreuse de son sang réchauffait ma veine refroidie! Aussi je l'aime, et quand nous atteignons, épuisés tous deux, le bout de notre carrière, je deviens son serviteur à mon tour. Je le pare, je le masse comme une bonne mère soigne son enfant; si le fourrage manque, il a la meilleure part de mon pain; la dernière larme de ma gourde est pour ses naseaux, et si la fontaine avare n'a qu'une goutte d'eau, je la lui donne.

De notre première traite, Alazan et moi, nous atteignîmes Castel-Branco; dans la province de Beira, en Portugal, à cent lieues de Madrid. Le quartier général de sir Arthur Wellesley était là. Il y avait dans la même prison que moi, à Madrid, un capitaine de la garde espagnole, dont on avait surpris les correspondances secrètes avec les Anglais. C'est par centaines que Wellington compte les espions dans les villes qui subissent la domination française.

Le capitaine de la garde espagnole, au moment où l'on s'était emparé de lui, était en train de déserter avec les dépêches de la junte insurrectionnelle de la calle Mayor. On avait trouvé sur lui un chiffre du général anglais qui lui promettait une somme considérable et la place de courrier principal d'état-major. Il avait nom don Pedro de Thomar, et sa correspondance prouvait que Wellesley et lui ne s'étaient jamais vus. Je fus don Pedro de Thomar et j'eus la place de courrier mayor.

Depuis lors, j'ai travaillé la nuit et le jour. Sir Arthur Wellesley se connaît en espion encore mieux que moi en chevaux : je suis pour lui ce qu'Alazan est pour moi, un pur-sang. Si l'idée me prenait de me mettre aux enchères entre lui et le roi Joseph, je ne sais pas jusqu'à quel prix il me pousserait. Il a les mains pleines d'or. L'Angleterre joue ici son va-tout. Je pense qu'on parle de moi au parlement de Londres, car je suis le parangon des *scouting-officers*.

Ce qu'il a fallu dépenser d'efforts, de combinaisons, de ruse, ce qu'il a fallu exécuter de sauts périlleux et de tours de force pour acquérir et garder ici ma réputation d'éclaireur passé maître, quand, par le fait, je ne fournis que les informations convenues avec le roi Joseph; ce qu'il a fallu prendre de déguisements et jouer de rôles, depuis que j'ai quitté Madrid, dépasse en vérité toute croyance et fournirait les matériaux d'une véritable odyssée. Songe qu'il me faut tromper aussi les Espagnols, et que, chez eux, je crains à toute heure de me trouver face à face avec quelque ami du vrai Pedro de Thomar ; songe encore qu'il me faut surtout tromper les Français et passer au milieu de mes anciens camarades qui me croient à six pieds sous terre entre les murs du Campo-Santo.

Tu m'as vu courrier d'état-major, nuance d'espion ; tu m'as vu bandit à tous crins, tu aurais pu me voir moine, alcade, officier anglais : j'ai été femme. Si, en réalité, je servais le parlement, on me ferait lord, et l'on me doterait comme une princesse du sang à marier. Ils récompensent bien.

Je ne sais pas même encore si le roi Joseph est content de moi.

Songe enfin, car l'énumération de mes hauts faits n'est pas achevée, et quand on est en train de se vanter, il faut aller jusqu'au bout ; songe que, pliant déjà sous le faix, j'ai entrepris une autre œuvre qui suffirait bien, elle seule, aux vingt-quatre heures de la journée d'un homme. Je cherche notre sœur Jeanne et ma pauvre chère Blanche. Ici, mes adversaires sont redoutables, non-seulement par leur pouvoir personnel, mais encore par la fausseté de ma position.

J'ai contre moi l'homme de la chapelle et de l'échelle, qui est un officier supérieur de l'armée anglaise, qui me connaît, puisqu'il m'a poignardé ; j'ai contre moi Antioh-Amour, la Haute-Femme, qui me connaît, puisqu'elle est venue dans ma prison. Un mot de l'un ou de l'autre attacherait à la première branche d'arbre du chemin une corde pour me pendre.

Je ne cite même pas parmi mes ennemis ce lâche coquin, Samuel da Costa, le Portugais qui avait pris l'entreprise des assassinats dans la rade de Cabrera. J'ai suggéré à ce dernier une idée de spéculation qui l'a brouillé mortellement avec son ancien associé. Si je voulais, ces deux bêtes fauves se dévoreraient l'une l'autre.

Mais j'ai besoin de l'Ecossais pour retrouver Blanche et Jeanne. C'est ici le symbole même de ma situation. Autour de moi, rien n'est franc, tout participe aux complications du rôle que j'ai accepté. Je marche dans un écheveau d'intrigues. Ma main brûle la poignée de mon sabre, et je ne puis frapper, de peur de trancher quelque fil nécessaire.

Guillaume Tell voyait au moins la pomme sur la tête du pauvre enfant qui avait un bandeau sur les yeux et qui ne bougeait pas. Moi, mon but est perdu et couvert par ceux que j'aime; ils pourraient bouger, car ils ne sont pas avertis. Je ne peux pas lâcher la détente de mon arme : je les tuerais.

Mais je les sauverai, tu verras! Mais je sortirai vainqueur de cette lutte où mon courage de soldat m'était presque inutile et qui demandait des qualités qui ne sont pas celles d'un gentilhomme.

Sais-tu? j'ai fait comme ces nobles bretons qui suspendaient l'épée de leur père au vieux mur de leur église, quand la famine les forçait à descendre au négoce. A peine avaient-ils gagné le pain de la famille qu'ils venaient en grande pompe avec leurs parents et leurs amis s'agenouiller devant l'autel, où le prêtre bénissait l'épée en la ceignant de nouveau à leur côté. Une fois, j'ai eu des larmes dans les yeux en lisant le détail de cette naïve cérémonie. Depuis que j'ai fait mon purgatoire, j'ai songé bien souvent à l'épée des nobles bretons.

Je vaincrai, quoique j'aie les mains vides et quoique ma nature elle-même soit contre moi dans cette lutte : ma nature tout entière. Dieu, qui m'aide, a déjà permis que ma fierté s'abaissât et que ma folle impatience se changeât en humble sang-froid. Je sais attendre, maintenant; j'ai appris à contenir ma colère et à garder mon sourire en face d'un ennemi mortel. Si je perdais un bras, petit frère, je crois que je pourrais gagner ma vie, désormais, à être diplomate.

Je vaincrai, je les sauverai, les deux chères créatures! Je suis sur leurs traces. Oh! sans la chaîne qui me tient, elles seraient à moi déjà!

Je te dis que je vaincrai, mon frère Hector! Je le sens à mon cœur qui bat plus librement dans ma poitrine. Il me semble que je suis désormais tout près d'elles et qu'un simple pas nous sépare. Je *brûle,* comme nous disions dans les jeux de notre enfance : je cherche, je cherche : je trouverai !

Et te souviens-tu? Le terme de mon supplice, c'est le roi

lui-même qui l'a fixé. A la prochaine grande bataille! a-t-il dit. Nous y sommes, à la grande bataille. Je l'attendais, je la pressentais, et je la préparais aussi. Les dépêches que tu m'as apportées me l'annoncent; pour moi, qui vois les deux jeux dans cette partie d'échecs, elles en fixent pour ainsi dire le jour et l'heure.

Hector, je vais dépouiller mon vêtement d'histrion! Hector, je vais secouer cet odieux fardeau de mensonges et de ruses! Hector, je vais redevenir soldat, entends-tu, et remettre au vent mon pauvre sabre qui se rouillait dans son fourreau.

Il va s'en donner, le gaillard, la première fois qu'il luira au soleil! Il me semble que je vais hennir comme un cheval de bataille et pousser des cris de folie, la première fois que j'entendrai sonner le boute-selle. J'ai déjà les éclairs de l'acier dans les yeux et l'odeur de la poudre aux narines.

Vive la bataille, Hector, la bataille, mon salut et mon baptême! Vive la bataille et fasse Dieu que j'y reste, mort et bien mort, au milieu d'un carré anglais défoncé par mes dragons, si l'avenir me réserve une autre épreuve semblable à celle que je viens de traverser!

Sa poitrine bondissait sous sa chemise entr'ouverte, son visage tout entier était éblouissant d'orgueil et de passion. Elle est bizarre, cette passion du soldat : les yeux du capitaine étaient humides comme s'il eût parlé encore de revoir une femme bien-aimée.

Hector le regardait en souriant et ses yeux avaient comme un reflet de toutes ces ardeurs.

— Petit frère, tu m'as entendu, reprit César avec une soudaine gravité; que j'aie bien ou mal fait de compléter une révélation entamée par le hasard, tu as tout mon secret. Je t'ai caché seulement ce que je n'aurais pu révéler sans crime : la pensée du frère de l'Empereur. Réponds-moi selon ta conscience et non pas selon ta tendresse : as-tu honte de moi?

Hector lui jeta ses bras autour du cou.

— Je suis fier de t'appartenir, répliqua-t-il.

— A ma place, aurais-tu fait comme moi?

— Si j'avais pu faire aussi bien que toi.

— Et penses-tu que ma mère, qui nous regarde?...

— Notre mère t'approuve et te bénit, car notre mère, fidèle au malheur de nos anciens rois, nous avait dit pourtant : Vous êtes Français, mes fils : donnez votre sang à la France. Et tu as donné à la France plus que ton sang, toi, mon frère bien-aimé !

César l'attira contre lui et le tint longtemps pressé sur sa poitrine. Il souriait et ce n'étaient plus les mêmes larmes qui mouillaient sa paupière.

— Voilà ma récompense qui vient, murmura-t-il. J'ai déjà un de mes rêves. Mon frère, qui représente ma mère, a dit que j'avais bien fait...

— Lieutenant, interrompit-il brusquement et avec cette gaîté obstinée de sa nature qui perçait du fond même de ses préoccupations, puisque nous voilà d'accord tous les deux, parlons un peu de ce qui vous regarde et parlons vite, car mes instants sont comptés désormais... Nos Ecossais sont en retard et nous ont laissé quelque loisir, mais Noir-Comin doit avoir sa fièvre des brouillards, et nous entendrons bientôt le pibroch de Mac-Grégor... Nous allons nous séparer, petit frère.

— Déjà! s'écria Hector.

— Déjà! oui, tu as raison, c'est bien vite. Mais quand je t'ai dit tout à l'heure que je vaincrais, c'est à la condition de fournir une dernière course où mon pauvre Alazan et moi nous devons montrer tout ce que nous savons faire.

— Tu vas courir un grand danger, César?

— Courir surtout une longue carrière, Hector... Le roi m'a commandé une chose possible, mais j'ai déjà perdu plusieurs heures et je vais prendre encore cette journée sur le service du roi. Il le faut. Le roi ne le saura pas et sa besogne sera faite. Seulement, j'allongerai ma route et les jambes d'Alazan paieront pour tous. Sois attentif. Ta mission est terminée.

— Ne puis-je t'aider en rien? s'écria le jeune lieutenant avec reproche.

— En rien, répondit le capitaine d'une voix ferme. La position des Anglais a changé. Ils ont six mille hommes épars entre le point où nous sommes et le pont de l'Arzobispo, qu'il faut prendre pour gagner les lignes françaises. Désormais, les Anglais seuls peuvent servir d'escorte à Dona Mencia et à sa fille.

Le front d'Hector se rembrunit.

— J'ai fait choix, poursuivit César, car toutes mes mesures sont prises, du lieutenant Edouard Wellesley.,.

— Edouard Wellesley ! répéta Hector qui se dégagea de l'étreinte de son frère.

— Je n'ignore pas qu'il est ton rival, poursuivit celui-ci paisiblement. C'est pour cela que je l'ai choisi. Sa passion m'est un sûr garant de sa conduite... Tu pâlis?... Aurais-tu défiance de lui sous le rapport de l'honneur?

— Non, répliqua Hector en rougissant. Je ne l'ai vu qu'un instant. Cet instant m'a suffit pour le juger. C'est le plus noble cœur que je connaisse.

— Pas plus noble que le tien, petit frère ! s'écria César. Ne crains rien d'elle, si tu ne crains rien de lui. Elle t'aime, je le sais, je te l'affirme, et tu pourras t'en assurer par toi-même, car tu vas la voir, et je te charge de la déterminer à se confier aux Anglais.

— Moi ! s'écria Hector.

Il allait ajouter : jamais ! Un regard de son frère l'arrêta.

— Tu es sous mes ordres, dit celui-ci avec une douceur sévère. Je t'ai raconté ma vie. Ici-bas, faire son devoir, c'est bien souvent se déchirer le cœur.

Au moment où Hector ouvrait la bouche pour répondre, son regard tomba sur le pic du Bœuf, où Susan la veuve était maintenant debout, dépliant à la brise l'étoffe fanée de son mouchoir de cou.

— C'est le signal, dit César. Quelqu'un paraît sur la route.

A peine avait-il parlé qu'un coup de vent apporta les cadences enrouées de la cornemuse. Il y avait à quelques pas de la chaumière une roche qui pendait sur le sentier et qui dominait au loin la route, dont on voyait seulement un tronçon juste sous le rempart de Cabanil.

César gagna cette roche et mit ses yeux au niveau du sommet afin d'observer sans être aperçu. Hector le suivit Les sons du pibroch montaient maintenant dans tout l'éclat de leur criarde harmonie.

Noir-Comin parut le premier à cheval. Il avait remplacé par une autre monture, toute noire, l'animal empoisonné la veille par l'eau de la fontaine San Julien. Pendant qu'il passait, sa haute et fière taille se dessina nettement sur la poussière blanche du chemin.

Il marchait, comme d'habitude, à plus de cinquante pas de Rouge-Dick, le premier après lui. De si loin on pouvait distinguer sa contenance sombre et le nuage qui était autour de son front.

— Oui, oui... murmura César, il a sa fièvre noire... Quelque jour, il faudra bien l'en guérir !

Rouge-Dick passa seul à son tour et César s'écria étonné :
— Où diable est miss Ned ?...

Puis ce fut tout le détachement, officiers et soldats. Il ne manquait personne, sauf miss Ned, le caporal Grant, les soldats Mac-Pherson, Blunt et Saunie.

Au moment où le dernier grenadier disparaissait, un son de cloche se fit entendre vers l'ouest. Ce n'était pas le beffroi du château. Cela partait d'une gorge, située au tournant de la montagne, à l'extrémité de laquelle se dressait le clocher de Saint-Jacques-sous-Cabanil, pauvre petit village à demi désert. La cloche sonnait le tocsin.

— Déjà !... murmura César dont les sourcils se froncèrent et qui courut à la cabane pour reprendre à la hâte son déguisement espagnol.

— Il est temps de nous séparer, frère, dit-il pour la seconde fois. Tu en sais assez long pour persuader Joaquina, notre cousine. Elle a le cœur qu'il faut pour comprendre ton sacrifice. Tes instructions sont de te mettre, ainsi que tes hommes, sous la conduite de ceux qui viendront à toi en mon nom et qui répondront : *Espoir*, quand tu leur aura dit : *Espagne*.

Sois prudent. Les Ecossais que tu viens de voir ne vont pas loin et tu sais que leurs éclaireurs rôdent incessamment dans la montagne. Rends-toi à la tour de Ferdinand-le-Catholique, la dernière du côté du nord. Voici de quoi ouvrir la poterne, et c'est Joaquina elle-même qui t'envoie cette clef. Adieu et à bientôt, frère chéri ; bonne chance !

Pendant qu'Hector serrait dans son sein la clef qui, la nuit précédente, avait servi à Lilias, César appela Susan la veuve à haute voix. Il lui jeta une pièce de monnaie et lui dit :

— N'allez-vous pas au village de Saint-Jacques, bonne femme ? On va piller le château des Joséphins.

— Merci de l'avis, Seigneurie, répondit la mégère qui hâta ses vieilles jambes sur la pente de la montagne. Mort aux francisés maudits !

— Tu n'as plus de témoins qui te gênent, dit César en serrant une dernière fois son frère contre son cœur. Marche !

— Où te reverrai-je ? demanda Hector tristement.

— Sur le champ de bataille, à Talavera-de-la-Reine !

César l'embrassa encore, puis, s'arrachant de ses bras, il s'éloigna rapidement en prenant les sentiers tortueux qui s'enfonçaient dans la sierra. Hector, au contraire, descendit à pas lents la rampe qui menait au château de Cabanil.

XI

Aventures souterraines.

Il était sept heures du matin environ, et le soleil éclairait brillamment la plaine Léonaise que dominaient, semblables à un vaste cimetière, les ruines du couvent de Saint-François-de-Sor. Par delà les étangs changés en marécage et derrière un maigre bouquet de liéges, on voyait maintenant quelques tentes. C'était le petit corps de Noir-Comin qui avait changé de campement et qui, désormais, surveillait la grande route de Salamanque.

Il faisait toujours noir comme dans un four au fond de la cave où nos dragons avaient établi leurs quartiers et qui servait de dortoir depuis quelques heures à tout le détachement de chasseurs-voltigeurs.

Une moitié des habitants du caveau à peu près, était

réveillée et réunie autour d'un bon feu de braise que l'humidité du sol rendait nécessaire. On ne brûlait du bois que la nuit. Le réveil d'une partie de la troupe avait rendu inutile la présence d'un factionnaire à l'intérieur, mais, en revanche, il y avait deux factionnaires au dehors, cachés dans les broussailles desséchées.

Ceux-là veillaient avec un redoublement d'attention et ne perdaient plus de vue les tentes de Noir-Comin. L'un se tenait à gauche, l'autre à droite de l'ouverture ; ils dominaient de là tout le plateau et la plaine. C'étaient deux chasseurs-voltigeurs. De temps en temps, un des dragons se levait pour reconnaître s'ils faisaient bonne garde.

Il est probable qu'autour du quartier général des gitanos, pareilles précautions étaient prises, mais on n'en voyait rien, et quiconque eût longé par hasard l'étang de Sor aurait pu contempler longuement et attentivement les ruines sans y voir autre chose qu'une profonde solitude.

On dormait chez les gitanos. C'était l'heure. Ils ont coutume de faire leur nuit le jour.

Chez les dragons, ceux qui ne sommeillaient pas causaient autour du foyer de braise. On avait fait un nouvel et large emprunt au garde-manger des gitanos. Le déjeuner attendait, ou plutôt chacun attendait le déjeuner abondant et tout prêt.

La politesse pour les dormeurs, au nombre desquels était le sergent Morin, exigeait ce délai, mais une outre avait été entamée et montrait déjà son ventre aplati entre les mains de Propre-à-Rien, qui fumait une cigarette mal faite.

L'ancien caporal de route n'avait pas eu souvent l'occasion d'abuser des biens de la vie ; on voyait qu'il allait téter une goutte prolongée.

— Conscrit, lui dit Toulousain avec toute la supériorité de son expérience, on boit d'un coup, c'est les bonnes manières.

— Dans les vases qu'est communs en société, ajouta Pont-Neuf, comme pichés dans la Normandie et Bretagne bretonnante, canettes en Allemagne, Alsace, Suisse et Brabant, gamelles en tout pays, ouvre l'oreille, blanc-bec, attentivement pour la gouverne de ton instruction, il ne fant pas siroter voluptueusement, comme qui dirait un petit verre qui se consomme privativement à volonté, soit en sifflant d'un temps, soit en ménageant et faisant durer la gourmandise. C'est la propreté qui l'ordonne.

L'ancien caporal de route, qui n'avait encore bu qu'une demi-gorgée, remit la peau de bouc à son voisin en rougissant jusqu'aux oreilles.

— Comme ça, dit l'Aimable-Auguste au dragon Lafleur, son voisin, vous aviez pas mal d'agrément, tout de même, dans ce cellier souterrain? Du liquide premier choix et des vivres qu'on n'en aurait pas de pareils chez le traiteur... Mais l'amour manquait, camarade...

— Ah! oui. répéta Pont-Neuf langoureusement, l'amour manquait à l'appel!

Toulousain fit avec son doigt et ses lèvres le bruit d'une bouteille qu'on débouche, suivi du glouglou de cette même bouteille qui se vide dans le verre. Tous les caporaux savent ce jeu qui est agréable et fait naître une douce gaieté. Propre-à-Rien avait coutume de soupirer au mot amour. Il avait laissé son cœur et vingt-huit francs d'économies, en bonnes mains, à Nogent-le-Rotrou.

Les dragons ne sont pas au-dessous de l'infanterie pour l'amabilité des manières. Sarreluck fit craquer toutes les phalanges de ses doigts, et Lafleur imita le chant du coq si adroitement, que l'Aimable-Auguste regarda tout autour de lui en contrefaisant le gloussement de la poule.

Ce sont là des talents presque naturels et qui leur viennent après quelques années seulement d'exercice. On en cite qui vagissent mieux que les nouveau-nés; d'autres sont grenouilles ou corbeaux. Dans la guerre de Crimée, tous les Anglais payaient à boire à un de nos zouaves qui savait faire : 1° le bruit du marteau contre une porte, 2° la clef dans la serrure, 3° la porte elle-même grinçant sur ses gonds. Il donnait des leçons aux Anglais, mais les Anglais n'apprenaient pas.

Petit-Eustache se borna à siffler comme un merle et répondit :

— Pas d'amour, les vieux ! Je t'en souhaite. Les indigénesses de la contrée mangent dans la main, quoi! Et des appas à brassée! qui vous dansent le fandango et la turlutaine du pays comme des désossées. Ah! mais! J'ai fréquenté Madrid et Burgos, et Barcelone et Tolède, et le reste des villes et bourgades de la péninsule, tout autant que vous, mes canards... qui dit canard est un mot d'amitié, sans outrage pour le fantassin que j'estime.

— A la bonne heure! répliqua l'Aimable-Auguste en touchant sa moustache. Vous avez ici présent une volée de canards qui ne craint pas, quoique à pied, chacun un ou deux cavaliers, dragons, carabiniers ou lanciers, ça n'importe... Ah! mais!... sans outrager néanmoins la cavalerie, que je suis plein de penchant pour elle.

Il y eut un froid. Toulousain dit: Voilà! en mettant le poing sur la hanche. S'il y avait eu une table et des verres, Petit-Eustache, qui n'était pas la patience même, aurait probablement cassé quelque chose, mais il n'y avait rien, et Pont-Neuf, en qualité de Parisien, avait le caractère bien fait, outre qu'il se mettait volontiers du parti auquel n'appartenait pas Toulousain, son Pylade.

— Qu'est-ce que c'est! qu'est-ce que c'est! s'écria-t-il; c'est le chasseur qui a commencé les raisons, j'en témoigne! Le dragon avait parlé avec politesse, et tu as encore de son vin à ton bec, toi, l'Aimable-Auguste! Je dis : la paix dans le rang! Les cavaliers sont des braves, quand ils n'ont pas froid aux yeux, et les fantassins mêmement. Nous parlions d'amour, ça m'intéresse nominativement, étant amateur de vive la joie, quand l'occasion y est favorable. Si le chasseur réplique, c'est à moi qu'il aura affaire!

L'immense majorité de l'assistance approuva les paroles à la fois dignes et conciliantes de Pont-Neuf.

— Je ne suis pas pour vous affronter, caporal, gronda l'Aimable-Auguste, quoique pour le moins aussi favorisé que vous dans le commerce des dames. J'ai pu mousser hors de propos, étant près du bonnet... Mais si le dragon veut accepter loyalement la main d'un compagnon d'armes...

Petit-Eustache ne demandait pas mieux. On cria bravo et l'outre fit un tour.

— Je ne dis rien contre les Espagnoles, reprit Sarreluck d'un ton de connaisseur, mais c'est les bohémiennes ou gitanas, comme ils disent, qu'est la fleur du pays : chacun son goût.

— Ah! les gitanas! s'écria Lafleur.

Et Petit-Eustache, passant sa langue sur ses lèvres, répéta :

— Ah! les gitanas... bigre de bigre.

On fit silence un instant autour du brasier. Personne n'était sans éprouver une certaine agitation nerveuse. La galanterie est dans le sang du soldat français.

Pendant le silence, on put entendre ronfler victorieusement ceux des voltigeurs qui payaient la fatigue de leurs marches forcées. Le sergent Morin se distinguait entre tous. Son nez en bec d'aigle valait la cornemuse des grenadiers écossais. Non loin de lui dormait sans bruit le pauvre petit Gibose, couché en rond comme une marmotte et ne présentant pas forme humaine.

En dehors du cercle de lumière et non loin de la bienheureuse pierre qui donnait accès dans le garde-manger des Pharaons, les quatre Ecossais étaient rangés comme à l'exercice. Ils étaient tous les quatre immobiles, mais, à bien regarder, on eût pu voir que les yeux du premier en ligne, le caporal Grant, étaient demi-ouverts. Il écoutait et regardait.

Le soldat Mac-Pherson, qui était près de lui, fit un mouvement, s'étira, ouvrit les yeux et demanda, juste au moment où l'entretien recommençait là-bas :

— Quel diable de cauchemar est-ce là?

La main de Grant se posa lourdement sur ses lèvres.

— Chut! murmura-t-il. Fais comme moi : écoute et regarde!

C'était Propre-à-Rien qui avait repris le premier la parole.

— Sans vous commander, dragon, interrogea-t-il en s'adressant à Petit-Eustache avec toute la timidité de son âge et de sa position, votre chef de file est comme ça le capitaine Fantôme?

— Petit-Eustache se mit à rire bruyamment.

— Le capitaine Fantôme! s'écria-t-il, ah! ah! ah! vous en êtes encore là, vous, conscrit?

— Je voudrais bien le voir, moi, ce lapin de capitaine Fantôme! ajouta Lafleur ironiquement.

Et Sarreluck, sérieux et sincère comme le Bas-Rhin :

— Jeune homme, il n'y a pas de capitaine Fantôme.

— Tiens, tiens! fit le conscrit, l'autre nous avait pourtant raconté une histoire, là-bas...

— Et il n'y avait pas besoin de cet autre-là, appuya Toulousain. C'est connu dans l'armée, les diverses anecdotes du capitaine Fantôme!

— Le sergent lui-même, qui n'est pas un cagot, fit observer Pont-Neuf, nous a narré des circonstances assez curieuses touchant le capitaine Fantôme.

— Moi, je ne crois pas à tout ça, dit l'Aimable-Auguste. Les morts, ça ne soulève jamais la pierre de son cercueil, qu'à la trompette du jugement dernier, inclusivement. Voilà mon opinion.

Les trois dragons haussaient les épaules.

— Enfin, reprit Pont-Neuf, nous avons vu un drôle de citoyen, là-bas, que diable! auprès du feu du bivouac, avec un masque sur la figure... et qu'il a cassé la hampe du drapeau d'un coup de sabre comme un tuyau de pipe.

— C'est le capitaine Louis, dit Sarreluck.

— Et qu'est-ce qu'il fait comme ça, au fond d'une cave, le capitaine Louis? demanda l'Aimable-Auguste.

— Il sauve, répliqua paisiblement Petit-Eustache, les chasseurs-voltigeurs qui se laissent mettre la main dessus.

— Bien tapé, s'écria Pont-Neuf. Chasseur, ça fait deux, mets ta pince à cheval sur le bout de ton nez... A l'occasion, dragons, merci encore et de bon cœur pour le coup d'épaule que vous nous avez donné.

— Oh! pour quant à ça, à votre service, caporal et la compagnie, répliqua Petit-Eustache. Vous avez envie de savoir le fin mot, je vois ça... La chose n'est pas commune, c'est vrai, de voir des cavaliers se terrer comme des belettes... Mais, voyez-vous, chasseurs, la politique a des secrets d'Etat gros comme ma tête, et davantage... Nous voilà ici trois, pas vrai? parce que le camarade est en mission : eh bien! nous faisons un service qu'est une catégorie que nous ne comprenons pas toujours nous-mêmes... Nous allons comme des mécaniques. L'ouvrage est dur, c'est vrai, mais quand on doit passer trois grades dans une campagne...

— Trois grades! répéta-t-on de toutes parts.

— J'en ai eu un, moi, de grade! murmura Propre-à-Rien, mais ç'a a été bien éphémère!

— Trois grades, reprit Petit-Eustache, pas vrai, les vieux?

— Trois grades, confirmèrent Lafleur et Sarreluck, pas davantage!

Le dernier ajouta :

— Vous avez l'honneur de voir en nous trois maréchaux des logis chefs.

— Et ça ne tardera pas, non! poursuivit Petit-Eustache, car le capitaine Louis a dit que c'était aujourd'hui notre dernier jour de misère.

— Et n'y a pas moyen de reprendre votre service après vous, pour être tout d'un coup sergent-major? demanda Pont-Neuf.

Nos trois cavaliers se caressèrent la moustache, et Petit-Eustache répondit gravement :

— Paraît que c'est une catégorie où faut des dragons... Sauf ça, chasseurs, vous en êtes bien capables.

— Moi, ça me serait égal de me faire dragon, confessa Propre-à-Rien, si j'en avais la taille.

— Si nous reparlions un petit peu du sexe en général? insinua l'Aimable-Auguste. Que chacun raconte l'histoire de ses intrigues, je commencerai, si vous voulez, ça vous divertira.

L'unanimité vota contre ce jeu qui n'eût diverti que l'Aimable-Auguste, mais la première partie de sa proposition fut accueillie favorablement. En somme, celui qui inventera un procédé pour permettre à dix hommes réunis, militaires, si vous voulez, mais ce n'est pas indispensable, de se vanter tous à la fois de leurs fredaines amoureuses, chacun conservant la douce illusion d'être écouté par ses camarades, nous lui prédisons une mémorable fortune.

Quand l'outre eut circulé encore une fois, Sarreluck reprit en mettant une sourdine à sa voix d'Alsace :

— On pourrait se donner de l'agrément ici, puisque c'est aujourd'hui le dernier jour... Si nous nous procurions une douzaine de jeunes beautés pour dire à un chacun sa bonne aventure et leur offrir après une fête champêtre avec leurs propres jambons, volailles et liquide...

Il y eut un murmure d'applaudissements contenus.

— N'y a pas de danger d'éventer nos salons, appuya Lafleur, puisque nous allons décamper en grand, avec armes et bagages. Un bal !

— Un bal ! un bal ! répéta-t-on de toutes parts.

— Et le capitaine ?... murmura Petit-Eustache pour l'acquit de sa conscience.

— Bah ! le Gibose dort comme un canon et la senora est loin... Le capitaine n'y verra que du feu.

Bien entendu, les voltigeurs n'avaient même pas cette ombre de scrupule. Aucune responsabilité ne pesait sur eux, et le sergent Morin qui, dans leurs rangs, représentait la sagesse, ronflait sur les deux oreilles.

Toulousain et Pont-Neuf rivalisaient d'ardeur ; l'Aimable-Auguste brûlait de montrer à la compagnie comme il s'y prenait auprès des dames, et Propre-à-Rien lui-même, certain que personne n'en irait porter la nouvelle à Nogent-le-Rotrou, se promettait de manquer à tous ses serments envers la dépositaire de son cœur et de ses économies. Petit-Eustache, après avoir résisté encore un peu, finit par dire en se grattant le menton :

— Avec ça que je sais où les prendre à cette heure, m'y étant déjà glissé mystérieusement, à l'insu des camarades.

— Pas si souvent que moi, dit Lafleur ; je connais le tour.

— Et j'y ai passé pareillement des instants agréables, ajouta Sarreluck.

— Elles sont matinales, ces minettes-là ? demanda Pont-Neuf.

— Pour dormir, oui, répondit Petit-Eustache. Au cas où

nous en ferions la folie, nous les trouverions plongées dans le sommeil.

— Allons ! s'écria Toulousain, ça joue des castagnettes, du tambour de basque et autres, nous les ramènerons pour pincer un rigodon de délices !

— Et ça sera un tendre souvenir de plus qu'on aura parsemé sur son passage ! déclama l'Aimable-Auguste avec sensibilité.

Tout le monde était debout. Petit-Eustache arrêta l'élan général et dit :

— Minute ! vous en ignorez les détours, chasseurs, n'ayant pas été élevés dans ce sérail. Fiez-vous à ma prudence et ouvrez l'œil quand vous serez sur le terrain ! Ça a des tailles de Vénus, mais des mains crochues, et c'est fin comme l'ambre, quoique manquant de linge propre. Les montres, si par cas on s'en est payé ou la famille, les blagues à tabac, l'argent de poche, les mouchoirs dito et généralement tous les objets portatifs du soldat leur fait plaisir à subtiliser avec adresse. Pas fières, avec ça ! Elles vident une doublure de fond en comble, le temps de dire papa et maman. Un matin que je folâtrais innocemment avec une à moustaches, comme défunt le père aux sapeurs, et superbe, sans rire, qu'à nom la Borracha...

— Ah ! la Borracha ! interrompit Sarreluck.

— Et Lafleur avec fatuité :

— La Borracha ! connu !

— Bigre de bigre ! acheva Petit-Eustache. J'y laissai ma gourde, ma pipe d'écume et tous les boutons de mon uniforme !

— On veille aux mains, dit l'Aimable-Auguste, et ça n'empêche pas les égards dus au beau sexe... Partons-nous, les dragons ?

L'expérience parlera toujours en vain à l'aveugle jeunesse !

Pont-Neuf prit le bras de Sarreluck, Toulousain donna la même marque d'amitié à Petit-Eustache, son ancien adversaire ; l'Aimable-Auguste fit couple avec Lafleur, et tous, désormais, compères et compagnons, se dirigèrent vers les débris masquant le couloir qui communiquait avec les étuves.

L'outre avait circulé généreusement et chacun avait déjà une petite pointe, mais on conservait encore assez de prudence pour ne pas sortir par l'issue découverte qui regardait la vallée. Il eût fallut d'ailleurs passer par-dessus la consigne des deux sentinelles.

On s'engagea dans le couloir souterrain, sans autre bruit que de joyeux chuchotements et des éclats de rire étouffés, dont le murmure lui-même alla bientôt s'éteignant.

Le silence régnait dans la cave, où les charbons, recouverts de cendres, ne jetaient plus que de vagues lueurs.

Dans ce coin obscur où, le soir précédent, nous avons vu le Gibose et les dragons travailler avec tant de zèle à desceller une grosse pierre du mur, il se fit un mouvement. C'était le soldat Mac-Pherson qui se mettait sur ses pieds. Il y avait un bon quart-d'heure qu'il écoutait, plongé dans la stupéfaction, et le caporal Grant écoutait depuis plus longtemps que lui.

Mac-Pherson alla d'abord à Saunie qu'il éveilla avec précaution, puis il secoua Blunt doucement. A tous deux il ferma la bouche d'une main vigoureuse, les avertissant qu'il fallait être muets.

— Qu'y a-t-il et où sommes-nous? demandèrent les deux dormeurs en jetant autour d'eux des regards étonnés.

— Plus bas! fit Grant : nous sommes chez le diable, ou peu s'en faut... et si jamais je rencontre ce scélérat de courrier mayor sur mon chemin, je le paierai de sa politesse!

— Nous serons deux, caporal! dit Mac-Pherson en serrant ses gros poings. J'avais pourtant goûté plus d'une fois la *vieille étoffe* de sa gourde!

Blunt et Saunie se frottaient les yeux et ne comprenaient pas encore, tant la brume restait épaisse dans leur cerveau.

— Le courrier mayor! grommela Blunt. Moi aussi, j'ai bu souvent de sa *vieille étoffe*. Je ne connais personne pour avoir de meilleur brandy que lui... Mais c'est une cave, ici...

— J'ai les membres perclus, ajouta Saunie. Appelez-moi mon valet, Mac-Pherson.

— Au diable! répliqua Mac-Pherson, votre valet est loin. Éveillez-vous tout d'un coup, nous n'avons pas de temps à perdre. Voilà l'histoire en deux mots : Nous gardions les Français prisonniers, nous avons mis entre nos dents le goulot de cuir du flacon de Pedrille de Thomar et nous sommes prisonniers des Français à notre tour.

Blunt et Saunie demeurèrent confondus.

— Sommes-nous au camp du roi Joseph? demandèrent-ils.

— Pas encore, répliqua Grant. Je veux mourir, si je sais bien au juste où nous sommes. Ils étaient là tout à l'heure une vingtaine de démons, buvant et disant des sottises. Il en reste à peu près autant autour de nous, mais ils dorment comme des souches.

D'après ce que j'ai entendu de leur conversation, où ils se vantaient d'avoir volé les gitanos de l'anneau de fer, comme d'effrontés coquins qu'ils sont, nous ne devons pas être loin du couvent de Saint-François de Sor. Peut-être sommes-nous dans les ruines mêmes. Je dormais comme vous quand on nous a descendus en ce lieu et je ne sais ni quelle en est la position, ni quelles en sont les issues.

— Cherchons! dit Mac-Pherson.

Peut-être que des soldats français eussent commencé par là.

— Cherchons! répéta Grant. Ils ne tarderont pas à revenir, et si nous n'avons pas trouvé moyen de fuir avant leur retour, Dieu seul sait quand nous entendrons le pibroch de Mac-Grégor.

Ils commençaient à se frayer un chemin parmi les dormeurs pour opérer une reconnaissance, car Grant ne voulait point suivre la voie prise par nos galants coureurs d'aventures, lorsqu'un sourd bruit de voix les arrêta tout à coup. Le bruit semblait partir du coin même qu'ils venaient de quitter.

En se retournant, Grant vit une ligne lumineuse traverser l'obscurité de la cave et frapper une clarté ronde sur le mur opposé. Il commanda la halte et revint en rampant vers son coin. Il n'eut pas de peine à découvrir que la lumière passait par un trou du diamètre d'un fort gourdin, pratiqué de main d'hommes entre les pierres du mur. Il se hâta de mettre l'œil à cette ouverture.

Mac-Pherson regardait déjà par une autre fissure à peu

semblable pratiquée de l'autre côté de la même pierre, qui était entièrement déchaussée.

Tous les deux crurent rêver. La lumière était celle d'une lampe. Un homme d'apparence fière et grave, vêtu en colonel anglais, la tenait à la main, éclairant une longue perspective de tombeaux antiques du plus majestueux caractère, sur lesquels et autour desquels étaient rangées avec beaucoup d'ordre les vulgaires provisions qui ornent d'habitude un office ou une cuisine.

Il y avait là de tout en considérable quantité. Les volailles mortes couvraient les sculptures couchées ; les poules vivantes trottinaient, picotaient et gloussaient sur la mosaïque chargée de poussière ; les jambons et les langues de porcs pendaient jusqu'à mi-fût des splendides colonnes. C'était bizarre, grand et grotesque comme un décor de pièce féerie au théâtre.

Une demi-douzaine de porcs vivants allaient, fouillant sous les tombes, attachés qu'ils étaient par des chaînes, pour sauvegarder les provisions, placées hors de leur portée.

La lumière éclairait encore un autre objet que Grant et Mac-Pherson ne trouvèrent ni moins étrange ni moins féerique. C'était une femme, ou plutôt une boule vivante qui roulait, demi-nue, parmi tant de bonnes choses, et qui semblait en grande colère. La figure de cet être qui, en définitive, appartenait sûrement à l'espèce humaine, était complétement sphérique. La bouche n'avait point de lèvres, le nez, qui paraissait aplati à plaisir, ne saillait pas plus que celui des lunes en pain d'épices, et les yeux semblaient faits d'un coup de couteau. Dans la fente roulait une prunelle irritée.

— C'est par ici que les scélérats de Français vont aux provisions, dit Mac-Pherson.

Grant lui imposa silence et lui ordonna d'écouter.

— Moi, je te dis commandeur, grinçait la boule animée avec des inflexions d'extravagant courroux, qu'il manque des jambons, des pâtés, des poules, du vin, des légumes... Nous ne sommes plus les seuls à voler ici !

— Lune, ma bonne femme, modère-toi, répondait le colonel anglais, que nous eussions reconnu du premier coup pour le charmeur de poules. Notre amour mutuel est fondé sur l'habitude que nous avons tous les deux de manger et de boire triple ration chaque jour. Il y a ici de quoi continuer notre bombance...

— Au train dont ils y vont, s'écria la lune, nous serons à la ration dans deux semaines.

— Si nous prenions les voleurs, bonne femme, songe que les voleurs nous prendraient... Il nous reste du vin assez; charge-toi d'une cruche d'aguardiente; moi, j'emporterai le solide.

Le sang froid de son camarade sembla porter au comble l'exaspération de la Lune. Elle saisit une cruche d'aguardiente, en effet, mais ce fut pour l'écraser contre le sol avec fureur.

— La Haute-Femme me fera pendre par les pieds, si elle veut, s'écria-t-elle, mais je mangerai le cœur de celui qui nous prend notre nourriture!

Le caporal Grant ne s'arrêta pas longtemps au côté fantastique de cette scène. Il servait depuis une année en Espagne et connaissait les mœurs des gitanos. Il introduisit sa bouche dans le trou et siffla doucement. La Lune et le charmeur de poules tressaillirent de la tête aux pieds. Ils devinrent livides et se mirent à trembler tous les deux. Il était évident qu'ils eussent pris la fuite, si la terreur n'eût collé leurs talons au sol. Chez les Pharaons, comme on sait, le vol intérieur est puni de mort.

— Femme, dit cependant le caporal Grant dans son trou, n'ayez point frayeur. Je suis un grenadier écossais et n'ai point à m'occuper de votre conduite. Je veux seulement vous mettre à même de vous venger des gens qui vous dépouillent. Êtes-vous encore là et m'entendez-vous?

Le caporal faisait cette question parce que, au coup de sifflet, le charmeur de poules s'était hâté d'éteindre la lampe.

— Je suis là, répondit la Lune hardiment, et j'écoute.

Grant reprit :

— Avez-vous vu, ce matin, des tentes plantées dans la plaine, de l'autre côté de l'étang de Sor?

II.

— Oui, répliqua la Lune, nous avons vu le camp de Noir-Comin.

— J'appartiens au corps de Noir-Comin. Vos voleurs sont des brigands de Français qui nous ont fait prisonniers par trahison. Si vous voulez, mais sans retard, entendez-vous? donner de nos nouvelles à Noir-Comin et lui dire que les quarante chasseurs-voltigeurs sont ici, dans un trou, n'ayant moyen de fuir ni de se défendre, on vous comptera cent onces d'or, sur ma foi de gentleman, et votre bien ne sera plus au pillage.

— Comment vous nommez-vous? demanda le charmeur de poules.

— Caporal Grant.

— Y a-t-il un trou là pour passer votre bourse?

La bourse de Grant rendit un son argentin en tombant de l'autre côté du mur.

— Combien êtes-vous? interrogea la Lune à son tour.

— Nous sommes quatre.

— Passez vos trois autres bourses.

Mac-Pherson, Blunt et Saunie donnèrent leur argent.

La Lune reprit :

— Les grenadiers écossais ont tous des montres.

— Passez vos montres! ajouta le charmeur de poules; sans cela, rien de fait.

Les montres suivirent les bourses.

— Maintenant, demanda Grant, allez-vous partir?

— Avant une heure, Noir-Comin sera ici, répondit la Lune, si vous promettez deux cents onces au lieu de cent.

— Soit, deux cents onces... foi d'Écossais!

Grant put entendre un bruit de pas qui s'éloignaient rapidement.

— Va bien! murmura Morin dans son sommeil, comme disait ce farceur de Marseillais.

Il ajouta quelques paroles inintelligibles. Les Ecossais se tinrent cois pendant une minute. Au bout de ce temps, Grant dit tout bas :

— Dans une heure, Noir-Comin sera ici.

— Nous n'avons plus qu'à attendre, ajoutèrent Blunt et Saunie.

Mac-Pherson gardait le silence.

— Privé, demanda le caporal, est-ce aussi votre avis?

Ce Mac-Pherson était un homme de conseil et qui eût déjà porté l'épaulette, sans son goût trop prononcé pour la *vieille étoffe*.

— Mon avis, répondit-il d'un ton qui ne ressemblait point à celui de ses compagnons, est que nous aurions fait une lourde sottise, si les morts avaient besoin de leurs montres et de leurs bourses.

— Pensez-vous donc que ces Français soient capables de nous assassiner? demanda Grant vivement.

— A Dieu ne plaise, répliqua Mac-Pherson, revenu, par une pensée grave qu'il avait, à toute la loyauté de sa bonne nature écossaise. Les Français ne sont pas des Espagnols. Ils nous ont joué un mauvais tour, c'est vrai, mais à la guerre on n'en fait pas d'autres et le tour que nous leur rendons ne vaut guère mieux, car Noir-Comin va les exterminer, je le connais. Leur peau ne vaut pas une pièce de six pence.

— Pour sûr, ils ne sont pas dans de beaux draps, murmura Grant avec quelque pitié; mais que parliez-vous, Privé, de morts qui n'ont plus besoin de leurs montres ni de leurs bourses?

— Je parlais de nous, caporal.

— Je vous prie de vous expliquer, Privé.

— Caporal, nous sommes en faute tous les quatre. Noir-Comin doit s'inquiéter de nous comme du cigare qu'il a fumé hier au soir. Il va venir, c'est sûr, mais il va venir pour les chasseurs-voltigeurs, contre lesquels il a dû enrager toute la nuit et toute la matinée.

Je vois d'ici Noir-Comin. Il a sa fièvre et blasphème dans sa tente comme un charretier pris du mal de dents. Cela ne l'empêche pas d'être un bon soldat, mais le diable est dans sa cervelle, vous le savez tout aussi bien que moi. En appelant Noir-Comin, nous nous sommes donné le choix entre trois alternatives : être enfumés à l'aide de broussailles allumées, être brûlés par des grenades, être broyés par une mine ou un pétard. Voilà mon avis sincère, caporal.

Les trois autres Ecossais gardèrent le silence.

— S'il a sa fièvre, dit le premier Grant d'un ton découragé, et il doit avoir sa fièvre après ce qui s'est passé cette nuit, Mac-Pherson a raison et notre affaire est claire.

Blunt et Saunie pensaient comme lui, exactement, et tous les quatre furent d'avis de tenter une évasion. Ils avaient perdu beaucoup de temps, mais personne ne s'éveillait encore autour d'eux et rien n'annonçait le retour de l'expédition galante.

Ils firent, enjambant les dormeurs et marchant à bas bruit, le tour des parois de la cave, et tombèrent bientôt sur la galerie qui menait à l'escalier en ruines. Grant, suivi de Mac Pherson, se glissa de marche en marche. Ils aperçurent les broussailles et le jour. On causait dans les broussailles.

— As-tu vu, Denis, disait un des chasseurs-voltigeurs placés en védette, as-tu vu ce jeune garçon sortir des ruines, à droite, où est la fumée, et traverser les roseaux en courant pour gagner les tentes là-bas?

— J'ai vu, repartit Denis, mais notre consigne est de veiller à ce qu'on n'approche pas de nous, et de brûler la cervelle à quiconque voudrait sortir sans le mot... Le jeune garçon ne nous regarde pas.

Et Denis se mit à siffler tout bas l'air : *Au clair de la lune.*

Grant et Mac-Pherson rebroussèrent chemin. Peut-être que des soldats français auraient passé outre. Ils étaient quatre. Au pis-aller, le feu des sentinelles n'en pouvait arrêter que deux. Nos hommes aiment à courir de bien autres chances que ce jeu de pair ou non.

La bravoure d'un peuple ne ressemble pas à la bravoure d'un autre peuple. En ligne, Grant, Mac-Pherson, Blunt et Saunie n'auraient pas sourcillé, quatre contre vingt, sentant le coude, la targe à l'épaule et la cornemuse derrière les rangs.

Ils traversèrent de nouveau la cave et revinrent à leur coin où ils essayèrent de déranger la grosse pierre. Ils étaient robustes tous les quatre, mais la grosse pierre n'avait pas de prise, et ils n'avaient point le long maigre bras du Gibose pour passer une corde à l'entour. Restait la galerie par où nos dragons et nos chasseurs s'étaient éloignés ; en désespoir de cause, les quatre grenadiers écossais s'engagèrent dans cette galerie.

Ils y marchèrent, plongés dans une obscurité profonde. Le chemin allait s'élargissant ; sous les pieds, ils avaient un sable fin et sec ; ils se dirigeaient en tâtant avec leurs mains les parois rugueuses, tantôt friables et desséchées, tantôt humides et glissantes comme des glaçons qui vont fondant. Ils ne parlaient point. Un silence de mort les entourait, sous ces voûtes, quand ils s'arrêtaient pour écouter.

Au bout de quelques minutes, et à un brusque détour de la galerie, ils entendirent tout à coup un murmure et des bruits qui semblaient enflés par les échos du souterrain. C'étaient des voix, des rires, des chocs d'instruments attaquant une porte close. Ils firent halte, reconnaissant leurs ennemis.

Mac-Pherson voulait pousser en avant, espérant se cacher et profiter de la porte ouverte, quand les Français seraient partis ; Grant et les autres eurent un avis contraire. Les souterrains de Sor ne leur étaient point inconnus ; ils savaient vaguement que ces caves immenses avaient un grand nombre d'ouvertures, les unes en dedans des anciens bâtiments, les autres en dehors. En suivant une galerie latérale, il était impossible qu'on n'arrivât point à une issue.

Mac-Pherson se rendit, mais il dit :

— Mon cousin Fergus Mac-Pherson de Badenoch est mort de faim et de folie dans les grottes de Maëstricht, en Hollande, parce que s'étant éloigné du guide, sa torche s'éteignit. Nous n'avons ni guide ni torche, et l'on dit que les souterrains de Sor sont plus grands que les grottes de Maëstricht.

— Comment sais-tu si ton cousin Fergus mourut de faim et de folie ? demanda Grant.

— Parce qu'il fut retrouvé, une semaine après, à dix minutes d'une issue donnant sur la Meuse, avec le bras droit dévoré jusqu'à l'os.

Un frisson passa dans toutes les veines. On fit silence encore et l'on marcha. Il y avait un quart-d'heure qu'on avait quitté la galerie menant à la piscine.

— Mac-Pherson a peut-être raison, dit Grant dont la voix était déjà changée. Qui sait si la porte là-bas n'est pas ouverte maintenant? Retournons sur nos pas.

— Retournons! fut-il répondu avec une sorte de joie triste, car chaque changement de détermination, en ces circonstances terribles, détache un atome d'espoir.

Terrible! La situation était déjà terrible. Mac-Pherson était en tête maintenant. Il marcha avec courage et longtemps, bien longtemps.

— Il me semble, dit Blunt, et ses dents claquaient l'une contre l'autre pendant qu'il parlait, il me semble que nous devrions avoir atteint la galerie.

Personne ne répondit. On marchait toujours.

Dans les gorges, les respirations grondaient et râlaient.

Ce n'était pas la fatigue encore, pourtant. Il y avait à peine trois quarts-d'heure que les quatre grenadiers écossais avaient quitté leur couche. Ce n'était ni la soif ni la faim. Ce n'était pas la peur, ils étaient braves comme des lions; mais la bravoure, ici, empêche-t-elle la peur? Le mot importe peu : ils avaient un poids glacé sur la poitrine, le sang se figeait dans leurs veines et la sueur froide collait leurs cheveux à leurs tempes.

On marchait toujours, mais bien lentement, parce que le terrain devenait glissant et jonché de débris.

— Nous n'avons point passé ici, dit Grant.

— Que la miséricorde de Dieu nous guide! répliqua Mac-Pherson; vous êtes tous des chrétiens, mes camarades, faites le signe de la croix et priez.

Il s'agenouilla et pria. Les autres l'imitèrent sans répliquer.

— Mes camarades, reprit Mac-Pherson en se relevant, cela fait du bien pour vivre et pour mourir,

Il continua de marcher le premier, après cette courte halte. Sa poitrine était allégée d'un poids, et son pas semblait plus libre. Par un accord tacite, et malgré la présence du caporal Grant, il était le chef.

Une demi-heure encore se passa. Bien des fois ils s'étaient arrêtés pour écouter et n'avaient entendu que le vaste silence. Tantôt ils allaient sur le sable doux et tantôt ils rentraient dans ces débris rocailleux dont nous avons parlé. Cela semblait périodique et l'idée vint à tous en même temps qu'ils tournaient désormais dans un cercle infranchissable.

— Camarade, dit Grant en s'adressant à Mac-Pherson, le cœur me manque. Nous n'y pouvons rien, si Dieu le veut.

— Voilà trois fois que nous passons dans ces pierres, ajouta Blunt.

Le soldat Saunie était abattu jusqu'à ne pouvoir parler.

— Mes amis et mes frères, répliqua Mac-Pherson dont la voix et le cœur semblaient s'affermir à mesure que le danger grandissait, — Dieu ordonne de s'aider et défend de perdre l'espérance, qui est une des trois vertus du chrétien. Courage!

On fit un dernier effort et, pour la quatrième fois, on retrouva les mêmes pierres, après les avoir quittées.

— Il faut que chacun de nous s'asseoie et se repose, dit Mac-Pherson avec sa douce fermeté. Puisque nous sommes entrés dans ce malheureux cercle, nous en pouvons sortir...

Mes camarades, pendant que nous avons encore le cœur libre et l'esprit présent, chacun de nous doit songer à l'avenir, je n'entends pas seulement à l'autre vie, mais à celle-ci et à ceux que chacun de nous va laisser sur la terre.

On a vu bien souvent des hommes partager le même péril et avoir des sorts différents. Les uns tombent vite, les autres résistent et donnent au secours le temps de venir. Faisons tous et chacun notre testament, afin que, si l'un de nous survit, il puisse religieusement accomplir les dernières volontés de ses frères.

Dans la nuit, toutes les mains cherchèrent celles de Mac-Pherson. Les quatre Ecossais restèrent ainsi pendant un instant, réunis et serrés les uns contre les autres. Le caporal Grant dit :

— Si je reste ici, camarades, voici ce que je souhaite : une pierre derrière l'église de Lochow où je suis né, afin que Mary Grant ma pauvre femme y vienne prier pour l'homme qui l'aimait tant. On mettra dessus mon nom et mon âge. Je m'appelle Lewis Grant et je suis mort à vingt-huit ans.

— Je n'ai plus de femme, dit Blunt. Elle en est morte en mettant au monde le second des deux petits enfants. Qu'on leur dise que le pauvre Blunt était un soldat et un Ecossais. S'ils ont besoin et que les camarades aient un morceau de pain, ils vivaient de ma paie. Je pense que ceci n'est pas demander l'aumône... Je meurs à trente ans, avec les sentiments d'un chrétien.

On entendit que la poitrine du brave Blunt était soulevée par un sanglot.

— J'ai ma fiancée qui se nomme Ellen aussi, dit Saunie. Devant moi, dans cette nuit, je vois son front blanc sous ses cheveux blonds. Celui qui vivra ira à Inverness et dira que Saunie Davy est mort à vingt-deux ans, les lèvres sur la médaille de la Vierge qu'Ellen lui avait mise au cou la veille de son départ.

Mac-Pherson dit le dernier :

— La maison de ma mère est sous le château de Lochiel, une pauvre maison où il ne naît et ne meurt pourtant que des gentilshommes. Ma mère n'avait plus que moi. Elle va m'attendre tous les jours au bas du sentier qui descend vers la route. Quand vous lui direz que Ned, son fils, est mort à vingt-quatre ans, elle n'aura plus besoin de rien. Priez pour elle et remplacez-moi derrière son cercueil, quand on la mènera au cimetière.

Chacun promit d'accomplir les derniers souhaits de ses camarades, au cas où Dieu lui prêterait vie. Puis tous prièrent une seconde fois sans doute, car on n'entendit plus que le son de leurs respirations plus tranquilles.

Après une nouvelle série d'efforts qui restèrent infructueux encore, ils revinrent au même lieu, perdant tout espoir de franchir les limites de ce cercle où ils tournaient depuis si longtemps. Ils s'assirent, pris de cette fatigue poignante et insurmontable qui brise le corps, tout en n'étant que dans le cœur. Ils ne parlaient plus. Chacun était recueilli en soi-même.

Au bout d'un temps qui fut court, mais qui leur sembla

long comme une longue journée, ils se mirent sur leurs jambes brusquement, comme si un choc les eût frappés tous à la fois.

Ce n'était pas un rêve. On parlait tout près d'eux, derrière la paroi où ils s'adossaient naguère. C'étaient deux voix de femmes, et la paroi ne devait pas être épaisse, car on saisissait parfois plusieurs mots de leur entretien.

Mac-Pherson frappa et appela. On répondit :

— Qui que vous soyez, ayez pitié de nous et délivrez-nous.

Ces mots arrivèrent aussi distincts que si on les eût prononcés dans la galerie même.

Il est plus aisé de comprendre que d'exprimer l'espoir qui avait galvanisé un instant ces pauvres âmes découragées. Mais c'était aussi des désespérées qui répondaient à l'appel de leur détresse. On demanda pitié à leur agonie.

N'importe, le son de ces voix humaines était la vie. Mac-Pherson interrogea, disant :

— Nous entendez-vous ?

— Comme si vous étiez dans notre cachot. Nous avons usé le mur avec des miettes de briques, et il doit avoir à peine un demi-pied d'épaisseur. Qui êtes-vous ?

— Des soldats Écossais.

— C'est une généreuse nation : que Dieu soit béni !

— Et vous, qui êtes-vous ?

— Deux captives qui ne savent pas même le nom de leurs geôliers. C'est ici une tombe et l'on doit nous croire mortes. L'une de nous est Française et a nom Jeanne de Chabaneil, l'autre est Espagnole et s'appelle Blanche de Cabanil.

L'histoire du courrier major était toute fraîche dans l'esprit de nos quatre braves. Ce qui les frappa néanmoins, il nous faut l'avouer, ce ne fut pas tant la pensée de se trouver au seuil de tous ces étranges mystères que l'espoir de renaître à la lumière et à la liberté, tout en délivrant les deux captives.

Le raisonnement était simple et s'était présenté tout de suite à l'esprit de Mac-Pherson : puisqu'elles vivaient, on devait leur apporter journellement les choses nécessaires à la vie, et quelles précautions pouvait-on prendre contre deux femmes?

Il n'y avait qu'à se cacher dans leur cellule, attendre la venue du geôlier, se rendre maître de lui et sortir par l'issue dont il se servait lui-même.

Ils n'avaient point d'outils, mais les pierres ne manquaient pas autour d'eux et le mur était miné plus qu'aux trois quarts. Mac-Pherson dit aux recluses de frapper à la cloison, afin qu'on sût au juste quel était l'endroit faible et comment diriger l'attaque. Il expliqua son plan en deux mots, et nos grenadiers ressuscités, se munissant de pierres pointues, entamèrent la sape avec ardeur.

A leurs premiers coups d'autres coups semblèrent répondre. Ils s'arrêtèrent pour prêter l'oreille. On minait énergiquement au-dessus d'eux.

Mac-Pherson calcula en lui-même le temps qui s'était écoulé depuis leur sortie du caveau.

— C'est Noir-Comin! s'écria-t-il; ce sont nos camarades qui s'ouvrent un passage sur les derrières de la cave. Ils sont trop loin de la place assiégée pour charger ici une mine. Ce n'est qu'une porte qu'ils veulent. Nous sommes sauvés!

— Nous sommes sauvés! répétèrent les trois grenadiers en tombant à genoux.

Et Mac-Pherson cria au travers du mur :

— Espérance, myladies! le salut vous vient de tous les côtés.

Le pic des mineurs frappait incessamment au-dessus de leurs têtes et déjà des fragments de terre salpêtrée se détachaient de la voûte...

XII

Au lieu du bal.

Au bout d'une heure d'absence, nos trois dragons et leurs hôtes, les chasseurs-voltigeurs, rentrèrent dans leur quartiers beaucoup moins bons amis qu'ils n'étaient partis. L'expédition galante avait manqué honteusement et tout espoir de bal était perdu. Ils n'avaient pu dépasser l'étuve servant d'écurie, ni, par conséquent, sortir du souterrain.

En partant cette nuit, après avoir chargé Jean Coutard d'une mission pour le dehors, le capitaine, sachant que Noir-Comin et ses hommes devaient camper le matin même dans la plaine (car les différents chefs de corps de l'armée anglaise lui devaient donner avis de tous leurs mouvements en sa qualité de courrier-mayor), avait cru devoir prendre des précautions exceptionnelles.

Il avait, en conséquence, fermé la double porte qui défendait l'entrée de ses écuries. C'était un monument de solidité ; il fallait, pour ouvrir cette double clôture, les clefs ou la mine. Or, le capitaine avait les clefs dans la poche de son justaucorps de bandit.

Nos dragons et surtout les chasseurs-voltigeurs, qui n'avaient rien à ménager, avaient fait de leur mieux, car l'idée de la fête champêtre leur tenait singulièrement au cœur. Ils avaient attaqué le bois, dur comme fer à cause de sa vétusté même, ils avaient éprouvé les gonds solides et massifs, ils s'en étaient pris enfin à la maçonnerie elle-même.

Tout leur avait résisté. Ils revenaient vaincus et de mauvaise humeur, Toulousain accusant Petit-Eustache, son ennemi, d'avoir voulu le mystifier, et l'Aimable-Auguste proposant une partie de contre-pointe pour tuer le temps.

Au bruit qu'ils firent en rentrant, le Gibose, qui avait son compte de sommeil, rouvrit les yeux ainsi que le sergent Morin. Toulousain et surtout l'Aimable-Auguste ne parlaient jamais haut que quand le sergent Morin dormait.

La discipline fut rétablie en un clin d'œil et ce fut au milieu d'un ordre admirable que Lazarille demanda son coup du matin. Lazarille, malgré l'humilité de sa position sociale, était un peu, pour les dragons, ce qu'était Morin pour les chasseurs-voltigeurs. On n'aurait point osé parler de la récente équipée, si Lazarille eût été éveillé.

Le restant des dormeurs se mit sur pied, aux ordres du sergent, et il fut question de remplacer au moins le bal par un déjeuner splendide. Morin ne détestait pas la bonne chère et le Gibose permettait toute débauche dont l'outre faisait les principaux frais. Quand il fut sur ses petites jambes, il s'étira et fit une cabriole pour éprouver la souplesse reconquise de ses muscles.

— Je connais ma portée, dit-il, maintenant; j'avais dit quinze mots en particulier à l'outre, et quinze bons! Il ne m'en faut que douze : les trois derniers portent sur les jarrets. Comment va ma monture? ajouta-t-il en s'adressant au conscrit. Tu as une montre : dis l'heure.

L'horloge de Propre-à-Rien, il n'y a que ce mot pour caractériser une pièce si importante par sa largeur et par son épaisseur, était de cuivre sans alliage. Elle marquait neuf heures et demie.

— Nous avons une grande heure pour déjeuner, dit le Gibose. Le capitaine a laissé des instructions pour onze heures, et tout le monde prendra part à la danse, sauf ceux qui resteront pour garder les Écossais... Ah çà! réveillez les Écossais! Ce sont des braves qui aiment à déjeuner, et messieurs les chasseurs-voltigeurs leur doivent une revanche de politesse.

— Le capitaine leur en a donné pour quarante-huit heures, répondit Petit-Eustache en se dirigeant vers le coin où il avait arrangé lui-même, bien à leur aise, le caporal et les trois grenadiers. J'ai connu bien des médecins à Paris : on voit l'Institut de chez nous, mais il n'y en a pas un pour vous endormir comme ça quatre hommes avec une goutte de cognac, aussi pur que du cristal de roche et sans goût de fût... Éclaire, Lazarille! C'est pourtant gros, quatre Anglais!...

Sur ces derniers mots, son accent changea. On l'entendit grommeler dans le coin obscur :

— Je suis certain de les avoir mis là! Qui est ce qui m'a pris mes bariolés?

Le Gibose, aussi leste qu'il était, la veille, impotent, était déjà près de lui avec un bouchon de paille enflammée, dont la lueur éclaira la place vide où les quatre Écossais avaient dormi. Pendant que Petit-Eustache restait stupéfait, le Gibose fit le tour de la cave, furetant et sondant les moindres recoins. Il s'arrêta devant le trou qui donnait accès dans les galeries, derrière l'amas de débris.

— On avait ôté la sentinelle, ici, murmura-t-il. A moins que ceux d'en haut ne se soient endormis !...

En trois bonds, il fut dans l'escalier.

Petit-Eustache ne cherchait pas et restait les bras pendants. Quand il vit le Gibose monter, le cœur lui manqua. Dans sa pensée, puisque les Écossais n'étaient plus là, ils avaient dû égorger les sentinelles.

Un silence inquiet régnait dans la cave. Tous ceux de l'é-quipée partageaient plus ou moins la crainte et le remords de Petit-Eustache. La faute qu'ils avaient commise leur apparaisssait dans toute sa gravité. Les dormeurs ne pouvaient comprendre aussi bien, mais il n'y avait là personne qui n'eût l'appréhension vague et instinctive d'un grand malheur.

On entendit le Gibose parler et les sentinelles répondre. Petit-Eustache, lâchant un gros soupir de soulagement, essuya son front en sueur.

— Nous n'avons pas ces deux-là sur la conscience, du moins! dit-il à Sarreluck et Lafleur qui s'étaient rapprochés de lui.

— Quelqu'un est-il sorti? demandait en ce moment le Gibose.

— Personne, répondirent à la fois les deux factionnaires.

— J'entends quelqu'un de nous, mes braves, insista Lazarille, car l'idée venait de naître en lui que les Écossais, profitant du sommeil général, avaient pu faire usage des uniformes et autres nippes pendues à la muraille.

Petit-Eustache et lui jugeaient autrui chacun d'après soi-même. Le dragon se voyait passant sur le corps des sentinelles, le bossu songeait tout d'abord à quelque ruse adroitement conçue, hardiment exécutée. Nous savons que les bons Écossais avaient pris un troisième parti.

— On vous dit personne, répliquèrent encore les deux chasseurs-voltigeurs.

— Alors, vous n'avez rien vu en faction? rien entendu?

— Rien qui regarde la consigne.

— Et en dehors de la consigne?

— Nous avons entendu le tocsin sonner vers la montagne

et aussi dans la vallée. Il a passé sur la route pas mal de mines de coquins qui allaient vers la gorge de Cabanil, dans la montagne du sud... Là-bas, il est sorti des décombres un gamin qui a pris sa course au travers des roseaux et qui a gagné les tentes.

— Ah! fit Lazarille. Combien y a-t-il de temps de cela?

— Une demi-heure... dix minutes après, un détachement de soixante à quatre-vingts grenadiers a quitté les tentes et s'est dirigé vers le sud, par la grande route. Nous l'avons perdu de vue au tournant... Cinq minutes après encore, un autre détachement d'égale force a pris la grande route aussi, mais du côté du nord. Il vient de disparaître ici, sur la gauche, dans les gorges.

En bas, parmi le silence qui régnait dans la cave, on entendait distinctement toutes les réponses des sentinelles. L'honnête visage du sergent Morin s'éclairait, mais les trois dragons écoutaient d'un air plus soucieux.

— Quatre-vingts et quatre-vingts font cent soixante, dit le sergent. Si les bariolés veulent nous parler, ils ne sont plus guère que deux cents avec le treizain à chaque douzaine. Il nous reste des munitions, et vous en avez peut-être ici, vous autres?

— Ce n'est pas la poudre qui nous manquera... murmura Petit-Eustache en baissant la tête.

— Quoi donc? les balles?

— Ni les balles non plus, répondit Lafleur.

Et Sarreluck ajouta en fermant les poings :

— Le dernier jour! Être fumés comme des jambons!

— Déjeunez, messieurs, dit froidement le Gibose qui avait redescendu les degrés, vous avez le temps de déjeuner encore une fois.

— Ah çà! de par tous les diables! s'écria le sergent, sommes-nous à l'enterrement? Vous me démontez le moral de mes chasseurs, à la fin! Nous sommes ici quarante-deux lapins, quarante-trois en comptant le petit estropié, qui n'a pas l'air d'une bête. Ces grands quinze-côtes, à carreaux comme des mouchoirs de poche, ne nous avaleront toujours pas sans nous mâcher, quand le tonnerre du ciel y serait!

— C'est sûr, appuya Pont-Neuf. Quand ils étaient le double, là-bas, devers Plasencia, nous leur avons donné déjà pas mal de fil à retordre.

— Et nous étions commandés par une jeunesse, ajouta Toulousain, qu'est un intrépide, c'est juste, mais qui ne possède pas encore le fil de l'expérience.

Le Gibose dit en s'adressant aux dragons :

— Faut-il vous répéter le rapport des sentinelles?

— Pas besoin, Lazarille.

— Que vous semble des deux détachements?

— Connu, petit vieux! Ils savent où ils vont.

— Le premier va prendre la route d'El Barco, le second ne tournera qu'à la hutte de Susan la veuve, car, d'ici là, rien ne le masquera en redescendant. Noir-Comin est déjà sur le devant de sa tente avec sa lunette, mais il ne verra rien avant trois quarts d'heure. Je répète que ceux qui ont faim peuvent déjeuner; ça remet le cœur.

— Moi, je dis, gronda le sergent qui avait fait de sincères efforts pour comprendre, je dis que ce n'est pas poli de parler latin en société. Qui est-ce qui va commander ici, sans être trop curieux?

— Vous, si vous voulez, sergent, répondit Petit-Eustache tristement.

Il ajouta en frappant des deux mains sur les épaules de Sarreluck et de Lafleur :

— J'ai idée que nos galons de maréchaux des logis chefs sont en train de fondre, les vieux!

Lafleur et Sarreluck secouèrent la tête.

Le sergent Morin commanda résolûment :

— Chasseurs, à l'ordre! formez le cercle! Ces gens-là portent le diable en terre, et la venette, c'est une maladie contagieuse, qu'il faut s'en écarter avec soin, crainte de la gagner. Mangeons un morceau sur le pouce, en double. Si c'est le dernier, comme dit le petit infirme, va bien! Tel était le mot favori du Marseillais.

— Dragons, demandait cependant Lazarille, quelque chose s'est passé ici. Au nom du capitaine, je veux le savoir!

On n'aurait pas pu dire lequel de Petit-Eustache, de Lafleur ou de Sarreluck, avait la tête la plus basse.

— Parbleu! balbutia enfin le premier, nous sommes fautifs en grand et c'est nous la cause. C'était le dernier jour. On a voulu rire un petit peu, n'est-ce pas? On a essayé de sortir par l'écurie, on est resté dehors pas mal de temps; quand on est revenu, on n'avait pas ri, mais la farce était jouée, Quoi! on a été prudent pendant deux mois, et à la dernière heure, on a glissé... S'il y a punition, c'est moi qui ai mené le coup.

— Non, réclama Sarreluck, c'est moi qui ai donné la diable d'idée!

— S'il y a punition, dit de loin Toulousain dans le cercle qui entourait le sergent, — je m'accuse d'avoir poussé les cavaliers, qui ont emboîté le pas par politesse.

— C'est moi, s'écria l'Aimable-Auguste, qui ai tracassé pour le bal et les bayadères.

Ils y allaient tous de bon cœur et plaidaient leur cause comme s'ils se fût agi d'une récompense.

— Drôles de corps, ces Français! murmura le Gibose. Tous Don Quichotte, depuis le général jusqu'au soldat!... Sergent, ajouta-t-il tout haut, je vais vous les rendre gais comme pinsons, et ne craignez plus que vos chasseurs gagnent d'eux la panique. Ils avaient un poids sur le cœur, parce qu'ils aiment leur chef jusqu'à trembler devant son regard, eux qui affronteraient l'œil de Satan! Dragons, je prends tout sur moi, et je me charge d'arranger la chose avec le capitaine.

— Tu en as arrangé bien d'autres, petit homme! s'écria l'ancien matelot, qui l'enleva dans ses bras et l'embrassa sur les deux joues, — tu es meilleur et plus fin que tu n'es gros!

Lafleur et Sarreluck avaient les yeux mouillés. C'était plaisir de voir la joie naïve qui éclairait ces mâles visages.

Il y eut des accolades échangées avec Toulousain et l'Aimable-Auguste. A la vie, à la mort, du premier coup. Don Quichotte soit! La lecture de ce grand livre attendrit certaines gens plus souvent encore qu'elle ne les fait rire.

On déjeuna, morbleu! et copieusement, quoique vite. Il

n'y avait plus à ménager les outres, qui circulèrent à tire-larigot. Le sergent donnait l'exemple de la soif militaire et de l'appétit solidement soutenu. C'était de la bonne et franche gaieté, dans ce trou plein d'ossements poudreux et qui allait une fois encore peut-être faire son office de tombe.

Pont-Neuf ne tarissait pas ; Toulousain et l'Aimable-Auguste lui donnaient vertement la réplique ; Petit-Eustache était éblouissant de joyeusetés soldatesques ; Sarreluck, Lafleur, Propre-à-Rien lui-même, donnaient leurs notes dans ce concert de bons mots de caserne qui allaient, venaient, se croisaient comme le feu roulant des chandelles romaines, un soir de fantasia parisienne au Champs-de-Mars.

Le Gibose en était à son huitième baiser, déposé sur la joue désormais amollie de l'outre, quand la voix de la sentinelle tomba du haut du perron, disant :

— Mouvement au camp !

C'était le signal convenu. Il n'y avait point de nappe à ôter. En un clin d'œil, toutes les bouches furent essuyées et chacun eut son arme à la main. Le sergent, les deux caporaux, les trois dragons et le Gibose, formant l'état-major de la petite armée, montèrent les degrés et se mirent en observation, laissant leurs têtes presque au niveau du sol.

La place où ils étaient occupait le point culminant des ruines. Ils dominaient tout ce qui les entourait et ne pouvaient être aperçus, leurs têtes ne dépassant point les touffes d'herbes desséchées.

La plaine Léonaise présentait son aspect habituel, sauf quelques différences qui, toutes, ne pouvaient frapper les chasseurs-voltigeurs, étrangers au pays, mais dont aucune n'échappait aux regards mieux habitués des dragons et du Gibose.

La route, d'ordinaire déserte depuis l'occupation du district par les Anglais, montrait aujourd'hui de loin en loin des groupes d'enfants, de vieillards et de femmes, qui tous se hâtaient dans la même direction ; ils allaient du nord au sud, vers les gorges défendues par le château de Cabanil.

Au loin, vers l'ouest, par-delà le coude de la Sierra, des cavaliers galopaient : on ne pouvait distinguer leurs costumes. De temps en temps, le vent apportait les battements d'une cloche sonnant le tocsin, et quelques coups de feu s'entendaient, à perte de son, vers le sud-ouest.

Dans l'espace occupé par les ruines et qui mesurait pour le moins dix mille toises carrées, aucun mouvement extraordinaire n'apparaissait. L'éternelle colonne de fumée sortait de la cuisine des bohémiens, et c'était tout.

Mais ce qui devait attirer surtout l'attention de nos observateurs, c'était le camp des Écossais, et voici ce qu'ils virent de ce côté :

Le lieutenant-colonel Robert Munro ou Noir-Comin, puisque ses amis et ses ennemis le nommaient ainsi, était debout, en grand costume, sur le devant de sa tente. Il avait à la main une longue-vue qu'il tenait braquée sur la montagne, à peu près dans la direction des ruines de Saint-François de Sor. Auprès de lui, son cheval noir, tout harnaché, attendait.

De toutes parts, les grenadiers sortaient des tentes et se formaient en deux corps, l'un beaucoup plus considérable que l'autre. Il était facile de distinguer les officiers rangeant leurs hommes : Rouge-Dick, gros et court, parmi tant de beaux géants, le capitaine Mac-Nab, avec sa maigreur musculeuse et l'enseigne Campbell, pressant les rétardataires. Déjà les pipeurs étaient à leurs postes sur les ailes du plus important des deux corps, et l'on voyait à leurs joues gonflées que les cornemuses avaient entamé le pibroch.

Le second corps n'avait pour le commander qu'un seul officier et point de cornemuse. Pour quiconque connaissait les habitudes écossaises, il était évident que le premier corps attendait le commandement : en avant, marche ! et que le second restait à la garde du camp.

Nos observateurs avaient tous de bons yeux. Tous cherchaient, sans s'être donné le mot, quatre figures, parmi ces visages, une au moins, sur les quatre, car, n'eussent-ils reconnu que l'un des quatre prisonniers, Grant, Mac-Pherson, Blunt ou Saunie, tous leurs doutes auraient été fixés.

Mais bien qu'ils reconnussent aisément, malgré la distance, les tournures qui leur étaient familières, ils ne virent ni Saunie, ni Blunt, ni Grant, ni Mac-Pherson.

— Après tout, dit Petit-Eustache, ce n'est peut-être pas pour nous.

Le Gibose, à qui principalement, s'adressait l'observation, ne répliqua point. Il avait grimpé au sommet d'une grande pierre fendue et se tenait dans la fissure, blotti comme un singe. Son regard ne suivait pas la même direction que ceux de ses compagnons. Il observait, au contraire, le versant de la montagne dont les ruines occupaient le pied. Ses yeux perçants plongeaient au sud-est et au nord-est, scrutant la profondeur des gorges et l'ombre des bouquets de pins.

— S'ils viennent, répondit le sergent Morin, le chevalier de la Triste-Figure, qui les commande, n'a pas l'air de mettre plus de cent cinquante hommes en ligne. Nous serons un contre trois, à peu près, et parmi ces décombres, nous aurons l'avantage de la position. Je parie un écu de six livres que nous allons les frotter à la papa!

— Et je mets trois francs dans votre pari, sergent! s'écria Pont-Neuf. Je demande à être envoyé en tirailleur au bas de la montée avec cinq ou six camarades de bonne volonté, et je vous promets d'en descendre une fricassée avant qu'ils soient sortis des roseaux... A l'aide de toutes ces pierres éparpillées, on se repliera quand on voudra.

— J'en suis des tirailleurs, dit Sarreluck. Ma carabine en vaut une autre et porte comme une canardière.

— C'est le cas de chasser au marais, risqua Toulousain : l'Anglais il étant bécasse comme une oie!

Et tout le monde de rire, le sergent en tête. Il vous frisait sa moustache à poignée d'un certain geste qui n'annonçait pas une grande envie d'éviter l'assaut des grenadiers écossais.

— Attention! commanda tout à coup Gibose.

— Au camp, Noir-Comin fermait brusquement sa longue-vue et se tournait du côté de sa tente d'où sortait un jeune garçon, tête et jambes nues.

— C'est le gamin qui est parti d'ici près où l'on voit de la fumée, dit une des sentinelles.

Le jeune garçon parla. Noir-Comin se mit en selle et vint au petit pas jusqu'au centre du corps principal. Il dégaîna sa claymore. Les piqeurs marchèrent aussitôt en avant, suivis du détachement, qui défila par sections de route.

Il y eut un moment de silence parmi nos hommes, On attendait à voir la direction que les Écossais allaient prendre. Au lieu de marcher droit à la chaussée qui traversait le marais formé par l'ancien étang de Saint-François, ils firent tête au sud et longèrent le grand chemin, selon un angle très-aigu.

Petit-Eustache se tourna vers le Gibose et l'interrogea du regard.

— Rien encore sur les derrières, répondit celui-ci froidement.

— Est-ce qu'ils nous feraient faux bond! s'écria le sergent Morin.

— Patience! dit Petit-Eustache. Nous n'avons pu danser ce matin. Cela va venir.

— Jeune homme, demanda le sergent au Gibose, n'avez-vous pas parlé de Bohémiens campés ici près?

Lazarille montra du doigt la colonne de fumée.

— Sont-ils nombreux?

— Très-nombreux.

— C'est à eux que vous faisiez allusion, quand vous parliez de nos derrières?

Lazarille secoua la tête négativement et répliqua :

— Ils pourront rôder après l'affaire et achever ceux qui resteront à demi-morts.

Comme il disait cela, deux têtes se montrèrent sous le perron ruiné, puis deux corps, dont la réunion était tellement bizarre, qu'un éclat de rire unanime accueillit leur apparition. C'était une sphère humaine, habillée de couleurs voyantes, une femme : deux courtes jambes supportant deux grosses boules superposées, et un colonel anglais à jambes nues, velues et bises, qui semblait un squelette ambulant.

— Vont-ils à la foire, ceux-là? demanda Pont-Neuf.

Le colonel anglais tourna court et descendit prudemment

à l'étang, non sans engager sa compagne à le suivre, mais celle-ci résista et traversa les ruines en suivant une ligne diagonale qui la fit passer à une trentaine de pas des broussailles.

Elle tourna vers nos observateurs, qu'elle devinait plutôt qu'elle ne les voyait, cette étonnante figure qui lui avait valu son surnom, la Lune, toute bouffie de colère, et lança au vent une poignée de poussière qu'elle tenait à la main, disant en espagnol :

— Vous ne digérerez pas le déjeuner que vous m'avez volé, brigands de Français !

Puis, avec une agilité qu'on n'eût point attendu de sa grotesque corpulence, elle se glissa entre les pierres et roula jusqu'au bas de la montagne, où le charmeur de poules, son chevalier, l'attendait.

Ils prirent tous deux la route du sud.

— Que signifie cela ? demanda le sergent Morin, qui ne connaissait pas l'histoire de la maraude souterraine.

Mais le Gibose commanda encore :

— Attention !

Noir-Comin et son détachement arrivaient au bout du marais et à la grande route. C'était le moment solennel. Ils pouvaient suivre le grand chemin vers Cabanil, comme tous ceux qui, aujourd'hui, sillonnaient la campagne, ou faire un coude et côtoyer le marais dans sa largeur, pour atteindre les ruines.

Un instant, on put croire que Comin prenait le premier parti, car la tête de son cheval noir fut tournée vers le Sud. Mais ce ne fut qu'un instant ; il cherchait un sentier ; dès qu'il l'eut trouvé, il fit inopinément volte-face, piqua des deux et se lança au galop dans la plaine. Il poussait droit aux ruines.

En trois ou quatre minutes, et avant que nos assiégés fussent revenus de leur surprise, il arriva au bas de la montée qu'il escalada sans ralentir l'allure de son cheval. Il se portait droit sur sa selle et regardait en face l'amas de broussailles où il savait que l'ennemi était caché.

C'était un fier et beau soldat. Il venait seul. Sa troupe restait à plus de mille pas en arrière et absolument hors de portée, s'il avait eu besoin de secours.

Aussi, ses grenadiers se disaient en le suivant des yeux, au travers du nuage de poussière soulevé par sa course :

— Qui connaîtrait les termes de son pacte, si ce n'était lui ? Il peut aller sans peur et la tête haute où les plus braves auraient le frisson. Il sait bien que son heure n'est pas venue.

Ce n'étaient pas seulement les simples grenadiers qui parlaient ainsi, les officiers partageaient la croyance des soldats. A leur sens, les Français ne devaient pas tirer ; puisque la balle qui devait tuer Comin n'était pas encore fondue.

Les Français ne tirèrent pas. Dans sa fente où l'extrémité de ses cheveux crépus paraissait à peine comme on voit la queue d'un écureuil au faite d'un grand arbre, le Gibose se disait :

— Moi, qui ne suis ni Français, ni chevalier, ni brave, ni badaud, si je savais ajuster un fusil, comme je logerais une balle dans le crâne de ce sombre coquin !

Mais il n'y eut que lui pour avoir cette idée, et quoique Noir-Comin ne portât point de drapeau parlementaire, tous ceux qui étaient là respectèrent son isolement.

Il s'arrêta à cinquante pas tout au plus des broussailles et resta un instant immobile, dans une attitude de défi.

— Y a-t-il quelqu'un là pour m'entendre ? demanda-t-il ?

Personne ne répondit.

— Vous étiez plus hardis hier au soir, reprit l'Ecossais, à l'heure où vous avez surpris et garotté quatre malheureuses sentinelles que vous avez ensuite enlevées, comme les loups emportent leur proie, pour payer sans doute l'hospitalité que nous vous avions accordée à vous, mendiants de Français, qui mangez à votre faim seulement quand vous êtes dans nos prisons d'Angleterre !

Point de réponse encore.

— Vous êtes là, je le sais, continua Comin du haut de sa colère dédaigneuse. Il est superflu de vous cacher. Votre silence poltron ne vous sauvera pas. Du reste, que vous répondiez ou que vous ne répondiez pas, voilà mes conditions, méditez-les. Si vous me représentez mes quatre grenadiers sains et sans blessures, on vous fera l'aumône de la vie. Au cas contraire, vous serez mis à mort comme des chiens, je vous le dis, moi, Robert Munro, laird de Comin!

— Plus connu ici près sous le nom de Pharès, le Gitano bâtard, prononça un voix aigrelette et perçante qui sembla tomber du ciel.

Noir-Comin frémit si violemment que son cheval se cabra sous lui. Il fit un mouvement comme pour s'élancer, mais il se contint, tourna bride et descendit au galop à la rencontre de ses hommes qui avaient toujours continué de s'approcher.

Quand il se retourna pour marcher à leur tête, il put voir les chasseurs-voltigeurs rangés en bataille, au milieu des ruines, à la place même où il avait naguère arrêté son cheval.

— Chargez-moi ces coquins! commanda-t-il. Rien qu'un feu! Ensuite dirck et clay-more! et qu'on ne s'y prenne pas à deux fois!

XIII

L'escarmouche.

Noir-Comin était rentré au petit jour à son campement de la fontaine Saint-Julien. Comme presque tous les illuminés de son espèce qui composent la plus dangereuse classe de malfaiteurs, il suivait son chemin dans le mal hardiment et sans remords. Le fatalisme est un oreiller; le fataliste ne connaît point cette souffrance qui naît de la responsabilité. Il gagne ou perd, mais c'est l'invisible main du hasard qui a tenu ses cartes.

Noir Comin était content. Le hasard s'était montré beau joueur. Cet Urban Moreno allait faire pour lui d'une pierre deux coups: supprimer Samuel da Costa, son associé infidèle, et rendre libres les abords de la prison où il retrouverait Jeanne et Blanche, ses otages contre le mystérieux ennemi qui, seul au monde, lui faisait peur.

Une fois invulnérable aux coups de cet homme, *dont l'é-*

toile était plus haute que la sienne dans son ciel, il avait devant lui le temps, cet auxiliaire précieux et sûr; il pouvait choisir l'occasion favorable et frapper à bout portant.

Le doute ne leur vient jamais; c'est une secte inébranlable dans sa foi, et chaque adepte meurt avant d'avoir hésité dans son extravagante croyance. Noir-Comin était convaincu profondément. C'était là sa maladie même. La moitié de sa tâche était accomplie : plus de la moitié; il avait pris au dernier Cabanil *son sang, sa femme* et *une de ses sœurs;* il lui restait à conquérir *son autre sœur* et *son or.*

A ce prix, *son âme était rachetée.*

Faut-il garder à cette expression, si usuelle chez les illuminés highlanders, son sens littéral, ou lui chercher une signification cabalistique? Presque tous renferment en eux leur secret et ne disent point le grand mot de l'énigme. On peut penser néanmoins que, puisqu'il y a mystère et affiliation, une sorte de philosophie hermétique se cache sous les symptômes plus ou moins uniformes de cette manie si répandue. Ce n'est pas l'hermétisme lui-même qui est une pure clef scientifique, mais presque tous les alchimistes ont été d'audacieux rêveurs, indépendamment de leur philosophie, et l'on peut dire, par comparaison, que les initiés de la seconde vue ont des rêves d'alchimistes.

Le monstre qui a donné naissance à la légende de la Barbe Bleue, Gilles de Laval, baron de Raiz, l'effroi du moyen âge, *rachetait aussi son âme* dans les sanglantes orgies du château de Tiffauges. Il répondit à ses juges du parlement de Nantes qu'il lui avait manqué seulement une certaine somme de sang répandu pour être immortel.

Ils ont tous ce but ou un but analogue. Ils sont fous et raisonneurs à la fois. Leur intelligence viciée, mais non pas morte, bat, au contraire, le pouls de la fièvre.

Il y en a d'inoffensifs, mais les dompteurs de bêtes féroces jouent avec leurs tigres jusqu'au jour où leurs tigres les dévorent. Ceux-la sont plus terribles que les tigres parce qu'ils sont hommes.

Noir-Comin s'était renfermé dans sa tente pour récapituler en lui-même les événements de cette journée. Il en trouvait le bilan favorable et allait prendre un peu de repos, lorsque, du dehors, Rouge-Dick l'appela par son nom.

Rouge-Dick, nous l'avons dit, était le protégé du général en chef, ce qui lui donnait ses franches coudées. Seul parmi les officiers, Rouge-Dick avait pris sur lui d'annoncer au lieutenant-colonel l'évasion des prisonniers français.

Comin écouta son rapport sans proférer une parole ; quand le major raconta les mystérieuses alertes et les décharges de mousqueterie faites par un ennemi à la fois invisible et insaisissable, Comin haussa les épaules, contre toutes les règles de cette courtoisie de famille qui règne dans les corps highlanders.

Quand Rouge-Dick lui parla de l'étrange apparition qui avait couronné l'attaque véritablement fantastique : le dragon portant les épaulettes de capitaine et masqué de noir, Comin eut un frémissement ; ce nuage sombre comme un ciel d'orage qui descendait sur son front à l'approche de ses crises, et qui faisait dire à ses grenadiers que le *voile tombait* entre lui et ceux qui le regardaient, parut si épais et si lugubre, que le major eut frayeur et pitié.

Comin resta muet, néanmoins, combattant les tiraillements convulsifs qui voulaient agiter sa face. Il congédia son major d'un geste impérieux et dur. Comme Rouge-Dick sortait de la tente, Comin le rappela et lui ordonna de mettre aux fers les quatre sentinelles qui avaient été chargées de surveiller les prisonniers.

— Selon toute apparence, répondit le major, ils ont payé leur négligence au plus haut prix que l'on puisse exiger d'un homme. Nous n'avons même pas retrouvé leurs traces.

— Faites plier les tentes, monsieur, commanda le laird. Je ne puis à la fois veiller sur vous et m'absenter pour affaires de service. Ces romanesques aventures n'arrivent pas quand je suis là.

Rouge-Dick salua et se retira. Il voyait l'écume blanchir aux lèvres de son chef.

Quand il fut seul, Comin déboucha une bouteille de genièvre, et vida son verre trois fois coup sur coup avec une furieuse avidité. Il s'assit au pied de son lit et mit sa tête entre ses mains. Ses mains étaient de glace, sa tête brûlait comme un fer rouge.

Il resta ainsi jusqu'au moment où son valet tremblant vint lui annoncer que les compagnies étaient sous les armes, bagages pliés, et que son cheval de réserve l'attendait au dehors.

Comin se leva chancelant. Ses mains, qu'il eut de la peine à décoller de son visage, découvrirent ses yeux hagards et ses traits décomposés. Il traversa d'un pas ivre l'espace qui le séparait de la table et ne se retrouva lui-même qu'après avoir bu encore deux grands verres de genièvre.

Ceux qui le virent pendant qu'il montait à cheval détournèrent les yeux. C'était un spectre, mais le spectre d'un réprouvé.

Il prit, comme d'habitude, la tête de la colonne, et marcha seul à cinquante pas en avant des piqueurs. Quand il passa sous le rempart de Cabanil, ses éperons touchèrent les flancs de sa monture, qui bondit et fournit un temps de galop. Il faisait grand jour pourtant, et, d'ordinaire, c'était la nuit que le laird livrait ces mystérieuses luttes à un ennemi dont chacun croyait savoir le nom.

La veille l'ennemi était venu. On avait entendu des voix dans sa tente, qui ensuite était restée vide toute la nuit. Comin avait donné pour motif de son absence, il est vrai, les affaires du service. Quelles affaires? Un homme peut-il avouer que son pacte l'oblige à sortir chaque fois que le maître du mal vient le chercher?

Tous les grenadiers, en marchant derrière lui, avaient la même pensée : Comin payait cher le charme qui le rendait invulnérable sur le champ de bataille, et qui faisait de lui le plus brillant soldat de toute l'armée anglaise. Il vient un jour, en effet, une nuit, plutôt, où le maître du mal emmène son homme une dernière fois, bras dessus, bras dessous, et ne le lâche qu'en dedans du seuil de l'enfer.

Au nouveau campement, dont la place était marquée d'avance à l'entrée de la plaine léonaise, officiers et soldats préparèrent leur déjeuner, chose importante partout où flotte le drapeau britannique, devoir de premier ordre dont aucun incident, fantastique ou non, ne peut entraver l'accomplissement.

Noir-Comin lui-même mangea lugubrement, mais comme un ogre, et sa fièvre des brouillards ne l'empêcha pas de doser son grog selon la science. N'allez pas croire que les vampires anglais soient comme ceux du Danube ; au vampire anglais, outre le sang des jeunes filles, il faut le rosbif rouge et les pommes de terre.

Tout dévore le bœuf, chez nos voisins ; les papillons ne vont à la rose qu'après le rôti, les sylphides ont des dents de loup, et la reine Mab elle-même jouit d'un appétit de brasseur.

Après le déjeûner, Noir-Comin, plein de bœuf et de gin, se jeta sur son lit, afin de réparer les fatigues de son absence pour *affaires de service*. Il avait la digestion funèbre, et son état-major pensait bien que la crise devait durer jusqu'au lendemain matin.

Cependant, à peine son valet était-il sorti de sa tente, apportant à tous défense de troubler son repos, que le petit Gitano, dépêché par la Lune et le commandeur d'Alcantara se présenta au camp, ruisselant de sueur et couvert de la boue du marais. Il ne voulait parler qu'au laird. Son message était pour le laird.

Contre toute attente et pendant qu'on était en train d'éconduire le jeune garçon, la voix tonnante du laird, éclatant au travers de la toile, ordonna de l'introduire. La conférence ne dura pas plus d'une minute. Noir-Comin sauta sur ses pieds et baigna son front dans de l'eau froide où il avait versé du genièvre. Le genièvre sert à tout, quand on veut.

Noir-Comin était un ressuscité. Il fit appeler d'un temps le capitaine Temple et le lieutenant Edouard Wellesley. Ce dernier était absent. Noir-Comin ne se fâcha pas. L'enseigne Farlane fut désigné pour remplacer miss Ned et Noir-Comin manda en outre le sergent Ferguson, qui avait servi sous lui dans les compagnies d'artillerie, à Gibraltar.

Le capitaine, l'enseigne et le sergent n'entrèrent pas sous sa tente sans un certain sentiment de répugnance ; il fallait en effet le devoir pour porter les gens de Comin à l'approcher dans ses heures de crise. A leur grand étonnement, ils le trouvèrent debout, la tête haute, le sang aux joues, l'œil libre, mais animé d'un éclair insolent et brutal.

Ceci n'était point rare après l'accès, et c'était la brièveté seule de l'accès qui étonnait nos trois grenadiers. Le sauvage orgueil qui était au fond de la nature de Comin semblait se dégager avec une sorte de violence au moment où il sortait vainqueur de la lutte.

— Asseyez-vous, Ferguson, dit-il au sergent.

Et laissant les deux officiers debout, il ajouta :

— Vous plaît-il, messieurs, réparer autant que possible vos fautes de la nuit dernière ?

— Je n'ai point commis de fautes, répondit rondement Temple, je n'étais pas de garde et je ne suis pas responsable de ce qui arrive pendant mon sommeil.

— J'étais de garde et je n'ai pas commis de faute, ajouta Farlane. Votre Honneur sait mieux que personne quels sont les devoirs de l'officier commandant le poste de nuit : je les ai rigoureusement accomplis.

— Je suis heureux, gentlemen, répliqua Comin, avec une hautaine ironie, que vous soyez aussi contents de vous. J'aimerais commander à des officiers qui, tout en ayant une moins bonne conscience, ne laisseraient pas quarante hommes glisser entre leurs doigts comme une poignée de vif argent, mais on ne choisit pas ses subordonnés, et mon chagrin est amplement compensé par votre satisfaction intérieure. Ne parlons plus de cela... J'ai l'honneur de vous demander, en changeant les termes, si vous voulez bien accomplir, chacun de vous, une mission très-facile et dont un enfant se chargerait, sans rester les cheveux pris dans quelque haie ou les pieds enfoncés dans quelque bourbier, tout en gardant, comme je le souhaite, la paix de vos respectables consciences.

Ils sont bons, je l'ai répété déjà jusqu'à satiété ; ils sont miséricordieux comme tous les vrais braves. Au troisième régiment écossais, on pardonnait beaucoup au laird de Comin, à cause de son mal lui-même, à cause encore de la fatalité qui pesait sur lui. Néanmoins, ce ton amer et sarcastique était si complétement en désaccord avec les mœurs patriarcales du contingent highlander, que les deux officiers se redressèrent dans leur dignité et gardèrent le silence.

— C'est moi, c'est moi toujours! s'écria Comin avec une emphase soudaine, c'est moi, moi seul qui vais effacer la tache imprimée au drapeau de notre corps. Vous ne m'aimez pas, messieurs, je le sais, vous êtes jaloux de moi, pourquoi? Parce que, pour me regarder, il vous faut lever la tête. Pour guérir le torticolis de votre envie, je ne suis pas encore décidé à donner ma démission : annoncez cette nouvelle à vos camarades... Capitaine Temple, je vous ordonne, de prendre quatre vingts hommes de la première compagnie, volontaires autant qu'il s'en présentera. Dans cinq minutes, il faut que vous soyez en route. Vous suivrez le grand chemin de Salamanque jusqu'au village de San-Esteban, sous El Barco; là, vous ferez quart de conversion sur la montagne, vers l'est, et vous reviendrez par les gorges jusqu'aux ruines que vous voyez là-bas, de façon à les prendre par derrière. Vous resterez, s'il vous plaît, couvert, au delà de ces roches qui avancent à cinq cents pas des ruines, jusqu'au moment où la fusillade engagée vous donnera le signal de charger.

Il salua avec raideur, Temple sortit.

— Enseigne Farlane, reprit Comin, je vous ordonne de prendre également quatre-vingts hommes de la troisième compagnie. Vous les conduirez par cette même route de Salamanque, mais en sens opposé, jusqu'à la gorge que domine le château de Cabanil. Là, vous tournerez sur votre gauche par le sentier qui mène à la chaumière de Suzan la veuve. Vous connaissez ce lieu. De là, rabattant vers le nordest, vous ferez votre jonction, à vue, avec le capitaine, ayant soin de prendre entre vos deux feux ce monticule couvert de broussailles qui est à gauche de la colonne de fumée.

Il avait entr'ouvert la draperie de sa tente.

— Voyez-vous les lieux? demanda-t-il.
— Parfaitement, colonel.
— Vous resterez à couvert sous le bouquet de pins, à un

millier de pas de la fumée, jusqu'au moment où le capitaine s'ébranlera... Soyez parti dans cinq minutes.

Il salua de nouveau, et l'enseigne se retira.

— A nous deux, Ferguson, vieille main! s'écria-t-il dès qu'il fut seul avec le sergent. Je parle haut à ces freluquets, de par Dieu, mais vous savez si je suis fier avec les anciens camarades!

Son accent avait changé tout à coup. Il affectait une ronde et franche bonhomie. Une bouteille de genièvre fut encore débouchée et le violent parfum de cette liqueur, si chère aux trois royaumes, emplit la tente tout à coup.

Ferguson essaya de sourire. C'était un beau grand garçon à la figure débonnaire. En ce moment, il avait un peu l'air d'un chien paisible qui s'étonne et s'effraie d'être caressé par un loup.

— Nous avons fait du chemin, Ferguson, mon homme, poursuivit Comin en lui poussant un verre plein, depuis le temps où nous étions simple canonnier second, servant la dernière embrasure de la batterie du nord, à Gibraltar. Je crois, vieil ami, que vous me devez un peu votre hache de sergent...

— Beaucoup, Votre Honneur, beaucoup, dit le sous-officier, qui prit timidement le verre.

— Buvez, vieille main, librement et d'un trait. Cela vient de Hollande en droite ligne comme la maison de Brunswick, que Dieu garde sur le trône d'Angleterre!

— Amen, Votre Honneur, puisque les Stuarts sont morts.

— Buvez!... Et qui sait, Ferguson, si vous ne me devrez pas bientôt l'épaulette d'enseigne?

— Ah! Votre Honneur! fit le bonhomme ébloui.

Son Honneur avala une large et profonde rasade.

— Vous êtes sergent de grenadiers, à présent, vieille main, reprit-il bonnement, et je sais très-bien que vous auriez le droit de refuser un service d'artilleur... Eh! eh! cela vous fait ouvrir l'œil et l'oreille, n'est-ce pas?... Vous cherchez les canons?... Allons! un autre coup à la santé des Andalouses de San Roque et d'Algésiras!... Point de canons, vieille main, pas l'ombre d'un mortier ni d'une marmite à obus...

Mais de la poudre, par le diable! nous en avons de la poudre à revendre! Avec de la poudre, de la toile à tentes, des cordes, une pioche, une pelle et de bons bras, ne fait-on pas tout ce qu'on veut, Ferguson ?

— Votre Honneur veut placer un pétard ?... demanda l'ancien canonnier.

— Un pétard qui en vaudra douze, Ferguson, si tu n'as pas oublié le vieux métier; un pétard capable de faire sauter la tour de Londres, m'entends-tu ?... Bois un coup, l'homme, à la santé de la contrebande qui t'a mis en poche de quoi acheter ton petit manoir, là-bas, à Glenlyon. Mort de moi! j'ai vu le temps où pas un canonnier de l'armée anglaise n'aurait roulé une cigarette de poudre à canon comme Ferguson, mon vieux camarade...

— On n'est pas devenu manchot, Votre Honneur, pour avoir pris une ou deux années de plus.

— Non? eh bien! une derrière gorgée, et à la besogne! Ecoute-moi : dans une demi-heure, pas une minute de plus, il faut que ton boudin soit chargé, bourré, ficelé, paré, amorcé et installé proprement sur la charette qui le portera sur la place du feu d'artifice. Va Ferguson, il y a une grande bataille dans l'air, je la sens; les batailles donnent de l'aise dans les rangs et mettent des épaulettes par terre. Je me baisserai, foi d'Ecossais, pour t'en ramasser une à la prochaine occasion. Va, vieille main. La première lettre que tu écriras à ta ménagère, au pays, sera signée : Ferguson, enseigne.

L'ancien canonnier se précipita vers la porte en balbutiant tout éperdu de joie :

— Ah! Votre Honneur!... Votre Honneur!... Votre Honneur!

Noir-Comin resta un instant immobile après sa sortie. Ses yeux regardaient le vide et toute sa physionomie avait une expression de triomphe féroce.

Après quelques minutes, il vint se planter debout à l'entrée de sa tente et braqua une longue-vue sur cette touffe de broussailles qui était au milieu des ruines, à gauche de la colonne de fumée. Il resta là jusqu'au moment du départ.

Quand il ferma brusquement sa lorgnette, après une grande demi-heure d'observation, son geste de dépit témoigna qu'il n'avait rien découvert.

On se mit en marche sans que personne eût deviné le but de l'expédition. Derrière la colonne, le sergent Ferguson conduisait une charrette dont la charge consistait en divers engins d'artilleur et de mineur, mais personne n'en connaissait la destination.

Au moment où Noir-Comin piqua des deux pour aller reconnaître un ennemi invisible et adresser une sommation à des esprits de l'air, car cela semblait ainsi pour ceux qui le suivaient, cherchant le mot de l'énigme, on adressa force questions à l'ancien canonnier. Ferguson, qui ne savait rien, fut discret comme la tombe.

Noir-Comin revint, et alors nos grenadiers écossais virent, derrière son dos, les broussailles s'animer et les chasseurs-voltigeurs sortir de terre. Ceux-ci prirent position avec la prestesse ordinaire du soldat français et se postèrent, selon un système fort habile qui profitait de tout accident de terrain comme de tout pan de muraille. Bien qu'on ne vît point d'officier parmi eux, ils étaient commandés, et bien commandés. Il suffisait de voir leurs dispositions pour ne conserver à cet égard aucun doute.

Nos grenadiers virent encore autre chose. A droite des broussailles, au lieu même où la colonne de fumée jaillissait du sol, des hommes et des femmes apparurent. Les premiers firent mine de passer entre les deux partis ennemis, afin de prendre cette route que tout le monde suivait aujourd'hui et qui menait vers Cabanil; mais, voyant le combat imminent, ils obéirent à la prudence de leur race ; c'étaient des gitanos ; ils prirent la chaussée, comme l'avait fait le jeune garçon dépêché à Noir-Comin, et tournèrent l'étang.

Par tous pays, un combat excite la fiévreuse curiosité de la foule; les populations exposent souvent leur vie pour assister de trop près à ces terribles spectacles. Les gitanos des deux sexes montrèrent ici jusqu'où va leur prodigieuse insouciance. C'est à peine s'ils jetèrent en passant un regard morne aux préparatifs de l'attaque. Ils suivirent leur chemin sans presser ni ralentir le pas. Il allaient à leurs affaires.

Ils marchaient par groupes de deux ou trois séparés par de longs intervalles. On voyaient bien qu'ils sortaient de leur antre selon le caprice de leurs convenances et que la horde, aujourd'hui, n'allait point en corps. Aussi la procession irrégulière mit à sortir un temps considérable et, bien après la bataille finie, des hommes et des femmes vêtus bizarrement se montraient encore, descendant du perron en ruines aux ruines de la chaussée. Il va sans dire qu'aucun des deux partis ne faisait plus attention à eux.

Les Français étaient postés à leur avantage. Leur centre s'adossait à l'entrée même de leur retraite et les décombres, dispersés de toutes parts, favorisaient le déploiement de leurs tirailleurs. Ils avaient le soleil à dos. Les Ecossais, au contraire, marchant vers l'est, avaient en plein visage l'ardent éblouissement de l'orient et le canon de leurs fusils mis en joue leur renvoyait des éclairs. Ils étaient à découvert jusqu'au moment où la conquête de quelque débris leur donneraient une forteresse. Ils avaient en outre contre eux la pente du terrain.

Ils marchèrent au pas accéléré et en bataille, au son éclatant de leur musique nationale, jusqu'au pied même de la montagne. Leurs adversaires eux-mêmes ne purent s'empêcher d'admirer la martiale précision de leurs mouvements et la galante noblesse de leur tenue. Ils arrivaient comme un mur vivant.

Chacun d'eux avait le mousquet en bandoulière, la targe à l'épaule gauche, la claymore dans la main droite, sauf les sergents qui portaient, faisant office de sapeurs, la fameuse hache de Lochaber. Outre la giberne en fourrure, attachée sur le ventre, ils avaient la poche à grenades d'un côté, le dirck ou skene-dhu de l'autre et un énorme pistolet à long canon. Le plaid était roulé en sautoir.

Il ne faut point croire qu'avec tant d'armes différentes ils parussent surchargés ou gênés. Cela meublait seulement leur haute taille et, comme ils étaient exercés à miracle, chaque chose restait à sa place.

Ils arrivaient. La brise secouait leurs cheveux blonds sous leurs toques éclatantes. Le soleil semblait jouer sur le poli de leurs armes et parmi les nuances brillantes de leurs tartans. Ils étaient presque tous jeunes et beaux.

— De belles jambes tout de même! grommela le sergent Morin.

— Les mollets viennent mieux dans ce pays-là, fit observer Pont-Neuf. Faut-il   ir le lieutenant-colonel, sergent?... Un bel homme,   mal élevé... Je l'ai au bout de mon tuyau.

— Mousquets en main! commanda le laird.

Toutes les claymores entrèrent au fourreau en produisant un seul bruit, et les mousquets, ramenés par-dessus la toque, tombèrent en arrêt.

— Armez et préparez!

On voyait une quinzaine de têtes derrière les décombres.

— Joue! feu!

Il n'y eut qu'une seule détonation pareille à un coup de canon. Des éclats de granit volèrent çà et là et l'on entendit quelques rires.

— Dirck et claymore! cria Noir-Comin en poussant vaillamment son cheval.

La voix du sergent Morin répondit :

— Feu à volonté, les enfants, et tenez-vous bien!

Pour les Écossais, dirck et claymore répond à notre commandement : à la baïonnette! Tous les mousquets sonnèrent en rebondissant sur le dos des highlanders. Leur main droite prit l'épée, la gauche le poignard, et ils grimpèrent à l'assaut en bon ordre.

— A nous, fistons! dit Petit-Eustache derrière un pan de muraille.

— Soignez-moi çà! répondit Toulousain.

Et le sergent :

— Ne vous pressez pas! on a le temps... Va bien!

Trois groupes de décombres fumèrent. La ligne de bataille écossaise eut comme un tressaillement. Quelques hommes tombèrent; quelques vides se firent.

— Serrez les rangs! cria Comin, qui touchait preque déjà

l'amas de pierres derrière lequel le sergent Morin venait de parler.

Les vides se comblèrent.

— En avant deux! murmura Pont-Neuf.

— La main aux dames! ajouta l'Aimable-Auguste.

Et le sergent encore :

— A présent, mes agneaux !

Le tas de pierres s'alluma à son tour. Le cheval de Comin se cabra et volta, descendant la rampe en zig-zag et faisant un trou dans la ligne écossaise. Ce n'était pas le plus large. Le feu du sergent avait ouvert une brèche de dix hommes à la file et il y eut un moment de confusion, augmenté par le feu de Pont-Neuf et des trois dragons dont chacun commandait quatre chasseurs.

— Serrez les rangs! cria de loin Comin, emporté par son cheval.

C'était une lutte encore, cela, car la monture et le cavalier étaient fous furieux, l'un de rage, l'autre de peur. Comin avait perdu la veille son vrai cheval de bataille, et celui-ci n'était pas encore aguerri.

Les grenadiers écossais tentèrent, en effet, de se reformer, mais un choc irrésistible les poussa en arrière, les rompit, les tordit, les terrassa comme si un demi-cent des diables fût sorti de l'enfer. C'étaient les Français qui abandonnaient enfin leur abri et qui chargeaient à l'arme blanche.

La retraite des highlanders fut rapide, non pas comme une fuite, mais comme une chute. Ils se virent littéralement précipités au bas de la montée, avant même d'avoir résisté.

Comin, écumant et furibond, faisait pour les rejoindre des efforts impuissants. Il parvint enfin à mettre pied à terre et plongea aussitôt son épée jusqu'à la garde dans le ventre de son cheval, qui tomba comme une masse, frémit des quatre membres et ne se releva pas.

— En avant! en avant! hurla Comin brandissant sa claymore qui dégouttait de sang tout le long de la lame.

Il s'élança au meilleur de la mêlée avec sa bravoure ordinaire. Les Ecossais étaient fort maltraités. Ils se battaient en gens étourdis par quelque bon coup préalable, ou plutôt ils se débattaient comme des perdus qui se noient.

Les Français les menaient haut la main à l'étang, et Dieu sait qu'ils trouvaient encore le temps de faire de méchantes plaisanteries en cognant comme des sourds.

Noir-Comin fut reçu comme à la noce. L'Aimable-Auguste eut l'honneur de lui appliquer sur le sommet du crâne un coup de crosse qui le mit à genoux pour la première fois, sans doute, depuis bien longtemps.

— C'est une occasion! s'écria le loustic du régiment. Dis tes patenôtres, équarrisseur déguisé en colonel!

Il allait redoubler gaiement, et nonobstant son pacte avec Satan, Noir-Comin ne valait guère mieux que son cheval abattu, quand la voix grêle du Gibose, tombant du haut de sa roche fendue, perça le tumulte comme un coup de sifflet et dit :

— Attention!

Les chasseurs-voltigeurs n'auraient peut-être pas obéi, car ils ne connaissaient pas tous les mérites de Lazarille, mais les trois dragons s'arrêtèrent court, répétant impérieusement et de confiance : Attention!

— A"ention! cria aussi Morin. Lâchez-moi cela, chasseurs!... Nous sommes tournés, tout uniment!

Son œil avait suivi la main du Gibose, qui était tout debout sur sa roche et qui montrait le nord-est où le détachement du capitaine Temple descendait le revers de la sierra au pas de charge.

— Ralliez à moi! commanda le sergent. Pas d'affront, jusqu'ici, pourvu que nous soyons à portée du trou... Ce n'est pas difficile de commander en chef. Êtes-vous tourné? Deux demi-tours à droite ou à gauche... Entre deux feux? Formez le carré... Va bien, comme il disait, ce Marseillais de malheur! Formons le carré, mes agneaux!

Ce fut un crève-cœur que de lâcher prise. Toulousain en aurait pleuré. Il était à son troisième bariolé et l'appétit lui venait en mangeant, mais il fallut obéir, et l'Aimable-Auguste lui-même dut laisser sa mémorable besogne inachevée.

En un clin d'œil chasseurs et dragons furent sur la plate-forme en avant des broussailles, et le carré se trouvait établi, solide comme un bastion, avant que les Ecossais eussent repris connaissance, selon l'expression de Pont-Neuf, qui distribua en cette occasion presque autant de bons mots que de mauvais coups.

On rechargeait les armes dans le carré, quand le Gibose exécuta du haut de sa roche une cabriole qui le mit au niveau de ses compagnons.

— Le diable s'en mêle! dit-il. Tout était pour nous.

Son doigt maigre se tendait vers les gorges du sud-est d'où sortait, comme un long serpent multicolore, le détachement de l'enseigne Farlane.

Le sergent frappa sur sa cuisse avec un geste dont il attribua l'invention à ce scélérat de Marseillais. Ce geste ne semblait pas fait pour exprimer le contentement.

— Va bien! dit-il pourtant. Pas d'affront pour le présent. Chargez toujours vos claquoires... carré de sept sur chaque face et deux de profondeur; cinq à la seconde ligne... bien établi, du reste... mais insuffisant contre quatre cents hommes...

Son regard clair et froid allait de l'un à l'autre des détachements. Le plus près était encore celui de Comin, qui commençait à se reformer, mais la compagnie commandée par le capitaine Temple avançait rapidement. Aussitôt à portée, elle fit feu à la hâte.

— Sapajous! gronda Morin, gâcheurs de poudre, Propre-à-Rien, tu vaux mieux que ça, ne prends pas d'orgueil! Va bien! Envoyez-moi vos muscades à ceux-là, et puis changement de décor : à la baraque!

Ce discours fut suivi du commandement réglementaire prononcé d'une voix vibrante et emphatique :

— Garde à vous! Apprêtez armes! Joue! feu!

Le détachement du capitaine apprit à ses dépens comme on brûle une cartouche. Quand il arriva sur le terrain, il n'y avait plus ni chasseurs-voltigeurs, ni dragons, ni bossu. Tout cela avait fait le plongeon dans la cave.

XIV

La sommation.

Dans la cave, il y eut un moment d'étrange excitation, parce que la fièvre de la lutte n'avait pas eu le temps de se calmer. On rechargeait les armes tumultueusement, on amoncelait les débris de toute sorte devant la porte pour former un rempart. Toulousain regrettait son troisième grenadier, l'Aimable-Auguste foulait aux pieds son schako avec désespoir en songeant à son colonel.

Le sergent Morin se demandait s'il n'aurait pas pu faire encore une décharge ou deux avant de plonger. Aucune idée bien nette de la situation ne surgissait, au moins chez les chasseurs-voltigeurs, qui songeaient tout au plus à repousser une attaque immédiate à force ouverte.

Il n'en était pas de même des trois dragons et du Gibose, qui tenaient déjà conseil à l'écart.

Au bout de quelques minutes, les sens se refroidirent assez brusquement; on fit silence et l'on prêta l'oreille aux bruits du dehors. Le retranchement était achevé, aussi bien que cela se pouvait faire. Il n'y avait plus qu'à veiller l'arme au pied. Sans cela, on aurait pu se croiser les bras.

— Quant à ça, dit Morin dont l'accent était ferme encore, mais dépouillé de tout enthousiasme, s'il n'y avait eu que les deux cents du malembouché de colonel, nous les aurions fricotés avec facilité ; le second détachement même, encore passe, on aurait pu manger des deux mains... Mais le troisième, va te faire lanlaire! Quand on est tourné, cerné, enveloppé, je suis au bout de mon latin.

— On pouvait faire une trouée, dit Pont-Neuf.

— Pour aller où?

— Est-ce que je sais, moi?... Quelque part où l'on aurai été aussi bien qu'ici, toujours.

— Ce n'est pas les bariolés du colonel malpoli qui nous auraient empêchés de passer! reprit l'Aimable-Auguste. Et quand je pense que je le tenais là... grinçait-il des dents, le démoniaque !

— Moi, conclut Pont-Neuf la main à la poitrine et noblement, je préférerais mieux périr en plein air et les armes à la main... comme un Parisien, quoi !... que non pas au fond d'une cave avec les rats et les insectes, tout portés pour me dévorer mes restes mortels.

Cela fit impression. Chacun regarda du côté de l'ouverture où l'on attendait l'attaque. Rien n'annonçait l'attaque. Chacun prêta l'oreille aux bruits du dehors. Au dehors, il n'y avait aucun bruit.

Propre-à-Rien fut chargé de se glisser à l'ouverture. C'était une mission bien honorable, comme le lui fit entendre l'Aimable-Auguste. Le pauvre conscrit, qui n'avait pas toute l'innocence qu'on lui prêtait, monta les degrés comme on va au supplice et mit au niveau du sol sa tête blême où les cheveux se d'essaient.

Il eut l'agréable surprise de n'être point assommé d'un coup de crosse et de n'avoir point la cervelle brûlée. Cela le rassura, comme il l'avoua depuis. Il regarda tout autour de lui en conscience et ne vit âme qui vive aux environs.

— Connu! dit le sergent, quand le conscrit eut fait son rapport. S'ils sont assez bêtes pour rester à l'affût en nous attendant, va bien !

— Vous vous plaisez donc dans ce quartier-ci, vous, sergent ? demanda Pont-Neuf avec une certaine amertume.

Morin secoua la tête et dit :

— Soyez tranquilles, fistons, il va nous arriver tout à l'heure une dégelée de grenades, dont ils ont des poches toutes pleines, que le diable n'y reconnaîtrait pas sa cousine ! J'ai déjà eu dans ma carrière militaire une circonstance d'être pincé au sein d'une grotte ou caverne, où nous avions cherché un refuge, de l'autre côté de l'Elbe, en face Bodenbach, qui est le bureau de douanes entre l'empereur d'Autriche et la Saxe. Cette fois-là, le Marseillais y était. Il comptait les grenades dans son tonnerre de patois, qui ferait rire un mal de dents... Ah! quel farceur ! Je m'étais bien promis de ne plus me laisser prendre comme un rat dans son trou, mais c'est superflu de chanter : Fontaine, je ne boirai pas de ton eau. Le jeune mal bâti d'Espagnol, ici près, paraissait avoir son idée... Le Marseillais disait aussi quelquefois : Pas peur, bien malade qui meurt! Quand on voudra faire une sortie, j'en suis! A la chancette, quoi! On ne rend qu'une fois son dernier soupir. Va bien!

Dans le silence qui suivit, on put entendre le Gibose, toujours en conférence avec les dragons, qui disait d'un ton résolu :

— Il n'y a que ces deux manières-là, et il est grand temps de choisir!

— Ça suffit d'une manière, murmura Pont-Neuf, si seulement c'est la bonne... Dragons, ajouta-t-il, sans vous commander, nous voudrions savoir ce que raconte le petit homme qui paraît, quoique non gradé, avoir fameusement voix au chapitre avec vous. Fera-t-on un sortie?

— Il y a trois cents mousquets braqués sur l'ouverture, répondit Lazarille.

— Fixés! gronda Pont-Neuf. Alors, il faut attendre l'assaut ou les grenades.

— Il n'y aura ni assaut ni grenades, dit Petit-Eustache en secouant la tête. Comin est un ancien officier d'artillerie.

— Quand ils auraient tous les canons qui étaient en ligne des deux cotés à Iéna... commença Morin.

— Pas plus de canons que de grenades, interrompit le dragon. Comin a sa lune noire.

— Qu'est-ce que c'est que ça? fut-il demandé de toutes parts.

Et l'Aimable-Auguste ajouta :

— Si on m'avait donné le temps, je la lui aurais éclipsée, sa lune de n'importe quelle couleur.

— Ne te vante pas, l'ami, dit le Gibose sèchement, tu n'as frappé qu'une ombre! Noir-Comin n'est pas lui-même aujourd'hui. Si Noir-Comin était lui-même, il ne vous aurait pas insultés comme un muletier ivre, car c'est un gentleman, selon leur langage; si Noir-Comin était lui-même, son cheval ne l'aurait pas emporté, car il passe pour le premier cavalier de l'armée anglaise; si Noir-Comin était lui-même, avant que la crosse de ton fusil eût touché sa toque, il t'aurait brisé comme un brin de paille et deux autres avec toi, car il est aussi brave que toi et trois fois plus fort que toi. Ne te vante pas.

Il ajouta d'un air pensif :

— Je ne connais qu'un homme parmi les Anglais, parmi les Espagnols et parmi les Français, capable de tenir tête à Noir-Comin, et c'est moi qui les mettrai tous deux en présence quand il en sera temps. Aujourd'hui Comin n'est qu'un tigre malade. Gare à sa griffe empoisonnée !... Avez-vous vu cette charrette qui marchait derrière la colonne et qui s'est arrêtée au bord de l'eau ?

Personne n'avait remarqué la charrette.

— C'est bien, reprit le Gibose, vous aviez autre chose à faire et vous avez travaillé comme il faut. Moi, je l'ai vue. La charrette porte des pelles et des pioches, de la corde, de la toile, de la poudre. Noir-Comin, on vous l'a dit, est un ancien officier d'artillerie. La charrette porte votre mort.

— Il va nous faire sauter ! murmura Morin qui tordit sa moustache grisonnante. Va bien ! Mauvaise affaire ! C'est la seule circonstance où je ne me sois pas encore trouvé dans le courant de ma carrière militaire. Je ne sais pas ce qu'aurait dit le Marseillais.

Un frisson avait secoué ce groupe d'hommes intrépides. Le soldat ne brave la mort volontiers que sous certains aspects et dans de certaines conditions d'enthousiasme.

— Saperlotte ! s'écrièrent à la fois Pont-Neuf et Toulousain, alors, au lieu de causer, travaillons à quelque chose.

— Faisons quelque chose ! répétèrent les chasseurs-voltigeurs, n'importe quoi !

— N'importe quoi ! dit Lazarille avec un sourire où il y avait une nuance de dédain, Français !

Puis il ajouta, de cet accent d'autorité qui contrastait si étrangement avec la grotesque apparence de sa personne :

— Seigneurs Français je ne fais jamais n'importe quoi. N'importe quoi n'est pas espagnol. Quand agir devient inutile, nous nous croisons les bras pour attendre la décision du sort. Nous n'allons pas entreprendre la première chose venue, seigneurs Français; nous allons nous sauver, s'il plaît à Dieu, à la barbe de ces grands dadais qui plaignent déjà notre malheureux sort, car, à l'exception de l'animal féroce qui les commande, ils sont tous bons comme du pain blanc, il faut leur rendre justice... Voilà ce qui nous donne du temps : Noir-Comin, en ce moment, n'a pas seulement contre lui sa fièvre et le coup de massue du brave chasseur fanfaron : il lutte aussi contre la répugnance de ses officiers et de ses soldats. Il est obligé, selon la manie qu'ils ont, d'ouvrir une liste de volontaires pour emmancher ses pelles et ses pioches. Le travail ira lentement, et bien nous en prend, car nous sommes dans la position du matelot qui, pour partir, attend la marée. Je parle ici du plus facile et du meilleur chemin qui nous soit ouvert.

— Il y a donc deux chemins? inférèrent plusieurs voix.

— L'autre, continua le bossu au lieu de répondre, nous pourrions nous y engager tout de suite. Il y a là, en effet, des galeries d'une considérable étendue. En nous chargeant des vivres qui sont à notre portée, nous pourrions subsister là pendant des semaines et défier le noir coquin qui ne peut miner toute la montagne.

— Les galeries sont sans issue? demanda Pont-Neuf.

— Va bien! murmura Morin; le petit contrefait a le fil de l'intelligence!

— Il n'y a qu'une issue, répliqua le Gibose, et qui est présentement fermée. D'ailleurs, mes amis les dragons ne sont pas des hommes de loisirs : ils ont des ordres de leur capitaine et ne peuvent perdre une heure, bien loin de consentir à s'enterrer vivants pendant huit jours.

— Alors, l'autre moyen! Et vite! cria le chœur impatient.

— On ne commande pas à la marée, dit paisiblement Lazarille. Passez-moi la cruche d'aguardiente et buvons un coup à la ronde. Allons, gais Français, de la gaieté! Tout cela va finir en comédie!

— Je veux bien boire, repartit Pont-Neuf, mais quant à la gaieté, c'est comme la marée.

— On n'est pas triste, ajouta l'Aimable-Auguste, mais on voudrait savoir.

— C'est l'essence de la nature humaine, acheva le sergent Morin. Le Marseillais nous aurait dansé la gavotte. Pas peur! Mais allez donc en chercher un autre comme le Marseillais!

— Vous qui n'avez pas remarqué la charrette, poursuivit le Gibose après avoir avalé une énorme lampée d'eau-de-vie, avez-vous remarqué ces groupes de gens bizarrement accoutrés qui descendaient le tertre tout à l'heure et sortaient des ruines pour gagner l'ancienne chaussée de Sor?

— Non, non, après! après!

— Ne vous impatientez pas. Nous sommes aussi pressés que vous... Alors, vous pouvez dire que vous n'avez vu ni votre vie, ni votre mort... Ces gens sont les gitanos, vos voisins, se rendant à une fête diabolique qui se donne, à l'heure qu'il est, au château de Cabanil. Nous devrions en être; j'espère encore que nous en serons... J'ai vu passer, moi, le quart de la bande, à peu près. Ce n'est pas assez, car il faut que nous fassions notre affaire sans coup férir et sans bruit, pour que les Écossais restent à leur besogne.

Au train dont marchaient les gitanos, je calcule que la moitié de la horde doit être maintenant dehors. C'est le moment d'entamer les préliminaires. Mes amis les dragons vont vous faire les honneurs de notre garde-robe. J'estime que vous avez un bon quart d'heure pour votre toilette.

Buvez encore une gorgée et souhaitez-moi bonne chance. Je vais aller reconnaître les voies et inspecter un peu nos voisins... Un coup de main, chasseurs, pour ouvrir notre porte dérobée qui ne roule pas facilement sur ses gonds.

Tout le monde se porta vers le coin où avaient dormi les quatre grenadiers écossais. Le bras long et grêle du bossu s'introduisit dans l'un des trous qui avaient trahi l'ancien domestique du charmeur de poules et de la Lune.

La corde fut passée et reprise à la pointe du sabre par le second trou, et la pierre, vigoureusement attirée, bascula en dedans. Le Gibose franchit seul l'ouverture et ses compagnons le virent disparaître dans l'ombre épaisse du grand caveau renfermant les provisions des Pharaons et les sépultures abbatiales.

Le bossu prit son chemin à travers les tombes. C'était la

première fois qu'il dépassait le garde-manger; mais il avait fait dans sa tête son plan géographique, et, jugeant le dessous d'après le dessus, il se rendait un compte exact de la distance qui le séparait du repaire des bohémiens.

Il avait exploré les ruines à son loisir les jours précédents et reconnu plusieurs soupiraux parmi les décombres. Il avait donc ses raisons pour penser qu'il ne resterait pas longtemps dans l'obscurité.

Guidé par le bruit qui venait de la cave, derrière lui, il marcha droit à l'extrémité opposée des sépultures et trouva en tâtonnant une porte fermée. Nous donnons le Gibose pour une créature intelligente et dévouée, mais ses talents n'étaient pas ceux d'une rosière. Il avait fait en sa vie plus d'un métier, et son double stage chez les Rômes de l'un et l'autre anneau lui fournissait amplement les moyens de se moquer des portes fermées.

En un tour de main, il ouvrit celle du caveau, à l'aide d'un petit appendice d'acier qui rentrait comme une lame dans la rainure de son couteau de poche. Quand il eut franchi le seuil de cette porte, il se vit dans une galerie étroite et nue qui se bifurquait en deux branches, dont l'une allait droit à son but, tandis que l'autre tournait au sud-est, dans la direction de la montagne.

Cette seconde galerie devait être à peu près parallèle à celle que nos quatre grenadiers écossais avaient prise au hasard en quittant le boyau qui conduisait directement aux étuves. Les difformités du corps ne sont pas, dit-on, sans se répercuter dans l'esprit, et les bossus ont une réputation de capricieuse bizarrerie.

Ce ne fut pas cependant, par pur caprice que le Gibose tourna vers l'est au lieu de suivre tout droit son chemin. Un soupirail à demi obstrué lui envoyait de vagues lueurs dans la direction que précisément il aurait dû prendre pour se rapprocher du quartier des bohémiens; mais dans l'autre galerie qui était toute noire, un vague bruit de voix semblait nager.

La veille, dans le caveau funèbre des abbés, le Gibose avait entendu des voix de femmes. Il s'en souvenait. César de Chabaneil était le chasseur lancé dans une poursuite acharnée ; à tout chasseur il faut un chien ; César de Chabaneil avait pour chien Lazarille, qui jamais, en repos ou en danger, ne cessait de flairer la piste.

Lazarille tourna brusquement à droite et fit une trentaine de pas, au bout desquels il fut arrêté court par un mur. Ce mur était de forme arrondie et devait se continuer dans le caveau des abbés. Les voix que le Gibose avait entendues la veille, comme celles qu'il entendait maintenant, partaient de là.

Le Gibose en savait tout aussi long que son maître, car César ne lui cachait rien. Il donnait déjà presque à coup sûr un nom à ces voix qui perçaient la muraille. Il écouta et tressaillit au son inattendu de plusieurs voix qui n'appartenaient point à des femmes.

Il fit effort pour s'orienter. Le résultat de son calcul fut qu'il était au centre de cette portion des ruines, fort remarquable du reste, qui gardait les traces du cloître circulaire où les moines prenaient leurs récréations d'hiver. Ce centre était marqué par la tour de punition, dont les fondements restaient intacts.

L'esprit du Gibose se prit aussitôt à travailler avec une incroyable énergie ; il oublia presque qu'il était là pour accomplir une mission de vie et de mort. Un instant, il cessa de songer aux quarante reclus dont l'existence dépendait de son adresse et de son zèle. Il écouta de toutes ses oreilles, ardemment, passionnément, car il espérait un mot, un indice qui pût donner un corps à ses soupçons.

Le hasard le servit au delà de son espoir. Ce ne fut pas un mot qu'il entendit, ce ne fut pas un indice qu'il surprit. Une révélation tout entière le frappa comme ces rencontres fortuites qui, dans l'ombre, au théâtre, fêlent les crânes des deux écouteurs aux aguets, et il demeura écrasé sous la brutalité lourde d'une certitude.

Son travail topographique était exact. Il se trouvait sous la tour de punition. Le cloître l'entourait. C'était le cloître, ce cercle infranchissable où nos grenadiers désespérés avaient perdu leurs pas si longtemps. Il y avait certes plus d'une ouverture à la galerie souterraine, mais les décombres, sans doute, les masquaient en partie, et l'homme perdu dans l'obscurité complète n'a plus ni son adresse ni son sang-froid.

Le caveau des abbés coupait le cloître par son angle, appuyé à la tour, et le double mur de cet angle, plein de crevasses, séparait le Gibose des grenadiers highlanders, affaissés dans leur découragement.

Le Gibose arrivait juste au moment où les grenadiers et les recluses venaient de s'aboucher au travers du mur aminci de la tour. Les premiers mots qu'il saisit distinctement furent ceux-ci :

— « L'une de nous est Française et a nom Jeanne de Chabaneil; l'autre est Espagnole et s'appelle Blanche de Cabanil... »

— Enfin! s'écria le Gibose, dont la petite taille sembla grandir dans son triomphe.

Mais il n'eut pas le temps de creuser ses réflexions. Ces coups sourds et lointains qui avaient éveillé l'attention de Grant et de ses compagnons, parvinrent également jusqu'à lui et lui rendirent la conscience de sa situation présente. Il entendit Mac-Pherson s'écrier :

— C'est Noir-Comin !

Puis, quelques instants après :

— Espérance, myladies ! Le salut vous vient de tous côtés !

— Espérance, pensa le Gibose, pendant que des rides profondes se creusaient sous ses cheveux, le salut!...

Il avait repris la première galerie où le soupirail obstrué envoyait quelques lueurs, et il suivait désormais sa route vers la retraite des gitanos. Mais, tandis qu'il marchait résolûment et bravement, ces deux mots sonnaient sans cesse à ses oreilles comme une raillerie funèbre :

— Le salut !... espérance !...

Au quartier souterrain des chasseurs-voltigeurs, l'œuvre de la toilette était commencée, et comme l'inaction seule, la désespérante inaction, est capable de dompter le joyeux naturel de nos soldats, la gaieté nationale était revenue au galop.

On avait allumé des torches de paille pour reconnaître la garde-robe, et les chasseurs avaient vu, avec étonnement, que la transformation des trois dragons s'était opérée pendant qu'on les croyait oisifs dans leur coin.

De Petit-Eustache, Sarreluck et Lafleur, il ne restait plus que Fray-Benito, le révérend moine au froc brunâtre, et les deux muletiers aux galants costumes d'arrieros de la Castille-Vieille.

L'inventaire des défroques suspendues à la muraille fut fait au milieu des gorges chaudes et des quolibets, plus ou moins attiques, auxquels tout le monde prit part, même le Marseillais absent, par l'organe du sergent Morin, son Homère.

Le sergent Morin était un rapsode brillant, mais incomplet. On n'a jamais su au juste qui était ce Marseillais, si grand dans ses souvenirs. Ce Marseillais avait coutume de dire avec à-propos, dans toutes les circonstances quelconques : Va bien! Pas peur, bien malade qui meurt! et pas d'affront! Tels sont les principaux traits de son épopée.

Une chose embarrassante, c'est que la garde-robe de nos dragons ne contenait pas, à beaucoup près, le nombre de costumes qu'il fallait pour déguiser tout le détachement. Retourner un habit de chasseur est une ruse trop grossière ; aller tout nu peut passer pour une impossibilité, quelle que soit la douceur du climat.

On dut se borner en conséquence à opérer très-équitablement le partage des nippes, fausses barbes et postiches de toute sorte. Les gitanos avaient déjà fourni les vivres ; bien que leurs chambres à coucher ne contiennent point, d'ordinaire, des armoires bien garnies, on compta sur leurs maigres rechanges pour compléter la mascarade.

Tout à coup, la sentinelle placée à l'ouverture, en dedans du rempart de débris, donna l'alarme. Un corps faisait ombre au haut de l'escalier.

— Dans la galerie ! ordonna Morin qui était assis, en chemise sur un paquet fait de son uniforme. Veille aux grenades !

— Etes-vous là, messieurs les Français? demanda une voix à l'ouverture.

— Motus! dit encore Morin. S'ils nous croient partis, ils descendront peut-être, et nous rirons encore un petit peu avant la fin.

— Etes-vous là, demanda encore la voix, lieutenant Hector de Chabaneil?

— Ce n'est toujours pas le malhonnête de tantôt... murmura Pont-Neuf.

— Silence!

— Répondez, messieurs, fit la voix, je vous en prie au nom de l'humanité. Je suis le major Mowbray, celui que vous avez entendu appeler Rouge-Dick... Vous vous êtes battus bravement, trop bravement peut-être, car le lieutenant-colonel Munro, qui nous commande, a deux fois raison d'être irrité contre vous.

— Votre lieutenant-colonel Munro, ou Noir-Comin, ou tout autre nom qu'il puisse avoir, soit chez les honnêtes gens, soit chez les coquins, répondit Petit-Eustache à haute et intelligible voix, est un brutal maniaque, et nous l'envoyons au diable qui le tient déjà par une oreille!

— Que faites-vous?... murmura Morin.

Le détachement tout entier applaudit.

— Laissez, répliqua Petit-Eustache. Il faut jouer serré et gagner du temps.

— Je viens à vous dans un esprit de conciliation, reprit Rouge-Dick, et, personnellement, je n'ai eu que les procédés d'un galant homme.

— C'est vrai, c'est vrai! dirent les chasseurs. Nous n'avons rien à dire contre vous, major Mowbray.

— Me croirez-vous, si j'engage ma parole?

— Certes, certes...

Petit-Eustache ajouta:

— Envoyez-nous seulement votre moricaud de colonel, la tête nue comme les jambes, faire les excuses convenables et promettre qu'il sera bien sage une autre fois : nous nous séparerons bons amis.

— Ceci est de la démence, messieurs, prononça Rouge-Dick avec tristesse; ignorez-vous le danger où vous êtes?

— Nous savons que Noir-Comin sera pendu quelque jour,

s'il a ce qu'il mérite, répondit Petit-Eustache, qui parlait décidément trop bien pour que personne songeât à lui enlever la parole. Il fait la guerre comme un lâche assassin... Dites-lui qu'il perce son trou : nous avons devant nous une demi-lieue de galeries et des vivres pour un mois. Il n'y aura que quatre vivants à l'endroit où va éclater sa mine. Écoutez bien ceci, major Mowbray : vous trouverez leurs corps écrasés dans votre propre uniforme.

— Trêve de fanfaronnades, mes amis, insista Rouge-Dick dans sa loyale et miséricordieuse charité. Eussiez-vous dix lieues de souterrains et douze mois de vivres, vous êtes perdus, perdus sans ressource. Le lieutenant-colonel a juré.....

— Par Satan, son protecteur, major !... Nous vous jurons, nous, qu'avant huit jours écoulés, il n'y aura plus de Noir-Comin et que les Anglais seront balayés jusqu'à la frontière de Portugal.

— Sur mon honneur, camarades, s'écria Rouge-Dick, la patience n'est pas mon fort. Voulez-vous traiter, oui ou non ?

— Non.

— Je prends sur moi de vous offrir la vie sauve, si vous rendez les quatre grenadiers que vous avez traités, sans doute, selon les lois de la guerre. Le voulez-vous ?

— Non !

— Je vous somme une fois, messieurs...

— Deux fois, trois fois... Non, non, non !

— J'ai fait ce que j'ai pu, dit Rouge-Dick en s'éloignant. Soyez seuls responsables de votre malheur devant Dieu !

— Bon voyage et nos compliments à Noir-Comin, en attendant la potence !

Ce fut encore Petit-Eustache qui répondit cela. Depuis cinq minutes, le Gibose était auprès de lui, ricanant et lui soufflant ses répliques.

Aussitôt que le brave major fut à distance, Lazarille dit :

— Je sais la route, maintenant ! Des jambes, s'il vous plaît, car après la sommation vient le feu. Prenez vos armes, pas de bruit et suivez-moi !

XV

La mine.

Le Gibose avait raison. Noir-Comin était autant supérieur au pauvre soldat qui l'avait terrassé par hasard que Diomède ou Ajax, dans l'*Iliade*, sont au-dessus du vulgaire troupeau des Mirmidons Dieu l'avait jeté dans un moule héroïque, et, tel que Dieu l'avait fait, il fallait un héros pour l'abattre; mais, outre que sa fièvre faisait de lui, à certaines heures, un maniaque forcené, impuissant et tremblant, le coup de crosse de l'Aimable-Auguste avait son mérite intrinsèque.

C'était un beau coup de crosse et qui eût désarçonné un maréchal de France tout aussi net et même mieux qu'un fourrier de cavalerie. L'Aimable-Auguste avait asséné ce coup de crosse avec soin et avec plaisir; il lui faisait honneur et aussi au crâne de Comin qu'il aurait dû briser comme une carafe tombant sur le pavé.

Noir-Comin avait été longtemps à reprendre l'usage de ses sens, et Mowbray s'était tenu dans l'inaction en attendant le réveil de son chef. Il n'y avait rien à faire qu'à lancer des grenades par l'ouverture de la cave, et la situation des Français était si manifestement désespérée, que cette façon de combattre ou plutôt d'exterminer répugnait à la générosité de Rouge-Dick. Les grenades étaient cependant préparées, car chaque soldat pensait que le premier commandement de Noir-Comin à son réveil serait de battre la cave à outrance.

Il n'en fut point ainsi. Noir-Comin sortit de sa stupeur tout d'un coup et son visage devint effrayant à voir. Ses lèvres se prirent à trembler violemment dès qu'il voulut prononcer une parole, et ses yeux injectés pleurèrent. On l'avait assis sur un pliant adossé à un pan de muraille qui l'abritait contre le soleil ardent; ses officiers l'entouraient.

Il promena sur eux un regard terne où il y avait de la honte, de la rage et tout son farouche orgueil, voilé par une sorte d'hébêtement, et il demanda d'une voix à peine intelligible le sergent Ferguson.

Quand celui-ci parut, il congédia ses officiers sans cérémonie.

— Vieille main, dit-il, s'exprimant avec effort, le troisième Ecossais vient de recevoir un affront sanglant... sanglant, certes, répéta-t-il en grinçant des dents... Plus de deux cents grenadiers culbutés par quarante hommes!... Sur ma vie, si mon cheval ne m'eût pas emporté, j'aurais employé autrement ma claymore et plus d'un parmi vous en aurait senti la pointe.

— Laird, répondit Ferguson, nous sommes des gentlemen tout comme vous, et il y a plusieurs d'entre nous qui ont le sang plus rouge que vous, car vous n'êtes qu'un Munro, parmi des Mowbray, des Mac-Gregor et des Farlane...

— Me parles-tu ainsi? s'écria Noir-Comin.

— Prenez du service en Russie, Votre Honneur, si vous voulez battre des serfs.

Les dents du laird avaient fait des marques à sa lèvre.

— Il ne s'agit pas de toi, vieille main, reprit-il en contenant la rage qui l'étouffait. Tu as raison, je m'emporte... Mais c'est que j'étais si fier de vous, mes soldats et mes enfants!... Laissons cela. Tu devines ta besogne?

— Non, répondit Ferguson froidement. S'il s'agit de faire sauter quarante malheureux dans une cave, je suis sergent de grenadiers, et je m'y tiens.

— Tu ne veux donc plus de l'épaulette, vieux camarade?

— Si elle me vient honorablement, que Dieu soit loué!

— Et si elle ne te vient pas, Ferguson?

— Je suis sergent dans un corps où les soldats sont des gentilshommes.

Comin réprima un blasphème. Sa joue avait des tons bleuâtres et ses narines gonflées frissonnaient.

— Vieille main, reprit-il d'un ton mielleux qui cachait mal la violence de sa colère, as-tu pensé que Robert Munro était devenu un lâche en si peu de temps? J'ai pitié des Français autant que toi, l'homme, et je voudrais leur épargner un malheur... Ne m'as-tu pas vu venir tout seul parlementer avec eux?... Mais le général en chef aura besoin de nous sous peu, tu le sais bien, et nous ne pouvons pas établir ici un blocus d'une semaine...

— Certes, certes, murmura le sergent. On ne peut pas manquer la bataille!

— Nous ne voulons faire sauter personne, Ferguson, mon camarade, poursuivit le laird d'un ton presque caressant; nous désirons seulement ouvrir une brèche qui nous permette d'aborder le terrier la claymore à la main... Refuses-tu de me prêter ton aide?

— Non, répondit le sergent, si je choisis l'endroit.

On voyait dans les yeux de Comin avec quelle volupté ivre il eût poignardé cet homme.

— L'endroit, vieille main? dit-il. C'est juste. Mais je suis du métier aussi, nous allons le choisir ensemble.

Il se leva tout chancelant et s'appuya au bras du sergent pour se rapprocher de la cave, car l'entretien avait eu lieu au bas de la montée, non loin du lieu où il était tombé. A trente pas en avant des broussailles, Ferguson s'arrêta et dit:

— Ici.

— Non, répondit Comin, pas de ce côté. De l'autre, je t'accorde une distance égale.

— De par Dieu! s'écria le sergent, nous serons sur leurs têtes, alors, et ils ont avec eux quatre de nos frères; avez-vous oublié cela?

— J'entends à trente pas de leurs têtes, l'homme, rectifia paisiblement Comin, qui semblait reprendre son empire sur lui-même. Je n'ai rien oublié... C'est vous qui oubliez depuis assez longtemps déjà que vous parlez à votre colonel... En somme, la besogne est préparée et je n'ai qu'à appeler ceux qui passent là-bas, ils vaudront autant que vous.

Il montrait du doigt les gitanos, qui continuaient à quitter leur antre par petits groupes et à gagner la chaussée. Tous se comportaient exactement de la même manière. Ils tournaient un regard indifférent vers les Anglais, puis suivaient leur chemin sans prendre souci de regarder en arrière.

Ferguson s'arrêta de nouveau, non pas à trente pas, mais

au double. Le point qu'il choisissait ainsi lui-même, et qu'il n'eût point choisi s'il avait surpris le méchant éclair allumé dans la prunelle de Comin, se trouvait au centre de l'ancien cloître circulaire et non loin de la tour de punition.

— Six pieds de profondeur et cent livres de poudre, dit Ferguson. Après le délai fait, je réponds d'une brèche assez large pour entrer quatre de front dans les galeries.

— Marche, puisque tu commandes, vieille main, répliqua le laird.

Ferguson appela les hommes de sa section. La plupart refusèrent de travailler. Ils n'étaient ni canonniers ni mineurs. Le soldat anglais a le droit de se renfermer dans les limites de son emploi, comme un premier rôle de nos théâtres. Mais il y a le *volunteerage,* le volontairisme, si vous acceptez ce mot.

Pour tout objet qui n'est pas strictement le service ordinaire, on ouvre une liste de volontaires, et nous devons dire à l'honneur de l'armée britannique que, s'il s'agit d'un grand danger à courir, ces listes sont toujours, en un clin d'œil, couvertes de signatures.

Ici ce fut tout le contraire. A grand renfort de promesses et de menaces, Comin eut peine à obtenir une honteuse douzaine de travailleurs. Encore fut-il stipulé ouvertement qu'avant de mettre le feu à la mine on enverrait un parlementaire aux Français. Robert Munro, laird de Comin, un des officiers les plus despotiquement sévères dont se souvienne le contingent écossais, accepta sans se plaindre des conditions ainsi posées.

Le travail commença. La terre, meuble et poudreuse, fut aisément ouverte et une demi-heure suffit pour creuser la fosse de six pieds. Comin présida lui-même à l'établissement de la chambre en pierres sèches qu'il fit adosser contre une voûte bâtie en larges cubes de granit, séparés d'en haut par des coins de meulière que la fouille avait mis à découvert. La boîte fut en outre contre-appuyée à l'aide de forts moellons enfoncés au maillet.

On chargea la boîte de cent livres de poudre, comme il avait été dit : ni plus, ni moins, puis la saucisse fut posée et l'on recouvrit le tout de terre comme une tombe. Par-dessus la terre, Comin ordonna de poser une charge de pierres. Ferguson s'y opposa et fut chassé. Il voulut parler ; Comin mit l'épée à la main.

Les autres obéirent, car la fièvre du laird entrait dans une nouvelle phase. Sa taille de géant s'était redressée dans toute sa hauteur. Il avait le rouge au front et aux joues. Ses yeux brûlaient. Il comptait les pierres. Quand il y en eut un monceau, il cria de l'endroit où il était :

— Messieurs les Français, je vous donne dix minutes pour vous rendre à discrétion !

Ce fut alors que Rouge-Dick prit sur lui de parlementer à l'entrée de la cave.

Noir-Comin atteignit sa montre. De même que les Français n'avaient pu entendre sa prétendue sommation, il n'entendait point ce que les Français répondaient à Rouge-Dick. On eût dit au moins qu'il le devinait, à voir les féroces éclats qui jaillissaient de sa prunelle. Il tenait sa montre à la main et regardait marcher les aiguilles.

Les dix minutes couraient pendant que Rouge-Dick parlementait.

A la dixième minute, Comin promena son regard hautain sur sa troupe qui formait autour de lui, officiers et soldats, un cercle large et morne. Il remit sa montre dans son gousset lentement. Lentement il déboucha sa gourde pleine de genièvre et la vida d'un trait.

— Éloignez-vous, messieurs, commanda-t-il.

— Monsieur, dit Rouge-Dick, je déchire ma commission de major au troisième régiment écossais, à prendre date au lendemain de la prochaine bataille.

— Moi aussi ! moi aussi !

Ce fut le cri de tous les officiers.

Le sombre sourire de Comin se teignit d'une ironie plus foncée. Il y avait auprès de lui une pierre de taille que ses hommes n'avaient pu remuer.

— Il faut vous donner le temps de la réflexion, messieurs ! murmura-t-il.

Et, soulevant la pierre dans ses bras, car sa puissance musculaire, à certains moments, dépassaient le croyable, il en couronna le monceau qui pesait sur la mine.

— Messieurs, éloignez-vous! commanda-t-il pour la seconde fois.

Le contingent écossais n'eût point acquis le renom dont il jouit en Europe, s'il n'avait, à l'appui de sa solide bravoure, une discipline étroite et sévère.

Rouge-Dick et les officiers du 6ᵉ régiment avaient fait tout ce qu'il était possible de faire sans rompre violemment le lien de la discipline. Ce furent les soldats eux-mêmes qui tentèrent un dernier effort.

— Laird de Comin, dirent plusieurs grenadiers, songez à nos frères qui sont aussi les vôtres! Grant, Mac-Pherson, Blunt et Saunie ont-ils mérité la mort?

Le laird de Comin prit à la main son briquet de fumeur. L'acier battit le caillou, dispersant des gerbes d'étincelles qui brillèrent, même sous le grand soleil. Pour la troisième fois, il commanda, sans élever la voix, mais d'un ton qui disait clairement l'implacable obstination de sa volonté :

— Messieurs, éloignez-vous.

L'amadou enflammé jeta de petits flocons de fumée. Il se fit un mouvement parmi les assistants, qui descendirent la rampe avec répugnance et lenteur.

— Laird de Comin, cria énergiquement Rouge-Dick qui resta le dernier, au nom de Dieu! ne faites pas cela! Et si vous le faites, que Dieu vous punisse!

Le laird s'agenouilla pour présenter l'amadou à l'extrémité de la mèche. Il fut obligé de souffler pour communiquer le feu, mais enfin il se remit sur ses pieds et un globe de fumée roula au-dessus de sa tête.

Les grenadiers écossais formaient maintenant un groupe immobile au bas de la montée. En passant près de l'ouverture de la cave, plus d'un avait pénétré dans les broussailles mêmes, afin de jeter aux assiégés un suprême avertissement.

Sur leur serment de chrétiens, ils avaient affirmé que la

mine était chargée et la mèche allumée. On ne leur avait point fait de réponse. L'entêtement des Français était complice de la férocité de Comin.

Celui-ci restait auprès de la mèche qui brûlait petit à petit. On s'étonnait, malgré son intrépidité bien connue et la noire folie qui le possédait en ce moment, de le voir debout et calme sur ce volcan.

On s'étonna davantage, car il se pencha tout à coup si bas, que sa toque disparut derrière la fumée de la mèche. Il semblait écouter attentivement, avidement, un bruit qui sortait des entrailles de la terre.

Comme on peut le penser, personne ne faisait plus attention à la procession des Bohémiens qui continuait d'aller vers la chaussée. Un instant elle avait paru s'arrêter comme si l'asile des Pharaons de l'anneau de fer eût rendu tout ce qu'il contenait; mais, depuis que la mèche brûlait, quelques groupes d'abord, puis toute une file de personnages dont l'accoutrement semblait une gageure avaient recommencé à descendre le sentier conduisant à l'étang du Sor.

Ceux-là étaient plus curieux que les autres sous les lambeaux disparates qui formaient leurs costumes. Il s'arrêtaient, ils regardaient, ils cherchaient, on eût dit qu'ils riaient.

Une énorme bonne femme, drapée dans des tapis de pied en guenilles et portant à la main la crosse blanche qui était le sceptre d'Antioh-Amour, commandait cette arrière-garde de l'armée d'argot. Elle marchait majestueusement sur de larges pieds, chaussés de guêtres d'infanterie.

Sous les loques entrelacées en turban qui lui faisaient une vaste coiffure, on aurait cru distinguer, comme on devine un visage sous la profonde cagoule du moine de Zurbaran, une longue et maigre figure, ornée d'une solide paire de moustaches.

L'état-major de ce général en jupons, qui ne rappelait nullement le portrait que les poëtes nous ont laissé des amazones, se composait d'un franciscain en frac brun, tout neuf, de deux muletiers, d'un alcade à perruque, d'un vénérable licencié et d'une de ces sorcières-cuisinières que nous avons vues accroupies auprès des marmites, sous le perron du couvent.

Il fallait que le trouble fût bien profond en Espagne pour rendre possibles de tels amalgames et de pareilles profanations.

Derrière la sorcière marchait et sautillait un singe, un vrai singe, ma foi! habillé de rouge et portant une cocarde anglaise au bout de sa queue. Ce singe faisait mille cabrioles et s'arrêtait de temps à autre pour ronger une pomme en grimaçant.

Il était bossu et ressemblait de loin un peu à cette petite vieille femme qui avait lancé Rouge-Dick et ses grenadiers sur une fausse piste, après l'évasion des chasseurs-voltigeurs, au campement de la fontaine Saint-Julien. Mais la vieille femme n'avait pas de jambes et le singe gambadait mieux qu'un clown du cirque d'Astley.

D'ailleurs, nous le répétons, les braves grenadiers highlanders ne donnaient aucune attention ni à la Haute-Femme avec sa crosse blanche, ni au moine, ni aux deux muletiers, ni à l'alcade, ni au licencié, ni à la sorcière, ni au singe, ni à la mascarade folle qui suivait. Ils n'avaient d'yeux que pour cette spirale de fumée bleuâtre qui tournoyait et montait au soleil.

N'eût été Noir-Comin, qui gardait son sang-froid et sa vigilance, nos chasseurs-voltigeurs auraient pu aisément s'échapper sous le plein uniforme de leur régiment.

C'étaient bien eux qui passaient là-bas, cette queue des bohémiens, cette burlesque mascarade. Les moustaches de la Haute-Femme appartenaient au sergent Morin. Va bien! Le Marseillais n'avait pas dans son sac une pareille histoire!

Pont Neuf était l'alcade à perruque, Toulousain, le respectable licencié; l'Aimable-Auguste cachait sa taille avantageuse, quoique courte, sous les haillons de la sorcière-cuisinière, et Propre-à-Rien rougissait de porter le rebut d'une Esmeralda peu soigneuse de ses effets. Quant au singe, nous n'avons même pas besoin de dire son vrai nom.

Ils avaient eu pour s'échapper les dix minutes de grâce,

plus le retard apporté à l'exécution des ordres de Comin. Le Gibose les avait guidés d'un pas sûr jusqu'à l'entrée de la crypte où Antioh-Amour, accroupie contre les marches de l'autel, avait coutume de fondre son plomb et de consulter les évolutions de son oiseau empaillé.

Antioh-Amour n'était pas là ; le sénat des Rômes avait pris aussi sa volée ; la crypte était vide. Dans la salle voisine, au delà de la brèche, quelques coquins d'un grand âge, impotents pour la plupart, et quelques vieilles sorcières, commises à la garde des petits enfants, gisaient seuls parmi les débris de l'orgie.

Un instant suffit pour les bâillonner et les lier. L'achèvement des toilettes se fit séance tenante et, Dieu merci ! les loques ne manquaient pas. Le Gibose eut l'habit de cérémonie d'un jocko que la Lune montrait en foire comme un habitant de son astre natal.

On sortit bravement. Sous tous ces lambeaux, il y avait des armes qui furent inutiles, car nul obstacle ne se présenta au dehors.

En bien moins de temps que le lecteur n'en aura mis à parcourir ces lignes, la procession des faux gitanos fut échelonnée parmi les ruines entre le perron et la chaussée, et ses membres, au lieu de suivre leur route au travers de l'étang, s'attardèrent pour la plupart, comme des écoliers sur le chemin de la classe, à regarder curieusement ce qui se passait au sommet du tertre.

Au sommet du tertre, il n'y avait qu'un homme, environné de fumée, et qui semblait retenu là par un charme. Noir-Comin en effet prêtait toujours l'oreille à ces sons mystérieux qui semblaient sortir du sol ou mieux des fondations désemparées de la Tour de punition. La mèche se consumait. Il y eut un moment où les grenadiers highlanders eurent l'idée que le laird, arrivé au paroxysme de sa lugubre frénésie, voulait se faire sauter avec les assiégés. Il y eut un moment où, la brise d'est rabattant la fumée vers Rouge-Dick et ses compagnons, ils cessèrent d'apercevoir Comin, et ces mêmes hommes, qui, tout à l'heure, s'étaient violemment séparés de leur chef, firent un mouvement unanime pour s'élancer à son secours. Mais la fumée se releva, déroulant au soleil ses petits tourbillons nacrés, et Noir-Comin apparut de nouveau, penché sur la maçonnerie ébréchée qui marquait le périmètre de la tour.

La même brise d'est avait sollicité cependant d'une autre manière l'attention de nos Ecossais, en apportant le son lointain, mais singulièrement éclatant, d'un pas de cheval courant au galop. Ceux qui ont habité les pays de montagnes sont familiers avec ce phénomène acoustique, produit par la conformation de certaines gorges qui lancent le son dans la plaine comme un porte-voix et trompent l'oreille essayant de calculer la distance.

La gorge la plus voisine était celle de los Perros, par où l'enseigne Farlane avait débouché sur le lieu de l'action, après avoir pris son grand tour par la sierra de Gredos et la hutte de Susan la veuve. Cette gorge était éloignée d'un plein millier de pas, mais on entendait le sabot du cheval aussi distinctement que s'il eût galopé au revers des ruines.

Rien ne paraissait à l'ouverture de la gorge.

Les yeux de Comin tombèrent sur la mèche. Il sembla s'éveiller d'une laborieuse méditation et quitta enfin le voisinage de la tour. Il descendit la pente sans presser le pas et vint se poser seul, en avant de sa troupe. Pendant qu'il descendait, un cavalier déboucha subitement hors de la gorge de los Perros, au milieu d'un nuage de poussière, et disparut presque aussitôt après dans la petite vallée qui était au revers des ruines de Saint-François-de-Sor.

Comme tous les spectateurs de cette scène, Ecossais et Bohémiens, étaient au bord de l'étang et que les ruines formaient un dos d'âne très-prononcé, le cavalier ne pouvait plus se montrer qu'après avoir dépassé le sommet de la colline.

— Au nom de Dieu, messieurs les Français! cria Rouge-Dick de toute la force de sa voix, sortez! il en est temps encore.

Dans le silence, ces mots arrivèrent jusqu'à la chaussée où les gitanos curieux étaient en ce moment arrêtés. Ils cessèrent de railler et de rire.

— Un bon enfant tout de même, ce gros major! dit la bohémienne à moustache.

— Ces flandrins d'Ecossais, ajouta l'alcade avec émotion, ça n'a pas pour un sou de méchanceté!

Mais Rouge-Dick se trompait. Les Français n'auraient pas eu le temps de sortir. Un cône impétueux, ardent à son centre, malgré la lumière du soleil, mais contenu dans une sorte de vase formé par la fumée épaisse et noire, **sortit de terre**, couronné aussitôt par des vagues de turbulente vapeur, d'où les pierres et les débris de toutes sortes s'échappaient en gerbes tourbillantes. La détonation suivit, profonde, large, terrible, et le sol trembla. Puis ce fut la pluie des décombres; puis le silence, animé seulement par le galop du cheval, de l'autre côté de la montée.

Les Bohémiens applaudirent.

Noir-Comin se retourna vers ses hommes. Le bronze de sa joue était marqué de plaques livides. Ses yeux, démesurément ouverts, semblaient prêts à jaillir hors de leurs orbites.

— Avez-vous entendu?... demanda-t-il d'une voix étranglée et que son meilleur ami n'eût point reconnue. Moi, j'ai entendu... j'en suis sûr... des voix... des voix de femmes...

Parmi ses officiers et ses soldats, nul ne lui répondit.

La vapeur de la poudre, tenace et lourde, restait au-dessus de la mine, opaque comme un mur. On ne pouvait voir encore les effets de l'explosion.

— Va bien! dit la Haute-Femme en agitant sa crosse blanche, nous voilà tous morts et enterrés là-dessous! Le Marseillais aurait ri comme une bête, oui!

— Le fait est que c'est pas mal cocasse, repartit l'alcade en soulevant sa perruque qui l'écrasait. Entre tués et blessés, nous n'avons pas une égratignure.

Le moine ouvrait la bouche pour ajouter son observation, quand il s'arrêta tout à coup, les lèvres béantes et l'œil fixé sur la colonne de fumée qui allait se dissipant lentement.

Les regards des Ecossais avaient devancé le sien. Un cri s'était étouffé dans toutes les poitrines au bas de la montée. Il se passait quelque chose dont nous n'espérons même pas faire sentir toute la fantastique étrangeté.

La fumée, en se dissipant, gardait à son centre une sorte de noyau qui allait prenant peu à peu la forme indécise et mal définie d'un homme à cheval. Les Ecossais n'oublient pas vite les faits qui semblent porter un caractère surnaturel.

Il n'y avait personne ici qui ne se souvint très-vivement de l'apparition nocturne qui avait couronné les bizarres aventures du camp de Saint-Julien, sous Cabanil. Chacun avait présente à l'imagination cette sombre image éclairée vaguement par le feu mourant du bivouac : la statue équestre du dragon français, avec son visage voilé de noir : le capitaine Fantôme, puisqu'il faut dire le nom que chacun avait donné à cette vision.

Sous le grand soleil du midi, l'esprit, il est vrai, est moins porté vers ces terreurs de l'autre monde, mais à midi comme à minuit les morts vont et viennent dans le vaste désert de la lande écossaise; il est, d'ailleurs, des instants que le soleil éclaire et qui restent lugubres dans la plus profonde nuit.

L'heure présente était teinte de sang. Les ruines, cet antique cimetière de seigneurs et de moines, avaient une tombe de plus pour quarante pauvres soldats assassinés. Sur le bleu éclatant du ciel, cette fumée qui sortait d'un sépulcre passait comme un crêpe de deuil.

C'était le cœur même de cette fumée qui vaguement semblait dessiner les profils du cavalier. Le même souvenir vint à tous qui fit naître la même pensée. Les deux visions se ressemblaient, l'une demi-cachée dans la nuit, l'autre enveloppée dans son voile de vapeur.

On cherchait l'uniforme de dragon, le sabre nu, le casque d'or à la crinière flottante, et si chacun eût prononcé le mot qui pendait à sa lèvre, quatre cents voix eussent à la fois répété le nom du capitaine Fantôme.

Les cheveux se hérissaient sous la toque de Noir-Comin. Cependant, il fit le premier un pas en avant.

Mais la fumée continuait de se dissiper et un souffle de brise en déchira les derniers lambeaux.

Ce n'était pas un dragon qui était sur le magnifique cheval arrêté au lieu même où Comin semblait naguère prêter l'oreille à des bruits venant d'en-bas, sous les **fondements** de la tour.

On ne vit ni l'uniforme français, ni le sabre nu, ni le casque à crinière. Le cavalier était un Espagnol; le cheval, bien connu de tous, était cet admirable coureur, Alazan, la monture favorite du seigneur Pedro de Thomar.

Et cependant l'Espagnol robuste et corpulent qui était en selle ne pouvait être pris un seul instant pour le seigneur Pedrillo. Au lieu de la galante tournure du courrier, au lieu de sa barbe soyeuse et des brillantes boucles de sa chevelure noire, celui-ci montrait la massive vigueur d'un athlète forain. Sa barbe était rousse; c'étaient des cheveux roux aussi qui perçaient au travers des mailles de sa résille.

Il était penché sur le garrot de son cheval. Il examinait avec une émotion manifeste et très-accentuée les effets de l'explosion.

Parmi les Ecossais, personne ne connaissait cet homme, excepté pourtant Noir-Comin, qui continua de gravir la montée et marcha droit à lui.

L'effet de l'explosion avait atteint précisément le but du laird.

La mine, puissamment chargée, avait éclaté en dedans comme en dehors, déchirant les voûtes contre lesquelles la chambre s'appuyait.

Plusieurs galeries étaient maintenant béantes. Celle qui communiquait de la cave où nos dragons avaient établi leurs quartiers aux étuves servant d'écurie était fendue sur une longueur de plus de quarante pieds, et la voûte de la cave elle-même s'était entièrement affaissée, de telle sorte que les broussailles étaient maintenant au fond d'un trou.

Noir-Comin, en passant, jeta un coup d'œil à ces changements qui, certes, ne modifiaient guère l'aspect général du paysage, mais qui avaient néanmoins une si terrible signification.

— Nous n'avons pas oublié l'ancien métier! grommela-t-il. Qui sait si l'ennemi dont l'étoile gêne la mienne ne gît pas écrasé sous le poids de cette voûte? je reviendrai et je verrai.

Votre mine a manqué de m'envoyer en paradis, Excellence! dit le cavalier en affectant ce ton d'insouciante bonhomie que nous lui connaissons. Il y aurait peut-être eu plus d'une senora dans le pays pour donner une jolie larme au souvenir du pauvre Urban Moreno.

— Vous me cherchiez? demanda Comin.

— Sans doute, Excellence... Mais contre qui avez-vous déployé de si formidables moyens?

Si le laird n'eût pas été préoccupé si fortement, il aurait vu, quoiqu'il fût loin d'être un observateur de premier ordre, le trouble profond qui agitait son interlocuteur. Celui-ci avait répondu : Sans doute! quand Comin lui avait demandé : Me cherchez-vous? mais sa physionomie démentait énergiquement cette assertion.

L'explosion de la mine et la présence des Ecossais étaient, selon toute évidence, pour le Verdugo, deux choses également inattendues. La preuve qu'il ne cherchait pas Comin, c'est qu'il était monté sur Alazan.

Nous savons du reste quels motifs pouvaient l'amener en ce lieu, et nous devinons les inquiétudes qui devaient lui navrer le cœur en présence d'une semblable catastrophe.

César de Chabaneil, en quittant son frère, lui avait donné deux heures pour rejoindre le détachement. Les deux heures étaient depuis longtemps écoulées. Cette terre que le bel Alazan battait de son sabot impatient recouvrait-elle le cadavre d'Hector?

— Contre les Français, répondit Comin.

Il allait peut-être ajouter quelques paroles de regret hypocrite, car aucun genre de folie n'exclut la ruse, quand son regard tomba sur Alazan. Il changea de couleur, et, dans son cerveau encore ébranlé, tout un monde de soupçons s'éveilla.

— Oh! oh! s'écria-t-il, seigneur Moreno, où avez-vous acheté ce cheval?

En ces circonstances extrêmes, où le danger vous met en quelque sorte la main au collet, César tombait en garde tout naturellement et sans effort, selon la coutume des prévôts habiles et comme la paupière se ferme d'elle-même devant l'insecte ou le fétu qui la menace

— Dans la sierra, Excellence, répondit-il avec tout son sang-froid revenu. Franc comme l'or.

— Et combien vous a-t-il coûté, seigneur Moreno?

— Un coup de poignard catalan, Excellence... Espagnol et hidalgo, vous savez?

La réponse suivit ici la question si nette et si précise, que Comin hésita. On ne voyait plus trace d'émotion sur le visage de César, qui pourtant avait la mort dans le cœur. Il regardait le laird en face du haut de son cheval, et c'eût été un œil perçant, celui qui eût pu deviner sa pensée.

Sa pensée travaillait tout uniment à chercher une réplique à la prochaine parole de Comin. Il était surpris dans toute la force du terme. Il tombait dans une embuscade. L'impromptu était son unique chance de salut.

Comin baissa la voix pour demander :

— A qui avez-vous donné ce coup de poignard catalan?

— A un traître, repartit César sans broncher.

Comin eut un sourire, mais il fronça de force ses sourcils épais.

— Je connais le maître de ce cheval, dit-il.

— Vous le connaissiez, Seigneurie, rectifia César impassible.

— Il a nom Pedro de Thomar.

— Il avait nom ainsi, voilà juste une heure.

— Et maintenant?

— Il est couché dans le bois de pins, sous la chaumière de Susan la veuve. Pedro de Thomar était un espion des Français, croyez-en l'honneur d'un hidalgo.

— Dieu me damne! s'écria le laird avec une explosion de joie farouche, je l'avais deviné! C'est lui qui a dû nous trahir cette nuit!...

— Cette nuit et bien d'autres fois, Excellence... Je l'ai surpris causant avec un officier français qu'il appelait son frère...

— Hector de Chabaneil! fit Comin radieux.

— Et se vantant, poursuivit le Verdugo, d'avoir endormi vos sentinelles pour faciliter l'évasion des chasseurs-voltigeurs.

— C'est bien cela !... Etes-vous sûr de l'avoir tué?

Le Verdugo appela sur ses lèvres un sourire sinistre.

— Fiez-vous à moi, dit-il seulement. Espagnol, hidalgo !

— Et le frère? Mais qu'avez-vous donc, seigneur Moreno?... Etes-vous voyant, vous aussi, et la seconde vue vous montre-t-elle tout à coup votre fortune?

Le visage du Verdugo s'était en effet illuminé subitement, mais il n'y avait point là-dedans de miracle. Ses yeux étaient tout simplement tombés sur la chaussée où il avait distingué, parmi le troupeau des bohémiens, un moine, deux muletiers et un singe.

Un large soupir souleva sa poitrine.

— Excellence, répondit-il, ma fortune s'est montrée à moi le jour où j'ai eu, par la grâce de la très-sainte Vierge, l'idée que vous savez, par rapport aux senoras de Cabanil. Nous allons causer de cela, s'il vous plaît. Quant au frère, je n'ai que deux mains : il m'a échappé.

La paupière de Comin se baissa.

— Un officier français ne fuit pas devant un bandit espagnol... murmura-t-il. Tu as volé ce cheval attaché à un arbre.

— Je n'ai pas le temps de provoquer Votre Seigneurie, repartit César d'un ton admirablement calculé pour laisser le laird dans le doute.

La possession du cheval était en effet tout ce qu'il avait intérêt à expliquer.

— Quelque jour où nous aurons du loisir tous deux, reprit-il, si Votre Seigneurie veut jouer un peu du couteau avec son serviteur, nez à nez et pied contre pied, elle verra de quel bois se chauffe un hidalgo. En attendant, ma besogne est finie et nos guerilleros sont au château de Cabanil.

— Parfait ! Vous êtes un homme de parole, seigneur Moreno !

— Excellence, franc comme l'or. Je viens vous sommer de remplir la vôtre.

Après le premier moment de stupeur, les officiers des compagnies écossaises avaient tenu conseil et il avait été résolu qu'on ferait des fouilles, non point à l'ancienne ouverture qui était désormais complètement obstruée, mais en profitant des galeries mises à découvert par l'explosion de la mine.

Quand nos bohémiens de la chaussée virent les soldats de Comin s'emparer des pelles et des pioches qui avaient servi à creuser la mine, le Gibose dit :

— Il est temps de partir.

— C'est vrai qu'ils vont découvrir le pot aux roses du stratagème, répliqua Morin. Pas peur; bien malade qui en meurt; les agneaux, par file à gauche, pas accéléré marche!... Droite! gauche!...

Le Marseillais répétait ça quelquefois pendant deux heures: Droite! gauche! droite! gauche! et il disait après : Va bien, canonnier! As-tu vu le fond de la Cannebière? Il y a l'ail et l'oignon, vive l'échalotte, macaillou! Nous vivrons tous jusqu'à notre mort; prends du beurré, si tu n'as plus d'huile! Eh! là-bas! déjeune bien, tu dîneras mieux, tron de Barabbas!

Les chasseurs-voltigeurs emboîtèrent le pas vivement derrière la Haute-Femme, qui traversa l'étang à grandes enjambées.

— En sait-il, le sergent! disaient les connaisseurs.

Propre-à-Rien pensait :

— C'est moi qui aurais bien voulu connaître le Marseillais!

Dans toute la troupe burlesque qui semblait courir à quelque folie de carnaval, un seul restait soucieux, malgré son joyeux déguisement. Le Gibose allait à l'écart. Bien des fois il se retourna pour regarder les ruines. C'étaient alors les propres paroles du laird qu'il prononçait en lui-même :

— Je reviendrai et je verrai!...

Au premier coup de pioche donné par ses soldats, Noir-Comin se retourna comme si on l'eût frappé par derrière.

— A vos affaires, seigneur Moreno, dit-il, retournez d'où vous venez. Je tiendrai ma promesse. Et je vous remercie, ajouta-t-il tout haut, de l'avis que vous m'apportez.

Le Verdugo salua, descendit la montée et prit au grand trot le travers de l'étang. Il franchit à cheval le pont de planches vermoulues, qui passait sur le cours naissant du Tormès. On put le voir bientôt mêlé aux derniers groupes de bohémiens qui marchaient dans la plaine, et ceux-ci, dès qu'il eut échangé avec eux quelques paroles, se lancèrent au pas de course vers les gorges de Cabanil.

L'apparence de Noir-Comin avait encore une fois changé. Son regard avait pris une calme fierté. Le nuage sourcilleux qui était sur son front faisait place à une tristesse noble et résignée.

En ces instants, on comprenait, en admirant la haute et martiale beauté de ce soldat, l'influence qu'il avait su garder au quartier-général et même sur ses hommes, malgré son caractère, ses vices et sa folie. Il vint jusqu'au milieu des travailleurs qui attaquaient déjà la seconde galerie, et dit avec une noble tranquillité :

— Major Mowbray, je n'accepte pas votre démission, non plus que celle de vos frères-officiers. Si quelqu'un doit quitter le troisième régiment écossais, c'est moi. J'ai accepté, de l'homme héroïque qui commande aux armes anglaises en Espagne, une mission difficile, trop difficile, du moment que j'ai à lutter contre les défiances de mes officiers et de mes soldats, sans pouvoir les éclairer ou me défendre. Je suis las. Les atteintes d'un mal terrible et que vos ancêtres entouraient de respect redoublent les tristesses de la tâche que je me suis imposée. Ce n'est pas une guerre ordinaire que nous faisons ici, messieurs.... Mais j'aime mieux passer pour un monstre ou pour un fou que de trahir les secrets de l'Etat... Prenez vos rangs, gentlemen, je vous prie !

— Colonel, répliqua Rouge-Dick, nous estimons qu'il nous reste ici à accomplir un strict devoir d'humanité.

— Vous estimez, monsieur ! répéta Noir-Comin amèrement.

— Puis, soulevant sa toque, il ajouta :

— Le caporal Grant, les soldats Saunie, Blunt et Mac Pherson, ont payé de leur vie une faute légère contre la discipline. Que Dieu fasse paix à leurs âmes !

— Ils peuvent n'être pas morts ! s'écria-t-on dans les rangs.

— Je les marquerai, poursuivit le laird de Comin sans s'émouvoir, comme s'ils étaient tombés avec honneur, les armes à la main. Ce que j'ai fait est bien fait, messieurs. L'homme qui s'est joué de votre négligence, cette nuit, pendant que j'exposais ma vie pour le salut de l'armée, tout seul, comme toujours, s'adressait plus haut et trahissait votre général. Cet homme est mort.

Je viens de gagner peut-être, sans vous et malgré vous, la grande bataille qui fera l'indépendance de l'Espagne et la gloire de l'Angleterre. Je suis las, vous dis-je, et je me retire. Vous, restez, vous, car vous n'avez pas acquis le droit de déposer votre épée.

Il se couvrit au milieu du silence et commanda d'une voix forte :

— Grenadiers ! à vos rangs !

L'impression produite était profonde, et cependant on hésita, car le premier pas dans le chemin de la rébellion engage. Le laird croisa ses bras sur sa poitrine.

— Richard Mowbray, prononça-t-il d'une voix basse, mais vibrante, je ne ferai point de rapport contre vous. Avez-vous vu, ce matin, celui que vous aimez mieux qu'un frère ?

— Miss Ned !... murmura Rouge-Dick en pâlissant. N'est-il point en mission, monsieur ?

— J'aime mieux sa révolte que la vôtre, messieurs. Il est jeune. A son âge, la passion est une ivresse. Lord Édouard Wellesley, à l'heure où nous sommes, court risque de la vie.

— Monsieur ! s'écria Rouge-Dick, au nom de Dieu, expliquez-vous !

Noir-Comin, au lieu de répondre, dégaîna et commanda une seconde fois :

— Grenadiers ! à vos rangs !

— A vos rangs ! camarades ! à vos rangs, répéta Rouge-Dick.

Miss Ned était le favori non-seulement à la table des officiers, mais encore parmi les simples soldats. Il faut mettre en dehors sa qualité de neveu du général en chef : on l'aimait pour lui-même.

Les rangs se formèrent comme par enchantement.

Quand les compagnies s'ébranlèrent sur l'ordre de Noir-Comin, la mascarade des faux bohémiens s'engageait déjà dans les gorges de la sierra de Gredos. Le Verdugo les avait quittés. Son beau cheval, rapide comme une flèche, longeait la base de la montagne et galopait vers l'est.

Le jour arrivait à son milieu. La campagne était maintenant déserte et silencieuse. Au-dessus de ruines, on ne voyait même plus la colonne de fumée qui sortait incessamment d'ordinaire de l'antre des gitanos, et depuis longtemps déjà le tocsin se taisait dans l'atmosphère étouffante et morne.

XVI

La lie.

Du château de Cabanil nous n'avons vu jusqu'à présent que le rempart noir, tombant parmi les roches jusqu'au fond de la gorge, sombre comme un précipice, et la tour de Ferdinand-le-Catholique, grande, mais attristée par le malheur de ses maîtres. A peine avons-nous jeté un coup d'œil sur le corps de logis, antique et orgueilleux palais, relié aux remparts par les quatre branches de sa croix de Saint-André, dont les fenêtres cintrées regardaient quatre cours trapézoïdes, ornées selon la lourde magnificence du vieux style espagnol.

Ce n'était pas là tout Cabanil, la résidence favorite des Riches-Hommes et qui passait pour l'un des plus merveilleux châteaux qui fussent dans les Espagnes. Là-bas, par delà le détroit anglais qui borde la côte andalouse, c'est l'Afrique. Les maisons africaines offrent ainsi souvent des murs austères et nus derrière lesquels se cachent, pour les mystérieuses joies d'un maître jaloux, toutes les promesses réalisées du paradis de Mahomet.

A voir Cabanil du côté du nord et de l'est, ce n'était qu'une forteresse rébarbative, privée d'air et de soleil. Tournons cette roche au pied de laquelle César de Chabaneil avait passé sa veille d'amour terminée par un coup de poignard, et la scène changera.

Du haut de cette roche apparaissait, en effet, tout ce que nous ne connaissons point de Cabanil : le côté lumineux, aéré, brillant, le côté du soleil et du paysage, le côté chevaleresque aussi et poétique, le côté du ciel bleu, des orangers fleuris et des eaux jaillissantes.

Des eaux ! nous avons dit des eaux dans ce pays de pierres calcinées et de sables brûlants, où les fontaines sont aussi rares qu'au sein de cette mer desséchée qu'on appelle le désert. Il s'était trouvé, en effet, du temps de Philippe V, un Blas de Cabanil qui avait les goûts de Louis XIV, et qui, plus riche que le roi de France, avait vaincu des obstacles plus grands.

De Versailles à la Seine, il n'y a qu'à étendre la main, et ce puissant aqueduc de Marly, qui borne vers le couchant l'horizon parisien, descend paisiblement sa colline sans trouver aucun obstacle sur son passage. Le Riche-Homme, lui, avait envoyé ses architectes jusqu'aux bords du Tietar, et la pompe qui puisait l'eau à dix lieues de sa fontaine lui avait coûté plus cher que tout le palais de Versailles.

Aussi, pendant quelques années, Cabanil, au faîte de sa gloire, eut presque autant de nymphes et de tritons que l'humide Aranjuez. Mais le Riche-Homme mourut comme le plus pauvre paysan de ses immenses domaines, et il n'eut point de successeur dans sa manie royale. Les manéges désarticulés se reposèrent, les tuyaux s'obstruèrent, et l'eau du Tietar, fatiguée de monter si haut, retrouva son paisible chemin vers le Tage. C'est à peine si quelques vestiges restèrent de ces travaux cyclopéens : les deux fontaines situées en face de la maison d'été gardèrent en effet leurs minces filets de cristal.

La maison d'été s'élevait, en dehors de l'enceinte fortifiée et dominait les jardins extérieurs, qui descendaient en terrasses jusqu'à l'église vassale de Saint-Jacques-sous-Cabanil. C'était un charmant palais, bâti dans le style moresque.

Une large allée, bordée d'orangers quatre ou cinq fois séculaires, uniformément taillés en lions, reliait le perron de marbre au parvis même de la petite église, dont le clocher noir et carré, surmonté d'un grêle campanile, se dressait au milieu d'une trentaine de chaumières.

Le senhor Samuel da Costa, propriétaire du château de Cabanil, par acte de vente nationale, consentie en due forme par la junte suprême de Séville, habitait depuis quelques jours la maison d'été, tandis que sa suite occupait le vieux château.

En cet espace de temps si court, le senhor Samuel avait trouvé moyen d'inspirer à tout ce qui restait d'Espagnols dans le pays un dégoût instinctif et une robuste répugnance. Il s'était peu montré, cependant, car c'était un homme de prudence et d'adresse, mais on l'avait entrevu : cela suffisait. L'aspect du seigneur Samuel repoussait tout naturellement, comme l'aimant attire et comme séduit la beauté.

La race portugaise a méchante réputation en Europe sous le rapport des avantages physiques. L'Anglais, le Français, l'Espagnol et surtout l'Italien ont épuisé la coupe de métaphores louangeuses où boivent les poëtes ; le Portugais, petit, trapu, brun comme une taupe et coassant les dures aspirations de sa langue maternelle, toute composée d'hiatus, comme certains idiomes du Nord sont faits d'éternuements, ne tient pas assez de place en ce bas monde pour exciter chez nous beaucoup d'enthousiasme ou de haine : mais c'est autre chose en Espagne, où il a l'honneur d'être la bête noire de la population.

Le senhor Samuel devait avoir sa part de cette animadversion nationale qui naît du voisinage et d'un passé de horions échangés en toute libéralité. Ce n'était pas tout néanmoins : il avait acquis, étranger qu'il était, un bien espagnol : premier crime ; second crime, il portait dans toute sa personne le plus complet signalement de coquin avide, abject et féroce, qui ait été jamais inscrit aux registres de la police péninsulaire. Riche avec cela, hardi, et d'une force de corps remarquable, le senhor Samuel faisait peur autant que dégoût.

Or, il y a un fait très-remarquable : les Espagnols flattent volontiers ceux dont ils ont dégoût et peur. A ce compte, le senhor Samuel da Costa était en bon chemin pour régner despotiquement sur la contrée. Il n'eût pas demandé mieux, et cependant ce n'était pas pour cela qu'il avait acheté le château de Cabanil.

C'était la cloche du petit campanile de Saint-Jacques qui avait laissé tomber, dans la matinée, le premier son de ce tocsin, devenu contagieux à trois ou quatre lieues à la ronde. Il n'y avait plus de prêtres au presbytère, car toutes les classes de la société se mêlaient activement à la lutte nationale, et dans toutes les classes de la société on trouvait des gens pour profiter de la complète anarchie qui régnait alors dans les provinces, relevant de tout aveu, brisant toute entrave, jetant tout froc aux orties.

Le clergé de Saint-Jacques était Dieu savait où : dans les bandes peut-être comme Arraya, Gauchos ou Merino, peut-être dans son ménage. Il y eut en effet, pendant cette tempête de deux années, un nombre considérable de mariages contractés frauduleusement.

En l'absence du clergé, ce ne pouvait être le fanatisme religieux qui mettait en branle les cloches et les passions de la tourbe campagnarde. Les cloches, à cette époque, sonnaient moins souvent pour la messe que pour les sanglantes expéditions incessamment dirigées contre les Joséphins vrais ou prétendus.

Quelle que soit l'origine des troubles populaires, l'histoire en est partout la même. Sous le drapeau qui déploie toujours une noble devise, les vengeances privées festoient et font orgie.

Dès le matin, deux hommes du château, qu'on appelait les marmiers à cause de leur costume de matelots, avaient pénétré sans façon chez le vieux sacristain Garcias pour avoir les clefs du clocher. L'histoire de Samuel da Costa n'était pas sans avoir transpiré dans le pays. On disait que ces deux hommes étaient avec lui sur la felouque, au temps où il faisait la contrebande à Gibraltar, au temps aussi où il *sauvait* des Français dans les eaux des Baléares. Ils étaient Portugais tous les deux comme leur maître.

Marim, montagnard des Algarves, hardi gaillard, bien découplé, ne connaissant ni Dieu ni diable, avait été le lieutenant de Samuel; Cabral, ancien portefaix de Lisbonne, remplissait à bord le poste de subrécargue et s'occupait des mises à terre.

Ils firent office de sonneurs, ce matin-là, et quand le soleil parut au-dessus des remparts massifs de Cabanil, la place du petit village, où l'herbe poussait bien mieux que dans les champs d'alentour, vit tout à coup sur ses pavés pointus plus de guêtres poudreuses et plus d'espadrilles en lambeaux qu'aux meilleurs jours de foires autrefois.

Huit heures sonnant à l'horloge du château, c'était déjà une cohue où chacun semblait se disputer en parlant, selon la mode castillane, et où les gestes menaçants accusaient une agitation croissante. Ce n'est pas chose aisée que d'exprimer l'apparence d'une foule espagnole dans cet état que nous nommerions sang-froid, s'il s'agissait d'une réunion française, anglaise ou allemande.

Certes, ces trois peuples ne se ressemblent point entre eux, mais ils ont du moins ceci de bon et de commun, que l'épilepsie n'est pas leur situation normale. Il faut le mysticisme, pour donner des attaques de nerfs aux Germains, et les fils joufflus de la race saxonne n'écument guère qu'aux meetings pour la paix et autour de l'estrade où les candidats électoraux s'écrasent le nez à coups de poing.

En Espagne, dans les veines profondément cachées sous tous ces cuirs tannés, il y a du vitriol. La langue mugit sourdement, le regard éclate comme un poignard hors du fourreau, le geste assassine. On y devient furieux rien qu'en causant de la pluie et du beau temps.

Ce n'est pas cependant ici la *furia* italienne qui dit bonjour avec une frénésie où perce la gaieté, non; c'est une fièvre sombre, un feu froid qui couve, comme les marrons dans leur serviette, sous la noire guenille, chère aux mélodrames. Ce foyer brûle en charbonnant et n'a pas de flammes. C'est la nuit d'un tableau de Velasquez où quelques funèbres figures percent çà et là l'empâtement d'une palette en deuil.

Le ciel bleu n'y peut rien, le pur soleil y perd ses rayons

prodigues. La foule espagnole est une éponge qui boit et absorbe la lumière.

C'étaient d'abord des vieillards aux cous nus, dont les vertèbres ressortaient comme des cordes mal tendues, des paysannes à cheveux gris sous des coiffures éclatantes, mais fanées : les uns et les autres masqués de cette pâleur basanée qui estompe les traits aigus de la race montagnarde en Estramadure et en Castille; c'étaient des femmes d'âge mûr, en quantité, chaussées comme des hommes et armées pour la plupart, au milieu de leurs enfants qui grouillaient dans la poussière; c'étaient aussi des jeunes filles, quelques-unes belles admirablement et portant avec coquetterie la cocarde de la junte parmi l'abondance prodigue de leurs cheveux noirs.

Quelques-unes se tenaient à l'écart, berçant de pauvres enfants souffreteux, mais beaux comme des anges, dont les fronts blancs avaient une blonde couronne, elles avaient nom, celles-là, les *inglesadas*. La première armée anglaise, commandée par Moore, avait laissé des traces de son passage.

Point d'hommes, sauf quelques estropiés, vagabonds et mendiants, et les valets du château qui avaient abandonné le service de Cabanil pour se rendre à Samuel da Costa.

Jadis, le dimanche, quand, vers cette même heure, la cloche tintait entre les jours du campanile, annonçant la grand'messe, on voyait s'ouvrir la grille de la maison d'été. Un coche antique, attelé de quatre mules caparaçonnées aux armes des Riches-Hommes, descendait lentement la longue avenue, et tout le village faisait la haie pour baiser la robe de dona Mencia et les mantilles légères des deux senoritas.

Le peuple est fier, mais servile. Avant de se redresser sous l'ombre de leurs grands chapeaux, les hommes mettaient le genou en terre comme pour le passage du Saint-Sacrement, et c'était un concert de bénédictions depuis la porte des jardins jusqu'au porche de l'église, car le pays tout entier vivait de la bonté de Cabanil.

Aujourd'hui, c'était la même foule, augmentée, il est vrai, des habitants des bourgades voisines. Mais il ne se fût pas trouvé là beaucoup de voix pour défendre Cabanil accusé.

Ce nom de *Josephino*, jeté à bon droit ou non à la tête d'une famille, produisait l'effet de la peste qui rompt les engagements de l'amitié, à plus forte raison les liens si frêles de la reconnaissance.

Nous ne parlons point ici contre l'Espagne : l'ingratitude est de tous les pays. Vieillards, femmes, enfants, tous vomissaient contre Cabanil des récriminations et des menaces : il n'y avait pas jusqu'à ces pauvres filles-mères, victimes pourtant elles-mêmes de la réprobation générale, qui n'eussent des paroles de haine contre la famille du Riche-Homme et qui, lapidées, ne prissent une pierre pour lapider.

Mais, entre tous, ceux qui raffinaient le fiel et fleurissaient la haine, c'étaient les valets.

A neuf heures, les portes du jardin furent ouvertes et une charrette chargée de pain se présenta. Elle fut mise incontinent au pillage.

Il ne faut pas s'y tromper, les gens qui étaient là, malgré leur aspect misérable, avaient presque tous de l'argent dans leurs poches. Il ne se passait guère de jour sans qu'une maison de *francisé* fût mise au pillage, et pour lancer l'accusation du joséphisme, il est bien entendu qu'on ne choisissait point les gens les plus pauvres.

L'argent ne manquait pas : jamais les mendiants ni les gens sans aveu n'avaient eu tant d'argent. Ce qui faisait défaut, c'était le pain et aussi toutes les autres choses qu'on achète avec de l'argent. Tous ces déguenillés étaient des Midas au petit pied qui mouraient de faim, faute de pouvoir manger leurs douros.

On se jeta sur les vivres avec une avidité féroce ; il y eut des poignards tirés, comme toujours, et plus d'un dévora son pain rouge. Une seconde charrette arriva, pleine de cruches d'aguardiente.

Nous avons parlé d'élections anglaises. Ce n'était pas du tout la même physionomie, mais le fond était le même. Il est triste de le dire : que le festin soit abondant ou pauvre, rarement ceux qui se font les amphitryons du peuple ont de bonnes intentions.

Derrière la charrette d'eau-de-vie, un homme court de

taille, huileux et bouffi de visage, avec des épaules qui eussent été assez larges pour emmancher les bras d'un géant, descendait l'avenue, entouré de valets armés. Quelques voix crièrent : Vive le seigneur Samuel da Costa! mais la plupart gardèrent un silence hargneux en buvant et mangeant. Quelques-uns même grondèrent, la bouche pleine : à bas le Portugais !

Nous eussions retrouvé là tous les curieux rassemblés, au début de notre histoire, autour de la fontaine Saint-Julien pour entendre la fusillade : Domingo, le partner malheureux du moine Brigide, sa femme, toutes les mégères, tous les gueux, et, hors ligne, Suzan la veuve, relevée de sa faction au pic du Bœuf. Le moine Fray Benito manquait pourtant, ainsi que les deux muletiers, le soldat de la bande du Verdugo, Juanita la Léonaise et le Gibose.

Samuel da Costa traversa la foule en saluant d'un air bourru. Il monta le perron de la petite église et s'assit sur un siège préparé sous le porche. Derrière lui étaient les autorités du village : le sacristain, l'alferez de la frérie et la gouvernante de l'alcade, qui était en fuite. Marim et Cabral se tenaient debout à ses côtés ; ses valets armés étaient sur les marches. La cohue se pressa en demi-cercle devant le perron.

Samuel promena tout autour de lui son regard qu'il cherchait à rendre franc et cordial. Il dit en portugais :

— Hommes, la junte de Séville m'a fait votre seigneur et votre régidor.

— Parlez en espagnol! cria-t-on ; nous n'aimons pas ce qui vient du Portugal.

— Hommes, répliqua Samuel rondement, le vin y est bon pourtant et les oranges douces.

— Les Portugais et les Anglais se tiennent, dit un vieil Estremeno (c'est ainsi qu'on nomme les gens d'Estramadure), ancien familier second de l'Inquisition à Plasencia. Le vent du sud-ouest qui brûle nos moissons nous arrive du Portugal. Je donnerais ma main droite et mon poignet jusqu'au coude pour que les Portugais fussent avec tous les Anglais au fin fond de l'enfer.

— Bravo! Jean Garrada! Bravo! vieux tourmenteur! grondèrent cent voix. Plutôt l'inquisition espagnole que la liberté anglaise!

— Amis, reprit Samuel sans changer d'idiome, vous allez bien voir que les Anglais et moi nous ne sommes pas des camarades. Je viens justement vous parler contre les Anglais.

— En espagnol! en espagnol! ou tais ta langue, moitié d'hérétique.

L'ancien contrebandier rougit et fronça le sourcil, mais il retint le mot qui était sur sa lèvre et dit :

— Marius, sers-moi d'interprète. Apprends à ces bonnes gens que je n'ai pas peur d'eux et que d'une seule main je lancerais les trois meilleurs d'entre eux par-dessus la tour de l'église. Parle ferme, Marius, afin qu'ils ne pensent pas nous intimider, pauvre ramas qu'ils sont de béquillards impuissants et de vieilles folles. Ce n'est pas par frayeur que je leur ai fait l'aumône, c'est par charité.

Marius traduisit mot à mot ce discours. Il ne déplut point à la cohue.

— Du temps de Cabanil, dit pourtant Suzanne la veuve, on donnait du porc salé avec le pain, et l'on ne reprochait pas la charité faite.

— Regrettez-vous les Cabanil? demanda Samuel saisissant l'à-propos.

— Non, non, répondirent les domestiques. Vive la junte!

Susan la veuve, inconséquente comme la haine, cria plus haut que les autres :

— Mort et damnation sur les josephinos! Je voudrais manger le cœur d'un Cabanil!

— Espagnols! conseillèrent les autorités rangées derrière Samuel et fumant leurs cigares de papier, — écoutez votre seigneur et votre régidor.

Il y eut un grognement guttural où les noms de la Vierge et de différents saints étaient mêlés à toute une gamme de malédictions.

— Vive le roi Ferdinand! dit cependant Domingo, qui était ivre. Nous venions ici pour piller la maison des francisés. L'Espagne doit être indépendante. Ouvrez-nous les portes ; ma femme a son sac sous le bras.

Ce fut un grand succès. La place perdit son aspect morne. La foule s'agita comme une mer, et tout le monde répéta :

— Espagne ! Indépendance ! Ferdinand !

La femme de Domingo l'embrassa pour avoir si bien dit. Jamais elle ne l'aurait cru capable de parler avec tant d'éloquence.

— Marius, reprit da Costa, dis à ces bonnes gens que j'ai acheté tout ce qu'ils veulent piller...

On n'attendit pas la traduction, cette fois ; tout le monde comprenait, quoique ce fût du portugais. Un couteau catalan, envoyé avec une rare adresse, piqua le dossier de la chaise de Samuel, entre son épaule et son cou, et resta tremblant dans le bois.

— Déchargez-moi vos pistolets au travers de cette canaille ! s'écria da Costa, qui se leva en sursaut et tout blême. Mort de mes os ! je vais faire un cordon de pendus tout autour de l'église !

L'ancien familier, qui semblait le personnage le plus notable de la réunion, fit un pas vers le perron et dit, en homme sûr de son fait :

— J'ai rempli des fonctions importantes. Je puis éclairer la situation d'un seul mot. Effrayer des Espagnols et prendre la lune avec les dents, ce sont deux choses impossibles. Nous a-t-on fait venir pour nous apprendre qu'un étranger a payé à vil prix un bien qui est la propriété de toute la paroisse ?...

— Et même des paroisses environnantes, ajouta un habitant de la bourgade voisine.

— Mort aux francisés ! intercala judicieusement Susan la veuve.

Domingo s'écria d'un air inspiré :

— Femme ! veille à ton sac ! Nous saurons tous périr pour l'indépendance de la patrie !

Da Costa se rassit et d'un geste réclama le silence.

— Mes amis, reprit-il, nous avons tous des sentiments pareils. Je vous jure sur l'honneur que je brûle la cervelle du premier coquin qui essaie de plaisanter avec moi. Il ne s'agit que de s'entendre paisiblement et loyalement. Vous voulez piller? Pillez, de par tous les diables! Je vous livre le vieux château des caves aux combles.

— A la bonne heure! Vivat! vivat!

— Et la maison neuve? demanda Jean Garrada.

— Le meilleur, ajouta Domingo, serait de vous en aller en Portugal. Nous n'aimons pas les étrangers chez nous.

— Mort aux étrangers! aboya Susan.

— Ce pillage, continua Samuel fort de l'approbation d'une partie de l'assemblée, je vous le promets à une condition.

— Pas de condition avec des Espagnols! dirent les uns.

— Voyons la condition, dirent les autres.

Quelques femmes se prirent aux cheveux, et le bedeau ôta son cigarille de sa bouche pour prononcer du ton le plus conciliant :

— Voisins, écoutez votre seigneur et votre régidor!

— Lorenza, femelle d'assassin! je t'arracherai l'âme avec mes ongles!

— Béatriz, sorcière, schismatique, empoisonneuse, je ne voudrais pas donner ton sang à mon chien!

Ainsi parlèrent deux mères de famille qui, je ne sais pourquoi, essayaient mutuellement de s'étrangler.

— Ma condition, poursuivit Samuel dont la voix dominait tous ces bruits, c'est que vous ferez le siége de la tour de Ferdinand-le-Catholique, et que vous me livrerez prisonnières la femme et la fille du Riche-Homme.

— C'est juste! c'est bien le moins! approuvèrent les anciens valets et servantes de Cabanil.

— Un instant! s'écria Jean Garrada. Il y a là-dessous quelque chose de louche.

— Oui, oui, on nous trompe! A mort le Portugais.

Ce fut un tonnerre, et une seconde fois la foule s'agita comme une mer.

A chaque instant elle s'augmentait de nouvelles recrues : paysans, gueux, bohémiens. La place devenait trop étroite pour la contenir. Garrada cligna de l'œil en regardant derrière lui et reçut un bruyant témoignage de l'approbation générale.

— Quelque chose de louche, répéta-t-il, c'est évident. Je connais les hommes. Comment le Portugais a-t-il besoin de nous pour faire le siége de la tour?

— Ce que l'Espagnol a de plus cher ici-bas, c'est l'honneur! déclara Domingo les larmes aux yeux.

— Je vais répondre, dit Samuel. Les Anglais vous trahissent...

— Caramba! les hérétiques infâmes! hurla Brigide.

— Il faudrait, décida Susan la veuve, égorger tous les Anglais pendant leur sommeil.

Le sacristain ajouta :

— Ecoutez votre seigneur et votre régidor. Tel est le conseil d'un homme qui n'a en vue que votre bonheur!

— Expliquez-vous au sujet des Anglais! exigea le familier Garrada. C'est louche! c'est louche!

— C'est vous qui êtes louche, l'homme! s'écria Da Costa impatienté.

Il se trouvait que Jean Garrada, tout familier de l'Inquisition qu'il était, avait en effet des yeux imparfaitement appareillés. En France, un semblable propos eût gagné une bataille, mais là-bas on rit peu.

Lorença et Béatriz, les deux mères de famille, étaient en train de s'écorcher vives. La femme de Domingo fit du reste observer, avec beaucoup de raison, que Samuel était encore bien plus laid que Jean Garrada.

— J'ai occupé d'importantes fonctions, dit ce dernier, et je méprise vos injures. Vous êtes un étranger. Nos jeunes hommes sont à la guerre, mais l'Espagne saurait se défendre encore avec ses femmes et avec ses vieillards... On peut tuer un ennemi dans l'eau qu'il boit et dans l'air qu'il respire. Expliquez-vous ou retirez-vous.

Les autorités parlèrent bas à Samuel qui regarda son adversaire en face. Celui-ci cligna de l'œil. Samuel fit négligemment sonner les pièces d'or de sa bourse. Jean Garrada cligna de l'œil encore, et ce fut un marché conclu.

— Les Anglais vous trahissent, amis, reprit Samuel. Les Anglais soutiennent la femme et la fille de Cabanil. Pensez-vous que je n'eusse pas brisé déjà cent fois la faible barrière qui me sépare de ces créatures, si je n'avais trouvé devant moi la volonté des Anglais, plus solide qu'un rempart? Elles sont seules, elles n'ont plus de défenseurs, mais elles me bravent parce que le lieutenant-colonel Munro m'a ordonné de les respecter.

— Noir-Comin! un gibier de Satan! dit Jean Garrada avec conviction. Espagnols! voici l'homme que la junte a choisi pour être notre seigneur et notre régidor. Hésiterez-vous entre lui et un scélérat dont l'âme est vendue à l'enfer?

— Je ne veux pas céder ma part des deux femmes, dit Suzan la veuve.

Les yeux dépareillés de Jean Garrada brillèrent comme deux lanternes.

— Toi, tu caches ton jeu, mégère! s'écria-t-il. Tu es une âme damnée des Anglais. Que l'inquisition revienne, et tu seras brûlée vive, sorcière!

— Qu'on me donne un Anglais à déchirer, protesta l'énergumène, dix Anglais, tous les Anglais!... Qu'on me donne...

— Silence! ordonna le familier. Tout Espagnol éclairé et loyal doit être convaincu par les franches explications du seigneur régidor. J'aurais honte d'éplucher la conduite d'un homme qui a la confiance de la junte suprême.,. Amis, suivez-moi, je vais vous montrer le chemin!

Le familier gagnait son argent, tout allait au mieux, quand Domingo, dans un moment lucide, fit cette observation :

— Les Anglais ne sont pas loin; ils peuvent venir; s'ils tiraient sur nous?... Tout notre sang est à l'Espagne, mais...

— Le Portugais n'a pas dit ce qu'il voulait faire de ces femmes, ajouta un autre opposant.

— Je veux me venger! répondit Samuel emphatiquement.

Il savait qu'avec des auditeurs comme les siens, ce mot valait toutes les raisons du monde.

— Et quant aux Anglais, poursuivit-il, je vous ai choisi justement parce que vous êtes invulnérables à leurs coups.

Les Anglais peuvent menacer un homme tel que moi ; ils resteront impuissants devant des femmes, des enfants et des vieillards vengeant la querelle de leur patrie outragée et trahie...

— Depuis que j'existe, l'interrompit Jean Garrada, jamais argument n'éclaira mon esprit d'une aussi vive lumière !

— Laissez achever, lui ordonna Samuel. Si vous vous hâtez, d'ailleurs, vous arriverez avant les Anglais qui trouveront la besogne faite. Je vous donne le pillage de mon château et encore cent onces d'or à partager entre ceux qui mettront la main sur Mencia et sa fille. Les Anglais m'ont défendu d'agir, mais je peux enchaîner la généreuse colère des passions espagnoles...

— En avant, camarades ! Et vive le seigneur régidor ! cria Jean Garrada en agitant son chapeau de Basile.

Les anciens valets de Cabanil firent chorus, et Domingo, essuyant avec sa manche ses yeux baignés de pleurs, brandit la cruche d'aguardiente qu'il avait à la main en disant :

— Espagne, o mon pays, reçois le dernier soupir de ton enfant !

Cette fois, l'élan était donné pour tout de bon. La cohue se précipita vers la grille. Pendant qu'elle montait, désordonnée, le magnifique amphithéâtre formé par le jardin de Cabanil, on aurait pu voir, bien mieux que sur la place, sa composition et, si l'on peut dire ainsi, sa valeur.

Elle ne pesait rien pour le bien. Dix hommes résolus l'auraient arrêtée et culbutée. Pour le mal, au contraire, elle pouvait beaucoup. Au point de vue du pillage et des barbares exécutions, il n'est rien au monde d'aussi redoutable que ces armées où l'élément viril fait défaut.

Elles se composent de tout ce qui est charmant et respectable ici-bas : des mères, des enfants, des aïeux au pas tremblant et à la blanche chevelure, mais il y avait dans la scholastique un adage qui disait : *Corruptio optimi pessima*, la corruption du meilleur est la pire.

Ceci est d'accord avec les lois physiques, qui proportionnent la réaction à l'action. L'eau que le grand soleil a frappée gèle plus vite, et vos mains brûleront, si vous les baignez dans la neige.

Il y a en outre une singulière prédisposition à la cruauté dans tout rassemblement où la vaillance personnelle manque ainsi que la force individuelle. Cela rappelle le nuage d'insectes qui désola l'Egypte.

Il faut le pouvoir pour engendrer la clémence. Cet arrière-ban de faiblesses ivres et d'infirmités galvanisées ne peut être qu'une plaie et qu'un fléau.

En Espagne, les hommes combattaient avec les armes cruelles qu'aiguisent la haine, la vengeance, et, il faut le dire, la férocité native, mais l'arrière-ban des femmes, des enfants, des vieillards, jouait avec le sang et massacrait comme on fait orgie. Elle allait, semblable au géant de la fable qui frappe avec cent bras, et chacune de ses mains portait une arme de bourreau.

Elle s'éparpillait maintenant, déjà furieuse et convulsive, dans ces jardins abandonnés, mais délicieux encore, que la montagne abritait contre le nord et l'ouest, et que des rideaux de platanes centenaires défendaient contre le simoun de ces contrées, *le vent de Portugal;* elle pelotait en attendant partie; avant de tuer, elle écrasait, elle arrachait, elle détruisait.

Sa hache impatiente frappait les grands arbres, son poignard écorchait les jeunes plantes, son épée, comme la baguette du vieux Tarquin, décapitait les fleurs. Elle se ruait, méchante, hargneuse, tourmentée par le besoin de nuire et d'anéantir.

Elle avait tout ce qu'il fallait pour massacrer ; aucune de ses griffes ne manquait à la hyène, non plus aucun de ses crocs. Les enfants se montraient les uns aux autres leurs couteaux aiguisés, les femmes avaient la hache du ménage, quelques-unes la broche, plusieurs le tromblon du mari décédé ; les vieillards brandissaient des épées ou des hallebardes.

Les valets de da Costa portaient des mousquets tout neufs et distribuaient à qui en voulait des pistolets d'Angleterre.

On devrait trouver là-haut des échelles, des torches, des

béliers. Tout le monde criait : courage ! Et Domingo n'était pas le seul qui pleurât de l'aguardiente en parlant de mourir pour la patrie.

Il s'agissait d'attaquer deux femmes, gardées par un seul serviteur impotent et tremblant. Courage ! En face de ce haut fait l'ancien familier lui-même, Jean Garrada, se sentait capable de toutes les prouesses.

Suzan la veuve égrenait son chapelet tout le long du chemin, demandant à Dieu, à la Vierge et aux saints, la bonne aubaine. Depuis assez longtemps elle attendait, seigneur !

Elle n'avait encore déchiré personne de ses propres ongles, qui frémissaient de désir. Miséricordieuse Providence, exaucez enfin une pauvre veuve !

XVII

La première femme du Riche-Homme.

Depuis qu'on était menacé de mourir de faim dans la tour de Ferdinand-le-Catholique, le bon vieil Andrès, écuyer second de la marquise de Cabanil, jouissait d'un appétit désespéré. Certes, il n'eût pas demandé mieux, l'excellent et fidèle serviteur, que de donner son dernier morceau de pain à ses senoras bien-aimées, mais en attendant la frayeur lui creusait l'estomac, et il mangeait à toute heure. Le sommeil seul arrêtait le labeur de ses mâchoires. Il avait ses poches bourrées de vieilles croûtes de pain et même de comestibles moins faits pour être introduits dans les poches.

La propreté n'est pas vertu espagnole. Andrès, que nous donnons pour un respectable modèle de dévouement au malheur, se trouvait avoir de très-grandes poches ; il y fourrait des morceaux de lard, des bribes de fromage, et même de la graisse, qui avait le tort de fondre à la chaleur de sa peau. En temps de famine, on serait bien coupable de perdre la moindre chose. Les poches d'Andrès étaient comme deux marmites, où sa chaleur naturelle mijotait tout doucement deux ollas podridas, deux ragoûts, si vous voulez, composés de tous les rogatons connus et capables de mettre en déroute le diable lui-même.

— En cas de besoin, se disait-il pieusement, cela peut sauver la vie des senoras.

Il était avare de son trésor. Il n'y touchait qu'à la dernière extrémité. Il aimait mieux puiser au panier pour bourrer son estomac comme ses poches. Ainsi fait le prévoyant chameau quand il va traverser le désert.

— En cas de besoin, pensait encore ce digne Andrès, si j'ai bien mangé, je pourrai laisser tout aux senoras.

En somme, c'était pour les senoras, tout ce qu'il en faisait. Il ne songeait point à lui-même.

Quand par hasard il goûtait au contenu de ses poches, c'était avec une sensualité profonde. Les méridionaux ont inventé l'art médiocrement délicat de *pocher* les olives. Ils aiment le rance. Cet héroïque Andrès, image de l'abnégation, se promettait de garder dans des temps plus heureux l'habitude de faire sa cuisine dans ses doublures.

— En cas de besoin, ruminait-il, les chères senoras auront là un bon petit plat pour leur dernier repas.

Si l'on nous accuse d'avoir médit de l'Espagne, nous répondrons en montrant ce personnage d'Andrès, écuyer second, dessiné avec tant d'amour et l'un des plus attendrissants qu'ait enfantés l'art moderne.

Andrès nous paraît être une tache lumineuse au milieu d'un sombre tableau. Il a des rayons comme les têtes de saints sur les toiles du moyen âge. Puisse l'humble grandeur de ce type nous faire pardonner par l'Espagne elle-même la sévérité juste de certains coups de pinceau !

Nous l'avons dit : ses hommes étaient à l'armée. A la maison, nous n'avons trouvé que les bourreaux. Chez nous aussi, quelques années auparavant, tandis que les hommes promenaient de la Sambre au Nil l'immortel drapeau de la France, les bourreaux besognaient à la maison et mêlaient le sang à la fange pour tacher l'honneur national.

Il reste donc, comparaison faite, à l'avantage de l'Espagne, cette suave et sereine figure d'Andrès, écuyer second, avec de la sauce dans ses poches. Il n'était pas du tout gourmand comme Sancho-Pança, être fabuleux, création sarcastique ; il mangeait pour ses senoras.

Quand il avait fini de manger, il tremblait un peu, puis il ronflait. Au compte du proverbe : *Qui dort dîne*, ce vénérable Andrès dînait toujours. Signalons en passant cet effet de la famine et revenons à notre drame.

Dona Mencia de Cabanil était toujours étendue sur son lit dans la chambre-alcôve de la tour de Ferdinand-le-Catholique. A son chevet, une jeune fille agenouillée veillait. On ne voyait de la salle octogone que sa taille gracieuse et les belles boucles qui ruisselaient sur ses épaules. Elle était seule, près de Mencia ; on avait placé Andrès en vedette sur la plate-forme. Il dormitait là, comme Homère, en grignottant quelque chose, presque rien.

La jeune fille réchauffait entre ses mains la main pâle et froide de la marquise qui ne sommeillait point, mais qui avait les yeux demi-fermés.

Le grand jour éclairait maintenant les tristes et austères magnificences de cette pièce, dont les peintures murales semblaient vivre ou raconter du moins avec une étrange énergie la funèbre histoire des filles de Cabanil.

Les cinq lampes brillaient faiblement, tombant des hauteurs de la voûte ; la panoplie renvoyait, assombrie, les rayons du soleil levant ; l'or scintillait au dos de grands in-folios poudreux. Sur la table, dans le trouble des événements de la nuit, on avait jeté, dépliée, la feuille de parchemin qui contenait le plan des souterrains.

Dans l'alcôve, qui n'avait point de fenêtres, toute cette lumière pénétrait décomposée et adoucie. Dona Mencia paraissait plus faible encore et plus défaite qu'à la lueur du flambeau. Une sorte de voile livide couvrait les restes de sa beauté, nous dirons aussi de sa jeunesse, car, certes, celle-là était non-seulement trop noble, mais trop jeune de vingt ans pour avoir été jamais la rivale d'Antioh-Amour. Elle respirait avec peine. De temps en temps ses paupières se levaient pour jeter un regard tendre et plein de mélancolie sur la jeune fille agenouillée à son chevet.

— Juanita, chère enfant, demanda-t-elle après un long silence, y a-t-il beaucoup de temps que ma Joaquina est sortie?

Lilias, car c'était elle, répondit :

— Elle est sortie quand je suis rentrée, madame, voici à peu près une demi-heure.

La marquise ferma les yeux tout à fait. La lumière la blessait.

— Le pays doit être plein de nos ennemis, murmura-t-elle ; je n'entends pas parler des pauvres paysans à qui nous avons fait toujours le plus de bien que nous avons pu, mais de ces Anglais, nos persécuteurs cruels, implacables ! Qu'allez-vous faire ainsi au dehors, tour à tour, toutes seules ?

— Dona Joaquina entretient des relations avec la ville de Talavera pour son père prisonnier, madame, répliqua Lilias, et peut-être aussi cherche-t-il un moyen de fuir ce pays qui n'est pas bon pour vous.

— Penses-tu que nos paysans nous aient trahies comme nos serviteurs, enfant ? demanda vivement la marquise. On dit pourtant que ceux qui sont libres ont le cœur placé plus haut que les valets.

— Madame, murmura Lilias, vous avez été ici une providence... mais l'Espagne agonise, et l'agonie d'un peuple a, comme celle de l'homme, ses convulsions et son délire.

Dona Mencia répéta comme si elle eût cherché laborieusement un sens à ces paroles :

— L'Espagne agonise...

Mais sa pensée ne s'arrêta pas longtemps à ce sujet, trop extérieur pour l'égoïsme d'une malade.

— Sais-tu, Juanita, reprit-elle d'un ton confidentiel, ma Joaquina et ma Blanche, c'est le jour et la nuit. Jamais on ne vit deux sœurs avoir des natures si contraires. Bonnes et charmantes toutes deux, car Dieu me garde d'accuser ma Joaquina chérie ! Ses bizarreries appartiennent à ce mal mystérieux qui nous effraya dès son enfance ; son cœur est d'or... Mais ma pauvre douce Blanche n'avait rien de caché pour moi, elle me disait tout, tout, jusqu'aux plus chers secrets de sa pensée. Je savais son âme. J'étais la confidente de ses candides amours avec ce fier et noble soldat, le fils de ma meilleure amie.

— César de Chabaneil... prononça tout bas Lilias, qui devint pâle.

— César de Chabaneil, qui est mort comme elle, comme mon fils, comme ma Jeanne, comme tout ce que nous avons aimé !

Les traits de dona Mencia se contractèrent comme si elle eût été sur le point de pleurer, mais ses yeux restèrent secs : elle n'avait plus de larmes.

— Il vous reste une fille, madame... commença Lilias.

— Oh ! je ne méconnais point la bonté de Dieu, enfant ! l'interrompit la marquise avec un douloureux sourire. Il me reste une fille, c'est vrai, un petit coin de mon cœur qui n'est pas mort Et il me reste toi aussi, Juanita, chère âme, toi qui trompes mes regrets parfois jusqu'à me donner la délicieuse angoisse d'une mère qui verrait, d'en bas, son enfant dans le ciel.

Lilias lui baisa la main. Dona Mencia reprit ;

— Apporte-moi le portrait de Blanche, Juanita.

La jeune fille se leva aussitôt et passa dans l'oratoire pour obéir. Quiconque l'eût vue à ce moment aurait eu peine à définir l'étrange expression de son visage. Elle était pâle, mais ses beaux yeux brillaient. C'était de la passion, du désir, de la crainte aussi, et surtout une résignation qui faisait son regard sublime.

Elle décrocha le portrait de l'aînée de Cabanil et l'apporta dans l'alcôve. La marquise l'examina longuement d'un œil attendri, puis son regard, glissant hors de la toile, se releva sur Lilias, qui était maintenant debout devant elle et qui souriait pour cacher peut-être le tumulte de ses pensées.

— Elle souriait ainsi, murmura Mencia, le jour où elle me dit : Je l'aime.

Le rouge monta violemment au front de Lilias.

— Elle rougit ainsi, dit encore la marquise, au moment où l'aveu tomba de ses lèvres... Aimes-tu, toi, Juanita ?

— Non, madame, répondit la jeune fille, dont les paupières se baissèrent.

— Il n'y avait qu'elle pensa tout haut Dona Mencia, pour me montrer le fond de son cher petit cœur... Tu as ses yeux, Juanita, soit que tu me découvres ta prunelle limpide, soit que ta paupière tombe et rabatte tes longs cils sur ta joue. Tu as ses cheveux, les cheveux de Cabanil, cette douce soie qui caressait mes lèvres quand elle était toute petite. Joaquina ne lui ressemblait pas. Joaquina est belle autrement qu'elle... Est-ce parce que tu es son vivant portrait que je t'aime!

Elle attira Lilias sur son sein et la baisa passionnément.

— Il y avait longtemps que je n'avais réussi à pleurer! reprit Mencia en jetant à la peinture un dernier regard à travers le voile d'une larme tôt séchée. Non, Juanita chérie, non, ce n'est pas pour cela seulement. Qu'importe le visage? Tu as son cœur aussi, plus fort, plus ferme, plus hardi, mais si tendre, mais si bon, mais si noble! Ecoute! Je me suis bien souvent reproché cela autrefois : je l'aimais mieux encore que Joaquina, et, à cause de cette préférence cachée, je donnais à Joaquina une part plus grande de mes caresses. Je gâtais Joaquina pour lui payer une dette que rien ne peut éteindre... Ecoute! écoute! Je ne sais quel plaisir j'éprouve à te parler comme jamais je n'ai parlé qu'à Blanche, qui savait tout mon cœur et qui m'aidait à aimer Joaquina... Car je l'aime, comprends bien que je l'aime, au point de donner à l'instant même ma vie pour acheter son bonheur!... Mais Blanche! Le cœur des mères ne peut pas se blaser, vois-tu, et le second berceau voit les mêmes folies de caresses que le premier. C'est la loi. J'étais, moi, la troisième fille de ma mère, et je me souviens de ses baisers... Eh bien! Juanita, c'est là où est mon remords. J'ai appris à aimer Joaquina, comprends-tu? J'ai appris. Cela ne me vint pas tout seul : il fallut Blanche et les premières caresses du pauvre être qui me souriait dans ses langes. Au premier moment, j'étais froide, il me semblait que j'avais l'enfant d'une autre; je ne reconnaissais pas mon cœur qui, s'était élancé tout entier vers l'aînée et qui, pour la cadette, restait immobile au fond de ma poitrine...

Elle s'arrêta, parce qu'elle entendait la respiration précipitée de Lilias.

— Tu me blâmes ! poursuivit-elle. Blanche me blâmait. Blanche adorait Joaquina. Tu l'aimes, n'est-ce pas Juanita?

— Si la distance qui est entre nous ne me défendait de parler ainsi, répliqua Lilias, je dirais que je l'aime comme une sœur.

— Elle t'aime aussi... Elle a bon cœur, va! Non, non, je ne méconnais pas la bonté de Dieu qui t'a envoyée dans ma maison déserte! Mais il y a des choses inexplicables... Pourquoi suis-je contente de me trouver seule avec toi, ce matin? Les absences de Joaquina me donnent pourtant beaucoup de tristesse... Aujourd'hui, j'ai peur de la voir revenir...

Je ne t'ai pas tout dit. Depuis que Blanche n'est plus là, je suis seule ; mes secrets sont avec elle. Joaquina ne sait rien, vois-tu, parce qu'elle ne me dit rien. Elle est bonne, respectueuse, dévouée, attentive... Mais Blanche! Blanche! Blanche!

Ce fut comme une explosion. Elle prononça ce nom par trois fois en couvrant son visage, et les larmes jaillirent au travers de ses doigts.

Ici encore il faut dire que la physionomie de Lilias parlait un langage incompréhensible. Elle était profondément émue, mais elle faisait tous ses efforts pour ne le montrer point.

Elle écoutait, immobile et complaisante plutôt qu'empressée à savoir. On eût dit qu'elle craignait d'apprendre; d'autres fois, il semblait qu'elle prêtât l'oreille, par respect, à une histoire souvent rebattue.

Et, cependant, jamais dona Mencia ne lui avait parlé comme elle le faisait aujourd'hui.

— Approche-toi de moi, reprit cette dernière, dont par intervalles la voix se voilait : je voudrais te dire tout ce que ma Blanche savait et je suis déjà bien lasse. Approche-toi plus près encore : c'était ainsi que je la mettais près de moi, ma bouche tout contre son oreille et ma main jouant avec ses cheveux...

D'autres pourraient douter, ma pauvre Juanita, mais, moi, je sais bien qu'elle est morte. Je connais la malédiction qui pèse sur la maison de Cabanil. Cette malédiction a un nom :

elle s'appelle vengeance... et quand Joaquina n'est pas près de moi, j'ai peur.

Elle eut un frémissement. Peut-être se souvenait-elle d'avoir dit tout à l'heure qu'elle était aise de l'absence de sa fille.

— J'ai peur, poursuivit-elle, et cependant quelque chose me porte à penser que, précisément la vengeance s'arrête à Joaquina. Pourquoi? Quelle est cette chose qui me porte à penser ainsi? Si je cherche, il n'y a rien, mais dès que je ne cherche plus, la voix me crie : Celle-là ne mourra pas. Est-ce confiance en la bonté de Dieu? Peut-être....

J'étais toute jeune quand mon père me maria au Riche-Homme, qui portait le deuil de la première marquise de Cabanil. Ce n'était pas encore un vieillard, mais sa figure austère et froide ne m'inspirait que de la frayeur. J'acceptai sa main par obéissance; il m'aimait d'amour. Don Blas de Cabanil est un homme juste et droit; il n'eut jamais pour moi que des bontés, mais tout mon bonheur fut dans mes enfants.

Mon fils, d'abord, le bien nommé : tête et cœur d'ange, puis ma Blanche, ma blanche colombe, comme je l'appelais. Quand il me les eut donnés, j'aimai le Riche-Homme.

Il y avait à notre château de Guadaloupe une servante de grand âge qui se nommait Léonor. Elle me haïssait parce que je tenais la place de son ancienne maîtresse. Je la soignai dans une maladie qu'elle eut. Quand elle revint à la santé, ce fut pour se donner à moi tout entière. Elle avait été la favorite de la première marquise de Cabanil.

Je ne savais rien de la vie ni de la mort de cette noble dame, qui était une Medina-Torres et dont le portrait mélancolique pendait aux murailles de notre salon d'honneur.

J'étais jeune et curieuse : Léonor n'avait rien à me refuser; elle hésita pourtant avant de répondre à mes questions. Quand elle me répondit enfin, ce ne fut pas une histoire qu'elle me raconta. La vérité s'échappa de ses lèvres par lambeaux. Cristine de Medina-Torres, première marquise de Cabanil, était morte empoisonnée.

Un matin, me dit Léonor, on avait trouvé des traces de

pieds nus dans les allées du jardin et les deux trous creusés par les montants d'une échelle sous la croisée de la marquise. C'était tout. Nulle autre marque qui pût aider les soupçons. La fenêtre était intacte ; rien n'avait été dérangé dans la chambre. La marquise décédée était entre ses draps blancs, toute noire.

Les médecins déclarèrent qu'elle était morte par l'air que ses poumons avaient absorbé. On lui avait fait respirer dans son sommeil le nitah, ce poison oriental qui servit, dit-on, depuis à endormir pour toujours la malheureuse princesse des Asturies.

Aucun médecin en Espagne ne put fournir le nitah qui était, dit-on encore, un secret héréditaire dans la grande famille des Rômes de l'anneau de fer. On donna la chasse aux bohémiens, qui furent introuvables comme si la terre entr'ouverte leur eût prêté un asile. Puis l'oubli s'étendit sur cette mort comme un voile.

Là s'arrêtèrent d'abord les révélations de l'ancienne servante, mais un soir qu'elle endormait Ange dans ses bras, il lui échappa de dire : « L'autre aurait maintenant ses vingt ans accomplis. » Je la pressai aussitôt de questions. La première marquise avait un fils. Le jour où ce fils atteignait sa seizième année, on l'avait trouvé mort dans son lit...

— Empoisonné aussi ? demanda Lilias, prise malgré elle par l'intérêt de cet étrange récit.

— Non, étranglé, répondit dona Mencia. C'était un beau jeune homme. Son père était fou de lui. On avait vu des bohémiens rôder dans la contrée. La marquise, car ceci se passait de son vivant, voulut qu'on les mît tous à la question. Le marquis l'emmena à Madrid.

Ce fut tout encore pour cette fois. Léonor était avare de ces secrets qui appartenaient à autrui. Quand j'eus ma petite Blanche pourtant, elle me parla d'une fille de Cristine de Medina-Torres, qui était morte à seize ans, comme son frère, et auprès du berceau de Joaquina, elle m'avoua que les filles de Cristine étaient deux. La seconde avait eu le même sort que la première. Et toujours le soupçon avait plané sur les Rômes de l'anneau de fer.

Le Riche-Homme était puissant alors; outre son immense fortune, il avait la faveur du roi et l'amitié du prince de la Paix. Pourquoi ne traquait-il pas ces loups?

Ce fut bien longtemps après, le lendemain du jour où Dieu nous frappa au milieu de notre bonheur en nous enlevant du même coup un fils et une fille : Jeanne de Chabaneil et mon bien-aimé Angel, que Léonor, qui s'en allant mourant de vieillesse, acheva comme elle put sa révélation.

Je dis *comme elle put*, car je ne compris pas tout dans ses aveux embarrassés et interrompus par la mort. La reine des Gitanos de l'anneau de fer avait un fils dont le père était le marquis Blas de Cabanil. Voilà pourquoi je sais que ma Blanche est morte, Juanita! Voilà pourquoi j'ai peur dès que je ne vois plus ma pauvre Joaquina près de moi.

Dona Mencia se tut et sa tête retomba sur l'oreiller. Il y eut un silence. Lilias prêtait l'oreille à un murmure lointain qui venait du sud-est.

— A quoi penses-tu, enfant? demanda la marquise.

— Je pense, répondit Lilias, que la faiblesse et le malheur sont parfois des garanties. Vous êtes ici sans défense, madame, et si les bohémiens avaient voulu vous enlever votre dernière fille...

— Tu dis vrai! l'interrompit Dona Mencia, tu dis vrai! C'est ma propre pensée que tu exprimes. La vengeance s'est arrêtée à elle. S'il en était autrement, je la pleurerais déjà, car il n'y a plus de barrière entre elle et nos ennemis... T'ai-je dit que le fils de la Bohémienne était maintenant un officier anglais?... Léonor l'avait reconnu parmi ceux qui tenaient garnison à Gibraltar...

Où en étais-je, enfant? Le tocsin a sonné ce matin. Où pouvait être l'incendie?... J'y suis : je disais que mon fils Ange et ma Blanche chérie avaient accompli leur destin au milieu de notre puissance. Le malheur avait dû franchir bien des obstacles avant d'arriver jusqu'à eux... et je me demandais : Qui donc protége ma Joaquina?

Elle parlait avec peine, et ses idées semblaient perdre leur suite. Lilias ne répondit point, parce qu'elle vit ses paupières se fermer. L'épuisement l'avait vaincue.

Au bout de quelques instants, Lilias prit le portrait qui reposait sur le lit et regagna l'oratoire. Avant de remettre le portrait à sa place, elle le contempla longuement, et ses grands yeux humides exprimèrent une sorte d'envie.

— Comme on l'aimait! murmura-t-elle.

Avant d'accrocher le portrait, elle le baisa.

Puis elle resta pensive, les mains jointes, la tête inclinée sur sa poitrine. Un rayon de soleil, glissant au travers des vitraux, découpait sa taille sur le fond obscur de l'oratoire et montait jusqu'au portrait en se jouant parmi l'or sombre de sa chevelure. Le portrait semblait sourire en la regardant si belle.

Neuf heures sonnèrent au château. Lilias, secouant son rêve, traversa la salle et sortit sur la plate-forme où le vieil Andrès dormait. Le murmure lointain qui venait du sud-ouest avait grandi et s'était fait rumeur.

— Elle demandait où peut être l'incendie, pensa tout haut Lilias. L'incendie approche : le voilà! Joaquina tarde bien! Si Cabanil a encore des défenseurs, qu'ils viennent : il est temps.

XVIII

La Cabanilla.

Joaquina, pendant toute cette nuit, n'avait pas fermé l'œil. Le jour naissant l'avait trouvée pensive et luttant contre cette sourde angoisse que l'hésitation inconnue donne aux esprits hardis. Il est une heure, en effet, où l'âme et le corps semblent faillir à la fois quand le sommeil réparateur n'a point remonté les ressorts de notre misérable machine humaine.

Nous ne parlons point seulement d'une fillette vaillante comme la Cabanilla; il s'agit de tout le monde, des plus forts comme des plus faibles, des plus grands même, car cette heure de défaillance perfide a dû trahir plus d'une royale volonté. C'est l'instant où les veines frissonnent, où le cœur prend froid, où l'avenir, tout à l'heure brillant, se voile sous les couleurs du deuil.

L'avez-vous vue, cette heure, bien autrement sinistre que minuit calomnié, se glisser grise et sépulcrale parmi les joies d'une fête? L'avez-vous vue, toute blême, effrayer l'orgie comme la main qui traça la menace mystérieuse au mur de la salle où festoyait Balthazar?

La fête et l'orgie ne peuvent rien contre elle: à son aspect, les flambeaux étonnés jaunissent, les buveurs chancellent, se regardant les uns les autres, et ne sachant plus rire, parce qu'ils ne reconnaissent plus les joyeux compagnons qui les entouraient.

La table est entourée de spectres cyniques. Les danseurs, ivres, ceux-là, d'amour et de jeunesse, les danseurs qui nageaient naguère dans cette atmosphère enchantée où femmes et fleurs secouaient leurs excitants parfums, s'arrêtent et cherchent en vain à retenir l'illusion qui s'enfuit.

L'heure cruelle a sonné; la fée du crépuscule a touché de son doigt glacé tous ces enchantements; les regards diamantés s'éteignent, les paupières se creusent, les traits tirés pâlissent, il n'y a plus que des fronts flétris sous des fleurs fanées.

C'est à cette heure livide que la trompette sonnera. La dernière nuit ne verra point cette aurore aux doigts de roses qui entr'ouvrait jadis les portes de l'Orient; elle distinguera seulement, sous les plis de son suaire, le fantôme attardé qui, chaque matin, réveillait l'aurore. Le monde mourra de cette heure inquiète et découragée qui lui apportera son dernier frisson dans son angoisse suprême.

Joaquina se leva et entra dans l'alcôve. Elle se pencha sur le maladif sommeil de sa mère et resta un instant comme écrasée sous sa rêverie triste. Ses lèvres effleurèrent le front de dona Mencia qui s'agita faiblement. Quand Joaquina se redressa, il y avait des larmes qui roulaient sur sa joue.

— Elle est avec Blanche, puisqu'elle sourit, murmura-t-elle.

Mais sa nature était précisément de secouer ces langueurs et de regimber contre ces faiblesses. Elle se retourna vers la fenêtre qui regardait l'orient, comme pour défier l'influence ennemie de cette heure du Golgotha qui semble porter le deuil de la divine agonie. Ses grands yeux noirs eurent un éclair mutin et son front pâle se releva plus fier sous le jais de sa chevelure.

Il y avait dans la chambre-alcôve, en face du lit de sa mère, une table de toilette sous un vieux grand miroir de Florence au cadre ajouré comme une dentelle. Joaquina se plaça devant ce miroir qui lui envoya le sourire de son audace revenue, et le sourire se fit aussitôt plus rayonnant par l'orgueil qu'elle eut de se trouver si belle. Elle dépouilla ses épaules où ses beaux cheveux ruisselèrent, bondissant comme une cascade de soie.

Le peigne glissa rapidement dans leurs ondes, puis elle les ressaisit à pleines mains, si abondants qu'ils échappaient à son étreinte; elle les tordit, elle les roula, elle les noua en couronne sur sa tête, ne laissant à son front que ces boucles légères et plus courtes qui jouent naturellement autour des tempes. Plus d'une reine aurait donné son diadème pour les cheveux noirs de la Cabanilla.

Ses deux petites mains, actives et adroites derrière la gracieuse cambrure de ses reins, trouvèrent le lacet de son corset. D'un temps, les œillets rapprochés s'embrassèrent et le lacet s'allongea jusqu'au parquet. Sa fine taille, ainsi emprisonnée, eût tenu entre ses dix doigts mignons, tandis que sa hanche souple et ronde enflait la batiste de ses jupons.

Gibraltar importe quelque peu la contagion des mœurs anglaises dans ce petit coin de l'Andalousie qu'on nomme la Pointe d'Europe et où s'élevait le château de Guadaloupe. Blanche et Joaquina, jadis, étaient des amazones. La contagion ne va pas cependant jusqu'à imposer aux *cavalières* espagnoles l'horrible fourreau dont le *cant* revêt l'amazone anglaise et que notre anglomanie chronique a respectueusement adopté.

L'Espagnole a besoin de ses mouvements libres; elle n'a point à dissimuler comme la longue fille d'Albion certaines défaillances physiques vers le haut, vers le bas certains appendices terminaux un peu trop développés.

L'Inquisition a pu la torturer, mais non jamais faire descendre sa robe au-dessous de la cheville qu'elle a charmante. Le *cant* protestant, vainqueur quelque jour et plus cruel que le saint-office lui-même, pourra l'enterrer sous un monceau de bibles interpolées, mais non jamais cacher son pied hardi, cambré, moulé, délicieux du talon à l'orteil, son pied chéri qu'elle gante mieux que sa main, son petit pied qui gesticule et qui parle, son pied intelligent, dilettante, poëte, son pied, le Cid des pieds, qui fait son tour d'Europe en brûlant le bolero que l'Amérique idolâtre promène sur un char triomphal, attelé de sénateurs en cheveux blancs !

Joaquina choisit dans le grand coffre, empli à la hâte au moment de la fuite, un costume d'amazone espagnole, simple et coquet : calzones de velours aux mille boutons de jais, longue basquine frangée de dentelles noires et toque à plumail renversé.

En un clin d'œil, le corsage agrafé dessina la juvénile splendeur de ses formes, pendant que, à l'entour de ses reins, la ceinture lâche enroulait ses plis abondants et soyeux. Un poignard à manche d'or ciselé disparut entre l'étoffe et la doublure de sa manche, et la toilette fut achevée.

Joaquina se regarda encore dans le grand miroir de Florence encadré de broderies. Elle vit le songe d'une nuit d'été, la fée aux sourires étoilés, le rêve éblouissant, le diamant noir, toute la Vénus andalouse, plus Vénus que la vraie mère d'Amour, et encore rougit-elle, l'orgueilleuse fleur, pour épanouir mieux les rayons de sa corolle.

— Vous êtes bien belle, senora, dit une voix derrière elle.

Une voix douce et grave comme le visage de celle qui parlait.

Joaquina tressaillit et se retourna. Lilias était à ses côtés, dans son costume sombre et presque austère, mais belle aussi, quoique d'une autre beauté, peut-être plus belle. Joaquina pensa ainsi, sans doute, car elle se prit à la contempler avec une sorte d'admiration.

Lilias avait marché beaucoup et vite. La fatigue de sa course soulevait son sein et animait sa joue. Ses cheveux en désordre étageaient confusément la richesse de leurs boucles comme un trésor éparpillé. Jamais la Cabanilla ne l'avait vue si charmante, mais elle n'eut point de jalousie, pas plus qu'elle n'eut de honte ou de colère pour avoir été surprise.

— L'as-tu vu? demanda-t-elle vivement.

— Non, répondit Lilias, mais votre commission est faite.

— As-tu confié mon secret, Juanita! s'écria la Cabanilla avec reproche.

— Il est quelqu'un, répliqua Lilias en baissant les yeux, à qui je dis tout comme si je me parlais à moi-même.

— Et tu affirmais, cette nuit, que tu n'aimais point!

— Je l'affirme encore, senora... Pour aimer, il faut espérer.

Le regard de la Cabanilla s'adoucit. Elle saisit les deux mains de Lilias et dit en lui effleurant le front d'un baiser :

— Toi, Juanita, n'être pas aimée!

— Avez-vous pitié de moi, déjà, senora? répartit Lilias en souriant non sans fierté ; cela prouve la bonté de votre cœur... Nous sommes ici pour parler de vous, non point de moi. Le lieutenant Hector de Chabaneil est averti et va venir.

— Je l'attends, petite sœur.

— Il ne faut pas l'attendre, senorita : il faut aller au-devant de lui.

— N'a-t-il pas la clef?

— Si fait; je la lui ai envoyée.

— Alors, qu'est-il besoin?...

— Tout à l'heure en arrivant, j'ai vu de loin un homme, enveloppé d'un manteau, qui semblait faire sentinelle devant la poterne. Au bruit de mes pas, il s'est enfoncé dans le bois de sapins qui borde le sentier menant à la chaumière de Susan la veuve.

— Tu ne connais pas cet homme, Juanita?

— Je crois que je le connais, senorita, bien que je ne l'aie jamais vu avant ce jour. Son manteau cachait ses habits et aussi son visage, mais il portait la toque écossaise avec une plume d'aigle attachée au moyen d'une plaque d'or, au centre de laquelle brillait une émeraude.

— Edouard Wellesley!... murmura la Cabanilla.

— Peut-être ne serait-il pas bon, poursuivit Lilias, que le lieutenant de Chabaneil et lui pussent se rencontrer à la poterne.

La Cabanilla resta un instant rêveuse et ne répliqua point.

— Tu as raison, répliqua-t-elle enfin, je suis une folle ! Je songeais aux époques de chevalerie où deux rivaux s'unissaient loyalement pour protéger la dame de leurs pensées... Nous n'en sommes plus là ; tu as raison, il faut éviter leur rencontre à tout prix.

— Ce jeune homme est timide et vous aime, dit Lilias, un mot de vous l'éloignerait.

Pour la seconde fois, Joaquina réfléchit, puis elle murmura :

— Je ne veux pas l'éloigner.

Lilias la regarda étonnée.

Joaquina releva résolûment ses paupières.

— Il n'y a plus que moi, dit-elle, pour soutenir le destin de Cabanil. Je donnerais la moitié de mon sang pour être un homme. Puisque je ne peux pas tenir l'épée, je me servirai des armes de la femme. Je ne veux pas éloigner Wellesley, je puis avoir besoin de lui.

— C'est un jeu dangereux, senora... commença Lilias.

— Toutes les armes sont dangereuses et peuvent être tournées contre ceux qui les portent. Ne me conseille pas, petite sœur, aide-moi... Est-il temps de partir ?

— Il est temps.

— Où trouverai-je Hector de Chabaneil ?

— Dans le sentier qui borde le bois de pins... Il peut désormais venir d'un instant à l'autre.

La Cabanilla prit sa mante et la jeta sur ses épaules. Elle ouvrit avec bruit la fenêtre qui donnait sur la plate-forme, du côté de la route, et appela Andrès à haute voix. Le vieil écuyer s'éveilla en sursaut.

— Andrès, lui ordonna Joaquina, postez-vous au balcon et veillez.

— Senora, répondit Andrès, je prendrai, s'il vous plaît, auparavant, une pauvre bouchée de pain. La faim est un fléau cruel.

Il dévalisa le panier et passa sur le balcon avec une grande escopette qu'il ne quittait plus depuis *les événements*, pour employer son style. De ce qu'il avait pris, il fit loyalement deux parts : une pour lui, l'autre pour ses poches.

La Cabanilla, cachée derrière lui, jeta un coup d'œil par-dessus la balustrade. Elle vit l'homme au manteau qui tournait l'angle du chemin. Son stratagème avait réussi. Elle embrassa Lilias et descendit l'escalier en courant. Lilias la vit, plus légère qu'une gazelle, traverser la route en trois bonds et se perdre dans le bois de pins. Lilias rentra et vint s'asseoir au chevet de dona Mencia.

Joaquina, cependant, une fois couverte par l'ombre du bois, au lieu de se diriger vers le sentier de la chaumière, où elle attendait Hector, prit sa course sur la gauche et gagna les roches qui surplombaient la route, du côté du pays de Léon. Elle avança avec précaution jusqu'à l'arête même du mur de roche sous lequel passait le chemin et laissa tomber un coup d'œil au fond de la gorge. Elle sourit.

Edouard Wellesley était là. Il s'était arrêté au coude même de la voie qui lui cachait la tour de Ferdinand le Catholique. De la balustrade on ne pouvait plus le voir, et cela lui suffisait. Il ne voulait point s'éloigner davantage, mais il n'osait se rapprocher : il attendait.

Le sourire de Joaquina disait avec quelle précision elle devinait tout cela.

Elle avait vu tout ce qu'elle voulait voir. Elle rentra dans le bois et coupa au plus court vers le sentier. Il était temps. Un pas se faisait entendre au sommet de la montée, d'où les petits cailloux dessendaient en roulant. Joaquina grimpa sur le talus et attendit. Au bout de quelques secondes, Hector parut. Il s'arrêta stupéfait à la vue de Joaquina, dominant la route comme une charmante statue.

— Je vous salue, mon cousin de Chabaneil, dit-elle.

Hector resta muet. Elle ajouta, en mettant ce qu'il fallait de mélancolie dans son sourire :

— Autrefois, mon cousin Hector, je vous aurais reçu en notre château de Cabanil. mais, aujourd'hui, le château de

Cabanil n'est plus à nous, et je viens à votre rencontre comme une pauvre fille qui n'a ni maison ni héritage.

Elle lui montra du doigt une brèche au talus et descendit elle-même à l'intérieur du bois.

Quand Hector se montra à la brèche, elle fit un pas au devant de lui.

— Autrefois, reprit-elle avec une nuance d'amertume dans son accent, nous avions des demeures assez grandes pour nous et pour ceux que nous aimions, assez grande pour votre mère, Hector, notre amie respectable et chérie, assez grandes pour votre sœur, qui fut aussi la mienne... Aujourd'hui, Dieu ne nous a laissé qu'une chambre où ma mère malade souffre, et comme ma mère ne doit ni ne peut attendre ce que je vais vous dire, je viens sur le chemin; le bois est mon boudoir; la mousse sera notre sopha, si vous voulez... Faites comme moi, asseyez vous.

Ces derniers mots furent prononcés avec une sorte de gaieté.

L'embarras d'Hector le faisait silencieux. Il ne revenait pas de sa surprise. On peut dire qu'il ne s'attendait à rien de semblable. Il ne l'avait vue qu'en passant; c'était un rêve qu'il adorait bien plus qu'une réalité, mais la vue de la Cabanilla dépassait de beaucoup en grâces, en charme, en éclat, le portrait tracé par son imagination. Il avait eu beau faire : il ne l'avait pas rêvée si délicieusement jolie.

D'un autre côté, jeune et sortant de l'école, Hector n'avait pas vu beaucoup de femmes, mais celles qu'il avait vues étaient du très-grand monde d'alors. Il les avait abordées un peu en protégé, malgré sa naissance, et Joaquina renversait brusquement toutes les idées qu'il se faisait d'une grande dame. Ne croyez pas qu'elle lui semblât au dessous du niveau qu'il avait posé lui-même dans sa pensée.

Rien ne séduit les jeunes esprits comme l'étrange et l'imprévu. L'angle bizarre sous lequel il plaisait à Joaquina de se montrer, soit qu'elle outrât un peu l'originalité de sa nature, soit qu'elle suivît tout uniment, comme c'est probable, la pente de son caractère excentrique, le transporta en pays inconnu. Il aimait, il admira. La pensée lui vint qui vient du reste à tous : il crut aimer un être à part, supérieur aux autres créatures de Dieu.

Le roman débordait autour de lui; le roman dégage toujours une sorte d'ivresse. Hector essaya en vain de dominer son trouble. La fumée du roman lui monta au cerveau avant même qu'on lui en eût dit le prologue ou l'intrigue.

Au lieu de s'asseoir, il s'agenouilla et baisa la main de Joaquina. C'était une main de fée.

Elle se laissa faire en souriant comme une petite reine qui reçoit l'hommage de son féal sujet et répéta lestement :

— Asseyez-vous, mon cousin, la mousse est sèche et nous avons les arbres pour nous garder contre le soleil. Ce bois, du reste, appartenait à mon père comme tout le reste du pays: nous sommes chez nous.

Hector obéit. Elle lui tendit la main, mais ne voulut point qu'il la portât une seconde fois à ses lèvres.

— On ne baise si souvent que la main des madones, dit-elle.

Puis elle ajouta en le regardant fixement :

— Il est certain que nous nous marierons, si vous voulez, monsieur de Chabaneil, mais vous avez bien des choses à faire d'ici là, et nous ne nous marierons que si vous les faites toutes.

Hector baissa les yeux et tâcha de regarder en lui-même pour voir s'il était bien éveillé. La Cabanilla reprit :

— D'ordinaire on passe beaucoup de temps à se dire qu'on s'aime. Faisons, je vous prie, comme si nous nous étions tout dit. Nous sommes pressés. Avant de savoir que vous étiez Hector de Chabaneil, je vous avais remarqué. C'était une infidélité que je vous faisais à vous-même, car, depuis ma petite enfance, ce nom d'Hector de Chabaneil est à mon oreille le nom de mon mari.

— Se peut-il?... balbutia le pauvre Hector, qui cherchait l'occasion de placer une parole.

Il avait tort. Il est nombre de cas où les femmes font la réplique avec la demande. Leur répondre alors, c'est parler avant son tour.

— Quant à vous, reprit la Cabanilla, je sais que vous m'aimez. Ce ne sont pas vos yeux qui me l'ont dit. Vous m'aimez parce que je l'ai voulu.

Ou peut-être, s'interrompit-elle avec une soudaine mélancolie qui la rendit mille fois plus charmante, — parce que c'est notre sort... Avez-vous remarqué, mon cousin de Chabaneil, quel étrange et commune destinée a pesé sur nos deux familles? Vous étiez trois, nous étions trois ; vous deux hommes et une fille, nous deux filles et un homme. Mon frère a aimé votre sœur ; ma sœur a aimé votre frère. N'eût-on pas dit que les deux races allaient s'emboîter et se joindre étroitement pour ne plus former qu'un seul tout?... Car nous voici comme nos frères et comme nos sœurs : nous nous aimons, Hector, nous, les derniers...

— Puissiez-vous parler sérieusement, senora! s'écria Hector dans un élan de passion qui n'était pas exempt de toute défiance.

— Je ne suis pas une Française, monsieur! répliqua la Cabanilla : je parle comme je pense... Mais vous sauriez cela plus tard, et j'aime mieux vous le dire tout de suite : J'ai une tête vive et bizarre. On m'a gâtée, et il n'était pas besoin de cela pour que j'allasse tout droit où m'appelle ma fantaisie. Il y a des gens qui me croient folle. Moi-même... Non, Hector, non, s'interrompit-elle, répondant au regard effrayé du jeune lieutenant, pas comme vous l'entendez..... Mais il est certain que j'ai de mauvaises heures... Avez-vous entendu parler de la fièvre noire des Ecossais?

— Souvent, senora, surtout depuis quelques jours.

— Vous faites allusion à ce lugubre fou, le laird de Comin..... Eh bien! je suis gaie, moi, bien plus gaie que mes compatriotes ne le sont d'ordinaire, gaie jusqu'à l'extravagance, entendez-vous?... J'ai besoin de rire comme on veut boire à tout prix, quand la gorge brûle... et d'autres fois, j'ai le même besoin de pleurer... En de certains moments, la colère m'emporte tout à coup, et je sens bien qu'il y a en moi deux êtres, dont l'un seulement est sage... Je tâcherai que vous épousiez celui-là, Hector.

— Je vous veux tout entière! murmura Hector, qui la contemplait en extase.

— Encore un peu, et nous allons parler d'amour! s'écria-t-elle en riant de tout son cœur.

Ce n'était pas pour montrer les admirables dents blanches qui formaient deux rangs de perles égales dans sa bouche.

— Je devrais savoir, ajouta-t-elle toujours gaiement, qu'en m'accusant près de vous je me vante et que, pour tous les défauts que je me donnerai, vous ne m'en aimerez que mieux, si vous êtes bien épris. C'est la règle. J'ai vu cela dans tous les livres que j'ai lus, et j'ai lu tous les livres... Or, vous êtes bien épris, mon cousin, cela ne fait pas de doute.

— Je vous aime comme mon pays et comme ma mère! balbutia Hector les larmes aux yeux.

Elle pencha sa tête sur son épaule et l'y laissa doucement appuyée.

— J'avais tort... murmura-t-elle avec une tendresse si profondément sentie qu'Hector en eut le cœur serré, car le bonheur en cela ressemble à la souffrance; j'avais tort. Il est bon de se dire de ces choses-là... Ces choses-là relèvent l'âme et la fortifient... Je me serais privée d'entendre cette parole qui m'a révélé tout un ciel inconnu... Vous m'aimez comme votre pays et comme votre mère, Hector, vous, Français! vous, fils de la meilleure et de la plus sainte femme que j'aie vu sourire aux peines de la terre! Oh! c'est parler d'amour, cela! c'est dire en un seul mot tout l'amour!

Merci! Hector. Moi, j'aime bien ma mère, mais je n'ai point de pays. Je soupire après l'exil comme d'autres appellent une patrie. Je hais l'Espagne qui tue mon père à petit feu, presque autant que l'Angleterre qui a assassiné mon frère et ma sœur... Je ne sais pas dire comme je vous aime. Il faut que Dieu sème d'avance ces belles tendresses dans le cœur. Je suis à vous et je suis heureuse d'être à vous.

Son beau front tout pensif était si près de la bouche d'Hector, qu'il n'eut qu'à tendre les lèvres pour y déposer un baiser. Hector la sentit vibrer en quelque sorte jusque dans son cœur. Elle se redressa frémissante et si fière qu'il baissa les yeux en tremblant.

Mais quand il releva ses paupières timides, elle souriait.

— Pourquoi non ? murmura-t-elle. Nos minutes sont des heures et nos heures sont des années.

Elle se pencha elle-même, et avec un recueillement solennel, elle rendit au front d'Hector le baiser qu'elle venait de recevoir.

— Nous sommes les derniers, prononça-t-elle lentement, et nous voilà fiancés comme ceux qui étaient avant nous. Que Dieu vous bénisse, Hector ! Si nous sommes condamnés comme les autres, nous nous retrouverons près de Dieu !

Hector l'adorait en extase. Les mots n'auraient pu rendre sa pensée, et il ne voulait point parler, de peur de ne plus l'entendre. Elle le laissait, comme à dessein, savourer les délices de ce rêve. Tout à coup son regard devint distrait en même temps que son sourire.

— La bohémienne mentait, pensa-t-elle tout haut, quand elle m'a dit que ma destinée me viendrait d'Ecosse.

— D'Ecosse ! répéta Hector qui tressaillit et qui pâlit, car la jalousie, aiguë comme un poignard, venait de lui piquer le cœur.

— Croyez-vous à ces prophéties, demanda la Cabanilla.

— Je crois que je suis trop heureux, répondit Hector. En un seul jour, en quelques heures, j'ai eu plus de joies qu'il n'en faut pour combler toute une existence. Je crains mon bonheur.

— C'est une femme extraordinaire, poursuivit Joaquina, et ces malheureux ont certes une faculté qui nous manque. Ils voient l'avenir. Seulement, comme les yeux de notre corps nous trompent souvent, la vue de leur esprit les induit parfois en erreur. Leur nom seul épouvante ma pauvre mère. Ils avaient prédit tout ce qui devait arriver à nos chers morts.

Hector garda le silence. C'était la seconde fois, depuis le commencement de cette entrevue, que le secret de son frère lui pesait. Que n'eût-il pas donné pour dire à sa belle cousine : Vous n'avez qu'un deuil à porter ; Blanche et Jeanne vivent ; aujourd'hui, j'ai entendu parler d'elles, et César, je l'ai eu dans mes bras.

— Ils avaient prédit aussi, continua Joaquina, la captivité de Riche-Homme... Et cette femme dont je vous parle, la mienne, celle qui a lu pour moi l'avenir dans les astres, avait dit à la princesse des Asturies, un an jour pour jour avant sa mort: « Altesse, vous ne porterez jamais la couronne. Le nitah vous touchera sur les marches du trône... » Nitah est le nom du poison, ou du philtre mortel qu'ils possèdent... N'est-ce pas étrange?...

— Mais avec moi, s'interrompit-elle, cette femme s'est trompée. Mon destin ne me viendra pas d'Ecosse. Je suis une Cabanil et je subis la mystérieuse attraction qui est la loi de ma race. Le cœur des filles de Cabanil se tourne vers la France, depuis le temps d'Inès et de Marie. L'Espagne a beau nous crier les mots de notre devise et nous dire : « Vous êtes mes filles, » nous suivrons la pente fatale. Mon destin me viendra de la France. J'irai l'y chercher avec vous, si vous voulez.

— Si je le veux !... s'écria Hector.

— Parlons froidement, l'interrompit la Cabanilla, dont la voix ni le visage ne gardaient aucune trace de ces belles langueurs où elle s'était un instant oubliée. Il ne s'agit plus d'amour. Nous combinons un plan tous deux : un soldat jeune et brave, une fille qui n'a jamais connu la peur... Ma mère ne veut pas ce que je veux, sachez-le tout de suite. Elle n'est pas Cabanil, elle a le cœur espagnol; il faut la sauver malgré elle. Ceci explique ma présence en ce lieu et l'excuse. Je suis à vous, disais-je tout à l'heure; c'était bien dit, mon cœur parlait, mais regardez-moi, ai-je l'air d'une mendiante?

— Vous avez l'air d'une reine! balbutia le jeune lieutenant, qui restait ébloui sous les rayons de sa prunelle.

Elle s'était redressée, et je ne sais quelle fière auréole illuminait soudain sa beauté.

— Je ne suis pas une reine, dit-elle, je suis la Cabanilla, aussi noble qu'une reine et plus riche! L'Espagne m'a volé mes domaines; je veux que vous me les rendiez intacts, entendez-vous ? Je ne saurais pas entrer dans la maison de mon mari en pauvre fiancée. Je veux lui apporter ma dot splendide et tout entière. Celles qui sont ruinées ont le couvent, comme celles qui sont tombées : Dieu seul est assez grand pour relever la misère ou la honte... Je me suis posé deux alternatives : vous, si je suis victorieuse ; le cloître, si je suis vaincue. Répondez tout de suite ? n'avez-vous point répugnance d'une Espagnole qui déclare la guerre à l'Espagne ?

— J'admire, répondit Hector fasciné. J'adore vos haines comme je m'agenouillerais devant vos amours.

Elle fixa sur lui son œil perçant.

— M'aimez-vous assez, demanda-t-elle tout à coup, pour abandonner la France si je vous disais : Je le veux.

— Non, répliqua Hector sans hésiter, nous autres soldats, nous ne pouvons donner que notre vie.

Elle lui serra la main fortement.

— C'est bien, dit-elle. Moi qui foule aux pieds mon devoir d'Espagnole volontairement et de sang-froid, je mépriserais celui qui trahirait la France. Pourquoi ? je ne sais, ou plutôt je ne peux pas l'exprimer, car je sens mon droit. Il n'est ni dans mes griefs ni dans ma haine. Il est dans notre écusson où le père loyal traîne par les cheveux deux filles révoltées.

L'écusson a perpétué chez nous l'honneur entêté des pères et la trahison obstinée des filles. Mon droit est dans la fatalité que proclame trop haut l'orgueil aveugle de nos armoiries. Si vous m'aimez ainsi, tant mieux ! je me suis montrée à vous telle que je suis. J'attends la victoire de la France. Il me plaît de triompher avec elle.

Elle se tut. Il y eut peut-être une nuance de tristesse dans l'accent d'Hector quand il dit :

— Commandez, senora, je suis prêt à vous obéir.

Mais la Cabanilla n'en était plus à l'observer. Sa pensée pétulante et variable à l'excès avait tourné. Elle reprit avec vivacité :

— Vous avez entendu parler du trésor des Riches-Hommes, qui tient une si grande place dans la légende de notre famille ? Nul ne l'a vu, sinon Cabanil lui-même, mais l'or a des rayons qui percent les voûtes. L'Espagne avare a deviné cet immense amas d'or. Elle ne l'aura pas; il est moi. Je suis toute seule et la dernière. Vous serez puissant M. de Chabaneil!

— De vous, senora, murmura le jeune lieutenant, je ne demandais que votre amour.

— Je veux que vous soyez puissant. Quand nous reviendrons ici après la bataille gagnée, nous descendrons ensemble au trésor; je sais où il est. La terre nous le garde. Et vous savez ce que dit la tradition : il y a dans le trésor de Cabanil de quoi bâtir une maison d'or avec des fenêtres de pierreries !

Un instant, ses yeux avaient lancé des étincelles, mais tout cela s'éteignit en un sourire indifférent et presque moqueur.

— Cela vous est égal? s'interrompit-elle brusquement et d'un ton familier ; à moi aussi peut-être... Mais je veux avoir tout cela, ne fût-ce qu'un jour, et je veux vous le donner. Les Français feront des grands d'Espagne : vous serez grand d'Espagne. Je ne sais pas si je suis ambitieuse. Vous pourrez reprendre votre nom de Cabanil qui vaut Sandoval, Guzman et Medina-Cœli par-dessus le marché. Nous irons habiter Paris. Le reste m'importe peu, à vrai dire, mais il me faut Paris. J'ai vu Paris en songe...

Nous avions une vieille servante de votre mère, Hector; David calmait Saül avec une harpe, moi, quand j'étais folle, la vieille servante de Chabaneil me racontait les miracles de Paris. Il y a une chose bizarre et je vous la dis aujourd'hui que j'ai toute ma raison : si je n'avais pas Paris et ses magnificences, je voudrais la terre nue sous mes pieds et le ciel sur ma tête. Reine, disiez-vous? Non..... Parisienne ou Bohémienne !

La Cabanilla mit sa petite main sur l'épaule d'Hector, qui l'écoutait comme on suit un rêve confus ou comme on cherche le mot d'une énigme. Elle ajouta de sa voix la plus douce et sur un mode mélancolique, qui fit de nouveau vibrer jusqu'en ses fibres les plus profondes le cœur de son amant.

— Je vous fais pitié, vous ne m'aimez plus !

Il ouvrait la bouche pour protester. La main de Joaquina

changea de place et lui ferma les lèvres. Elle fixa sur lui ses grands yeux qui dégageaient à flots le fluide magnétique. Elle l'attira comme un tout-puissant aimant ; elle le charma comme un philtre vivant ; elle l'enivra des caresses de sa prunelle.

— Oh ! si ! murmura-t-elle, et sa voix mélodieuse semblait chanter tout bas la musique des anges, oh ! si ! vous m'aimez, Hector ! J'ai beau vous montrer, et je le fais exprès, les extravagantes imaginations qui flottent dans ma pauvre cervelle, vous m'aimez, enfant sage, vous m'aimez mieux que si j'étais calme et sensée comme vous. Nous serons heureux ! L'amour est médecin, vous me guérirez. Ne ferez-vous point tout ce que je voudrai, Hector ? Moi, je me coucherai à vos pieds comme une esclave. C'est aimer, cela... Levez-vous !

C'était comme la capricieuse transformation qui s'opère dans la chambre d'un kaléidoscope. Une lueur sombre vint remplacer soudain le tendre et charmant éclat qui veloutait sa prunelle. Son regard était dur et sa voix impérieuse.

— Levez-vous, monsieur de Chabaneil ! répéta-t-elle.

Hector obéit, se demandant quel nouveau caprice allait clore la série de ces fantaisies. Mais ce n'était pas un caprice, et la Cabanilla reprit la tête haute et l'œil provoquant.

— Je ne vous ai pas dit tout ce que je voulais de vous, mon cousin. Avant la richesse, je veux la liberté. Nous sommes prisonnières. Il faut que Dona Mencia, ma mère, soit enlevée comme un enfant et délivrée en dépit d'elle-même ; il faut que le marquis Blas, mon père, captif de l'ingratitude et de l'iniquité, soit sauvé : ceci regarde l'Espagne, le reste regarde l'Angleterre : il faut que mon frère, ma sœur, votre sœur et votre frère, soient vengés. Ceci veut du sang. Êtes-vous prêt ?

— Je suis prêt, répondit le jeune lieutenant, mais il y a des choses que vous ignorez et que je ne peux pas vous dire...

— Ceci est de trop. Êtes-vous prêt ?

— Je suis prêt.

— Où sont vos soldats ?

— Non loin d'ici.

— Ils ont leurs armes ?

— Ils ont leurs armes, mais.....

— Point de mais, monsieur !... Dans une heure, ma mère et moi nous serons sous leur escorte et nous marcherons vers les lignes françaises.

Hector ne répondit point, mais sa physionomie abattue parlait pour lui. Une angoisse poignante lui serrait la poitrine. Son uniforme le gênait comme un carcan, et il eut l'idée de briser son épée. Il avait les ordres de son frère, qui était en même temps son supérieur ; ces ordres devaient être transmis au détachement qu'il commandait : tout quitter et rallier au plus tôt l'armée.

Ses chasseurs flairaient la bataille. Il les voyait dans leur cachette, impatients comme le cheval qui a senti de loin l'odeur de la poudre et entendu le son du clairon.

Parmi ces ordres, il y en avait un qui le regardait uniquement et qui, dans les circonstances présentes, le mettait surtout à la torture. Son frère l'avait chargé d'annoncer à doña Joaquina que Ned Wellesley aurait mission de la conduire avec sa mère, sous escorte anglaise, à Talavera-de-la-Reina.

Son frère tenait entre ses mains les fils d'une vaste intrigue. Il agissait à coup sûr. Lui, Hector, isolé, marchant à l'aveugle, ne pouvait que perdre celle qui lui demandait son salut.

Au moment où l'on implorait de lui la chose que précisément il désirait le plus au monde, il lui fallait refuser. Au moment où sa passion tentalisée n'avait qu'à vouloir pour saisir le bonheur souhaité si ardemment, il lui fallait reculer.

Refuser et reculer sans même expliquer ce refus ni ce pas en arrière ! Il était le seul dépositaire du secret de César. Avant de trahir le secret de César, il eût souffert mille morts.

Joaquina vit sa détresse dans son regard et fronça le sourcil.

— Eh bien !... fit-elle, surprise et indignée.

— Senora, prononça tout bas le jeune lieutenant, je ne suis pas le maître de mes soldats.

Joaquina n'eut point de pitié, bien que, certes, elle ne le soupçonnât point de lâcheté.

— Êtes-vous son frère!... demanda-t-elle avec dédain, êtes-vous le frère de celui qui ne voyait devant lui un obstacle que pour le briser?... César de Chabaneil nous aurait prises dans ses bras et emportées jusqu'au Tage à travers les Espagnols, à travers les Anglais, à travers ses propres soldats, si Blanche lui eût dit seulement la dixième partie de ce que je viens de vous dire...

— César de Chabaneil commença Hector vivement.

Mais il pâlit et se mordit la lèvre jusqu'à en faire jaillir le sang.

— Qu'alliez-vous dire? interrogea la Cabanilla, qui s'était levée et le regardait de son haut.

— Rien... balbutia Hector; rien, sinon que je voudrais mourir à vos genoux.

Elle frappa du pied la terre avec une colère folle, et ses yeux lancèrent des gerbes d'étincelles. Sa bouche charmante tressaillit convulsivement.

— J'ai menti, s'écria-t-elle, j'ai menti quand j'ai dit que je vous aimais! Je vous méprise et je vous déteste! Je chercherai un autre défenseur. Croyez-vous que je manquerai de défenseurs? J'aimerai qui me sauvera! J'irai! J'irai partout! Anglais ou Français, que m'importe! Ne suis-je pas assez belle pour qu'on m'aime? On m'aimera. Celui qui m'aimera m'obéira. Je serai sauvée et vengée! Vengée de vous aussi, car vous m'avez volé un aveu qui brûle encore ma lèvre. C'est un outrage, cela, monsieur! Et s'il y avait ici un homme, un soldat, un noble cœur...

Elle s'arrêta, parce que la figure d'Hector, livide et décomposée, exprima tout à coup une sorte d'horreur. Son doigt tendu montrait l'intérieur du bois. Il semblait prêt à défaillir.

Joaquina suivit instinctivement du regard la direction de son doigt et demeura stupéfaite.

Ned Wellesley était debout et immobile au devant d'un buisson qui, sans doute, lui avait servi d'abri jusqu'alors. Il n'avait point l'humble posture d'un écouteur qui démasque son affût. Son jeune et beau visage était grave; il exprimait comme il faut son respectueux amour. Sa tête se portait haute, son œil regardait franc.

— Senora, dit-il en se découvrant et en saluant avec noblesse, celui que vous avez appelé est devant vous. Je suis homme et soldat; j'ai du cœur; je vous appartiens corps et âme.

Au lieu de lui répondre, la Cabanilla se retourna vers Hector, qui fermait les yeux dans sa suprême agonie. Il dut se croire le jouet d'un délire. Les deux bras de Joaquina se nouèrent autour de son cou. Ce fut ainsi, appuyée et abandonnée, la tête sur la poitrine du jeune lieutenant et si belle qu'un maître du pinceau l'eût peinte à genoux, ce fut ainsi qu'elle regarda Edouard Wellesley, lui disant :

— Surprendre le secret d'une femme, milord, n'est ni d'un homme, ni d'un soldat, ni d'un brave cœur. Que me voulez-vous?

A son tour, le jeune Ecossais avait pâli, regardant avec envie les larmes de reconnaissance et de joie qui roulaient dans les yeux d'Hector.

— Je croyais... balbutia-t-il, changeant de couleur plusieurs fois pendant qu'il parlait; j'espérais...

Il s'interrompit en un violent effort, et, ressaisissant sa dignité avec son calme, il ajouta tout d'un temps :

— Senora, je vous écoutais parce que vous êtes en danger et que je vous aime.

Nous peignons la Cabanilla telle qu'elle était. Elle rougit, et quoique sa tête fût appuyée sur le cœur d'Hector, elle sourit.

Édouard Wellesley avança de quelques pas, appelé par ce sourire.

— Je m'approche, poursuivit-il, parce que je puis seul vous donner ce que vous demandez : le salut et la vengeance.

— Vous osez rester!... murmura Joaquina.

— Je reste, parce que je suis prêt.

— A quoi, milord?

— A tout.

La Cabanilla tourna vers Hector un regard de reproche qui semblait dire :

— Écoutez et comparez !

Hector baissa les yeux, mais il les releva pour défier le jeune Écossais de toute sa haine.

— Senora, prononça-t-il avec effort et tout bas, j'accomplis en ce moment le devoir le plus cruel qui m'ait été imposé en ma vie. J'avais promis à quelqu'un qui s'intéresse à vous...

— Qui donc s'intéresse à moi, monsieur ?

— Je ne puis vous dire son nom... J'avais promis...

Il hésita. Il semblait que l'œil de la jeune fille voulût plonger au fond de son âme.

— Qu'aviez-vous promis ? interrogea-t-elle d'une voix où perçait de nouveau la colère.

— J'avais promis de vous engager... moi-même... à accepter l'escorte de cet homme.

— L'escorte de lord Édouard !... vous !...

— Oui, senora, répondit Chabaneil, comme on accepte un arrêt de mort.

Le regard étonné de la Cabanilla resta fixé sur lui pendant un instant.

— Ah !... fit-elle encore, élevant la voix malgré elle, — vous !... de lord Édouard !

Le jeune Écossais n'entendit que son nom.

— Celui-ci n'osera pas me calomnier, je pense, dit-il avec hauteur. Sans votre présence, senora, je le prendrais au collet comme un prisonnier évadé.

Hector, sans savoir ce qu'il faisait, repoussa Joaquina brusquement, et tira son épée en poussant un rugissement de rage assouvie.

— Venez-y donc, milord espion ! s'écria-t-il. Je ne vous ai encore vu que vous battre dix contre un et ramper dans les buissons comme on écoute aux portes !

Il s'était élancé vers Ned, qui, lui aussi, dégaîna, blême de jalousie et de fureur. L'épée et la claymore grincèrent en se croisant. Si vive que fût Joaquina, plusieurs coups avaient été portés et parés avant qu'elle pût intervenir.

— Messieurs! messieurs! s'écria-t-elle.

Les deux fers s'abaissèrent pointe au sol, au moment où sa hardiesse la précipitait entre eux.

— Hector, dit-elle, je vous ordonne de mettre votre épée au fourreau.

Puis, se tournant vers Wellesley, elle ajouta d'un air suppliant :

— Milord, il ne me disait pas de mal de vous... et pensez-vous que j'aie trop de deux défenseurs?

Miss Ned leva la main comme pour demander le silence. Cette rumeur que nous avons entendue déjà et que Lilias écoutait avec tant de crainte montait du château de Cabanil.

— Non, répondit Ned après avoir prêté l'oreille attentivement, vous n'avez pas trop de deux défenseurs, senora, et il faut vous hâter, si vous voulez protéger votre mère.

— Ma mère! s'écria Joaquina effrayée.

Elle s'élança au travers du bois en courant et sans se soucier d'être suivie. Dès qu'elle arriva à la lisière de l'ouest, on l'entendit pousser un cri de terreur.

— M. le comte, dit miss Ned rengaînant son épée, je vous demande la trêve.

— Milord, répondit Chabaneil, il suffit qu'elle ait ordonné.

Il se dirigea en pressant le pas vers le château. Miss Ned le suivit. Joaquina revenait à eux éplorée.

— Ma mère! disait-elle, ma pauvre mère!

Le rideau de pins s'éclaircissait. Les explications étaient superflues. Hector et Ned virent, le long des deux remparts qui se reliaient à la tour de Ferdinand-le-Catholique, deux hordes de sauvages qui s'avançaient à pas de loup, armés de couteaux, de haches et de mousquets.

— Ma mère! secourez ma mère! s'écriait la Cabanilla en larmes.

Hector et Ned se prirent par la main. La loyauté de leur jeunesse brillait dans leurs yeux. Ce fut un pacte muet. Ils s'étaient promis, sans parler, de combattre côte-à-côte et de mourir ensemble pour celle qui était là et qui déjà souriait d'espoir au travers de ses pleurs.

La poterne fut ouverte. Ils en franchirent le seuil tous les trois aux cris de rage poussés par les deux hordes, massées sur le rempart, qui trouvaient l'une au nord, l'autre au midi, les deux entrées de la tour solidement barricadées.

XIX

L'assaut.

A l'intérieur de la tour de Ferdinand-le-Catholique, c'était déjà un terrible fracas. On l'attaquait de trois côtés à la fois. La solide porte de chêne qui donnait sur la galerie intérieure faisant communiquer la chambre-alcôve avec le corps de logis central, était secouée et battue à coups de hache, tandis que les deux demi-portes, ouvertes sur les remparts, à droite et à gauche, recevaient déjà des coups de maillet vigoureusement assénés.

Quand la Cabanilla revint, amenant ses deux champions, Dona Mencia, debout et frappée d'épouvante, chancelait entre les bras de Lilias. Elle avait été réveillée par le bruit même de l'attaque, et son cerveau, ébranlé profondément, cherchait en vain la lumière. Jusque-là, on avait réussi à lui cacher une partie des dangers qui l'entouraient, et quand, la veille, elle avait repassé le seuil de sa tour, après l'attaque des bandits sur la route de Plasencia, elle s'était sentie rassurée comme dans un refuge.

Il y avait des Français dans le pays, puisqu'elle avait été délivrée, et cet héroïque enfant, dont les traits lui rappelaient vaguement le fier profil de son neveu César de Chabaneil, au temps où il vint pour la première fois visiter sa mère au château de Guadalupe, restait dans sa mémoire comme une promesse de secours.

On l'avait, il est vrai, chassée de sa maison, mais légalement en quelque sorte, et les sommations apportées par l'alguazil mayor de Talavera lui garantissaient au moins que toute autorité n'était pas morte dans le pays. Malade et affaissée sous le poids de ses chagrins, elle n'avait rien vu par elle-même. Elle en était encore à craindre les Anglais.

Mais la voix de la populace ameutée a des accents particuliers et terribles que chacun reconnaît sans même les avoir entendus jamais, pourrait-on dire. Ce n'est pas le rugissement du lion, tant s'en faut! c'est l'aboi du chacal porté à une redoutable puissance. Cela prend le cœur comme l'angoisse qui vient aux approches de la mort. Dona Mencia n'eut pas besoin d'explication, et le froid de l'agonie glissa dans ses veines à la première explosion de ces sauvages clameurs.

Elle avait été forte autrefois. C'était une fille de ces nobles races espagnoles, les plus belles du monde, qui mariaient Chimère au Cid Campéador. Son cœur était brisé, son corps anéanti, mais son âme ne faisait que sommeiller. La mort prochaine et inévitable l'éveilla.

Lilias, qui avait craint de la voir défaillir entre ses bras, la sentit, au contraire, qui se redressait lentement, à mesure que s'enflaient le bruit de l'attaque et la menace des clameurs. Elle n'avait jamais vu sa tête levée si haut ni son œil si grand ouvert :

Dona Mencia tremblait encore parce que ses jambes affaiblies se dérobaient sous elle, mais le frisson lui-même passa peu à peu et la force physique sembla renaître tout à coup, comme il arrive à la flamme près de s'éteindre de lancer une grande et dernière lueur. Elle regarda la porte de la galerie intérieure qui était tout près d'elle au fond de son alcôve et où l'assaut frappait ses premiers coups; elle la regarda d'un œil tranquille et hautain, disant seulement :

— Je suis sûre que ma fille Joaquina ne m'a pas volontairement abandonnée. Si elle est à l'abri au moment où le danger nous presse, que la bonté de Dieu soit bénie !

Andrès sauta du balcon dans la salle, ses cheveux gris hérissés sur son crâne, sa pauvre face plus pâle que la toile de sa chemise.

— Ah! senora! ah! Vierge mère! ah! Trinité très-sainte! s'écria-t-il dans le paroxysme de la terreur : ils sont aussi nombreux que les sauterelles d'Égypte ! Lancer une pierre si énorme à un pauvre écuyer de mon âge! Je rêvais que nous avions tout en abondance, saint André ! mon patron secourable! Ah! senora! senora! Est-ce donc la dernière heure et nous faut-il mourir sans prêtre ni sacrements!

Il s'arrêta et recula d'un pas en voyant la blême figure de sa maîtresse, si hautaine dans les bras de Lilias qu'il hésita à la reconnaître. Lilias, elle, n'avait point changé de visage et gardait la belle sérénité de son regard.

— Prends une arme, lui dit la marquise. Les Espagnols combattent tant qu'il y a un souffle entre leurs lèvres.

Au lieu de prendre une arme, le bon Andrès s'assit et joignit ses mains sur ses genoux. Il était taillé en Hercule pourtant et bien nourri, mais il n'était pas né sous l'étoile qui fait les chevaliers.

Une fois assis, il mit la main à sa poche, et machinalement, sans même savoir qu'il se donnait cette dernière consolation, il grignota une croûte. Chaque coup de maillet le faisait sauter sur sa chaise comme un cabri. Malgré sa bouche pleine, il continuait d'appeler la Vierge et tous ses saints.

— Ouvrez! criait-on cependant derrière la porte de la galerie intérieure. Ouvrez, au nom de la junte très-loyale et très-excellente! ouvrez, amis des hérétiques, traîtres, agents des Français! suppôts des envahisseurs! excommuniés! pestiférés! parricides! Ouvrez! ou les Espagnols fidèles vous arracheront l'âme avec des tenailles rougies au feu!

Andrès poussait des gémissements, mais il mangeait son pauvre morceau sans répugnance.

Ce n'était pourtant pas lui, ce bon Andrès, qui était tout cela : hérétique, agent des Français, ami des Anglais, excommunié, parricide, et le reste. Il n'était que gourmand et poltron, mais il l'était bien. Je ne sais pas ce qu'il eût donné pour être en un endroit où l'on déjeunât tranquille.

A part lui, la place assiégée ne contenait que deux femmes. Le loup charge de tous les crimes l'agneau qu'il va mettre sous sa dent

Lilias tressaillit parce que, tout contre son oreille, la voix de Dona Mencia s'éleva grave et sonore.

— Je suis la femme d'un hidalgo, répondit-elle aux assiégeants; je suis la fille d'un grand d'Espagne de première classe, et, selon le droit coutumier de Navarre, la nièce de S. M. le roi Charles IV, que Dieu bénisse éternellement, sur terre et au ciel. J'ai vécu libre, je mourrai libre, défendant ma maison jusqu'au bout.

Il y eut des huées et des blasphèmes, mais la voix de Dona Mencia domina une seconde fois le tumulte.

— Espagnols! acheva-t-elle, car j'ai la douleur de voir que notre mort nous vient par ceux que nous avons nourris, je suis innocente des crimes dont vous m'accusez, et pendant que ma voix sort encore de ma gorge, je vous pardonne votre attentat pleinement et librement.

Lilias, dans un élan involontaire, la pressa contre sa poitrine. Andrès murmura :

— Passion de Notre-Seigneur! Il vaudrait mieux les menacer des peines de l'enfer!

Ce fut à cet instant que la Cabanilla échevelée se précipita dans la salle.

— Ma mère! ma mère bien aimée! s'écria-t-elle en prenant la marquise dans ses bras, rien n'est perdu! Priez, pendant que nous allons combattre.

La joie rendit à la pauvre mère toute sa faiblesse.

— Tu ne nous avait pas délaissées, ma fille, murmura-t-elle les yeux mouillés. Je savais bien! je savais bien!...

— Mais qu'est ceci? interrompit-elle en relevant la tête à la vue des uniformes écossais et français, car Hector et miss Ned suivaient de près Joaquina.

Les deux jeunes officiers se chargèrent de répondre, mais non point par des paroles. La porte de la galerie intérieure, cédant enfin aux efforts des assaillants, tombait désemparée. Derrière les ais fracassés et pendant une seconde les cent têtes démoniaques de la foule se montrèrent hurlant et grimaçant, puis les gueules d'une demi-douzaine de tromblons éclatèrent, brisant en mille pièces les carreaux de la fenêtre qui faisait face à l'alcôve.

La décharge n'eut pas d'autre résultat, parce qu'il n'y avait personne entre l'alcôve et la croisée. Hector et Ned, l'épée à la main tous deux, s'élancèrent en même temps.

Ils disparurent dans le nuage de fumée. On entendit des grincements et des plaintes. La cohue criait :

— Santa Maria! nous sommes trahis!

— Il y a là-dedans toute une armée d'hérétiques et de Josephinos!

— Les Anglais et les Français ont fait la paix pour écraser la pauvre Espagne!

On n'entendait ni Hector ni miss Ned, qui sans doute agissaient au lieu de parler. L'action dura une minute, puis, tout au bout de la galerie, on entendit enfin la voix de Chabaneil qui disait :

— Rentrons, milord, c'est fini de ce côté, jusqu'à voir.

La fumée, en se dissipant, montra la galerie vide et, de son extrémité, les deux jeunes officiers qui accouraient avec leurs épées rouges. En marchant, ils enjambaient des blessés et des morts. Mais les cris qui avaient cessé de ce côté éclatèrent dans les deux cours, séparées par la galerie; des coups de feu partirent en abondance et une grêle de balles vint s'aplatir contre les murailles à quatre ou cinq pieds au dessus des têtes, après avoir fait voler le restant des vitres en éclats.

La foule était dans les cours, ivre de rage et altérée de sang.

— Vieil homme, dit Hector à Andrès, qui s'était laissé glisser à deux genoux et qui égrenait son chapelet en mâchant à vide, — relève-toi!

— Pitié! seigneur révolté, balbutia Andrès, qui n'osait pas ouvrir les yeux, de peur de voir le terrible visage de son bourreau. Vive la junte très-loyale et très-excellente! A bas les Josephinos maudits! Qu'on me donne un coutelas j'égorgerai tous les Français et aussi tous les Anglais, avec l'aide des miséricordes de Notre-Seigneur!

Hector le saisit par les épaules et le poussa au fond de l'alcôve.

— Bouche-moi cela! ordonna-t-il. Dresse le lit de manière à fermer le trou. Consolide, maintiens, barricade! C'est ta peau que tu défends, vieux trembleur!

Andrès, agréablement surpris de ne sentir aucune lame

de couteau dans sa chair, et voyant en outre qu'il n'y avait personne dans la galerie, se mit à l'œuvre comme un désespéré. Il avait coutume de ne rien faire de ses dix doigts et ignorait positivement sa force.

Le lit massif lui céda comme si c'eût été une plume; il le dressa contre l'ouverture et l'assujettit solidement aux gonds de la porte brisée avec des cordes, après quoi il entassa les matelas, ménageant fort adroitement des meurtrières par où l'on pouvait, sans danger, foudroyer ceux qui tenteraient de reparaître dans la galerie.

Ce bon Andrès, sur ses vieux jours, découvrait en lui-même des qualités qu'il n'avait point soupçonnées. Il s'éveillait après avoir tremblé soixante ans, fort comme un bœuf et habile homme de guerre. Peut-être le courage allait-il lui venir par-dessus le marché.

Ce n'étaient pas les armes qui manquaient. La panoplie offrait un choix de terribles engins. Les munitions aussi étaient en abondance, car le vieux Blas avait dans un coin de sa bibliothèque une rangée de barillets, contenant des échantillons de poudre. Ceci se rapportait à un dessein tout particulier que nous ferons connaître.

Andrès resta posté derrière les matelas avec une espingole, chargée jusqu'à la gueule. Joaquina prit en main une carabine légère. Il n'y eut que Lilias et la marquise pour rester désarmées. Elles se retirèrent au fond de l'oratoire et prièrent.

Ce n'était pas pour la montre que Joaquina tenait une carabine. La fièvre de la bataille l'avait prise. On ne peut pas dire même que ce fût à l'improviste, car bien des fois sa bizarre imagination s'était échauffée à l'idée de s'essayer au courage des hommes. Nous l'avons vue déjà brandir une épée.

Elle était à l'une des fenêtres donnant sur les cours. Les balles sifflaient autour d'elle. Pour mieux viser, car elle visait, elle tirait, elle se battait pour tout de bon, pour mieux viser, elle montait sur une escabelle qui mettait tout son buste à découvert.

C'était alors que, pleinement éclairée par la lumière du

dehors et par le feu qui brûlait en elle, sa beauté éclatait comme un magique éblouissement. Son œil scintillait, son front rayonnait sous les masses éparses de ses cheveux noirs, sa poitrine battait, tout son être, épanoui violemment, fleurissait en flammes comme une explosion.

Ce n'était pas la cruauté qui allumait ses prunelles, c'était l'enthousiasme, l'idée de tuer n'était pas là; mais la folie du danger défié, mais la fièvre de la bravade, mais le délire que fait monter au cerveau le vent sifflant des balles avec la capiteuse odeur de la poudre.

Chose étrange! Hector faisait comme elle et détournait ses yeux d'elle, Hector qui l'aimait tant! A de rares exceptions près, nous ne sommes pas attirés, nous autres gens de France, par le lustre excentrique qui couronne le front des guerrières. Nous pouvons admirer cela dans l'histoire et l'admettre dans les poëmes, nous pouvons respecter pieusement Jeanne d'Arc et sourire aux exploits de Clorinde. C'est tout. La vie n'a rien de commun avec les miracles de l'histoire ou les mensonges de la poésie.

L'Anglais, au contraire, émoustille volontiers avec du piment pur la lourdeur un peu gélatineuse de son sang. Il met sur tout ce qu'il mange des poignées de poivre de Cayenne. Il adore les femmes qui se battent.

C'est un excitant, cela le réveille. Il fait aussi battre les coqs.

Miss Ned, émerveillé, contemplait la Cabanilla en extase. Il eût voulu s'agenouiller devant elle.

Mais, pour être juste, il n'en perdait pas un coup de dent.

C'était un terrible soldat que ce blond enfant si tendre, si franc, si timide aussi. Quoiqu'il n'eût pas de sang écossais dans les veines, il était digne de porter l'épaulette dans un régiment de grenadiers écossais. Une fois à la besogne, le sang-froid anglais réglait toutes ses actions comme les mouvements d'une mécanique bien combinée.

Il faisait beaucoup en se pressant peu et semblait, sur toutes choses, aussi parfaitement à son aise que s'il eût été assis entre son grog et son cigare à la table commune des officiers du régiment.

Il était seul chargé de défendre la plate-forme ou balcon d'où notre bon écuyer second s'était enfui au commencement de la bagarre. La plate-forme était attaquée de deux côtés, les assaillants venant à la fois par le rempart du nord et par celui de l'est, qui longeait la route de la montagne où nous avons voyagé tant de fois.

Miss Ned avait deux tromblons, un dont il se servait et qui était de taille ordinaire, l'autre qui attendait : véritable pièce d'artillerie, celui-là, ophicléide de cuivre à gueule carrée qui tenait sur un affût à pivot, à peu près semblable à ceux des caronades de nos navires de guerre.

Au début de sa campagne, Miss Ned laissa en repos cette maîtresse espingole : il n'avait pas le temps de s'en occuper. C'est à peine s'il pouvait suffire à contenir les ennemis, débordant des deux côtés sur le balcon par-dessus deux massives avances en pierre de taille que l'architecte de Cabanil avait eu, grâce à Dieu! la bonne idée de planter là.

Son petit tromblon avait déjà craché bon nombre de balles à la figure des anciens valets de la marquise et des estafiers de Samuel da Costa, partie valide de l'expédition. Il visait, tirait et rechargeait avec la régularité d'un chronomètre.

Une fois, les deux remparts vomirent en même temps deux gorgées d'assaillants. Ned déposa froidement son espingole et dégaîna. Sa claymore était rudement emmanchée, malgré les apparences. Il culbuta sur sa droite un ancien matelot de la Felouque, un maître d'hôtel et un bandit : trois coups de pointe ; d'un beau revers, il fendit le crâne d'un écuyer premier, armé comme Cartouche, qui était en train d'enjamber la muraille.

Il se retourna juste à temps pour éviter un coup de hache que lui donnait à deux mains le palefrenier de Cabanil ; deux coups de pistolet tirés à bout portant brûlèrent en même temps ses cheveux blonds. Il fit le moulinet pour la première fois ; pendant qu'il faisait le moulinet, il prit sournoisement un pistolet à sa ceinture, un galant outil, vraiment! à crosse rehaussée de nacre rose et d'or ; ce fut pour le palefrenier, qui eut la mâchoire broyée ; les autres reculèrent, mais un nouveau contingent venait par le rempart de l'Est.

Dirck et Claymore, *by God!* Miss Ned fut sur le point de se fâcher. Il poignarda de la main gauche un vieux coquin de mendiant qui allait lui brûler la cervelle, et, n'osant toucher une femme avec son dirck ni avec son épée, il prit la peine de lancer par-dessus la balustrade dame Lorença, l'ennemie damnée de Béatriz, qui lui mettait sa broche entre les côtes.

Ce fut un dur moment; on ne jette pas une lourde matrone par la fenêtre sans se découvrir des pieds à la tête. Mais Ned fit demi-tour sans abandonner dame Lorença, dont il se servit comme d'un bouclier, et avant de se casser le cou sur les roches, dame Lorença eut l'honneur de recevoir plusieurs bons coups de provenance espagnole. *By God!* Dirck et Claymore! Miss Ned ne se sentait pas trop fatigué.

— Allez-vous bien, par là, monsieur le comte? cria-t-il à Hector par la fenêtre.

Il eut même le temps de jeter à Joaquina, qui battit ses belles petites mains en son honneur, un regard de tendre admiration. Un seul regard, le cercle se resserrait autour de lui. S'il avait eu seulement deux ou trois de ses braves highlanders! Mais quand on n'a pas de truffes, dit le proverbe résigné de la mess anglaise, on mange des pommes de terre. Miss Ned n'ayant pas le moindre highlander à son service, dit tranquillement :

— Un coup de main, monsieur le comte, si cela ne vous dérange pas.

Il n'avait pas achevé qu'Hector était à ses côtés. Vive Dieu! le balcon vit un boléro! On glissait sur la pierre rougie. Hector avait pris dans la panoplie un casse-tête à pointes de fer, du temps du roi don Sanche. La balustrade semblait faite pour appuyer les reins des pauvres diables qui basculaient par-dessus et s'en allaient rejoindre dame Lorença et sa broche.

Quand la plate-forme fut nettoyée, Miss Ned remercia Hector et lui dit :

— A charge de revanche.

Il avait du temps devant lui. Il se mit à bourrer paisiblement son ophicléide. Nous pensons bien que ce vaste instrument de musique militaire n'était pas alors inventé, mais, au prix d'un anachronisme qui ne fait de mal à personne, nous n'avons pas voulu nous priver d'une si frappante comparaison.

Tout en chargeant son artillerie, Miss Ned regardait Joaquina. Il la comparait à Bellone, car il possédait ses classiques. Il était bien amoureux !

La grande espingole fut bourrée et amorcée selon toutes les règles, et, on peut le dire, à loisir, car Miss Ned avait pour principe de ne rien faire à la hâte.

La première fois que les assiégeants revinrent à l'escalade du balcon, il les laissa se masser, puis, démasquant son artillerie, qu'il avait couverte de son plaid, il fit, selon le style de l'écuyer second Andrès, qui devint un gaillard à dater de cette journée mémorable, sans cesser d'être un serviteur de sincère appétit — il fit, disons-nous, la plus belle omelette de coquins qui se puisse voir !

Cela lui donna quelque satisfaction, mais il était comme nos armées de ce temps-là qui s'usaient par leurs victoires. Ceux qui s'étaient échappés de la plate-forme après les assauts toujours infructueux avaient raconté à leurs compagnons le détail de leurs entreprises.

On savait maintenant dans les deux cours, et aussi dans la montagne où une partie de la cohue s'était portée, quelle était la faiblesse numérique des défenseurs de la tour : une femme, un vieillard, deux officiers sans soldats.

Si la petite garnison avait fait des vides considérables et nombreux dans les rangs de ses adversaires sans essuyer elle-même aucune perte jusqu'ici, des recrues nouvelles arrivaient à chaque instant, comblant les vides et réchauffant l'ardeur qui allait faiblissant. Il en venait surtout de la maison d'été où Samuel da Costa avait fait déguiser en mendiants tous ses anciens matelots et tous ses valets pour les envoyer au secours de la cohue.

Ces nouveaux auxiliaires apportaient une tactique plus sûre et aussi moins de brutalité, car ils appartenaient directement au Portugais qui voulait une captive et non pas une morte.

Presque aussitôt après la décharge de la grosse espingole,

miss Ned fut encore obligé d'appeler Hector à son secours, et, celui-ci, en quittant la fenêtre qu'il gardait, dut se faire suppléer par Andrès, qui arriva assez à temps pour saisir les deux bouts d'une échelle bien chargée et précipiter en bas, à la force du poignet, une douzaine d'assaillants qui ne remontèrent point.

Ayant fait cela, Andrès ne trembla plus. Il mangea un morceau par habitude et le trouva aussi bon que s'il eût jeûné depuis l'avant-veille. Ensuite, il retroussa ses manches terriblement et se sentit capable de dévorer quelques compatriotes.

Mais ces actions d'éclat ne faisaient que retarder une défaite désormais assurée. Hector et Ned, dos à dos, fauchaient en vain sur la plate-forme, où l'on arrivait maintenant non-seulement des deux côtés, mais encore de front, par le moyen d'échelles. Leur bras se lassait, Ils avaient des hommes en face d'eux, à droite et à gauche les femmes les harcelaient et les petits enfants se coulaient entre leurs jambes. Ils étaient blessés tous les deux.

Miss Ned voyant qu'Hector faiblissait, songeait à faire retraite en bon ordre au dedans de la tour, lorsqu'une clameur désordonnée fit explosion à l'intérieur. Un flot épais, qui n'avait trouvé aucun obstacle, venait de renverser le lit et de pénétrer dans la salle par la porte de l'alcôve.

Dirck et Claymore, *by God!* Il y eut encore une mêlée. Hector et miss Ned sautèrent dans la salle où ils se battirent comme des démons, et le bon Andrès, étonné de ne plus avoir peur en un moment où c'était si bien le cas de trembler, défendit l'entrée de l'oratoire jusqu'au moment où il tomba épuisé sous l'effort de vingt ennemis, ce qui lui donna enfin l'occasion de se mettre une croûte entre les dents, la meilleure qu'il eût mangée depuis longtemps.

— C'était toujours cela de pris! dit-il plus tard en racontant cette bagarre, vaste comme une épopée de l'*Iliade*.

Il était prisonnier; Hector et Miss Ned étaient prisonniers, aussi bien que la Cabanilla, qui avait pu se réfugier dans l'oratoire avec sa mère et Lilias.

Il faut renoncer à peindre la scène de tumulte qui suivit

cette victoire si chèrement achetée. Sans l'intervention de ceux qui avaient ici un autre intérêt que la vengeance, il est certain que prisonniers et prisonnières auraient été massacrés sur-le-champ. La foule avait soif de sang.

Les gens de Samuel da Costa moins nombreux, mais beaucoup plus forts que la misérable cohue, furent contraints de mettre les armes à la main pour contenir les femmes, qui voulaient poignarder la marquise et sa fille; Susan la veuve pleurait sur son couteau, et grinçait de ses dents ébréchées en demandant une poitrine à ouvrir. Il y en avait vingt autres comme elle. Les senoras entendaient tout cela.

Mais tout à coup elles n'entendirent plus rien, parce que les gens de Samuel da Costa, serrés de trop près, avaient fait une trouée dans la presse et entraîné les prisonniers dans la galerie intérieure. Là, on tint conseil pendant que la meute hurlait à l'entour.

Il fut décidé que l'officier français et Andrès seraient livrés à la foule; on lui promit également Lilias, qui était appelée ici Juanita. On n'aurait pas osé toucher à l'Anglais si près du corps de Comin, campé dans la plaine, et da Costa se réservait la mère avec la fille.

Comin était plus près encore que cela. Au moment où les estafiers de Samuel, exécutant le pacte conclu, séparaient brutalement les deux lieutenants, malgré les menaces de Ned, qui faisait des efforts désespérés pour défendre son rival, le vent apporta un son qui changea tout à coup le tumulte en silence.

Ned poussa un grand cri de joie. Il avait reconnu la cornemuse écossaise.

— Nous sommes sauvés! dit-il en cessant de se débattre. La protection de l'Angleterre va s'étendre sur vous, M. de Chabaneil.

— J'aime mieux la mort avec les Espagnols que la captivité sur vos pontons d'Angleterre! répliqua Hector d'un air sombre. Vous êtes sauvé, milord, c'est vrai, mais moi, je suis perdu!

Miss Ned rougit et réprima un mouvement de colère. Déjà ses gardiens effrayés lui laissaient les mains libres. Il prit la main d'Hector dans sa main droite, de la gauche il écarta ceux qui le serraient encore de trop près.

— Arrière! dit-il avec fierté; vous avez entendu cette voix de la généreuse nation devant laquelle la barbarie rentre sous terre!

Et, de fait, c'est une justice à rendre à l'Angleterre : elle ne souffre point la barbarie chez autrui. Edouard Wellesley portait précisément cet uniforme écossais qui fut traîné dans le sang au lendemain de Culloden, la seule bataille peut-être où l'histoire constate bien nettement l'assassinat froidement prémédité des prisonniers de guerre. On ne les massacra que vingt-quatre heures après la victoire.

Mais l'Angleterre fait toujours semblant de n'avoir pas lu sa propre histoire. Tantôt elle ferme les yeux pour ne pas voir le spectre de l'Irlande morte de faim; tantôt elle bouche ses oreilles pour ne pas ouïr le son de ses canons déshonorés qui naguère broyaient la chair des vaincus de l'Inde. Puissance de la civilisation! L'Angleterre, malgré tout cela, prêche la clémence aux autres, et braille la charité évangélique. Elle parle haut. Dès qu'on parle haut, il y a quantité de bonnes gens qui croient.

Le fait étrange, c'est d'entendre les Écossais, qui sont fils de victimes, parler haut, eux aussi, quand ils parlent au nom de l'Angleterre.

— Monsieur le comte, dit Ned, peut-être avez-vous moins que personne le droit de calomnier mes compatriotes. Vous avez mal payé l'hospitalité reçue; mais il ne s'agit point de cela. Je ne suis pas le premier venu : Je suis le neveu du général en chef. Vous êtes entré ici sur la foi d'un pacte conclu tacitement entre nous. A moins que je n'y reste moi-même prisonnier ou mort, M. le comte, j'engage ma parole d'honneur que vous en sortirez vivant et libre.

XX

Da Costa et ses projets.

Samuel da Costa était pour le genièvre hollandais, comme le laird de Comin, et Dieu sait combien de cruchons ils avaient vidés ensemble, au temps où ils s'entendaient tous les deux ! Pendant que son armée en guenilles faisait des prodiges à la tour de Ferdinand-le-Catholique, il attendait paisiblement, dans la chambre qu'il s'était choisie au rez-de-chaussée de la maison d'été, le résultat de ses puissantes combinaisons.

Ce da Costa était un diplomate, malgré son extérieur d'ours hérissé ; il connaissait les affaires et ne marchait pas en aveugle, comme sa conduite pourrait le faire croire. Il avait au contraire son plan, tracé à tête reposée et résolûment suivi jusqu'ici. Sur sa route, Joaquina n'était qu'une de ces fleurs qui bordent le sentier où marchent les grands hommes et qui les font s'attarder parfois à l'école buissonnière.

Il était en tête-à-tête avec Marim, son Ephestion, et fumait son vaste meershaum de Rotterdam, devant une bouteille de terre vernie, haute d'épaules, flanquée de deux tasses espagnoles à galbe étrusque.

Marim, un amateur aussi, prit une des tasses, flaira, souffla, puis se rinça la bouche en pinçant les deux ailes de son nez qu'il lâcha ensuite brusquement.

— On vendait ça huit shellings comme un penny aux habits rouges à Gibraltar, dit-il. Du diable si j'aurais abandonné le commerce avec eux, moi ! Les garnisons changent, mais la récolte d'éponges ne manque jamais en Angleterre. C'est un plaisir, quoi ! Il y a de quoi vivre pour une trentaine de bons garçons, rien qu'à leur vendre les bourgeons de leurs nez !

Samuel haussa les épaules et lança une bouffée.

— Petit commerce, matelot, petit commerce ! gronda-t-il avec dédain. Va voir un peu à la fenêtre ce qu'ils font là-bas.

Marim obéit.

— On les voit glisser le long des remparts, dit-il de loin. Ils prennent des précautions comme s'ils allaient attaquer Saragosse !... Voici des gitanos qui sortent chargés de butin... Si les dames de Cabanil avaient seulement avec elles un équipage de six hommes, elles vous jetteraient toute cette canaille par-dessus le mur !

Il revint. Samuel répondit :

— Je leur ai pris leur equipage.

— Écoutez, capitaine, s'écria Marim en homme qui a gardé trop longtemps ce qu'il a sur le cœur, je ne suis pas si fin que vous, mais j'ai mon idée. La contrebande, ça m'allait ! Les officiers anglais sont des poissons qui étouffent dès qu'on leur met le nez hors de leur verre. Ils paient bien quand l'étoffe est vieille et bonne. Joli trafic, parlez-moi de ça !

L'autre affaire, à Cabrera, c'était un peu poivré pour celui qui a enveloppé un petit morceau de sa conscience dans du papier et qui garde ça au fond de sa poche, sous sa blague et son mouchoir. Il n'empêche que je comprenais la chose, si elle ne me plaisait pas de reste.

Envoyer des Français au fond de l'eau avec un boulet, ce n'est guère que le boulet de perdu. Et il y avait gros à gagner sans trop de risque, car aucun d'eux n'a été le dire à Rome. Mais acheter un château, cher ou à bon compte, ça ne fait rien, tout exprès pour y fourrer un tas de va-nu-pieds et leur permettre le pillage de ses propres objets à soi appartenant, voilà le rébus ! Je n'y vois goutte. Ça me semble si original que je jette ma langue aux chiens du premier coup. Expliquez-moi la devinaille.

— La Cabanilla n'est-elle pas bien assez belle pour excuser une petite folie ? demanda Samuel en clignant de l'œil.

Marim secoua la tête.

— C'est un joli brin de fillette, répliqua-t-il, et j'en ai vu d'aucuns qui se mettaient la tête à l'envers pour des joujoux qui ne valaient pas ça..., Mais je vous connais, patron : vous aimez mieux la bouteille.

— Savoir ! savoir ! repartit Da Costa, dont la face hideuse grimaça un sourire. L'un n'empêche pas l'autre, matelot, et je n'ai pas acheté le château de Cabanil pour ses vieux meubles. .

— Pourquoi donc, alors! pour ses vieilles pierres? Je pense que vous êtes éveillé de votre rêve au sujet du trésor... Nous avons fouillé toutes les caves.

— Toutes?... interrompit l'ancien contrebandier dont les yeux s'allumèrent. Il y a des gens qui me méprisent à Lisbonne, matelot. J'aurai un jour venant, à Lisbonne, un palais plus haut, plus long et plus large que celui du roi... et ceux qui me méprisent viendront me lécher les pieds comme des chiens...

J'ai été l'associé d'un homme et d'une femme qui avaient de grands secrets... et qui tenaient à Cabanil de plus près qu'on ne pense. Je ne suis pas venu ici sans savoir... et tout ce que j'ai fait, c'était pour acquérir l'enjeu de cette dernière partie. Matelot, je travaille à coup sûr. Tu seras riche comme un duc, rien que pour avoir triqué avec le vieux Samuel. Je ne sortirai d'ici que mort ou maître de ces richesses qui bâtiraient une *maison d'or avec des fenêtres de pierreries!*

Son gros poing frappa la table, sur laquelle bouteilles et tasses dansèrent.

Dans le silence qui suivit, on entendit les cris et le tapage qui allaient en grandissant au château.

— Cela marche! dit Samuel. Juan Garada gagne son argent.

— Mais, objecta Marim, qui en était encore à son rébus, en supposant même que Cabanil soit bâti sur fond d'or, d'escarboucles et de rubis, quel profit retirerez-vous du pillage?

— Tu n'as donc jamais ouï dire, matelot, qu'en France et en Angleterre, où les voleurs ont du talent, on met le feu aux maisons, rien que pour cacher le bris d'une serrure? Voilà que tu commences à comprendre. Dans mon marché, la junte a réservé le trésor, au cas, comme parle mon contrat, où ce trésor ne serait pas une fable.

D'un autre côté, mon ancien associé Pharès, qui est présentement mon ennemi mortel, prétend que le trésor est à lui. Pharès a déjà un autre nom, mais il peut s'appeler un jour l'ANGLETERRE. Ces gens qui pillent là-bas me préparent la réponse que je ferai aux Espagnols et aux Anglais. Dans un château pillé, cherchez donc un trésor ! Je ne suis pas un sot, matelot !

— *Senhor João da Foz!* comme ils disent à Coïmbre, s'écria Marim, vous êtes plutôt un habile homme, patron ! Vous achetez des millions avec des gros sous, et pour peu que le trésor ne soit pas une attrape...

Il fut interrompu par la première décharge, suivie d'une longue clameur.

Samuel da Costa se leva vivement et murmura :

— Est-ce qu'ils vont me tuer mon héritière de Cabanil !

Marim le regarda avec admiration.

— Au fait ! patron, dit-il, vous êtes veuf...

— Et sans enfants, grâce au diable ! acheva Samuel. On prétend qu'il y a un da Costa sous chaque pavé de Lisbonne. Je suis de grande famille, alors ! J'ai songé à ce mariage-là, matelot... Prends double paire de pistolets et va voir un peu là-bas, afin qu'on m'apporte ma femme sans avaries... Et souviens-toi que notre fortune est ici, l'homme. Je l'ai dit, je le répète : si l'on m'en chasse par la porte, j'y rentrerai par la fenêtre. J'en sortirai riche comme un galion ou bien j'y resterai mort !

Il montra la porte. Les décharges se succédaient maintenant avec rapidité. Marim traversa en courant la pelouse flétrie qui séparait la maison d'été du vieux château. En route, il vit de loin une procession de gitanos, vêtus bizarrement, qui montaient la colline. A leur tête était une femme de grande taille qui portait la crosse blanche.

Antioh-Amour et ses chérubins arrivent tard à la besogne, pensa-t-il en franchissant l'enceinte des remparts.

Samuel, resté seul, avait été vers la fenêtre et le suivait de l'œil. Quand il ne le vit plus, il demeura pensif, caressant le rêve de cette immense fortune qui ne pouvait plus lui échapper. Un léger bruit se fit derrière lui dans la chambre. Il se retourna. Un nœud coulant lui serra aussitôt le cou et il tomba, l'écume à la bouche, terrassé par des gens qui lui semblèrent être des bohémiens.

Ceux que précisément Narim venait de voir monter la colline.

Il était fort comme un taureau et ne manquait nullement de courage physique ; mais un moine, qui était fort aussi, le tenait par un bras, tandis qu'un bandoulier portant le costume de la bande du Verdugo d'Estramadure attachait son autre bras. Ses deux jambes étaient entre les mains de deux solides muletiers qui les garrottaient en conscience.

— Osez-vous bien, misérables!... commença le Portugais avec fureur.

Il n'acheva même pas. Son regard venait de rencontrer les yeux de cette grande qui portait la crosse blanche. La moustache du vét... nçais était connue du monde entier. Da Costa, stupéfait, arcourut de l'œil le cercle des prétendus bohémiens Sous l'étrangeté de tous ces déguisements, il n'y avait que des figures françaises.

Sa face sanglante pâlit jusqu'à devenir verte. Ses yeux seuls restèrent tachés de rouge. Le silence venait d'être rompu. Les quatre gitanos qui le tenaient avaient dit :

— Nous sommes quatre prisonniers de Cabrera.

Il crut qu'on allait le tuer et fit un effort si violent que les cordes entrèrent dans sa chair.

Un petit bossu passa entre les jambes de la foule et vint le regarder de près.

— C'est toi qui enlevas Blanche, la fille du Riche-Homme, dit-il. C'est toi qui tuais à l'auberge du Toro-Matado. Tu ne feras plus de mal à personne.

Le petit bossu était habillé en singe. De sa queue il fouetta le visage du Portugais. Personne ne rit. La figure de cet enchaîné faisait peur.

— Va bien! dit la grande femme en relevant ses moustaches à poignée. Le Marseillais en avait vu de toutes les couleurs, mais jamais une aussi laide bête. Parisien, allume-m'en une pour m'empêcher le cœur de tourner. Pouah!

Pont-Neuf, Toulousain, l'Aimable-Auguste et même Propre-à-Rien avaient eu le plaisir autrefois de visiter le Jardin-des-Plantes en passant à Paris. Quiconque a vu des soldats en contemplation devant un animal affreux et rare peut se faire une idée de leurs physionomies. Pont-Neuf résuma l'impression générale en disant d'un air méditatif :

— C'est donc ça qu'est les Portugais !

— Enlevez ! commanda Petit-Eustache avec son froc de moine.

Samuel fut chargé comme un paquet sur quatre vigoureuses épaules. Petit-Eustache lui dit :

— Amour, connais-tu le lieutenant-colonel des grenadiers écossais ?

La figure du Portugais se contracta terriblement.

— C'est lui qui t'a ménagé cette surprise-là, continua le dragon. Je ne sais pas si on va te brûler à petit feu, te rouer vif ou t'enterrer de même, ça dépendra du petit bossu ici présent. Moi, je n'aime pas faire du mal, même aux couleuvres, mais y a une justice. A ta place, j'avalerais ma langue.

— Si vous me relâchiez, prononça tout bas Samuel, je jure de donner à chacun de vous son pesant d'or !

Toute la troupe éclata de rire.

— Lazarille, tu seras volé ! s'écria Petit-Eustache : tu ne pèses que le poids d'un mouton ! Chasseurs, tenez-vous prêts à relayer ; nous allons loin, et l'animal est lourd.... Marche !

Le Gibose noua le propre mouchoir de Samuel sur sa bouche, et l'on partit au bruit de la bataille, qui se poursuivait au-devant des remparts.

XXI

La torture maternelle.

Il n'y avait plus personne dans la salle octogone qui formait l'intérieur de la tour de Ferdinand-le-Catholique. La foule victorieuse s'était retirée comme si elle eût remis malgré elle à une autorité supérieure le droit de régler les émoluments de son triomphe. Ceux-là même qui l'avaient lancée en chasse l'arrêtaient au bon moment où elle allait mettre ses dents de meute, avides, longues, aiguës dans la chair du gibier palpitant. On lui mesurait d'une main avare et arbitraire sa part de curée; on lui disait : Ceci est la venaison choisie pour la table du maître; contente-toi de ce dont le maître ne veut point.

La portion, cependant, était encore assez friande : un vieil écuyer, un officier français et une belle-fille dont nous ne saurions trop dire l'exacte qualité, mais qui était du moins dévouée et fidèle jusqu'à l'héroïsme : Andrès, Hector de Chabaneil et Juanita, la Léonaise.

On pouvait à la rigueur se contenter de cela; l'officier français, lui seul, était un mets de roi. Mais voilà qu'un mécompte nouveau menaçait l'appétit de cette pauvre meute espagnole. Le pibroch des Campbell retentissait tout proche; il y avait là un lieutenant écossais qu'on eût traité tout à l'heure Dieu sait comme, et qui maintenant devenait le maître.

Qui allait-on avoir, en somme? Faudrait-il se contenter de la Léonaise et du vieil écuyer?

Cette discussion, qui semble ici une méchante et lugubre plaisanterie, avait lieu explicitement et crûment dans la galerie intérieure menant de la tour au château, dans les cours, dans les chambres ravagées et pillées, et, de cette discussion, les trois malheureuses femmes, réfugiées dans l'oratoire, n'entendaient que les menaces enragées, jaillissant au-dessus du murmure, et les cris de mort éjaculés à chaque instant par des voix ivres et furieuses.

Elles ignoraient tout ce qui s'était passé depuis la prise de la tour. La scène finale que nous avons racontée n'avait été pour elles qu'un cri confus et comme l'aboiement turbulent de chiens déchaînés qui gambadent avant de se déchirer. Elles ignoraient aussi ce qui se passait actuellement et s'étonnaient sans doute du répit qui leur était laissé.

L'idée qui venait à dona Mencia, c'est qu'un hideux tribunal était assemblé à quelques pas d'elle et que ces énergumènes se donnaient le divertissement de parodier les formes de la justice. On devait être en train de prononcer l'arrêt.

Elle était la dernière, c'est-à-dire la plus rapprochée de l'autel qui formait le fond de l'oratoire ménagé dans l'épaisseur du mur. Au moment de la fuite, Lilias l'avait poussée jusque sur les marches mêmes, afin de se placer au devant d'elle et de lui faire un bouclier de son corps.

Dans ce réduit profond, tous les bruits du dehors mouraient, tandis qu'au contraire, les rumeurs vengeresses de la galerie voisine s'enflaient comme font les rauques hurlements des bêtes féroces dans les gorges des monts africains. Lilias restait à genoux près de dona Mencia demi-couchée ; Joaquina, sombre et découragée, s'appuyait au lambris.

Leurs physionomies exprimaient à cette heure des sentiments bien différents. Au fond de l'âme de dona Mencia, l'excès du malheur avait ranimé la vaillance. Un instant elle avait vu par la porte de l'oratoire les figures de ces démons mâles et femelles qui avaient envahi la salle octogone. Elle les connaissait tous pour ses serviteurs et ses protégés d'autrefois.

Chacun de ceux qui venaient chercher son sang avait vécu de son pain. Elle les aimait tous comme le bienfaiteur chérit ceux dont il est la providence. Son cœur s'était d'abord empli d'amertume à leur vue ; ceci était pour elle la goutte de fiel et de vinaigre qui envenime l'agonie. Mais elle avait prié ; en priant, on pardonne. Dona Mencia était résignée.

Lilias avait toute sa force. Elle ne gardait pas une pensée pour elle-même. Toute sa sollicitude allait vers dona Mencia le plus souvent vers Joaquina parfois. Elle était la seule ici qui prêtât l'oreille avec une apparence d'espoir. Avait-elle une mystérieuse pensée de salut au milieu même de cette détresse ?

Joaquina était sombre. La réaction se faisait en elle. Sa fièvre tombait, la laissant plus abattue que ses compagnes.

L'attente la brisait. Elle eût voulu mourir tout de suite.

— Qu'ils viennent donc ! qu'ils viennent ! murmurait-elle sans savoir qu'elle parlait. C'est mourir dix fois que d'être si longtemps torturée !

— Tous nos défenseurs ont-ils donc succombé ? demanda dona Mencia. Le jeune officier français portait sur son visage une ressemblance bien chère à mes souvenirs.

— C'est son frère, murmura Lilias.

La marquise comprit, car elle leva les yeux au ciel et dit :

— La comtesse de Chabaneil, ma sœur et mon amie, doit prier pour nous aux pieds de Dieu.

— Du sang ! du sang ! du sang ! cria Joaquina, répondant avec folie aux grondements de la foule d'où ce mot se dégageait incessamment ; je vous donne le mien, tigresses, venez le boire !

Elle s'affaissa sur le sol et mit sa tête entre ses mains.

Elle ne resta là qu'une seconde.

Elle se releva d'un bond convulsif et se jeta sur le sein de dona Mencia en murmurant :

— Ma mère, vous ai-je assez aimée ! Ma mère, vous n'aviez plus que moi ; je ne vous ai pas rendu votre fille... Oh ! si vous saviez comme nous allions être heureuses !

Elle eut un sanglot déchirant.

— Enfant, lui dit dona Mencia, j'ai besoin de toute ma force.

— Pour mourir, n'est-ce pas ma mère ? balbutia la Cabanilla baignée de larmes ; Juanita ! je t'en prie, sauve-nous !

Lilias attira sa tête brûlante contre son sein et la baisa.

— Qu'ai-je dit ? demanda Joaquina qui se redressa si fière qu'on ne l'aurait pas reconnue. Je n'ai pas imploré pitié, n'est-ce pas ? Dieu est le plus fort ; il frappe ; je sais souffrir. Juanita, petite sœur, tu as assez fait pour nous. Ces gens ne veulent que le sang de Cabanil. Va-t'en, va-t'en !... N'est-ce pas, ma mère ?

— Oui, répondit dona Mencia, qui détourna les yeux. Ma fille a raison. Soyez remerciée et bénie, noble et chère enfant. Laissez-nous à notre sort. Je vous en prie, je vous l'ordonne.

Joaquina jeta ses deux bras autour du cou de Lilias et glissa à son oreille :

— Tu lui diras que je l'aimais.

Lilias sourit et sa main se tendit vers l'entrée de l'oratoire, comme pour donner plus de force à la terrible réponse qui venait du dehors. Il y avait en ce moment dans la galerie une explosion de cris sauvages. Le nom de Cabanil n'était point dans cette clameur qui parlait de mort et qui disait :

— Juanita ! Juanita la Léonaise?

— Vous voyez bien, prononça-t-elle tout bas, que vous ne pouvez pas me chasser. Moi aussi, je suis condamnée.

Alors elles se serrèrent les unes contre les autres, la mère, la fille et celle qui était étrangère, mais qui se faisait de la famille pour mourir. Elles ne parlèrent plus. La pensée de Dieu descendit au milieu d'elles. Ce fut une fervente et muette prière qui monta de leurs embrassements. Leurs âmes se confondaient en une seule résignation. Vous eussiez vu sur le front charmant de Joaquina, quelque chose de ce calme qui sortait du grand cœur de Lilias.

La marquise avait leurs douces têtes contre sa poitrine ; on eût dit qu'elle voulait ouvrir son sein pour les y abriter. Oh ! il n'y avait plus là, dans ce petit sanctuaire d'où le parfum d'un triple sacrifice s'exhalait en silence, il n'y avait plus ni colère, ni terreurs.

Elles étaient trois sous la même auréole, toutes trois belles et couronnées de suaves rayons, toutes trois réfugiées dans leur mutuelle tendresse, heureuses encore à ce suprême instant, heureuses d'être trois, heureuses de s'aimer, heureuses d'aller à Dieu du même pas, les bras entrelacés, les cœurs confondus, toutes trois, toutes trois ensemble.

Les dents de la meute pouvaient grincer en s'éguisant ; elles n'entendaient plus. L'attente elle-même leur épargnait désormais son angoisse.

Dans la salle octogone, déserte maintenant, mais remplie de mille bruits, la petite porte située à droite de la chambre-alcôve et qui donnait sur l'escalier conduisant à la fois aux souterrains et à la poterne, eut un mouvement léger.

Pendant l'assaut, personne ne s'était avisé d'attaquer la poterne, faite de planches épaisses comme des pierres de taille, reliées entre elles par une solide armature de fer ; personne encore, par conséquent, n'était entré dans la salle octogone par cette voie.

La porte dérobée roula doucement sur ses gonds.

Les gens de Samuel da Costa qui gardaient l'entrée de la

chambre-alcôve, du côté de la galerie intérieure, n'entendirent point. Aucun bruit non plus ne vint aux oreilles des senoras dans l'oratoire.

Ce fut Antioh-Amour, la Haute-Femme, qui entra.

Elle avait sa crosse blanche à la main. Ses pieds nus sortaient de sa robe en cachemire fané, aux plis nombreux et affaissés. De sa coiffure orientale, ses cheveux gris s'échappaient en mèches raides. Elle s'arrêta au seuil, dressant toute sa grande taille. Ses yeux ternes roulèrent dans sa longue figure immobile et firent le tour de la salle, qu'elle traversa ensuite d'un pas à la fois majestueux et furtif.

Ces deux épithètes, qui semblent se contredire l'une l'autre, appartiennent aussi au pas des Arabes et à celui des Indiens de l'Amérique du Nord,

Son regard avait fait d'un seul coup l'inventaire exact de la salle. En passant près de la table où la Cabanilla avait laissé le plan ouvert des souterrains, son œil lança une soudaine étincelle, mais elle ne s'arrêta point et ses mains restèrent sous l'étrange draperie qui l'enveloppait comme une mante.

Elle vint jusqu'à l'entrée de l'oratoire sans avoir produit aucun bruit.

Arrivée là, elle s'accroupit, les jambes croisées, juste en face de l'autel, et ce fut alors seulement que les trois senoras l'aperçurent.

Elles tressaillirent toutes les trois. Toutes les trois la connaissaient. Chez toutes les trois sa vue fit naître un sentiment différent.

Dès qu'elle fut assise, elle ne bougea plus et resta appuyée des deux mains sur sa longue crosse qui se dressait entre ses jambes nues comme un étendard. Le soleil de midi frappait les bigarrures de son costume et creusait profondément les ombres de son visage.

Elle fut longtemps avant de parler. Son œil absorbant et sans lumière était fixé sur dona Mencia de Cabanil.

— Nous sommes résignées à mourir, femme, dit enfin la marquise pour qui une semblable apparition était comme le signe certain de la dernière heure. Vous ne pouvez rien contre nous.

Le tremblement de sa voix démentait ses paroles.

Il n'y avait que de la surprise dans le regard de Lilias. Une lueur d'espoir brillait au contraire dans la mobile prunelle de la Cabanilla.

— Ce n'est rien que mourir, prononça la voix morne de la Haute-Femme.

Il y eut encore un silence, puis elle reprit d'un accent plus doux en s'adressant à Joaquina :

— Jeune fille, je vous salue ; je ne vous veux point de mal, et cependant je vous apporte votre malheur.

Et à Lilias :

— Je ne vous veux pas de bien, à vous, et pourtant, je vous apporte votre fortune.

A la marquise, enfin :

— A vous, je vous souhaite du mal. Vous êtes la femme de l'homme qui m'appartient. Nous n'avons qu'une loi, qui est la vengeance. Encore une fois, ce n'est rien que de mourir. Je viens ici pour me venger de vous.

— Que vous ai-je fait?... balbutia la marquise.

— Rien. Je ne vous hais pas. La vengeance n'est pas la haine, c'est la justice. Vous avez mon bien, je vous frappe.

Pendant que celles de l'oratoire se taisaient, prises d'une vague épouvante, elles qui se croyaient désormais à l'abri des craintes de ce monde, Antioh-Amour eut un rire silencieux.

— Ce n'est rien que mourir, répéta-t-elle pour la troisième fois, et vous ne mourrez pas. N'ai-je pas l'air de la messagère des bonnes nouvelles? Vous seriez mortes déjà, si vous aviez à mourir. Pensez-vous que ces bêtes fauves eussent mâché si longtemps à vide? Il y a une forte main qui les tient à la gorge. Les Anglais sont venus : les bêtes fauves ont la muselière. Les Anglais ont ordonné que dona Mencia de Cabanil et sa fille aient la vie sauve.

— Que Dieu soit béni ! s'écria Lilias.

— Sais-tu donc déjà qui tu es, toi !... murmura la Haute-Femme entre ses dents.

Mencia et Joaquina gardaient le silence.

— Entends-tu, reprit tout haut Antioh en s'adressant à la marquise, toi et ta fille! Tu es bien pâle. Devines-tu? Je te dis que je viens me venger.

Mencia ne devinait pas, mais elle frémit, tant le regard de la Gitana était implacable et terrible.

— Le chef des Anglais, continua celle-ci, est une moitié d'Espagnol et une moitié de gitano, déguisé sous l'uniforme écossais. On lui donna le nom de Pharès quand je le mis au monde, car c'est mon fils. Il jeta les premiers cris dans les bras de ton mari, femme, car le Riche-Homme, Blas de Cabanil, est son père.

Joaquina ouvrait de grands yeux incrédules. Ceux de Lilias étaient baissés. Sur son beau visage, l'étonnement faisait place à une douloureuse expression de trouble et de regret.

Dona Mencia ne pouvait plus pâlir.

— Pharès, le fils aîné du Riche-Homme, reprit Antioh dont la voix vibrait davantage, a tué tous ceux que tu pleures. Il a bien fait, c'est la loi.

La tête de la marquise pendit sur sa poitrine.

— Pharès, le chef des Anglais, poursuivit encore la Gitana, qui semblait grandir à chaque mot qu'elle prononçait, a une fille. Sa fille est ici; c'est l'une de vous trois, et c'est pour cela que Pharès est venu.

Par un mouvement involontaire, la marquise et Joaquina se reculèrent de Lilias qui resta toute seule, les yeux baissés et les bras croisés sur sa poitrine.

Le sourire d'Antioh devint plus amer.

— Tu es belle, toi, jeune fille, prononça-t-elle plus bas. Je faiblis, quand je découvre un grand cœur.

— Ayez pitié!... balbutia Lilias.

— De qui? demanda la bohémienne.

Joaquina leva sur elle ses yeux perçants. Elle eut un vague frémissement par tout le corps.

— De qui?.,. répéta-t-elle d'une voix sourde.

Et la marquise, regardant tour à tour les deux créatures charmantes qui étaient à ses côtés, balbutia d'un accent brisé :

— De qui?

— Il ne plut pas à la Haute-Femme de répondre.

— Pharès est parti maintenant, continua-t-elle. Il est allé à son devoir. Vous êtes seulement protégées par sa volonté. Il est parti parce que l'homme qui a rassemblé ce troupeau d'animaux féroces, l'acheteur de votre château, n'est plus à craindre. Pharès l'a fait tomber dans le piége. Il y a encore quelques gouttes de bon sang dans les veines de Pharès... Il s'est trompé en un point pourtant : il est parti parce qu'il croit sa fille sauvée par ce seul fait que les deux senoras de Cabanil doivent être épargnées... Quelqu'un me comprend-il ici?

— Ayez pitié! prononça pour la seconde fois Lilias.

— Quelqu'un comprend!... Et ce n'est pas toi-même que tu plains, jeune fille!

Joaquina s'était dressée sur ses pieds, livide. La marquise semblait changée en statue.

La bohémienne dit sur un mode étrange et qui semblait un chant :

— Je viens pour me venger. Ce n'est rien que mourir. Il y en a deux qui ont la vie sauve : dona Mencia et sa fille. L'autre est condamnée; ils attendent l'autre pour la déchirer, et ils seront d'autant plus cruels que leur curée est amoindrie... Écoute, Mencia; ils rugissent, écoute!

C'étaient des rugissements, en effet. Les voix rauques de la galerie disaient :

— Juanita la Léonaise! Qu'on nous livre celle qui est à nous! Juanita! Juanita! Juanita!

Lilias fit un mouvement et dit :

— C'est moi qu'ils appellent! Je suis prête!

La marquise la retint comme une proie. Joaquina, qui guettait sa mère avec des yeux ardents, vit ce geste. Ses cheveux remuèrent sur son crâne.

— C'est donc moi qui suis prête! s'écria-t-elle. Adieu.

La main gauche de la marquise lâcha Lilias et s'accrocha au vêtement de Joaquina.

— Enfant! enfant! murmura-t-elle, ma fille chérie. Il y a dix-huit ans que je t'aime!

— Mencia, dit Antioh, ce n'est rien que mourir.

— La respiration de la pauvre mère s'étouffait dans sa gorge.

— Je me venge, Mencia! dit encore la Haute-Femme. De ces deux-là, il y en a une qui doit être abandonnée. Ils ont faim là-bas; choisis vite.

— Joaquina! fit la marquise en un râle; Juanita!

Le bruit d'une lutte se fit entendre du côté de la chambre-alcôve.

— Ils viennent, dit Antioh impassible et inexorable. Laquelle vas-tu leur donner?

— Madame, implora Lilias, Joaquina est votre fille.

— Regarde celle qui te parle, Mencia, et regarde au-dessus de sa tête, ordonna la Haute-Femme.

Au-dessus de Lilias pendait le portrait de Blanche de Cabanil.

Ce ne fut pas la marquise qui obéit la première. Le regard de la Cabanilla précéda le sien.

L'angoisse lui arracha un gémissement. Le même rayon de soleil qui jouait dans les cheveux de Lilias éclairait le portrait de Blanche.

La ressemblance parlait si haut que Joaquina couvrit son visage de ses mains.

— Madame! madame! dit Lilias, ne croyez pas cette femme! elle est votre ennemie!

— Tu ne m'aimes donc pas, toi! s'écria la marquise avec un regard de folle. Tu ne veux pas être ma fille!

L'œil de Lilias lui montra Joaquina qui sanglotait.

La marquise tordit les mains. Son martyre la galvanisait. Elle retrouvait sa force d'autrefois pour souffrir.

— Mon Dieu! mon Dieu! mon Dieu! fit-elle par trois fois.

Et ses deux mains convulsives fouillèrent ses cheveux, comme si elle eût cherché sa raison en fuite.

Mais Antioh ne voulait pas qu'elle perdît la raison.

— Doutes-tu encore? demanda-t-elle. Il y a ici une fille de Cabanil, une fille de Pharaon. Laquelle des deux a le teint de la race maudite? Laquelle a les cheveux d'or des Cabanillas? Pharès n'est plus un gitano. Pharès a voulu pour sa race votre noblesse et votre richesse, au lieu de la vengeance qui était son devoir et son droit... Mencia, que te disait ton cœur auprès du berceau où celle-ci dormait? souviens toi !

— Ma mère, je veux bien mourir! s'écria Joaquina éplorée et révoltée à la fois, mais cette femme ment... elle doit mentir... Si elle disait vrai, elle serait mon aïeule... Eh bien ! je la hais !... si elle disait vrai, je serais votre ennemie par la loi du sang... Eh bien! ma mère, ma mère! je vous aime du plus profond de mon cœur!

Mencia frissonnait et haletait. Elle attira d'un geste violent Joaquina contre sa poitrine.

— Est-ce l'autre que tu condamnes? demanda Antioh.

La marquise repoussa Joaquina pour nouer ses deux bras autour de Lilias.

Antioh demanda :

— Est-ce Joaquina dont tu ne veux plus?

La marquise, pleurant et criant, les réunit toutes deux sur son cœur.

Et toutes deux, baignées de larmes, balbutiaient :

— Ma mère... ma mère!

La bohémienne se leva, déployant toute la hauteur de sa grande taille. Elle fit un pas en avant pour voir de plus près ce misérable corps de mère qui tressaillait dans chacune de ses fibres, et resta appuyée sur sa crosse.

— N'est-ce pas, Mencia que je me venge! dit-elle. N'est-ce pas que ce n'est rien de mourir !

Mais elle ne savait pas. La vengeance a des bornes comme tout ce qui est humain. Il n'y a qu'une chose immense, c'est l'amour des mères.

Au fond de cette agonie, Mencia, avec ses deux filles sur son cœur, entra dans une sorte de délire qui était comme l'ivresse du bonheur. Elle les baisait, elle lissait leurs cheveux de ses deux mains voluptueuses et caressantes; sa bouche rendait ce son inarticulé et charmant qu'on entend partout où il y a des mères, dans le nid, dans l'antre et près des berceaux. Elle n'entendait plus, elle ne voyait plus que ses filles.

Ce fut Lilias qui l'éveilla.

— Ma mère, murmura-t-elle à son oreille, j'ai eu toute ma part de bonheur ici-bas : vous m'avez appelée votre fille. Il faut que Joaquina, ma sœur chérie, vive, car on l'aime. Moi, ma mère, je puis mourir : je ne suis pas aimée.

— Et tu aimes ?... demanda dona Mencia.

— Sans espoir, ma mère.

— Qui donc aimes-tu ?

Lilias regarda le portrait de Blanche, et répondit :

— Celui qu'elle aimait.

Ces paroles furent échangées au milieu des clameurs furibondes de la foule qui attaquait la porte de l'alcôve et en face de l'implacable regard de la Gitana. Ni les clameurs des bourreaux, ni le regard plus cruel de la Haute-Femme ne gênèrent cette confidence de fille à mère qui les occupait toutes deux bien plus que l'approche de la mort.

— Elle aussi me disait tout ! reprit la marquise dans un baiser.

Il se fit un grand fracas. La bohémienne n'était plus là. Elle avait traversé de nouveau la salle de son pas furtif et solennel, la tête haute pourtant, et digne comme une reine qu'elle était. Mais les reines de Roumi sont des voleuses sous leurs oripeaux tragiques. Avant de sortir par la petite porte qui lui avait donné entrée, Antioh-Amour glissa le plan des souterrains dans son sein.

Jean Garrada, Domingo, Suzan la veuve et vingt autres rompaient en ce moment la barrière et s'élançaient dans la salle en brandissant leurs couteaux.

— Où est la Juanita ? cria l'ancien familier. Nous sommes les maîtres ! les Anglais sont partis et le Portugais est au diable !

Joaquina et Lilias s'étaient échappées à la fois des mains de leur mère. Elles étaient toutes deux debout à l'entrée de l'oratoire. Leurs réponses ne firent qu'un son.

— C'est moi ! dirent-elles en même temps.

Et comme les couteaux se détournaient de la Cabanilla, que la plupart connaissaient, elle embrassa Lilias et la couvrit de son corps.

— Avant elles! moi! moi! ce sont mes filles toutes deux!
râlait la mère, qui essayait de se traîner hors de l'oratoire.

Jean Garrada venait de trouver le joint pour poignarder
la Léonaise par dessous l'aisselle de Joaquina. Il leva le bras;
un coup de pistolet partit; sa cervelle jaillit sur ceux qui
l'entouraient. Les autres s'arrêtèrent.

Vingt crosses de mousquets sonnèrent sur les dalles de la
galerie. Édouard Wellesley était debout au seuil de l'alcôve,
précédant un peloton de grenadiers écossais. Il n'en fallait
pas tant pour faire place nette.

La Juanita, cette dernière proie, échappait donc à son tour
à ces pauvres émeutiers espagnols! Ils n'avaient eu en
somme que des coups pour leur part. Suzan la veuve n'eut
pas même un petit morceau du bon écuyer Andrès qui suivait les grenadiers écossais en amateur et mangeait une
croûte avec plaisir.

Le carrosse des senoras de Cabanil est attelé dans la cour,
dit miss Ned avec une respectueuse courtoisie, et j'ai ordre
de les escorter jusqu'à Talavera-de-la-Reine.

TROISIÈME PARTIE

TALAVERA-DE-LA-REINE

I

Little staff.

C'est ici une plaine véritablement fertile, et le fleuve du
Tage, dont la romance vante les bords heureux, n'y dément
point la réputation que cette innocente poésie lui a faite. A
Talavera-de-la-Reine, il y a, autour de la vieille ville espagnole, chose que nous n'avons pas vue souvent dans ce ré-

cit, de la vraie verdure, de l'herbe que le bétail peut brouter, de l'eau en abondance, des moissons, des arbres fruitiers et les plus beaux peupliers que l'on puisse voir.

Le Tage au sud, l'Alberche vers l'est et le nord font à la cité sombre une riante ceinture de fécondité. La colline qui la domine, sur sa gauche, étage le gracieux amphithéâtre de ses jardins qui entrent dans la ville malgré l'enceinte romaine, et jettent des bouquets d'abricotiers feuillus jusqu'au pied des tours Albarranas, éparses au milieu des maisons gothiques ou romaines.

Bien qu'en lisant certains historiens d'outre-Manche, patriotes jusqu'à la poésie, on soit tenté de croire que les armées anglaises, semblables au Nil, sont une bénédiction pour les contrées où elles passent, le paysage des environs de Talavera était un peu flétri en cet automne de 1809. Le Nil anglais avait déposé plus de limon qu'il ne fallait sur ces belles campagnes; c'était peut-être de l'engrais, mais il étouffait la végétation.

Les prairies étaient déplorablement défoncées par les chevaux; on voyait dans les champs de vastes taches noires, indiquant les moissons brûlées, et les vignes ravagées laissaient pendre leurs pampres fanés. Cependant, comme les bienfaiteurs de l'Espagne ne pouvaient dévorer, en définitive, ni le tronc des chênes noirs, ni le haut feuillage des peupliers, il y avait encore des arbres et de l'ombre.

Le milieu du jour était passé. Le soleil allait inclinant vers l'horizon et se mirait déjà dans le fleuve en aval de la ville. L'heure de la sieste était passée. Les bourgeois de Talavera se hasardaient à sortir de chez eux, les yeux battus de sommeil. Les arcades Saint-Pierre voyaient quelques promeneurs, la place aussi, fière de ses portiques irréguliers et de ses maisons vermeilles, aux balcons desquelles se penchaient tant de jeunes visages.

Les senoras, réveillées sous leurs dentelles noires, étaient en route pour la Alameda ou promenade des peupliers, fuyant les habits rouges, mais, fuyant comme Galatée, la fillette lascive qui se réfugie vers les saules après avoir lancé la pomme à son berger. Les senoritas ne lançaient pas de pommes, mais bien le trait brûlant de leur regard qui mettait sans dessus dessous les lovelaces de l'armée anglaise.

Si vous allez là-bas, il reste encore quelques grand'mères pour dire comment les Espagnoles abhorraient les Anglais. Cela ne prouve rien ; les grand'mères vous diront aussi que le jeu de coquetterie n'en est que plus divertissant avec le partner qu'on déteste. Ne leur demandez pas, néanmoins, trop curieusement, à ces aïeules, si elles furent toujours les gagnantes à ce jeu téméraire.

Talavera-de-la-Reine était pleine d'Anglais. Tous les uniformes éclatants et comiquement taillés, dont nos caricatures du commencement de la Restauration nous ont gardé la désopilante tournure, abondaient dans les rues noires et sur le pavé montueux.

On ne voyait que favoris blonds, révoltés sous la mentonnière du *forage-cap*, vestes écarlates ornées de basques en queue de morue, pantalons étroits faisant ressortir des pieds plats, longs et larges, qui tous suivaient la trace du pied mignon de Galathée fuyant vers les saules. Car si les senoras n'aimaient pas les Anglais, c'était pure ingratitude : les Anglais adoraient les senoras, et, sur les places, aux promenades, dans les carrefours, à tous les étages de toutes les maisons, on n'entendait que le gazouillement guttural des Saxons, gargarisant le chant du printemps britannique : *Y love you!*

Sir Arthur Wellesley avait appuyé au Tage la droite de son armée, déployée sur la rive occidentale de l'Alberche, et, depuis quelques jours, il faisait de Talavera son quartier général. Son état-major et lui occupaient le grand et beau couvent des Hiéronymites, situé au bord du fleuve et dont le clocher, détruit à la fin de cette même campagne de 1809, servait d'observatoire. Ce clocher, très-élevé, dominait, malgré sa position dans un lieu bas, le cours des deux rivières et la colline. Ce fut là que Wellington étudia son plan de bataille.

Devant la façade ionique, on avait élevé quatre corps-de-garde baraqués et six pièces de canon, dont deux à la tête du pont, défendaient la demeure du général, non pas contre les Français qui étaient de l'autre côté de la Guadarrama, et qui, pour attaquer Talavera, auraient dû passer trois rivières, mais contre les Espagnols.

Au rez-de-chaussée de la façade principale, il y avait une grande pièce qui avait servi de salle conventuelle et qui, coupée en deux par une cloison, avait maintenant l'honneur d'abriter d'un côté le *little staff* ou petit état-major attaché à la personne même de sir Arthur, et de l'autre la cuisine de ces messieurs.

La cuisine tient une place énorme dans l'installation de toute armée anglaise.

Le *little staff*, ainsi nommé par opposition au grand étatmajor, formé d'officiers supérieurs et de généraux, était composé de jeunes militaires appartenant à des armes diverses, depuis le grade d'enseigne jusqu'à celui de major.

C'étaient tous officiers de naissance et d'avenir, hommes de cheval consommés, gros mangeurs, grands buveurs, parieurs effrénés, ne manquant pas de prétention à l'endroit des femmes et persuadés, pour la plupart, que si le ciel était juste, l'Armée, comme on appelle à Londres le département de la guerre, se ferait un devoir de grossir sous peu le grain de leurs épaulettes.

Quand ils n'étaient pas en mission, galopant d'un corps à l'autre avec des ordres de sir Arthur, ces braves jeunes gens avaient trois tâches principales qu'il leur fallait rigoureusement remplir avant de se coucher : 1° se mettre à table, 2° en sortir, 3° s'y remettre.

Le bon écuyer second, Andrès, mangeait au moins sous le pouce.

Ils se mettaient à table quatre fois par jour. Ils y restaient tant qu'ils pouvaient. Ils en sortaient pour fumer leur cigare à la fenêtre et foudroyer de leur regard tous les cœurs qui passaient sous la dentelle.

Car ceux-là étaient des reclus comme les moines qu'ils remplaçaient. La plaza les voyait rarement parader sous les jalousies curieuses; ils ne connaissaient pas la petite guerre des arcades, et les peupliers de l'Alameda n'avaient jamais vu leurs triomphes amoureux. Le général en chef les tenait en laisse d'une main ferme; ils n'avaient pas permission de s'écarter hors de portée de son commandement.

Trois heures après midi venaient de sonner au campanille du couvent. Le *little staff* sortait de table. Les cigares allumés fumaient. Les fenêtres ouvertes de leur salle à manger vomissaient au dehors une énergique odeur, combinant les parfums du restaurant et de l'estaminet.

C'est l'haleine de la *mess* anglaise, dont nos officiers français, par un esprit d'imitation qui ne nous semble pas heureux, ont emprunté depuis peu le nom pour leurs tables communes. Table vaut *mess*, nous le leur certifions. Nous ajouterons, espérant ne les point fâcher, que s'ils n'ont rien à emprunter à l'Angleterre, l'épée à la main, ils peuvent lui laisser sans honte cette supériorité reconnue de la fourchette.

Ce qui dominait dans ces tièdes bouffées, sortant par les fenêtres de l'ancien couvent, c'était le tabac, le moka et le rhum, trois bien bonnes choses peut-être, mais qui, échauffées et mêlées au fumet du bœuf rôti, ne sentent pas aussi bon que la rose.

Il y avait là une douzaine de bons garçons, les uns debout, les autres à cheval sur leurs chaises, le dossier en avant. Les bouteilles et les verres restaient à proximité, bien entendu, car la nature jalouse, qui ne permet pas à ces messieurs de manger toujours, leur laisse du moins la faculté de toujours boire.

Sur presque tous les visages vous eussiez reconnu un cachet de franchise et de bonhomie un peu rengorgée qui n'excluait pas la distinction. Les fils de famille étaient là en majorité, et plus d'un, parmi les membres du *little staff*, devait s'asseoir un jour sur les bancs de la chambre haute.

— J'offre dix livres et une mention à l'ordre du jour, dit le capitaine Dalhousie, un beau dragon des escadrons du prince de Galles, joues blanches et rouges, ornées d'une paire de favoris en éventail, à quiconque brisera la guitare de Clinton !

Clinton, maigre et long jeune homme, portant les insignes du grade de major dans les fusiliers de Cumberland, était, en train de racler un boléro qu'il étudiait depuis deux mois, mais qu'il ne pouvait pas apprendre; il déposa la guitare sans rire ni se fâcher et se planta devant le miroir qui servait à peigner les favoris du *little staff* pour entonner d'une voix gutturale et fausse une manchega qu'il savait moins encore que son boléro.

Capitaine Dalhousie, sans se fâcher non plus et sans rire, mit sa tête en dehors de la fenêtre.

— Vingt livres que Clinton n'apprendra jamais sa manchega! proposa le lieutenant Crabbe, du troisième irlandais à pied.

— Contre quoi? demanda docteur Cockerill, bon gros garçon du Middlesex, tournure trois quarts bourgeoise, un quart militaire, coiffé de la casquette à fourrage qui remplace notre bonnet de police et portant en sautoir sa trousse de maroquin rouge à boutons d'or. Je mets six penses contre les vingt livres.

Lieutenant Crabbe rit de bon cœur. Celui-là était un Irlandais : nez au vent, œil candide, cheveux un peu crépus et bouche demi-ouverte.

Major Clinton avait ce nez anglais, hautement cartilagineux et transparent qui permet d'étudier l'anatomie intérieure du crâne et qui se rattache à la lèvre supérieure par deux puissants ligaments élastiques blancs, un peu mous. Vous chercheriez en vain ce nez chez les autres nations de l'univers.

Major Clinton possédait également, dans toute son exubérance effrontée, la mâchoire britannique : dents d'ivoire, plus blanches même que l'ivoire le plus blanc, mais montées en chevaux de frise. Il était sentimental, ami sincère de la musique et de la poésie. Bon caractère, du reste, et excellent officier.

Capitaine-lieutenant Maxwell, des canonniers de Cambridge, et enseigne Mackensie du 1ᵉʳ régiment écossais, le premier, Anglais gras, gêné par son hausse-col et le sang à la peau; le second, highlander des îles, taillé en athlète et doux comme un agneau, jouaient au tric-trac sur un coin de table. Adjudant Browne, des gardes à cheval, s'exerçait au bilboquet, comme s'il eût été roi de France.

— Messieurs, dit major Clinton avec un grand sérieux, je suis généralement la victime de votre intolérance. Il est évident pour moi que vous êtes jaloux de ma voix et de mon talent sur la guitare. Faites-moi passer lieutenant-colonel, Dalhousie, vous qui avez le bras long, et je vous donne ma parole d'honneur que j'irai me cacher au fond des forêts pour cultiver le chant et la mandoline.

— C'est cela, Clinton, causez! lui fut-il répondu. Quand vous voulez, vous avez de l'esprit comme quatre. Avez-vous des nouvelles de votre blond partner des bals d'Yorck?

Clinton alluma un cigare et répliqua d'un air sombre :

— Mariée, messieurs! C'est ma sixième! Une année entière de contredanses, perdue sans retour!

Nous devons dire ici que, dans le monde un peu bourgeois où sont reçus les jeunes officiers de l'armée anglaise, danseurs et danseuses se tirent au sort et restent ainsi appareillés deux à deux pendant toute une saison. Ceci est calculé pour amener des mariages. On a vu des asphyxies produites par ce long et terrible accouplement.

— Depuis ce temps-là, dit docteur Cockerill, Clinton a déjà entamé une autre *flirtation* à Manchester...

Le *flirt* est une chose anglaise, comme le *cant*, comme le nez de Clinton, comme le *spleen*, comme le *comfort*, comme tant d'autres idées exprimées par des mots intraduisibles. Le *flirt* n'est pas plus notre coquetterie que le *cant* n'est la pruderie de nos femmes. C'est, à proprement parler, cet essai, sérieux ou non, qu'un célibataire et une demoiselle font l'un de l'autre avant de se marier,

Deux jeunes gens flirtent ensemble en public, sans se gêner. La flirtation ne déshonore pas plus qu'elle n'engage. Une miss peut garder la blancheur intacte de la robe nuptiale après avoir flirté avec une demi-douzaine d'états-majors.

— Jolie comme un amour et mille livres *per annum*, répondit Clinton. J'ai une malheureuse étoile. Elle n'aimait que l'artillerie.

— Présentez-vous, Maxwell! s'écria lieutenant Crabbe.

— Gentlemen, dit Dalhousie, je demande la parole pour une importante communication. Je pense que vous n'avez pas oublié mon cousin Richard Mowbray, qui vint dîner à notre table à Ciudad-Rodrigo, le mois dernier.

— Un joyeux garçon que ce Rouge-Dick! interrompit-on. Bon vivant et brave officier!

— J'ai reçu une lettre de lui qui raconte d'étranges choses.

— Quand donc?

— Avant le dîner.

— Et vous ne le disiez pas, capitaine!

— Je n'aime pas discourir quand je mange... La lettre est de la nuit dernière. C'est le courrier dépêché par Noir-Comin à Milord qui l'a apportée. Rouge-Dick n'a point coutume d'écrire la nuit sous sa tente... car ils sont campés là-bas, et font un métier d'enfer. C'est à n'y rien comprendre. Il y a des détachements français qui se promènent sur nos derrières, messieurs... Mais vous allez voir! mon cousin Rouge-Dick m'a donc écrit cette nuit, parce qu'il n'avait pas sommeil, et il n'avait pas sommeil parce que l'ennemi leur a donné une diable d'aubade!

— L'ennemi? répéta Clinton. Quel corps français peut donc se trouver là-bas?

— Le corps du capitaine Fantôme, sur ma foi, je pense, répliqua Dalhousie.

— Oh! oh! fit-on de toutes parts.

Ceux qui étaient aux fenêtres rentrèrent, bien qu'il passât par hasard deux ou trois chiens habillés dans la rue. Clinton cessa de se peigner la barbe, Docteur Cockerill donna trêve à ses dents qu'il tourmentait, adjudant Browne laissa en repos ses ongles qu'il ponçait. On se rapprocha du capitaine Dalhousie.

— Faites-moi penser, dit ce dernier, à parler au courrier-mayor, quand il viendra au quartier. Qui donc est président de la table ce mois-ci?

— Maxwell.

— Maxwell, je vous prie d'envoyer une invitation au seigneur Pedrillo de Thomar aussitôt son arrivée... M'entendez-vous, capitaine-lieutenant?

— Ce diable de Mackensie me fait décompter tous mes trous! répondit Maxwell; il a de la corde de pendu. Voilà

trois jours de suite que je fais avec lui Jan-qui-ne-peut!...
Oui, oui, je vous entends, Dalhousie, et j'enverrai une invitation au courrier-mayor, puisque c'est votre fantaisie.

— Une invitation spéciale, Maxwell.

— Spéciale, Dalhousie... Deux, si vous voulez.

— Afin, continua le capitaine des dragons de Cumberland, qu'il ne nous soit pas enlevé à son passage par d'autres tables d'officiers.

— Il est donc devenu bien précieux, ce seigneur Pedro? demanda docteur Cockerill en massant une vaste prise dans la seule tabatière qui fût parmi toutes ces pipes et tous ces cigares.

— Vous allez voir..... Rouge-Dick a vu le capitaine Fantôme.

— Est-ce possible?

— Vous moquez-vous, Dalhousie?

— Ce serait tout au plus Rouge-Dick qui se moquerait, car il me le dit en toutes lettres dans son message. Il a vu le capitaine Fantôme comme je vois Clinton cirer sa barbe et Maxwell faire des grimaces à ses dés... Maxwell, je mets cinq guinées dans votre jeu.

— Allez au diable! répliqua le capitaine-lieutenant. Tous vos Écossais ont la berlue, excepté Mackensie, pourtant, qui achètera bientôt un régiment avec tout l'argent qu'il me gagne!

— Et comment Rouge-Dick a-t-il vu le capitaine Fantôme? demanda le major Clinton.

— Et quel rapport, ajouta Cockerill, cela peut-il avoir avec Pedro de Thomar?

— Gentlemen, procédons par ordre, s'il vous plaît. Première question : les trois compagnies commandées par Noir-Comin avaient fait hier, c'est toujours Mowbray qui parle, quarante prisonniers français qui, sans doute, menaient métier d'éclaireurs ou essayaient de communiquer avec le capitaine Louis... car Noir-Comin n'a pas eu raison encore de celui-là...

— Un damné compère, à ce qu'il paraît!

— Le plus habile espion qui soit dans les Espagnes!

— On avait soupé, gentlemen ; les Français avaient bien soupé... Et pendant que j'y songe, voici pourquoi la lettre de Rouge-Dick m'est revenue en mémoire. Vous parliez de flirtation... Rouge-Dick me dit...

— Trois grognements pour la flirtation !

— Le capitaine Fantôme, le capitaine Fantôme !

— Rouge-Dick me dit, poursuivit paisiblement Dalhousie, que miss Ned... vous savez, le neveu de Mylord...

— Trop blond ! dit Crabbe.

— Il ira loin, ajouta docteur Cockerill. Sir Arthur était comme cela à son âge.

— Avez-vous ouï parler du Riche-Homme, don Blas de Cabanil? demanda brusquement le capitaine Dalhousie.

Il y eut une protestation générale.

— Cela peut durer jusqu'à la fin de la campagne, dit Clinton : du capitaine Fantôme à miss Ned, de miss Ned au vieux marquis de Cabanil, du vieux marquis de Cabanil à qui?

— A sa fille, major, répliqua Dalhousie. Je ne suis pas orateur, mais je ne radote pas encore. Le neveu de milord, Edouard Wellesley, miss Ned, comme ils l'appellent à leur table, un joli garçon ou que Dieu me damne et l'ami de cœur de mon cousin Mowbray, est en flirtation avec la fille unique de ce vieux Blas qui possède un milliard de réaux ou quelque chose d'approchant... Clinton, combien cela fait-il *per annum?*

— Cinquante millions de réaux, répondit le sentimental major sans hésiter, douze millions cinq cent mille livres argent de France, et juste un demi-million sterling de revenu. C'est absurde.

— Je suis de votre avis, mais c'est exact. Cela vaut la peine de flirter, n'est-ce pas, gentlemen? Le parlement n'en donnera jamais autant à sir Arthur, et voilà ce que j'appelle un joli parti pour un lieutenant de grenadiers... Gentlemen, je propose trois houras pour le milliard de réaux qui pend à l'oreille du neveu de milord.

On donna les houras; on but même un tour de madère à la santé de miss Ned et de ses amours.

— Est-elle jolie! demanda docteur Cockerill.

— Un ange, un démon, un rêve de beauté, répondit Dalhousie. Nous en étions donc aux chasseurs-voltigeurs.

— Pas un mot, jusqu'ici, des chasseurs-voltigeurs!

— Ce sont les quarante prisonniers de Noir-Comin... Et il paraît, d'après Rouge-Dick, que l'humeur de ce digne officier ne devient plus tolérable. Mon cousin demande à permuter. Vous êtes du même grade, Clinton, votre place est là-bas où il croit des héritières d'un demi-million sterling de revenu.

Clinton soupira. Il y songeait.

— Or, devinez, reprit Dalhousie, comment se nomme le lieutenant qui commande les quarante chasseurs-voltigeurs. Mais, d'abord, savez-vous le nom du capitaine Fantôme?

— César de Chabaneil, parbleu!

— Le lieutenant s'appelle Hector de Chabaneil et c'est son propre frère... Voilà donc l'histoire en deux mots... C'est déjà drôle, n'est-ce pas, ce nom de Chabaneil?... Cette nuit, les chasseurs se sont envolés au nez des sentinelles, dont quatre ont disparu avec eux... Il y avait tout un régiment de dragons français autour du camp... et le capitaine Fantôme est venu jusqu'au feu du corps-de-garde, où il a coupé d'un revers de sabre la hampe du drapeau de Comin.

— La lettre du major Mowbray est-elle aussi confuse que cela? demanda Clinton.

— Bien davantage. Il y a dedans une vieille femme bossue, deux routes qui se croisent... Personne dans la tente du lieutenant colonel, dont le cheval a été empoisonné par l'eau de la fontaine... Enfin, un embrouillamini pitoyable... Rouge-Dick devait avoir sommeil, quoi qu'il en dise... J'arrive au courrier mayor...

— Maxwell! l'interrompit Clinton d'un air délibéré.

— Eh bien! major?

— Cent vingt livres sterling contre quarante-cinq que miss Ned n'épousera pas l'héritière.

Maxwell réfléchit un instant.

— Deux cents livres contre trente, proposa Browne, que l'héritière n'a pas un milliard de réaux.

— Vingt livres au pair que Mowbray a rêvé!

— Cinquante livres contre un shilling que le capitaine Fantôme est un gaillard en chair et en os!

— Tenez-vous, Maxwell?

— Combien avez-vous dit, Browne?

— Ouvrez votre carnet, Clinton. Je divise votre pari en neuf actions de cinq livres et j'en prends trois... A qui les autres?

— Dieu me damne! s'écria Dalhousie, je parie cent livres contre quinze que je vais vous faire taire, détestables hurleurs!

— Tenu! répondit toute la table en chœur.

Il y eut même quatre ou cinq portefeuilles jetés à la volée.

— Prenez les enjeux, Clinton. Le pari va.

— Le pari va! Faites-nous taire, Dalhousie!

Ce bruyant défi éclata comme une clameur.

Dalhousie tira de sa poche la lettre de Rouge-Dick, prit son temps et demanda tranquillement:

— Messieurs, n'avez-vous pas envie de savoir quel jour milord a fixé pour livrer bataille?

Vous eussiez entendu une mouche voler, tant le silence fut subit et profond. Dalhousie attendit quelques secondes, puis il demanda:

— La gageure est-elle gagnée, messieurs?

— Oui! oui! le jour de la bataille! cela vaut bien quinze guinées, morbleu!

— Dix fois quinze, cent cinquante. J'avais besoin de fonds... Quant à la bataille, gentlemen, je suis comme vous, j'ai une terrible envie d'en savoir le moment... Ne vous fâchez pas! Je n'ai rien promis. J'ai fait une simple question... Pour votre argent, cependant, je vais vous achever ce qui regarde Pedro de Thomar.

— Au diable Pedro de Thomar! La bataille! la bataille!

— Dix livres au pair, qu'il n'y aura pas de bataille! proposa Cockerill.

— Tenu double! cela n'est pas anglais, docteur!

— Triple, par Dieu! et quadruple! Le roi Joseph est en marche!

— Cent guinées que nous serons dans quinze jours à Madrid.

— Halloo! Maxwell, moitié en vous! à la bonne heure!

Capitaine Dalhousie dépliait lentement la fameuse lettre de Rouge-Dick. On se tut, rien qu'à le regarder faire.

— Messieurs, dit-il, voici le passage : « Invitez Pedro de Thomar à votre *mess*, il vous racontera l'histoire du capitaine Fantôme, qui pourrait bien n'être pas mort, depuis son berceau jusqu'à sa tombe où il n'y a ni os ni chair... Et interrogez-le, car il en sait long sur la bataille qui sera livrée autour de Talavera-de-la-Reine... »

Un galop rapide et léger se fit entendre sur le vieux pont aux arches gothiques.

— Écoutez! fit Dalhousie en s'interrompant; quand on parle du loup...

La moitié du *little staff* était déjà à la fenêtre. Un cavalier espagnol, dont les vêtements et l'allure à cheval avaient quelque chose d'oriental, à part même le léger bernuz blanc qui flottait sur ses épaules, traversait le pont comme une flèche, et débouchait à gauche du couvent.

Son riche costume et la robe de sa magnifique monture étaient littéralement voilés par la poussière. Il tourna court la tête du pont, sans ralentir son galop impétueux. A la porte du couvent, son cheval s'arrêta d'un temps et devint de bronze.

— C'est lui! c'est le courrier mayor! crièrent dix voix.

— Bravo, Correo! bravo, Alazan!

— Seigneur Pedro, vous avez le cheval des fées!

Pedrillo de Thomar leva les yeux et fit un bref signe de tête en manière de salut. Il sauta lentement sur le pavé, passa la bride à son coude et franchit la porte principale entre les deux haies de gardes qui tous lui adressèrent un cordial bonjour et un sourire ami.

Alazan, du reste, n'eut pas une moindre part à ces politesses. Chez nous, l'infanterie ne se doute pas qu'il existe au monde des chevaux; elle ne connaît que le bidet du commandant et le palefroi du colonel. En Angleterre, l'amour du cheval est dans le sang.

Mais Alazan passait fier aujourd'hui, et chacun trouva que le seigneur Pedro, ce joyeux compagnon, avait un visage sévère. Il répondit seulement par des monosyllabes aux bienvenues qui lui étaient adressées de tous côtés et marcha droit aux écuries du général en chef, où une *boîte* particulière attendait toujours Alazan.

Parmi tous ceux qui étaient là, officiers, soldats et valets, il n'y en eut pas un qui ne se dît :

— Le courrier apporte de rudes nouvelles !

II

Rudes nouvelles.

Rudes nouvelles ! Le courrier mayor arrivait, d'habitude, l'œil libre et clair ; autour de ses lèvres, on voyait à poste fixe le grave sourire castillan. Il avait sa gaîté à lui, une gaîté qui l'avait fait populaire sous la tente du soldat comme à la table des officiers : mais ce qui le distinguait surtout, c'était la robuste impassabilité de sa nation.

Don Pedro de Thomar avait, dans l'armée anglaise, une renommée extraordinaire ; on lui faisait un succès bien au-dessus de sa position et qui, chez nous, serait incompatible avec les fonctions qu'il remplissait. Il avait la sympathie des subalternes en même temps que l'amitié des chefs, et sir Arthur le traitait avec une confiance voisine du respect. Ceci pouvait paraître d'autant plus exceptionnel que l'estime des Anglais pour la race espagnole ne fut en aucun temps un sentiment très-exalté.

La coutume de l'Anglais n'est pas de donner le beau rôle à ses alliés. Il se confit dans sa glorieuse morgue, alors même que ses amis gagnent pour lui des batailles ; à plus forte raison devait-il enfler le jabot de son orgueil national, ici où véritablement il était le maître, en face de la bonne volonté souvent malheureuse des troupes de la junte.

Mais le seigneur Pedro était espagnol comme le diamant est charbon. Jamais on n'avait vu d'Espagnol pareil à lui. De même qu'on n'eût pas trouvé dans toute la péninsule un cheval pour lécher le sabot d'Alazan, de même le seigneur Pedrillo semblait être une brillante étoile dans la foule obscure de ses compatriotes.

Au moment où il arrivait aux écuries, il fut entouré par tous les membres du *little staff*, qui avaient quitté leur salle en son honneur.

— C'est un diable de jeu que le tric-trac, Correo, lui dit Maxwell, un diable de jeu assurément!

— Vous venez des Sierras de Gredos, don Pedro? demanda en même temps Clinton.

— En faisant le grand tour par Tolède, je parie! ajouta capitaine Dalhousie.

— Sur mon honneur! s'écria Browne, voilà le plus noble animal que Dieu ait fait depuis que les races se sont mêlées en sortant du paradis terrestre!

On faisait cercle autour d'Alazan, et chacun l'admirait de bon cœur. La poudre épaisse qui le couvrait accusait une longue carrière fournie, et pourtant le souffle sortait égal et léger de ses naseaux qui semblaient taillés dans le bronze. Ses flancs sobres étaient au repos; aucune fatigue n'abattait le pur éclat de son œil.

— Il y a loin du château de Cabanil à Talavera-de-la-Reine en passant par le pont de l'Arzobispo et la rive gauche du Tage, ou que Dieu me damne! murmura lieutenant Crabbe. Indubitablement, ce beau coureur a le diable dans le corps... Voyez, Browne, sous la poussière, il est aussi frais qu'à l'écurie!

— Ma bouteille de porto-wine, John! demanda le seigneur Pedro en s'adressant à un palefrenier.

C'était la première parole qu'il prononçait.

Les officiers du *little staff,* tous excellents hommes de cheval, car la première condition pour entrer dans le bas état-major de sir Arthur était le *horsemanship* ou le doctorat d'écurie, et l'on subissait près de lui des épreuves d'équitation comme on passe, chez nous, des examens d'algèbre et de trigonométrie, les officiers, disons-nous, se mirent à aider le correo-mayor qui commençait, toutes affaires cessantes, comme d'habitude, la toilette de son cheval.

Pansement nous paraît, en effet, un mot trop grossier pour exprimer les soins fraternels que le seigneur Pedro prodiguait à sa monture. Chez nous, puisqu'il faut toujours comparer, douze complaisants autour d'un palefrenier seraient douze fâcheux qui gêneraient ses mouvements et feraient sortir de sa gorge tout le chapelet des jurons équestres; là-bas, il n'en était point ainsi.

Les complaisants étaient du métier, d'abord; ensuite, ils s'avançaient peu, gardant jusque dans leur empressement amical cette réserve et cette mesure que nous devrions bien emprunter aux Anglais, si nous avons décidément la rage de leur devoir quelque chose. Leur empressement, il faut bien le dire, si amoureux qu'on les puisse supposer des perfections du bel Alazan, n'était pas tout à fait désintéressé. Chacun avait vu le nuage qui assombrissait le front du courrier; chacun d'eux flairait des nouvelles de premier ordre.

Interroger trop brusquement ne vaut rien. Travailler au contraire est une bonne mise en scène pour engager l'entretien de force. En accrochant la selle, en débouclant la sangle, en essuyant le mors, on radote d'abord quelques mots de la langue technique usitée entre francs-écuyers, puis on passe tout doucement à un idiome moins savant, et les affaires du temps viennent sur la lisière.

— Connaissez-vous le tric-trac, vous, Correo? demanda Maxwell, en prenant de ses mains la bride que don Pedro lui passait sans façon.

— Non, répondit celui-ci. John! une idée d'eau-de-vie dans notre eau, je vous prie.

— C'est un diable de jeu, monsieur... Je pense que nous arrivons les premiers, car vous n'avez encore parlé à personne, et que nous aurons l'avantage de vous posséder à souper ce soir.

— Merci, répliqua Pedro.

— C'est une acceptation, j'espère? interrompit major Clinton.

— Non, c'est un refus.

Il y eut un froid. Le *little staff* était piqué.

— Nous est-il permis de demander?... commença capitaine Dalhousie.

— Où est la brosse douce, John? s'écria le courrier.

Puis il répondit :

— Messieurs, j'ai soupé hier au soir pour la première fois depuis longtemps et peut-être qu'il se passera longtemps encore avant que je ne m'asseoie à table avec de braves et chers gentlemen comme vous.

Plusieurs mains touchèrent la sienne. Il en toucha deux ou trois à la hâte et revint à son cheval.

— Ah çà! murmura docteur Cockerill, incapable de refréner sa curiosité, il y a donc anguille sous roche, señor?

— En Espagne, monsieur, nous avons plus de couleuvres que d'anguilles à pêcher par le temps qui court... Bien, John! merci, garçon!

Il prit dans le creux de sa main une gorgée de l'eau que John apportait et la goûta.

— Parfait! ajouta-t-il. Donne-moi ta bouche, amour!

Alazan eut un hennissement doux et tendit son museau, sur lequel Pedro de Tomar mit un gros baiser. Le cheval ouvrit la bouche et montra des dents plus belles encore que celles de major Clinton. Son maître lui passa le doigt d'abord, puis une brosse à longues soies, imbibée d'eau et d'alcool, sur les gencives.

— C'est une bête de cinq cents livres, au bas mot, ou que Dieu me damne! dit Crabbe qui avait sincèrement oublié la bataille pour admirer Alazan.

— Il a été payé pour lui cent soixante-dix onces, au change de quatre napoléons et trois francs l'once, répondit le courrier; comptez.

— Huit cent trente louis, supputa Browne; ce n'est pas trop cher.

Pedro, la main gantée de crin, essuyait la robe d'Alazan qui reprenait ses reflets de bronze.

— Combien avez-vous fait le plus sur son dos, courrier? demanda Mackensie.

— Quatre-vingt-dix lieues, sans débrider... John! la bouteille de porto-wine.

Il but une gorgée galamment à la santé de ces messieurs, car son humeur semblait moins sombre depuis qu'il avait constaté l'excellent état de son cheval, puis il lotionna et frotta, comme nous l'avons déjà vu faire, avec le restant du flacon, les naseaux, les tempes, les oreilles et toutes les jointures des membres d'Alazan.

La noble bête soufflait voluptueusement. Son haleine fumait, son œil étincelait.

Le courrier lui massa vigoureusement et avec une adresse consommée les attaches du cou, les épaules, les hanches, les jarrets et les tendons qui font jouer le sabot. Le *little staff* était dans l'enthousiasme. Je ne crois pas qu'une séance du parlement avec Fox ou une représentation d'*Hamlet* avec Kean leur eût inspiré une pareille unanimité d'attention respectueuse. Maxwell en avait oublié le tric-trac, un diable de jeu. Seul, docteur Cockerill, cavalier médiocre, mais fort gazetier, poursuivait intrépidement son idée fixe.

— Ah çà! Correo, dit-il, voulez-vous donc nous faire mourir? Nous ne demandons pas les secrets du général en chef, pardieu! Mais il y a des nouvelles, j'en suis sûr! je les sens! Vous étiez, ce matin, dans l'ouest, vous nous arrivez du sud-est, sur un cheval qui a traversé des lacs de poussière. Victor est-il en marche? Sebastiani se remue-t-il? Joseph et Jourdan ont-ils passé la Guadarrama?

Toutes les oreilles étaient grandes ouvertes.

— A mon tour, John! dit le courrier-mayor. Brosse-moi de pied en cap, garçon... Certes, certes, gentlemen, il ne manque pas de nouvelles. Il en vient du sud, du nord, de l'est, de l'ouest. Dieu merci, tous les airs de vent apportent le bruit de la guerre. Victor ne sommeille pas, non; Joseph et Jourdan sont éveillés, Sebastiani a l'œil ouvert. Aussi Dessoles, aussi Kellermann.

Il y a des nouvelles, messieurs, de rudes nouvelles, sainte Trinité!... Mais sir Arthur Wellesley n'est pas frappé de paralysie, que je sache, non plus sir Robert Wilson, non plus le vieux Cuesta, non plus la Romana, non plus Venegas, non plus le duc del Parque... On ne se bat pas en songe, savez-vous? Il faut des gens éveillés pour causer en rase campagne avec des mousquets et du canon... John, garçon, tu ne donneras pas un atome liquide ou solide à notre Alazan avant une heure d'horloge. Promène-le pendant dix minutes au pas...

Messieurs, me permettez-vous de me raviser? J'accepterai peut-être un morceau en double à votre table. Cela dépendra du temps que va durer mon entrevue avec milord.

— Nous vous attendrons jusqu'à minuit, s'il le faut! s'écria docteur Cockerill.

— A minuit, dit Pedro en souriant, Dieu seul sait où je serai, gentlemen. Il y a à parier pour tous les points de la Castille-Vieille, de l'Estramadure et du Léon, à quarante lieues à la ronde... pour tous, excepté pour Talavera-de-la-Reine... Jusqu'au revoir, messieurs, c'est le tour de milord!

Il traversa la vaste cour de son pas leste et déterminé. Les officiers du *little staff* le suivaient en silence.

— Si le cheval vaut huit cents louis, dit enfin major Clinton, combien l'homme?

— Quatre-vingt-dix lieues sans débrider! murmura Browne. Et il ne se vante pas, au moins! Je sais l'histoire : il a accompli ce tour de force en vingt-six heures!

— Messieurs, dit docteur Cockerill, il n'y a ici-bas qu'une Angleterre! En toutes choses, ce qui est excellent nous appartient. Jamais les Français ne sauraient mettre le prix à un instrument pareil!

— Allons donc! les Français! gronda le *little staff*, dont toutes les épaules eurent un dédaigneux mouvement.

— Ce soir, *inter pocula*, reprit Cockerill, nous déboutonnerons bien le seigneur Pedro et nous saurons les nouvelles.

— Vingt-cinq guinées qu'il ne parlera pas! proposa major Clinton.

— Je tiens! répliqua capitaine Dalhousie, et vingt-cinq autres guinées qu'il y aura du capitaine Fantôme dans les nouvelles... Les Français ne paient pas si cher que nous, mais ils font de bien bons marchés, quelquefois.

— Il fait soif, messieurs, ou que Dieu me damne, conclut

lieutenant Crabbe. Nous avons traversé un désert d'une demi-heure!

Sans une goutte de grog! ajouta Brown.

Et Maxwell :

— C'est un diable de jeu, personne ne le niera... Mais venez, Mackensie, et donnez-moi ma revanche... un jeu du diable!

Au fond de la cour était une porte, gardée par deux highlanders à pied et quatre dragons à cheval. C'était l'entrée des quartiers privés du général en chef. Sur le seuil, l'aide de camp de service attendait le courrier mayor, qui fut immédiatement introduit.

— Sa Seigneurie, lui dit l'aide de camp, vous a demandé plusieurs fois aujourd'hui. Les généraux ont eu conseil, ce matin. On a mené le vieux Cuesta tambour battant, et Sa Seigneurie, depuis lors, est d'humeur un peu irritable... Mais si vous apportez de bonnes nouvelles, vous allez égayer Sa Seigneurie, certainement.

Pedro ne répondit point à cette question indirecte.

Il traversa une antichambre bourrée d'habits rouges brodés qui tous le saluèrent avec une courtoisie gourmée, et franchit sans être annoncé, une double porte abondamment rembourrée, qui donnait accès dans le cabinet même du général en chef.

Il est superflu de dire que l'étoupe n'était pas ici destinée à combattre les vents coulis. Sir Arthur Wellesley était l'homme de toutes les précautions. Son premier soin, en établissant ses quartiers, ne fût-ce que pour un jour ou même une heure, était d'élever un rempart autour de son armée contre l'ennemi, et autour de lui-même des fortifications d'une autre sorte, contre la curiosité de son armée.

Sir Arthur Wellesley était seul dans son cabinet, situé au premier étage du second corps de logis du couvent des Hiéronymites. Il se tenait tout contre la croisée, à laquelle il tourna le dos dès qu'il entendit ouvrir la porte. Devant lui était une vaste table couverte de papiers, de cartes et de plans.

Celui qui devait être le duc de Wellington prince de Waterloo, et montrer sa force en portant plus de titres, lui seul, que douze membres des mieux épaulés du haut parlement, n'était rien encore et n'avait le droit d'être appelé milord qu'à cause de sa charge. Ses comtés, ses marquisats, ses duchés, ses principautés et même ses dotations dormaient dans les limbes, cet obscur magasin de l'avenir. Il n'était pas même baronnet comme son collègue, sir Robert Wilson, il n'était que knight ou chevalier, titre qui reste en dehors du seuil de la noblesse, titre qui est le dernier en Angleterre, avant celui d'esquire dont l'usage banal est permis à tous ceux qui ne dédaignent pas de le prendre. Il appartenait cependant à la noblesse ; son frère, le comte de Mornington, était un très-grand seigneur, et sa famille, Irlandaise d'origine, se prétendait issue des anciens rois de Castille.

Personne, que je sache, n'a intérêt à lui disputer cet honneur. Ce qu'on doit dire, c'est qu'en ce temps, son frère aîné, le comte de Mornington, était tout dans la famille, et lui, néant. Nul n'ignore, en effet, la rigueur exagérée du droit d'aînesse en Angleterre. Arthur Wellesley, cadet irlandais, devait, selon les calculs probables, mourir major ou tout au plus colonel.

Il mourut grand comme un roi, et certes il faudrait être aveugle pour attribuer au hasard seul l'échafaudage de son incroyable fortune. Les ennemis du duc de Wellington eux-mêmes lui ont accordé une intelligence précise et claire, un coup d'œil net, une prudence qui était presque du génie, tant elle changea souvent des défaites en victoires.

Il combattait, en effet, comme les autres fuient. Il laissait sur ses derrières le piége où son vainqueur devait tomber. De ses revers, il tirait des ressources, et la plupart du temps la retraite fut pour lui une manœuvre offensive. Ce n'était pas un guerrier brillant ; le prestige des héroïques hardiesses lui manquait ; mais c'était un ennemi terrible, étant donné l'état du pays où il combattait.

Dépourvu de toute fierté, hormis l'orgueil du succès final, aucun moyen ne lui répugnait, toutes les ressources lui étaient bonnes. A deux contre un, il ne disait pas : C'est trop : il demandait du renfort. Avec le vent et le soleil pour lui, il restait inquiet et cherchait encore à s'abriter derrière quelque chose.

On a dit, et non sans raison, qu'un plus grand général aurait peut-être moins bien résisté aux lieutenants de l'empereur. Un génie plus hautain aurait eu, en effet, plus d'exclusions et plus de répugnances, plus de pudeur, s'il faut employer le vrai mot. Il nous aurait combattus, nous chevaliers, avec des armes chevaleresques, et, à ce jeu, nos maréchaux ne perdaient pas souvent la partie. Pour leur tenir tête, il fallait ce vaincu invulnérable qui préparait sa fuite avant d'oser la bataille et qui manipulait ses revers.

Cela est anglais. C'est la guerre commerciale où Carthage fait banqueroute, mais se relève plus forte. Il fallait cet Annibal sans éclat, mais sans passion, cuirassé même contre les délices de Capoue, si la misérable Espagne eût possédé alors de quoi refaire Capoue et ses délices.

Il jouait petitement, il jouait bien ; il risquait peu, mais à coup sûr, et encore gardait-il une main sur son enjeu. Il n'avait aucune des fanfaronnades de ces fous qui se vantent d'être beaux joueurs. Il jouait pour gagner, à tout prix et même en dépit des cartes ; mais, tout en faisant sauter la coupe, il cavait sur la partie perdue. Et il la perdait le plus souvent contre ses adversaires généreux qui parfois le laissèrent emporter sa mise.

De loin, le parlement lui marquait des points. Il se sentait soutenu de toutes parts et tâtait le pouls de l'Espagne, semblable à ces médecins qui comptent sur la nature toute-puissante pour triompher à la fois du mal et des remèdes. Si bien qu'un jour l'Espagne, dans un suprême effort, se soulevant comme une mer, le mit à flot et l'emporta malgré lui, indécis et stupéfait qu'il était, jusque par delà les Pyrénées.

Et ce jour-là, le monde émerveillé se dit : Voyez quelle enjambée de géant !...

Sir Arthur Wellesley était alors dans toute la force de l'âge. Il venait d'avoir quarante ans. Il était grand de taille, maigre et roide en ses mouvements ; mais sa figure trop froide avait un beau caractère de distinction. Ses cheveux étaient bruns ainsi que ses sourcils bien dessinés, accompagnant un nez aquilin d'un modèle noble et régulier. Sa bouche avait de la franchise et même un sourire. Ses yeux, que l'habitude du commandement absolu rendait mornes, avaient su briller autrefois, si l'on en croit les petites chroniques de l'armée anglaise.

Tel qu'il était, il pouvait passer pour beau, quoi qu'aient fait nos caricatures en 1815; les portraits qu'on a de lui, sans oublier la statue d'Achille, sont unanimes à cet égard, mais ils s'accordent tous à stéréotyper un assez joli trait de caractère: Wellington posait, devant le pinceau, aussi complaisamment que nos aïeules sourient au lambris avec un éventail et une fleur.

Il mettait à cela tout le sérieux d'un grand devoir accompli, et manifestement, chacun de ses portraits fait les yeux doux à la postérité.

Vous avez vu de ces pastels roses et bleu de ciel où la bouche en cœur parle au peintre et lui dit : Par grâce, embellissez-moi! Il y a de cela dans les portraits d'Achille. Mais que vous semble cette idée magnifiquement anglaise pour symboliser le héros qui a précisément raffiné sur les prudences d'Ulysse!

En ce monde, les plus admirables choses pèchent par quelque côté. Le défaut de l'homme physique, chez Wellington, était la sécheresse et l'étroitesse. Sa tête manquait d'ampleur. C'était un peu celle d'un oiseau, non pas d'un aigle, pourtant, et l'on a peine à s'expliquer comment les couronnes tressées par l'enthousiasme britannique pouvaient tenir sur ce crâne exigu.

A l'exemple des empereurs et des rois, sir Arthur Wellesley, pour flatter les différents corps de son armée, avait coutume de porter tour à tour les uniformes de tous les régiments. Aujourd'hui, c'était le frac rouge des fusiliers irlandais, la culotte courte, le bas de soie et les demi-bottes pour pouvoir monter à cheval.

La simplicité ne va pas à tout le monde; Achille n'aurait pas fait brillante figure sous la redingote grise. Le drap rouge de son uniforme de fusilier disparaissait littéralement sous les broderies d'or. Le collet haut et large, protégeant un cou orné de la pacifique cravate blanche, était tout d'or, tout d'or aussi était le *forage-cap,* toute d'or la ceinture qui entourait les reins.

La junte, au nom de Ferdinand VII, venait de lui envoyer la Toison, dont il portait les insignes avec ceux de l'ordre du Bain.

Au salut respectueux du courrier-mayor, sir Arthur Wellesley répondit par un signe de tête amical et presque familier. Cette réception eût fait le bonheur de plus d'un officier général dans l'armée anglaise.

C'était du reste une familiarité noble et que, sans déroger, un souverain eût pu se permettre. Il s'assit, repoussant les cartes pour rapprocher de lui un vaste portefeuille enflé de papiers. Le courrier resta debout à quelques pas de la table.

— Nous avons des nouvelles, seigneur Pedro de Thomar? dit le général en chef d'un ton qui affirmait en même temps qu'il interrogeait.

— Oui, milord, beaucoup de nouvelles, répondit le courrier.

— Où est Soult?

— A Miranda de Portugal.

— Mortier?

— A Zamora.

— Ney?

— A Toro.

Sir Arthur ouvrit son portefeuille et consulta différentes notes.

— Hier, dit-il, Soult était à Onteiro, Mortier à Tabara, Ney sur la route de Médina del Rio à Valladolid.

Son regard quitta les notes éparses et voyagea rapidement sur la carte.

— La jonction est opérée, murmura-t-il.

— Elle le sera, du moins, quand les trois maréchaux le voudront, milord.

— Qui prendra le commandement des trois corps?

— Le maréchal duc de Dalmatie.

— Soult! pensa tout haut sir Arthur. Entre Ney et lui... Mais ce sont tous des officiers considérables.

Il ajouta en se tournant vers le courrier :

— Il n'y aura pas de bataille pour cette fois à Talavera-de-la-Reine.

— Il y a un autre jonction d'opérée, milord, dit Pedro.

— Celle de Joseph et de ses maréchaux... Quarante mille hommes... C'est suffisant pour fermer la route de Madrid.

— La bataille de Talavera-de-la-Reine aura lieu contre ces quarante mille hommes.

— Quoi ! s'écria le général anglais, ils feraient la folie de ne pas attendre !

— A l'heure où j'ai l'honneur de parler à Votre Seigneurie, le général Sébastiani passe le Guadarrama.

Sir Arthur agita vivement une sonnette et dit à l'aide de camp qui parut :

— Ordre à sir Robert... dépêche au général Cuesta... conseil de guerre dans une heure !

— Ceci est une grande nouvelle, en effet, seigneur de Thomar, reprit-il quand l'aide de camp fut parti.

Ce fut tout. Sa morne froideur était revenue.

— A propos, dit-il du bout des lèvres, je reçois un rapport du colonel Munro, du troisième écossais... Vous avez traversé la sierra Gredos... Ned Wellesley va bien, le cher garçon ?

— Lord Édouard m'a paru en bonne santé, milord.

— Les officiers se plaignent de ce Noir-Comin, savez-vous ?

Pedro s'inclina et ne répondit pas.

— Et qu'est-ce que cette affaire d'éclaireurs français si loin sur nos derrières ?... des trainards du corps du maréchal duc de Bellune, je pense ?

— Non, milord.

— Quoi donc ?

— Un détachement portant une lettre close du major général de l'armée de Joseph.

— A qui ?

— Au capitaine Louis.

Sir Arthur fronça le sourcil.

— Cet homme est donc un personnage, décidément ! s'écria-t-il avec humeur. Faudra-t-il envoyer une brigade contre lui?... Ce Munro, ce Noir-Comin n'avait-il pas assez de trois compagnies d'élite pour le mettre à la raison?

— Noir-Comin est un vaillant officier, milord.

— Je le sais... et un éclaireur adroit... mais on le dit sujet à d'étranges lunes... D'où sort-il, ce capitaine Louis?

— On l'ignore.

— Où peut-il se cacher?... On n'en sait rien, n'est-ce pas?... Service mal fait!

— Votre Seigneurie, dit Pedro qui se rapprocha d'un pas, est trop au-dessus de ces détails...

— Nullement! nullement! interrompit Wellesley avec quelque vivacité. Il n'y a point de petits détails à la guerre.

On eût dit qu'un sourire essayait de naître autour des lèvres du courrier mayor, qui poursuivit d'un ton respectueux :

— Milord ne s'est pourtant jamais occupé, je pense, de l'histoire fabuleuse ou non du capitaine Fantôme ?

La physionomie de sir Arthur exprima franchement la curiosité.

— C'est ce qui vous trompe, seigneur de Thomar, répondit-il. J'ai la prétention de flairer un stratagème de fort loin, vous savez. Ce César de Chabaneil était un gaillard de première force. J'ai dû songer dans les temps... Mais cela importe peu. La pointe qu'il fit de Tolède sur Baylen, au travers de cinq ou six armées... Qu'avez-vous à me dire du capitaine Fantôme ?

— J'ai à vous dire, milord, que ce capitaine Louis ressemble trait pour trait à César de Chabaneil.

— Vous le connaissiez donc, monsieur ? demanda Wellesley dont le regard se fit perçant tout à coup.

— Votre Seigneurie n'ignore pas, répondit Pedro, que je suis, par ma mère, cousin des Guadalupe de Cabanil.

— C'est juste, fit sir Arthur, c'est juste.

— J'aurai même l'honneur de vous soumettre, milord, si vous voulez me le permettre, une nouvelle requête au sujet de cette malheureuse famille.

— Bien, bien, seigneur Pedro... Achevons ce qui regarde

les affaires... Quel est là-bas le métier de ce capitaine Louis ou de ce capitaine Fantôme?

— Il est, milord, le vivant trait d'union entre Joseph et les maréchaux.

— Au travers de nos lignes?

— C'est cinq ou six armées, disiez-vous, qu'il traversa pour se rendre à Baylen.

— C'est juste... Vous trouveriez le terrier de ce renard, vous, Pedro, si vous vouliez, j'en suis sûr!

— Peut-être arriverais-je jusqu'à l'antre de ce lion, milord... Je l'appelle lion, parce que, la nuit dernière, avec quatre dragons qui composent sa garde du corps, il a enlevé quarante prisonniers aux trois compagnies de Robert Munro.

— C'est donc un diable?

— A peu près, milord.

Les yeux du général en chef disaient tout l'intérêt qu'il prenait à ce *détail*. Il était ici dans son élément : rien n'intéresse le mineur comme une aventure de contre-mine.

Pedro poursuivit :

— Votre Seigneurie a eu la condescendance d'admettre à sa table, la semaine passée, un chef de guerillas, fort célèbre en Estramadure, Urban Moreno dit le Verdugo.

— Il faut cela de temps en temps, dit sir Arthur.

— Sans doute, mais la ballade populaire prête au capitaine Fantôme une insolente vanterie.

— Laquelle?

— Je ne puis pourtant pas me mettre à chanter devant Votre Seigneurie!

— Chantez, courrier, pardieu! si vos renseignements sont en musique!

— Voici le couplet pour vous obéir, milord.

Et le seigneur Pedro entonna à demi-voix :

>   Le capitaine avait prédit,
>   Quelque nuit
>   Où l'on s'en donnait à plein verre,
>   Qu'il irait prendre à Wellington
>   Son jambon
>   Et son xérès de la frontière...

Il s'arrêta là et sir Arthur demanda :

— Après ?

— C'est tout, milord. Urban Moreno a tenu la promesse du capitaine César de Chabaneil en mangeant le jambon et en buvant le sherry de Votre Seigneurie.

Le rouge monta aux joues du général en chef.

— Vous êtes sûr de ce que vous avancez, Pedro ? dit-il.

— Je suis sûr que le capitaine Louis et Urban Moreno sont une seule et même personne, milord.

— Mais cet Urban Moreno se trouve à la tête d'une bande nombreuse !

— Quinze cents hommes.

— Qui sont ces hommes ?

— Quelques maraudeurs français, des déserteurs suisses de la division Reding, des Irlandais, des bandits espagnols.

— A quoi servent-ils ?

— Ils ont fait, depuis un mois, la subsistance du corps d'armée du maréchal duc de Bellune, qui, sans eux, n'aurait pu tenir huit jours dans un pays complétement ravagé.

— Et pouvez-vous guider une colonne jusqu'à leur repaire ?

— Je le puis, milord, et je suis à vos ordres.

Sir Arthur se leva, mais, avant de quitter sa table, il ouvrit un tiroir et y prit quelques banknotes qu'il tendit au courrier en disant :

— Seigneur Pedro, vous êtes gentilhomme. L'argent ne paye pas des services comme les vôtres, et je ferai en sorte que le roi Ferdinand complète votre récompense.

Le courrier prit les billets de banque et s'inclina. Sir Arthur se dirigea vers une porte latérale et en tourna le bouton.

— Milord, lui dit Pedro, je vous prie de ne me point congédier encore.

— Vous êtes un homme intelligent, dévoué, Correo, repartit le général en chef qui semblait pris par une fantaisie soudaine. Je ne vous congédie pas, venez avec moi.

La porte latérale donnait sur un long corridor où il n'y avait point de factionnaire. Sir Arthur s'y engagea et gagna les tribunes de la chapelle qui avaient une entrée dans l'escalier du clocher. Il monta l'escalier d'un pas pénible et fatigué. L'escalier était si haut. Quand sir Arthur en atteignit le sommet, il s'arrêta pour reprendre haleine.

— J'ai annoncé à milord que j'avais une grâce à lui demander, dit Pedro en le rejoignant.

— Pour les Cabanil ! Vous êtes bien heureux, seigneur de Thomar, de respirer si librement... Puisque les Cabanil sont vos parents, demandez ce que vous voudrez.

— Votre Seigneurie n'ignore pas qu'il se passe en Espagne des choses tristes et cruelles. La Junte a vendu les biens des Cabanil, qui se trouvent sans ressources et sans asile.

— Le père n'est-il pas un joséphino ?

— Le père est le dernier des Espagnols. Sa folie est l'exagération de la loyauté : il reste fidèle à Charles VI. Je demande pour lui, pour sa femme et pour sa fille, la protection effective de Votre Seigneurie.

— Ne suffit-il pas de mon neveu Ned pour la senorita ? demanda le général avec un demi-sourire.

— Lord Edouard est un galant homme et un noble cœur, repartit Pedro, mais c'est l'appui du général en chef lui-même que je sollicite : Protection aux deux dames, promesse formelle de Votre Seigneurie que les tribunaux espagnols ne commettront pas sur la personne du vieillard un assassinat judiciaire.

— Ce n'est pas demander, cela, seigneur de Thomar, c'est stipuler.

— C'est compter sur la bonté, sur la justice, sur la toute-puissance de Votre Seigneurie.

Wellesley tourna vers lui un regard tout plein de sincère bienveillance.

— Vous pourriez exiger davantage, courrier, répondit-il. L'Angleterre et l'Espagne vous doivent beaucoup. Je vous engage ma parole de gentlemen que les deux dames seront protégées, et que don Blas de Cabanil pourra continuer en paix de tracer sur les murs de sa prison ses plans d'attaque contre Gibraltar.

Le visage hardi et franc du courrier exprima la sincérité

de sa reconnaissance. Il posa la main sur son cœur et murmura :

— Milord, du fond de l'âme, je vous remercie.

Wellesley, étant reposé, poussa une petite porte qui s'ouvrait dans la lanterne même du clocher.

— Les médecins, dit-il, m'ordonnent un exercice modéré; voici la sixième fois que je grimpe à cette échelle depuis ce matin... Voyez, seigneur Pedro, d'ici nous embrassons dans son entier l'ensemble de mes positions de bataille.

Ce ne sont point les poètes tragiques seulement et les faiseurs de sonnets qui aiment à se parer de leurs œuvres. Oronte est de tous les états. Son sonnet devient une maison, s'il est architecte ; un tableau, s'il est peintre ; un discours inédit, s'il est orateur, et, s'il est général, un plan d'attaque ou de défense.

Et Oronte, en communiquant son chef-d'œuvre, a toujours, fût-il Sophocle, Démosthènes, Apelles ou Alexandre, ce même sourire qui mendie un éloge.

Du haut du clocher, le bassin du Tage se présentait comme un vaste et magnifique panorama : vers le sud, les belles plaines où coule le Torcon ; vers l'Est, le cours verdoyant et tortueux de l'Alberche ; au Nord, les collines couvertes d'oliviers ; à l'Ouest, le Tage, marchant avec lenteur et comme à regret vers son embouchure portugaise.

Les lignes de l'armée anglo-portugaise-espagnole s'étendaient sur une vaste étendue, et toutes vers le Nord. Elles prenaient la vallée entière au sortir de la ville et couronnaient le mamelon, derrière lequel apparaissait même une partie de l'aile gauche, commandée par le général Cuesta.

Le centre, aux ordres de Robert Wilson et formé plus particulièrement des régiments anglo-portugais, était dans le bas terrain, protégé par le lit d'un ruisseau desséché qu'on avait relevé partout en talus. Les divisions anglaises formaient l'aile droite sous le commandement immédiat de sir Arthur Wellesley.

Ce qui frappait l'œil, c'était le luxe des fortifications élevées en si peu de temps sur ce terrain, défendu naturellement par l'Alberche sur son front, par le Tage sur son flanc droit et sur sa gauche par un mamelon escarpé. Une brigade, entourée par toutes les divisions d'une armée, n'aurait pas pris plus de cauteleuses précautions.

Personne n'eût deviné assurément qu'il y avait là, derrière ces retranchements, multipliés avec une surabondance presque puérile, quatre-vingt mille hommes qui, l'arme au bras et munis de toutes les ressources de la guerre, en attendaient quarante mille.

Mais tel était le prestige des Français, même en Espagne, où la fortune se montrait envers eux plus sévère qu'ailleurs. Nos baïonnettes faisaient peur; quand l'ennemi ne pouvait opposer que deux hommes à chacun de nos soldats, il se cachait derrière des monceaux de terre et de pierres.

Partout la pioche avait déchiré le sol, partout les terrassements s'élevaient en zigzag, montrant le sein brun de la plaine éventrée; partout les oliviers hachés présentaient la barricade hérissée de leurs branchages; tout était bouleversé, mais tout était utilisé, et il faut bien avouer que le génie de la prudence avait fait ici des merveilles.

Ce n'était pas assurément la fameuse ligne de défense de Torrès-Vedras, chef-d'œuvre du genre, où Wellington, travaillant à loisir, dépassa, en fait de précautions, les bornes du possible, mais comme impromptu cela pouvait encore mériter un premier prix.

Pedro de Thomar ne put retenir un geste d'étonnement à la vue de ces travaux, entendus et combinés avec une habileté incontestable. Wellesley eut un sourire content.

— Voici le champ de bataille de Talavera-de-la-Reina, dit-il non sans emphase.

Il ajouta d'un ton de regret :

— Nous pensions avoir la Romana et le duc del Parque, ce qui nous aurait portés à cent vingt mille hommes... Mais il faut se contenter de ce que l'on a... Correo, que dites-vous de mes dispositions ?

— Je dis que vous êtes un grand général, milord.

— En toute franchise ?

— En toute franchise... Et j'ajoute...

— Ah ! ah ! Il y a une restriction !

— Je me tairai, si Votre Seigneurie...

— Parlez, don Pedro! Nous savons supporter la critique.

— Ce n'est pas une critique, milord. J'ajoute que ces savantes combinaisons vous empêcheront de perdre la bataille de Talavera, puisqu'elle a son nom avant d'être.

— A la bonne heure!

— Mais aussi qu'elles vous empêcheront de la gagner.

— Comment cela?

— Espagnols et Portugais défendront leurs redoutes comme des braves, c'est leur vocation; mais ils n'en sortiront pas.

— Il paraît, dit le général très-froidement, et avec une légère nuance d'ironie, que vous avez tous les talents, seigneur courrier.

Puis, plaidant la cause de son sonnet comme fera Oronte toujours jusqu'à la consommation des siècles :

— Vaincre, ajouta-t-il, ce n'est pas gagner une bataille. Que m'importent les premiers points marqués par mes adversaires, si j'ai l'enjeu à la fin de la partie? Pour les Français, vaincre, ce sera entasser indéfiniment victoires sur victoires, et j'espère y mettre bon ordre; pour nous, vaincre, c'est tout uniment vivre. Fussions-nous chassés de province en province, et acculés pendant dix ans dans le recoin le plus insignifiant de la Péninsule, tant que nous resterons debout et touchant du pied la terre espagnole, la logique des faits, c'est-à-dire le destin, sera pour nous. L'Angleterre m'a donné mission de tuer la France en Espagne. Qu'importe l'arme? L'Angleterre a le temps, qui n'est que de l'argent... Répondrez-vous à cela, seigneur Pedro?

— Par une question, milord, si ce n'est pas abuser...

— Faites, faites!

— Avec de semblables idées, pourquoi Votre Seigneurie a-t-elle engagé son armée jusqu'ici?

Sir Arthur Wellesley hésita. Une nuance plus animée était venue à sa joue, et l'on eût dit qu'il réprimait un sourire.

— On a beau faire, murmura-t-il enfin, l'histoire est une tentatrice. Chacun, en sa vie, tombe une fois dans le piège et veut écrire sa page dans le grand livre de l'humanité... Après la victoire de Talavera, j'aurai le temps de prendre

Madrid ou de faire retraite à mon choix... J'ai été hardi, non pas imprudent.

— Bien téméraire celui qui a osé juger Votre Seigneurie! prononça le courrier-mayor avec un sincère respect. Dans l'hypothèse peu probable d'une retraite, je dois seulement compléter mes avis, car mon rapport n'était pas terminé. Demain, les trois maréchaux Soult, Ney et Mortier opéreront leur jonction à El Villar, sur la route de Ciudad-Rodrigo à Zamora.

— C'est une marche forcée, cela, dit sir Arthur.

— Oui, milord... Après-demain, les trois corps réunis atteindront Ciudad-Rodrigo.

— Encore une marche forcée!

— Milord, il en faut quatre... La troisième les mettra à Plasencia, la quatrième devant Talavera-de-la-Reine.

Il y eut un silence. Le général en chef referma violemment la lunette à l'aide de laquelle il examinait les travaux qui se continuaient sur le mamelon. Il repassa la porte et descendit l'escalier du clocher sans prononcer une parole. Il rentra dans son cabinet et se pencha sur la carte, qu'il interrogea longuement.

Après quoi, il se retourna vers don Pedro, qui attendait debout et impassible.

— Vous ne m'avez jamais trompé, monsieur? dit-il.

— Jamais, milord.

— Où avez-vous appris cela?

— Au camp du maréchal Victor.

— Les maréchaux Soult, Ney et Mortier ont donc reçu une dépêche de Joseph?

— Ils en recevront une cette nuit.

— Par qui?

— Par le capitaine Louis.

Sir Arthur frappa du pied et le sang lui monta au visage.

— Encore cet homme! gronda-t-il.

Puis il ajouta, en faisant quelques pas rapides dans la chambre :

— Je donnerais mille guinées... j'en donnerais deux mille à celui qui me l'arrêterait en chemin!

— Je ne connais personne capable de le gagner de vitesse, répondit le courrier.

— Pas même vous?

— Pas même moi.

Sir Arthur revint à sa place et s'assit.

Au bout de deux minutes, il dit, sans ouvrir ses yeux, qu'il avait fermés pour garder sa pensée contre toute distraction :

— Tenez-vous prêt à partir, seigneur de Thomar, vous recevrez mes ordres.

Pedro se retira aussitôt.

— Eh bien? fit l'aide camp de service, quoi de nouveau?

— Vous n'êtes qu'à une journée de marche de Tolède, répondit le courrier.

— Comment! nous abandonnerions nos positions, seigneur!

— Si je vous disais, gentleman, que la route est belle d'ici jusqu'aux frontières de Portugal, le long du Tage?...

— Une retraite devant l'ennemi! Est-ce possible!

— Gentleman, il y avait un général qui disait : « Je brûlerais ma chemise, si ma chemise savait mon secret! »

Le seigneur Pedro salua l'aide de camp de service livré à ses réflexions et traversa la cour du couvent. Le *little staff* en corps l'attendait à la porte et l'accompagna jusqu'à l'écurie, où il constata minutieusement les soins donnés à son cheval.

Il fut content, car il dit avec gaieté :

— Messieurs, si vous êtes prêts à vous mettre à table, je suis des vôtres!

Sa bonne humeur éclaira tous les fronts. Docteur Cockerill le prit sous le bras, espérant avoir, par l'intrigue, les premières nouvelles.

On avait fait extra; la table était superbe. Ce Maxwell, à part son fanatisme malheureux pour le tric-trac, — un diable de jeu! — était officier de distinction et mettait à diriger une mess le même soin consciencieux que sir Arthur à piocher des redoutes et à faire des fagots d'oliviers. Combien de capitaines-lieutenants ont été perdus par le tric-trac! — un jeu du diable!

À peine l'assiette du courrier mayor était-elle emplie qu'il se fit un grand silence. Toutes les oreilles s'ouvrirent pour recueillir la manne. De l'autre côté de la cloison, les valets et cuisiniers écoutaient aux fentes.

De rudes nouvelles! Docteur Cockerill n'avait rien obtenu, en définitive, par ses intrigues. Major Clinton et capitaine Dalhousie n'étaient pas fâchés de cela. Crabbe, Mackensie et Browne, des dragons du prince, dirigèrent vers docteur Cockerill leurs couteaux placés en biais sur la table pour constater son échec.

On aime à voir le convive invité faire honneur au repas. Le seigneur Pedrillo de Thomar donna cette satisfaction complète à ses hôtes. Il mangea d'abord si cordialement qu'entre deux de ses bouchées il n'y avait pas la moindre place pour une parole. Ses hôtes le regardaient avec de complaisants sourires et attendaient que l'appétit calmé déliât enfin sa langue.

— Je bois à vous, Thomar, dit adroitement major Clinton, et aux nouvelles que vous nous apportez.

— Merci, major... de rudes nouvelles! Milord va mettre des gabions derrière ses abatis: cela paraît certain. Le mamelon tout seul tiendrait contre une armée, au besoin... Du haut de ce clocher, savez-vous, on a la carte du pays: c'est commode pour milord.

Il y eut des coups d'œil échangés. Docteur Cockerill dit bravement :

— Thomar, je bois à vous... Je pense que vous êtes fixé pour la bataille, hé?

— Fixé, docteur! Vous êtes un homme d'expérience, et vous savez que le daim ne vient pas toujours parader devant l'affût. Pour peu que les Français passent le Guadarrama, vous verrez du nouveau, c'est sûr... Quelqu'un de vous, gentlemen, pourrait-il me procurer ce qu'il faut pour écrire? J'ai commis un oubli que je voudrais réparer près de Milord.

Le papier, la plume et l'écritoire furent posés près de lui. Nous n'avons pas besoin de dire qu'il n'y avait aucun danger de tacher la nappe. En écrivant, le courrier cessa de tenir rigueur à l'assemblée. Il parla mouvements de troupes, passa et repassa ce Guadarrama fameux avec Victor, avec Sébastiani, avec Jourdan. Il ne cacha pas que, vers l'automne, l'Empereur pourrait bien faire un tour en Espagne, si fantaisie lui en prenait.

Il arriva ensuite aux fredaines de l'Empecinado, du Manco, du Cura, du Pastor, de l'Abuelo et d'une foule d'autres chefs de guérillas, décorés de sobriquets pittoresques, qui fournissaient toujours ample matière aux gazetiers. En pliant sa lettre, qui n'était pas longue, il parla un peu des trois maréchaux, disant que si leurs corps d'armée avaient pu rester englués dans la Galice, milord aurait eu la partie belle pour suivre tranquillement le Tage jusqu'à Tolède.

— Mais, ajouta-t-il, les Français ont une chanson qui affirme qu'un quart d'heure avant sa mort M. de la Palisse était encore en vie.

Il sortit de sa poche un rouleau de papiers qu'il introduisit lestement dans l'enveloppe de sa lettre. Il y avait là de bons yeux. Ceux qui avaient de bons yeux crurent voir que les papiers ainsi insérés dans la lettre étaient tout uniment des billets de la Banque d'Angleterre. Mais quelle apparence? Le général en chef pouvait payer don Pedro de Thomar, et, certes, don Pedro ne payait pas le général en chef.

Ce fut en cachetant sa lettre que le courrier mayor aborda les aventures de la sierra de Gredos. Les amateurs d'anecdotes durent être très-contents cette fois.

Le récit fut bref, mais étincelant. Don Pedro de Thomar, en quelques traits larges et frappants, dessina l'étrange figure de ce capitaine Louis, espion des Français, espion des Anglais aussi, disait-on, sous un autre nom, et en même temps chef de guérillas espagnols. Il dit ses ruses ses audaces, le sang-froid de ses combinaisons et le succès miraculeux de ses plus folles bravades. L'attaque du camp de Noir-Comin par les quatre dragons eut un succès d'enthousiasme.

Écrire et parler n'empêchaient pas le courrier de boire. Le *little staff*, ébloui, admirait en silence et pensait qu'en définitive, dans cette guerre de figaros armés, si jamais le capitaine Fantôme et le courrier mayor se trouvaient en présence, ce serait une belle bataille.

Au plus fort de sa vogue, don Pedro de Thomar consulta sa montre tout à coup et se leva.

— Déjà! s'écria toute la table d'une seule voix.

— Il est cinq heures, gentlemen, dit le courrier, et j'ai une bonne promenade à faire.

On but le coup de l'étrier à l'heureux voyage de ce digne seigneur Pedrillo, et tout le petit état-major voulut l'accompagner à l'écurie. Pedro sella lui-même et brida son cheval avec ce soin scrupuleux dont nous avons fait mention déjà. Quand il fut sur le dos d'Alazan, et au moment de l'adieu, major Clinton lui demanda :

— Cher seigneur, votre destination est-elle un secret?

— Pas le moins du monde, fut-il répondu; je vais de ce pas à Miranda.

— Miranda d'Estremadure, vingt bonnes lieues!

— Non pas : c'est à Miranda de Portugal, gentlemen.

— Cinquante lieues, pour le moins!

— Cinquante-cinq et la montagne.

— Et vous comptez arriver?

— En douze heures, si le capitaine Louis veut bien le permettre.

— Vous reverra-t-on bientôt?

— Douze heures après, si vous êtes encore à Talavera-de-la-Reine.

On échangea les poignées de main.

— C'est égal, dit docteur Cockerill, sur qui les miracles équestres produisaient peu d'effet, vous nous avez divertis au mieux, seigneur Pedro; mais quant aux rudes nouvelles...

— Elles sont là-dedans, cher monsieur, interrompit le courrier en lui tendant sa lettre. Je vous prie de rendre ce message à l'instant même entre les mains de Sa Seigneurie.

Il passa le seuil de la grande porte et on le vit descendre, au pas de son magnifique cheval, la rue qui suivait le cours du Tage.

Docteur Cockerill, comme tous les hommes doués d'un embonpoint un peu exagéré, ne détestait pas de se donner de l'importance. Il refusa de livrer la lettre à l'aide de camp de service et voulut une audience.

— Le courrier mayor ne peut-il venir lui-même, s'il désire me parler? demanda sir Arthur au premier moment.

On lui répondit que le courrier mayor venait de monter à cheval. Il s'étonna et commanda qu'on introduisît docteur Cockerill.

Quand sir Arthur décacheta la lettre qui contenait les « rudes nouvelles, » bon nombre de billets de banque s'échappèrent de l'enveloppe. Sir Arthur changea de couleur aussitôt que son regard eut parcouru la première ligne. A mesure qu'il lisait, son trouble augmentait et docteur Cockerill eut vaguement la pensée que ce serait pour lui beaucoup d'honneur que de saigner un général en chef.

Mais ce fut bientôt pour lui-même qu'il eut de l'inquiétude, car sir Arthur, le froid, l'impassible sir Arthur, le saisit au collet et le serra si rudement qu'il y eut, au dire du docteur, commencement effectif de strangulation.

Jamais il n'aurait pensé, non jamais, que le **général en chef** pût se porter à des extrémités semblables sur un Anglais gradé, commissionné, et, au demeurant, père de famille.

Il fallait qu'elles fussent rudes, les nouvelles!

— Misérable sot! s'écria sir Arthur qui, d'ordinaire, était le plus poli des gentilshommes, — l'avez-vous donc laissé partir?

Ses lèvres tremblaient en disant cela.

Docteur Cockerill voulut répondre qu'il était médecin, et non point exempt : mais sir Arthur, à qui, certes, on n'eût point soupçonné une pareille force de poignet, le lança, éperdu, à l'autre bout de la chambre et s'écria d'une voix qu'on ne lui connaissait point :

— Mon état-major! tout mon état-major!

Docteur Cockerill affirma depuis qu'il ponctua cet ordre d'un Dieu me damne! vigoureusement modulé, mais il nous aurait paru peu convenable de mettre ce gros mot dans la bouche d'Achille. Nous pensons plutôt qu'il jura simplement Hercule ou triple Hécate, comme peut faire un héros de dix-huit pieds en bronze.

Docteur Cockerill resta sans bouger dans son coin jusqu'à l'arrivée de ses frères-officiers du *little staff*. Il redoutait un malheur. Sir Arthur Wellesley se promenait comme un lion autour de sa table et murmurait :

— L'espionnage est une immortalité ! Ce sont des fous, de déplorables fous que ceux qui se confient à des espions ! Je ne veux plus d'espions ! Il faudrait tous les pendre ! Je suis joué ! joué comme un enfant !…

Il aperçut tout à coup docteur Cockerill qui se faisait petit dans son coin. Il se mordit la lèvre jusqu'au sang.

— Monsieur, dit-il en poussant du pied vers lui les banknotes, prenez cela et soyez discret.

Docteur Cockerill était anglais et gentleman, mais ce coquin d'Urban était bien espagnol et hidalgo. Docteur Cockerill ramassa les banknotes parce qu'il avait de la famille.

Quand le *little staff* arriva, sir Arthur avait recouvré les apparences du sang-froid.

— Messieurs, dit-il en se penchant sur sa carte, mon courrier mayor, don Pedro de Thomar, est un traître et fait route, au moment où je vous parle, pour les quartiers du maréchal Soult. Tout le monde à cheval ! Qu'on dresse, en outre, une liste de volontaires et qu'on choisisse les meilleurs cavaliers des différents corps, au nombre de cinquante. Ce Pedro de Thomar n'a que dix minutes d'avance. Je promets, entendez-vous bien, le grade supérieur et une fortune à quiconque l'empêchera, mort ou vif, d'atteindre le maréchal. La prime est de quatre mille livres sterling. J'engage le parlement et moi !

III

Le lancé.

Cent mille francs d'un coup ! et le grade supérieur ! On ne peut pas se dissimuler que sir Arthur savait mesurer l'avoine aux chevaux et mettre le diable au corps des cavaliers. Cinq minutes après, le *little staff* et les cinquante volontaires galopaient comme un tourbillon sur le quai du Tage. Browne, Clinton et Dalhousie tenaient la tête. Docteur Cockerill, monté sur un cheval gras, soufflait à la queue. Son billet n'avait pas grande chance à la loterie, mais il était père de famille.

La lettre du courrier mayor à sir Arthur Wellesley était ainsi conçue :

« Milord,

» Je suis chagrin de la peine que je vais causer à Votre Seigneurie. Votre Seigneurie s'étant engagée sur sa parole de gentilhomme à protéger ceux que j'aime, j'ai scrupule et ne puis continuer vis-à-vis d'elle le rôle que les circonstances m'avaient imposé. J'arrache mon masque sans crainte, sachant que la parole de sir Arthur Wellesley est sacrée.

» Je professe un sincère respect pour Votre Seigneurie. Voyant les événements mûrs et sachant qu'il est hors de son pouvoir d'entraver mon action, je signe cette lettre de mon vrai nom. Tout ce que j'ai dit à Votre Seigneurie est vrai. J'ajoute ici que l'armée royale aura franchi l'Alberche demain. Le passage du pont de l'Arzobispo reste ouvert aux troupes anglo-portugaises. S'il m'était permis de placer ici un conseil, je dirais qu'en présence de la jonction des maréchaux, la bataille de Talavera-de-la-Reine ne peut avoir d'autre résultat qu'une grande effusion de sang.

» Je vais quitter un déguisement qui était bien lourd à mes épaules. Je redeviens soldat. J'ai payé ma dette à mon souverain, comme je crois payer ici la dette récente que j'ai contractée envers Votre Seigneurie, dont je me déclare, milord, l'admirateur et le serviteur.

« COMTE CÉSAR DE CHABANEIL (capitaine Louis, Urban Moreno, don Pedro de Thomar, etc., etc.) »

Sir Arthur Wellesley relut cette missive plusieurs fois de suite.

— Il y a chez ces Français, pensa-t-il, un besoin de bravade qui est la force de leurs ennemis. Cet homme aurait pu partir sans laisser derrière lui cette fanfaronnade qui met la mort sur ses talons. Est-ce loyauté? Est-ce confiance absolue dans les jambes d'un animal que le moindre caillou peut estropier?... Mais s'ils n'avaient pas ces faiblesses, où serait leur point vulnérable?

Il écrivit rapidement quelques lignes et sonna l'aide de camp.

C'était une note circulaire à expédier par exprès à Noir-Comin et à tous les chefs d'éclaireurs, disséminés sur les derrières de l'armée : ordre de distraire quelques cavaliers choisis, dans leur mouvement convergent vers le quartier-général, et de les lancer à la poursuite de Pedro de Thomar.

— Il sera pris! poursuivit Arthur Wellesley en lui-même. C'était une fière et noble créature... Faire tomber ma colère sur des femmes et sur un vieillard, ce serait injuste et cruel... ce serait indigne de moi... D'ailleurs. quel profit? Je tiendrai ma parole et ces Cabanil seront respectés, quoi qu'il advienne.

L'aide de camp rentra, précédant un vieillard à cheveux blancs et un jeune homme à la physionomie fine et forte. Le premier était Grégoire Cuesta, qui servait l'insurrection avec courage et dévouement après avoir essayé de mettre une digue à ses premiers excès ; l'autre était le créateur de la légion lusitannienne, sir Robert Wilson, major général, commandant les forces auxiliaires portugaises.

Plusieurs officiers généraux anglais, espagnols et portugais les suivaient. Le conseil s'ouvrit comme d'habitude dans le propre cabinet de sir Arthur.

Il faisait grand jour encore au moment où César de Chabaneil avait quitté le couvent des Hiéronymites. Il traversa la ville au pas, recevant sur son passage le salut amical de tout ce qui portait l'uniforme anglais.

Il était universellement connu et ce n'était pas une condition heureuse dans la nouvelle posture qu'il allait prendre vis-à-vis du général en chef, mais ceux qui le croisèrent aujourd'hui sur sa route auraient pu témoigner que nulle inquiétude n'assombrissait sa belle et souriante figure. Il allait, le front haut, sans se presser, répondant quelques mots gaillards aux apostrophes qui lui étaient adressées, envoyant même çà et là quelques baisers aux noires prunelles qui brillaient derrière les jalousies.

Avant de franchir le vieux rempart, il échangea des poignées de main avec les officiers de garde, qui lui souhaitèrent de tout cœur bon voyage, puis on le vit encore chevaucher au petit pas derrière le rideau de beaux peupliers qui coupait la route de Navalmorquende. Il ne faut pas demander pourquoi sir Arthur laissait vivre ces beaux peupliers : on était en train de les abattre pour faire une barricade.

La route était bonne et arrosée par une pluie récente. César tournait le dos au Tage et suivait, entre deux haies de bas oliviers, la direction du sud-est. Le soleil rouge descendait au travers des nuages qui ne rendaient plus la pluie. La brise soufflait fraîche et douce, tout imprégnée du parfum des orangers. Arrivé au pied du mamelon fortifié qui devait jouer un si grand rôle dans la bataille prochaine, César arrêta son cheval et parcourut des yeux l'ensemble des ouvrages. Il perdit là trois minutes pensives.

Le vent venait du sud. Il crut entendre un galop de chevaux sur le pavé de la ville. Alazan prit lui-même le trot de chasse pour couper en biais la croupe du mamelon.

Quand César fut au sommet, il se retourna. L'état-major de sir Arthur et les volontaires sortaient de la ville, lancés à pleine course, et soulevaient, malgré la pluie tombée, un un nuage de poussière que le pied de leurs chevaux, mordant profondément la route, allait chercher sous la couche humide.

On l'avait aperçu, car il entendit un grand cri de triomphe. Ceux qui le poursuivaient s'étonnaient sans doute de le trouver attardé si près du point de départ.

Il siffla doucement. Alazan prit le petit galop et descendit le mamelon en le laissant sur sa droite. Il traversa ainsi l'arrière-garde espagnole, cantonnée dans le val, d'où l'on n'apercevait plus la cavalcade cachée par la croupe du mamelon.

Dès que César eut dépassé les dernières tentes, il siffla encore. Alazan se coucha sur ses jarrets plus tendus et le vent de la course fit flotter les cheveux noirs de son cavalier. Ce n'était pas encore pourtant la grande allure d'Alazan, dont la tête restait haute et qui en prenait évidemment à son son aise.

Le *little staff*, supérieurement monté, comme nous l'avons dit, parut au sommet du mamelon avant les volontaires, qui étaient déjà distancés pour la plupart et qui distançaient tous docteur Cockerill, battant paternellement son gros bidet à cinq cents pas par derrière le dernier cavalier.

César sourit et pensa :

— A ce jeu, Horace pourrait tuer toute une armée de Curiaces.

— Doucement, Alazan, mon chéri! ajouta-t-il. Si nous les découragions du premier coup, nous perdrions trop vite leur compagnie.

L'état-major gagnait du terrain. César distinguait parfaitement au premier rang major Clinton, dont le vent élargissait les favoris comme une paire d'ailes des deux côtés de sa maigre figure; capitaine Dalhousie, penché sur l'encolure de sa bête comme un jockey en course, et adjudant Browne, savant cavalier qui ménageait un superbe cheval de pure race.

Après la seconde chaîne de collines, la route se déployait dans la plaine qu'elle coupait diagonalement jusqu'au contre-fort des Gredos, qu'on apercevait comme un amas de nuages au lointain. Pendant six ou sept grandes lieues d'Espagne pour le moins, la chasse allait se poursuivre à vue.

— Messieurs, dit lieutenant Crabbe, qui venait quatrième, je ne donnerais pas cette course-là pour cent guinées, ou que Dieu me damne! Je ne brille pas en ce moment parce que miss Polly est lente à prendre feu, mais elle a plus de fond que votre Joseph-King, Browne, sur mon honneur! et la jument de Dalhousie a déjà un petit mouvement dans le flanc... Hardi, Polly! hop! ma tourterelle!

— Voici un cheval, tenez! repartit Clinton en tapant amicalement le garot de sa bête. Je l'ai refait, moi, si c'est Dieu qui l'a créé. Voulez-vous tenir cinquante livres contre trente, Crabbe, que de nous deux j'arriverai premier.

— Je fais mieux, major : cinquante contre cinquante... Vous ne connaissez pas ma Polly.

— Je pense que vous ne ferez pas usage de vos pistolets, messieurs! demanda Mackensie. Le pauvre diable est un joyeux garçon, après tout, et nous a bien souvent divertis...

Maxwell venait sixième. Il cravacha son cheval et s'écria :

— Aussi vrai qu'il y a une volonté souveraine sur nos têtes, c'est un jeu diabolique, certainement : je parle du tric-trac... Vous ne jouerez jamais passablement, Mackensie; si vous jouiez bien, voyez-vous, je vous gagnerais. Ah çà! quelle mouche a piqué Sa Seigneurie?

— Que Dieu me damne si je ne donnerais pas quelque chose de bon cœur pour savoir ce que contenait la lettre de Thomar... Hardi, Polly, fainéante!

— Ferme, Roi-Joseph!

— Hop! Grey-Hood! hop!

Ils descendaient la seconde colline et semblaient, en vérité, voler sur la poussière humectée.

— Nous gagnons, morbleu! nous gagnons! s'écria Dalhousie.

— Gagnons-nous? demanda major Clinton. Ce coquin d'Alazan a l'air de se prélasser là-bas et porte la tête haute comme un cheval de carrosse qui fait la procession à Hyde-Park. Les nôtres tendent le cou, voyez... et la distance reste toujours la même!

On se tut. La meute équestre dévora l'espace en silence pendant quelques instants. C'était une épreuve.

— Nous gagnons! répéta Dalhousie au bout de trois minutes.

— Je crois que nous gagnons, répondit major Clinton, mais dirait-on qu'un diable d'animal peut détaler si vite avec mon grade de lieutenant-colonel et mes quatre mille livres sterling sur le dos!

— Mêlons-nous, messieurs? demanda généreusement Browne qui se trouvait en avance de deux longueurs de cheval.

— A condition qu'on fasse une bombance de grands mogols au retour à Londres, répondit Crabbe, un *fun* complet, haut et large comme le dôme de Saint-Paul. Cent mille francs de champagne, ou que Dieu me damne !

— Je refuse, dit Clinton. Je n'aime pas le champagne et je suis à marier. Je vous prie, messieurs et camarades, de faire savoir dans vos lettres au pays que je suis désormais un Valentin de quatre mille guinées. Allez, Greyd-Hood !

— Réservons-nous la part du docteur Cockerill ?

— Voyez-le, messieurs ! Le voilà gros comme le poing, làbas, à perte de vue ! Comme il arriverait premier, si le but était par derrière !

— Nous gagnons !

— Pas beaucoup.

— Cent livres que nous l'aurons avant la sierra ! proposa Browne.

Les deux clochers de Navalmorquende apparaissaient dans l'axe de la route, qui était droite comme une règle.

— Nous avons ici des Portugais, dit Dalhousie. Osera-t-il traverser la ville ?

— Si nous faisions une décharge de nos pistolets, messieurs, opina Maxwell, cela donnerait l'éveil là-bas et la garnison lui barrerait le passage.

— L'amendement n'est pas appuyé, déclara Clinton. Nos chevaux sont frais. Nous lui jouerons ce tour à Monbeltran, si nous ne l'avons pas d'ici là. Ferme, Grey-Hood !

— Hop ! Roi-Joseph !

— Hardi, Polly ! capricieuse !

César de Chabaneil ne disait ni hop ! ni ferme ! ni hardi ! Alazan allait tout seul en rongeant son frein parce qu'on ne lui donnait pas toute sa volée. C'était merveille de voir la souplesse incomparable de son pas et l'aisance de son allure. Son sabot léger frappait régulièrement la poudre et laissait des traces qui semblaient mesurées au compas.

Son cavalier faisait corps avec lui, abandonné à chacun de ses mouvements, et lui épargnant tout choc inutile. Si le *little staff* avait pu examiner de près l'homme et la monture dans leur absolue tranquillité, le *little staff* aurait arrêté sa poursuite.

Les choses étaient ainsi pour le moment : César de Chabaneil courait à une portée de fusil des officiers, qui précédaient de trois ou quatre cents pas le gros des volontaires. Docteur Cockerill restait hors de vue, et Dieu seul peut savoir ce que son gros cheval pensait de l'éperon qu'il goûtait pour la première fois.

A l'entrée de la ville, les sentinelles portugaises croisèrent la baïonnette devant César.

— Ils vont nous voler notre gloire! s'écria Browne.

— Le fait est que nous le tenions! dit Crabbe. Hardi, Polly, belle femme!

Cesar s'arrêta de bonne grâce.

— Courrier du général en chef, dit-il, si vous retardez les dépêches de Sa Seigneurie, c'est à vos risques et périls.

— Et ceux qui viennent là-bas? demanda l'officier sortant du poste.

— Ceux qui viennent là-bas vous feraient payer cher un moment d'hésitation... Ne reconnaissez-vous pas l'état-major de sir Arthur Wellesley?

— Arrêtez! arrêtez! cria Clinton qui n'avait pas la plus haute confiance dans le succès de la course. C'est un traître!

Les autres dirent comme lui :

— Arrêtez! arrêtez!

César étendit le bras vers eux.

— Les entendez-vous? demanda-t-il avec une impérieuse froideur. Ils vous ordonnent de m'ouvrir un passage!

— Arme au bras! commanda l'officier portugais. Senhor courrier, que Dieu vous garde!

— Vous de même, senhor enseigne!

Et il passa au moment où les voix du *little staff*, qui devenaient distinctes, clamaient énergiquement :

— On vous dit d'arrêter, de par tous les diables! Arrêtez! sur votre vie, arrêtez!

L'officier se retourna, irrésolu, mais le fugitif avait déjà franchi la barrière opposée et filait, rapide comme une flèche, vers Buenaventura.

— Maladroit! lui cria Clinton en passant. C'est un espion josephino!

—Malhonnête! répliqua le bilieux Lusitanien, nous ne sommes pas pour être molestés par des Anglais ! Et si vous voulez mettre pied à terre, par saint Michel da Cunha, je vais vous apprendre la politesse !

La meute en épaulettes, le *paquet*, comme disent les gentilshommes du sport, était déjà loin. L'escadron des volontaires traversait la ville au grand galop. Cinq minutes après un bon gros bonhomme se présenta sur un cheval obèse.

— N'avez-vous pas vu, par hasard, demanda-t-il, mes frères-officiers du *little staff* courant après un cavalier espagnol ?

Le Portugais était de mauvaise humeur. Rendu prudent par l'expérience, il ordonna au gros homme de mettre pied à terre et le fourra au corps de garde.

Ainsi finit l'expédition de docteur Cockerill. Jusqu'au jour de sa mort, il accusa l'enseigne portugais de lui avoir volé son grade de chirurgien principal et ses quatre mille guinées.

En sortant de Navalmorquende, la route fait un détour sur la gauche, pour descendre à Buenavente, sur le Rio-Tietar, qui n'est là encore qu'un ruisseau. Un instant nos chasseurs perdirent de vue leur gibier, mais quand ils arrivèrent au coude du chemin, ils l'aperçurent de nouveau, tranquille comme à la promenade et donnant de l'aise à son cheval, qui semblait désormais comprendre sa pensée et se jouer de la poursuite.

César avait pourtant perdu près de la moitié de son avance pendant qu'il parlementait avec l'enseigne portugais, mais, au moment où les Anglais tournèrent l'angle du chemin, son avance était pleinement regagnée.

Il y avait de quoi décourager le *little staff* ; néanmoins ce fut un cri de joie qui sortit de toutes les poitrines. Sur la route qui continuait en ligne droite jusqu'à Buenavente, un nuage de poussière s'élevait à une demi-lieue en avant du fugitif.

— De par Dieu ! messieurs, s'écria Browne, nous avons du bonheur !

— Sont-ce des uniformes anglais ? demanda major Clinton, qui était myope.

— C'est le détachement de Noir-Comin qui rejoint l'armée, ou que je meure!... Le drôle ne sautera peut-être pas pardessus les trois compagnies de grenadiers écossais!

— Allez, Polly, allez, fillette! Messieurs, Polly n'est pas encore échauffée. Je maintiens qu'avec Polly toute seule j'aurais fait voir du chemin au seigneur Pedro de Thomar, ou que Dieu me damne!

— Maintenez ce que vous voudrez, Crabbe, mon garçon, et soyez damné si cela vous plaît!... Mais voyez comme le coquin nous gagne, depuis qu'il a aperçu les tartans!

— Ce n'est pas un cheval qu'il monte, c'est un démon!... Préparez-vous à crier, messieurs, et mettez le pistolet à la main... Comin peut être fou comme un lièvre en mars, mais il sait ce que parler veut dire, et, s'il entend notre décharge, il ne prétextera pas ignorance!

César de Chabaneil avait reconnu, lui aussi, et du premier coup d'œil, les compagnies écossaises. Ceci était un obstacle plus sérieux que la garnison de Navalmorquende. Il avait, il est vrai, la faculté d'abandonner la route pour se jeter dans les terres à droite ou à gauche, mais Comin et Mowbray étaient à cheval, savoir : Rouge-Dick dans les rangs et Comin, selon sa coutume, à une distance considérable sur les devants.

Bien qu'ils eussent des chevaux fort ordinaires, les positions respectives leur donnaient un tel avantage qu'en coupant la ligne du fugitif, ils pouvaient le contraindre à changer complétement de direction. En outre, dans cette hypothèse, il eût fallu lancer Alazan dans les terrains cultivés. Il faut le sol ferme pour les miracles d'équitation.

Les deux genoux de César pesèrent sur les flancs d'Alazan d'une façon presque insensible. Alazan fit un bond de cerf. César le tint en bride aussitôt et lui dit :

— Doucement, chéri, doucement! On vous demande un gentil galop, juste ce qu'il faut pour laisser loin derrière nous ces chevaux de charrue... Soyez tranquille, nous serons forcés tôt ou tard de déployer nos ailes.

Comme s'il eût été doué du pouvoir de comprendre, l'admirable animal raviva son allure sans prendre la pleine vitesse. Sa gracieuse encolure, courbée comme le cou d'un cygne, se redressa sans effort. La sangle se rapprocha de terre, la croupe s'éleva, creusant la cambrure des reins ; les jambes, plus horizontales, allongèrent la trace, et en quelques minutes la distance s'élargit visiblement entre le poursuivi et les poursuivants.

Noir-Comin s'arrêta au milieu de la route et ses yeux s'ouvrirent tout grands comme s'il eût été en présence de l'un des spectres qui, si souvent, visitaient sa fièvre.

— Je me doutais bien que ce fanfaron d'Urban Moreno m'avait trompé ! pensa-t-il. — Mais le cheval !...

Il ajouta en serrant malgré lui la crosse de son pistolet d'ordonnance :

— Si nous étions seuls tous deux sur la route !...

César, en arrivant à sa portée, jeta la bride sur le cou d'Alazan et tira de sa poche un papel-cigar qu'il saupoudra du noir tabac de Cadix. Il roula dextrement son cigarille et vint droit au laird.

— Ordre du général en chef, dit-il en ralentissant le pas d'Alazan : Marche forcée jusqu'à Talavera. Vous êtes noté déjà comme retardataire, monsieur.

— C'est pour moi que vous venez ? demanda Comin.

— Pour vous et pour d'autres.

— Et ceux-ci ?...

— Le *little staff*... Je ne peux pas tout faire.

Il était déjà à trente pas. Le vent apporta un grand cri et presque aussitôt après une décharge de pistolets.

Alazan avait repris son galop. César battait le briquet.

Noir-Comin le suivait d'un regard haineux. Au bruit des pistolets déchargés, il dressa l'oreille et se repentit de l'avoir laissé passer.

— Stop ! seigneur Pedro ! cria-t-il.

César abordait le front des compagnies, sa cigarette allumée entre les lèvres.

Les cavaliers de l'état-major et aussi l'escadron des volontaires poussaient de véritables hurlements en agitant leurs chapeaux.

— Que diable avez-vous donc parié, correo ? lui demanda

Rouge-Dick, qui riait en le regardant venir : car c'est un pari, n'est-ce pas?

— Ma fortune tout entière, Richard Mowbray... Ma course vaut quatre mille livres... Dites à vos bons garçons de m'ouvrir large place.

— Du feu pour la peine, seigneur courrier!

— Avec plaisir, gentlemen.

— Ouvrez les rangs, mes fils !

Le puro de Rouge-Dick s'alluma à la mince cigarette du courrier, qui demanda :

— Où donc est le lieutenant Wellesley?

— Il escorte les senoras de Cabanil par la route, le long du Tage... Mais quelle diable de vie ils mènent là-bas!... Dieu me pardonne, voici le cousin Dalhousie!... c'est le *little staff* de milord !

— Les conditions de la gageure sont ainsi : ils ont le droit de huer, de crier, de tirer. Tout obstacle est de franc jeu, caramba!

— Combien de lieues?

— Cinquante-cinq.

— Combien de temps?

— Douze heures... Vous m'excuserez si je prends congé de vous un peu brusquement.

Les autres officiers du détachement écoutaient et admiraient Alazan.

César les salua et traversa les rangs, distribuant des bonjours aux soldats de sa connaissance.

Nos cavaliers chasseurs, cependant, rejoignaient Noir-Comin sur la route. Il y eut un instant de confusion parce que tout le monde vociferait à la fois. On jurait au lieu de s'expliquer. Il y avait maintenant de l'exaspération parmi les officiers de l'état-major.

— Le drôle a roulé une cigarette à notre barbe ! disait capitaine Dalhousie.

— Et le voilà qui allume le havannah de Rouge-Dick, ou que Dieu me damne !

— Il se moque de nous, tête de sang!

— Comin! que le diable vous récompense!

— Tirez votre claymore, au moins! s'écria Browne, et faites-leur signe de l'arrêter ou de le sabrer, puisqu'ils sont pour vous obéir.

Le laird était livide. Il comprenait. Il avait eu entre ses mains la vie de l'homme dont l'étoile était plus haute que la sienne dans son ciel. Il aurait pu lui brûler la cervelle, là, devant tous, avec le pistolet dont ses doigts convulsifs serraient encore la crosse, non-seulement sans manquer à son devoir, mais en acquérant des droits à une haute récompense.

C'était une journée critique où le destin parlait. A l'heure présente, les tigres ameutés au château devaient l'avoir débarrassé depuis longtemps de la seconde fille de Cabanil, car, mieux que personne, Comin savait la naissance de Lilias, et c'était pour livrer Lilias aux bêtes féroces qu'il avait stipulé avec les chefs de l'émeute que la marquise et sa fille auraient la vie sauve.

Celle qu'il préservait ainsi, c'était Joaquina, sa fille à lui; celle qu'il tuait, c'était la sœur de Blanche.

C'était une grande journée. Le sort travaillait. Le sort venait de lui offrir une seconde partie toute gagnée, dont il avait laissé l'enjeu glisser entre ses doigts.

Quand on ne retient pas d'une main solide le don du sort, le sort s'irrite. Cela porte malheur.

Comin dégaîna sa claymore, en effet, et fit signe en criant: Arrêtez, de par Dieu!

César de Chabaneil dépassait les derniers soldats de la dernière compagnie qui lui disaient: Bon voyage!

Comin tourna bride et mit ses éperons dans le ventre de son cheval. Les officiers d'état-major, tous montés sur des coureurs, l'avaient déjà distancé. Il leur cria:

— Quelqu'un de vous, gentlemen, veut-il me céder son cheval? J'y mets le prix qu'on voudra... Maxwell! Clinton! Crabbe! vous montez comme des enfants! J'engage ma vie que je l'atteindrai si j'ai seulement la pire de vos bêtes entre les jambes.

On haussa les épaules dans le *little staff* et il ne lui fut pas même répondu.

Alors, Comin, transporté de fureur, déchargea un coup de poing entre les deux oreilles de son lourd cheval et l'abattit comme un bœuf qu'on assomme. Il se mit sur ses pieds, attendit le gros des volontaires et saisit violemment par le bras celui qui courait en tête.

Le volontaire perdit les arçons. Comin, sans s'occuper de lui, bondit en selle avec une prodigieuse adresse de cavalier. Le cheval, ardente et robuste bête de sang croisé anglais et andaloux, se cabra, rua et fut dompté en trois secondes. Comin lui frotta rudement l'encolure et piqua des deux légèrement. Le cheval reprit son élan, ventre à terre.

Comin avait dit vrai : la vitesse d'un coureur n'est pas tout entière dans ses jambes. Le cheval du volontaire qui, jusqu'alors, n'avait tenu la tête que de quelques pas, se sépara tout à coup du groupe et prit l'avance bravement.

— Suivez votre chemin, ordonna Comin à Rouge-Dick en passant au travers des compagnies.

Il rejoignit le *little staff* étonné, il le passa, quoique chacun des cavaliers excitât désormais sa monture avec rage, et courut bientôt tout seul au milieu d'un nuage de poussière.

Toujours à la même distance, comme l'étoile qui marche devant le voyageur, César de Chabaneil allait, déployant avec une sorte de coquetterie toutes les grâces de l'écuyer accompli. Sa monture et lui semblaient dévorer l'espace sans efforts. Ils glissaient dans le crépuscule qui venait tombant. De temps en temps la cigarette rendait une bouffée de légère fumée.

— Il ne manque au coquin que ses pantoufles et sa robe de chambre, dit capitaine Dalhousie avec un profond dépit. Nous ne l'aurons pas !

— Nous l'aurons ! répliqua Noir-Comin, Passons seulement Buenaventura, et puis vous verrez !

Buenaventura n'est qu'un pauvre petit village sur la rive gauche du Tietar, qu'on passe là au moyen d'une vieille arche de pierre. Il n'y avait point de garnison. Rien n'y pouvait arrêter le fugitif. Mais, de l'autre côté de la rivière, sur la droite, un mamelon s'élevait, au sommet duquel une demi-douzaine de maisons ruinées servaient d'asile à une petite guerilla, composée en partie des garçons de Montbeltran et environs. Montbeltran, bourgade de cent cinquante à deux cents feux, avait gardé ses autorités espagnoles, et se tenait tant bien que mal en état de défense.

Quand César de Chabaneil passa au pied du mamelon, quelques guerillas sortirent des ruines et vinrent le reconnaître, l'escopette au poing.

— Ils ne l'arrêteront pas plus que les autres, cria de loin Browne à Comin.

Comin se retourna sur sa selle.

— Que l'un de vous descende de cheval, messieurs, répondit-il. C'est celui-là, je vous en préviens, qui jouera le personnage important dans toute l'affaire, et le général en chef n'ignorera point son nom. Qu'il se rende à ces ruines, qu'il demande El Vaquero de la part de Robert de Munro, laird de Comin, et qu'il lui ordonne d'allumer au sommet du mamelon trois feux placés en triangle. C'est le signal pour les gens de Montbeltran de fermer leurs barrières.

Le *little staff* se consulta sans ralentir sa course. L'idée était lumineuse, évidemment. Maxwell se dévoua. C'était un officier de grand sens et qui n'attendait, pour devenir de première force au tric-trac, que la maturité de l'âge. Il sauta sur la route, attacha son cheval à une pierre et monta le mamelon en courant.

En regardant du côté du sud-est, il aperçut dans la brume qui se faisait, l'escadron des volontaires à perte de vue.

Les guerilleros connaissaient le nom de Munro. Ils allumèrent les trois feux, et Maxwell reprit sa course.

Quand Noir-Comin vit les trois feux, il poussa un rugissement de joie.

— Ferme! gentlemen! cria-t-il. Mackensie, votre clan est au nord du Ben-Croydon. Que veut dire cela chez vous, garçon, trois chandelles allumées?

— Mort, répondit le jeune Highlander.

— Hallali, alors, mes camarades! Le cerf est forcé, ne ménagez plus vos chevaux!

Les éperons mordirent tous à la fois le cuir des nobles bêtes, qui prirent un élan désespéré.

César fut obligé de dire à son Alazan :

— Allons, chéri! un coup de jarret!

Il avait entendu, plus rapproché, le galop de Comin, qui réellement gagnait sur lui.

Il jeta son cigarille achevé. Pendant toute une minute, il se pencha sur l'encolure d'Alazan, qui rasait la poudre comme une hirondelle quand menace la pluie. Après cela, il se retourna pour voir ce que ses adversaires avaient perdu.

Ses adversaires avaient perdu tout leur gain, César vit cela, mais il vit aussi les trois feux allumés sur la colline, à gauche de Buenaventura.

— Allons, chéri !

Ses deux genoux parlèrent encore leur muet langage. Alazan s'allongea, droit et rapide comme une flèche. Il prit sa pleine vitesse. La route se précipita en arrière, plus folle qu'un torrent qui jette son écume du haut en bas de la montagne.

César comprenait parfaitement la signification des trois feux. Celui-là savait son Espagne sur le bout du doigt. Sans cette connaissance exacte qu'il avait du pays et de ses habitudes, depuis bien longtemps il eût laissé sa vie dans les grandes solitudes de la plaine ou dans les halliers de la montagne, où tant de bandits dressaient leur affût au détour des sentiers.

Il poussait Alazan, parce qu'il calculait ainsi :

De Buenaventura à Montbeltran, on compte deux lieues d'Espagne : une heure et demie de chemin pour des fantassins exercés, une grande demi-heure pour des cavaliers bien montés. En ne prenant qu'un quart d'heure pour faire la route, on pouvait arriver avant la fermeture de la barrière.

Si par cas la barrière était déjà fermée, on avait le temps, grâce à l'avance gagnée, de s'orienter et de choisir à droite ou à gauche un autre chemin.

En quelques minutes, César de Chabaneil arriva en vue de Montbeltran. La nuit se faisait avec rapidité. Il reconnut de loin, dans la ville, un mouvement inaccoutumé. Des torches allaient et venaient. Ce fut au moment même où il approchait que la haute barrière du péage, qui servait maintenant de fortifications contre les maraudeurs, tourna sur ses gonds rouillés et fut fermée avec bruit. César s'y présenta bravement; il avait toute l'avance nécessaire. Il essaya son stratagème ordinaire et déclina ses qualités, mais ce fut en vain.

Les bourgades sont comme les chevaux, qui vont selon le cavalier. Montbeltran était resté habitable et relativement riche, au milieu de toutes les localités voisines déplorablement ravagées, parce qu'il avait pour alcade un vieil homme sourd comme une roche et aux trois quarts aveugle. Nous ne donnons pas ces qualités pour indispensables à un écuyer accompli, mais elles faisaient de notre vieil homme le parangon des alcades.

A la moindre alerte, sa femme allait fermer les barrières et allait se cacher. Le vieil homme arrivait alors à son devoir. Le canon ne l'eût pas effrayé : il ne l'aurait ni vu ni entendu; les syrènes de la fable elles-mêmes eussent échoué devant son inébranlable vertu. Il disait non, et quand il était de bonne humeur, il indiquait une route impraticable à droite de la bourgade.

Il était de bonne humeur, ce soir. Il indiqua la route impraticable à César de Chabaneil, qui la prit, car les pieux pointus qui formaient le sommet de la barrière dépassaient la tête de son cheval. Au bout de vingt pas, il reconnut que, dans un semblable chemin, la supériorité d'Alazan disparaîtrait, et qu'un homme à pied pourrait le gagner de vitesse. Il revint sur ses pas. Bien lui prit d'avoir eu de l'avance. Le galop de Comin et de l'état-major s'entendait néanmoins déjà beaucoup trop distinctement.

Il regarda encore la barrière, au delà de laquelle une douzaine de vieillards montaient la garde avec leurs femmes, commandés par le modèle des alcades qui disait non de temps en temps, quand même on ne lui demandait rien. César y ramena son cheval et lui donna les pieux à flairer. Alazan eut un court hennissement. César prit du champ et ses éperons effleurèrent les flancs vierges du magnifique cheval. Il partit.

— Rendez-vous, seigneur Pedro? s'écria en ce moment Comin, qui arrivait à portée de pistolet.

Et derrière lui, tout l'état-major :

— Rendez-vous, correo, rendez-vous!

César répondit avec courtoisie :

— Je vous souhaite la bonne nuit, gentlemen, car je n'ai plus le temps de vous attendre, et, désormais, nous ne nous reverrons que demain.

Comin fit feu de ses deux pistolets. Les femmes s'enfuirent en hurlant, et les vieillards se cachèrent dans les embrasures des portes, L'alcade seul, quel alcade! intrépide comme les sénateurs romains devant les sauvages soldats de Brennus, resta près de la grille et dit non du meilleur de son cœur, juste au moment où Alazan, soulevé par un bond merveilleusement balancé, passait avec son cavalier à deux pouces au-dessus de sa tête.

IV

L'effet de la mine.

Comin se leva sur ses étriers.

— A vos pistolets! cria-t-il. Feu, messieurs! feu! au nom du diable!

Mais les cheveux blancs de l'alcade étaient derrière la barrière, et l'on voyait des enfants plein la rue. L'état-major ne tira pas. Ces messieurs se bornèrent à demander impérieusement l'ouverture de la barrière, car aucun d'eux ne fut tenté de suivre l'exemple de César.

Le bonhomme d'alcade leur répondit non. Comin voulait lui casser la tête. On se borna à briser les pieux vermoulus. La barrière était tombée depuis longtemps que l'excellent alcade disait encore non avec conviction et fermeté.

Comin et l'état-major traversèrent le village. Arrivés à la

campagne, ils s'arrêtèrent pour écouter, car la nuit, tout à fait close, rendait le regard inutile. Aucun bruit ne parvint jusqu'à eux. Browne mit pied à terre et colla son oreille au sol. Rien.

— Messieurs, dit Comin, retournez si vous voulez au quartier général, moi j'aurai l'homme ou j'y laisserai mes os !

Le *little staff* avait la crête basse, selon la propre expression de capitaine Dalhousie, qui tout à l'heure, en passant sur la route près de son cousin Rouge-Dick, lui avait promis de ramener le drôle, ficelé comme un paquet, à Talavera-de-la-Reine.

Nos officiers avaient eu affaire à forte partie, c'est vrai ; Alazan et son cavalier n'en étaient pas à leur premier miracle, mais le public, ce juge impitoyable, ne veut pas croire aux miracles. Il s'obstine à juger toute chose selon les lois de la logique commune et de la banale vraisemblance.

Le public ne devait voir ici que sept cavaliers renommés, excellemment montés, suivis par un escadron de volontaires choisis parmi les meilleurs écuyers de l'armée anglaise, courant tous pour le roi de Prusse après un fugitif isolé, et distancés misérablement en l'espace de quatre lieues.

Docteur Cockerill, au moins, avait l'excuse de son ventre dodu et de son palefroi chargé d'embonpoint.

Nos officiers se consultèrent. Noir-Comin était le seul qui connût à fond le pays. On lui demanda s'il n'y avait point quelque moyen d'égaliser les chances en prenant des routes de traverse.

Comin répondit qu'avec Pedro de Thomar, la connaissance du pays était inutile, attendu qu'il le savait par cœur pouce à pouce. Les chemins de traverse, d'ailleurs, défavorables au cavalier, allongent une course au lieu de l'abréger. Comin avait d'autres vues.

— Gentlemen, dit-il, vous êtes de l'état-major et je n'ai point d'action sur vous. Il vous a plu de le bien montrer tout à l'heure en n'obéissant point à mon commandement de faire feu, quoique j'aie sur vous tous la supériorité du grade. S'il en doit être ainsi dans la suite de notre entreprise, je vous demande dix volontaires parmi ceux qui arrivent là-bas. Vous irez de votre côté, moi du mien. Si vous me refusez les dix volontaires, je ferai par moi seul.

— Avez-vous donc encore l'espoir de réussir? interrogea-t-on vivement.

— J'en ai la certitude.

— Cette nuit?

— Non. Aucune puissance humaine à moi connue ne peut l'arrêter désormais.

— L'ordre du général, dit Clinton avec découragement, était de l'empêcher d'arriver et de saisir les dépêches du roi Joseph au maréchal Soult.

— D'accord... Mais si nous l'empêchons de revenir, et si nous rapportons au général les dépêches du maréchal Soult au roi Joseph, ce sera un pis-aller acceptable, et nous aurons sauvé notre honneur.

— La bataille! murmura Browne. Si nous allions manquer la bataille!

Comin haussa les épaules et répondit :

— Voilà longtemps que nous attendons la bataille! Je vous certifie, moi, que la bataille nous attendra.

— D'ailleurs, gentlemen, ajouta-t-il, je ne prétends influencer en aucune manière votre détermination. Je puis agir seul ou prendre à Avila un détachement de dragons-Beresford, à mon choix. J'ai toute une nuit et tout un jour pour dresser mes batteries : cela me suffit amplement.

L'orgueil du *little staff* était singulièrement engagé. L'idée de se présenter à sir Arthur les mains vides ne plaisait à personne. Browne demanda, car ces détails ne sont jamais indifférents au soldat anglais :

— Faudra-t-il passer la nuit dans cette bicoque?

— J'ai un palais à vous offrir, gentlemen, répondit le laird. Malheureusement, mon ami, le senor Samuel da Costa, propriétaire actuel du château de Cabanil, ne sera pas là pour nous recevoir, car il s'est passé aujourd'hui des choses fâcheuses dans la montagne, et j'ai des raisons particulières pour penser que Pedro de Thomar n'y est pas étranger; mais, à défaut du maître, nous aurons la maison et les serviteurs. Le pauvre Samuel était un bon vivant. Quoiqu'il fût en train seulement de s'établir, je vous réponds de sa cuisine et de sa cave.

— Aux voix! s'écria Crabbe. Mon avis est que le vin est tiré et qu'il faut le boire.

— Je vote pour ce qu'on voudra, excepté le retour! ajouta Dalhousie.

— Nous pourrons causer en soupant, dit major Clinton. Va pour le château de Cabanil!

Maxwell frappa sur l'épaule de Mackensie.

— C'est un diable de jeu, murmura-t-il, mais il y a bien un tric-trac dans ce château, je suppose, et vous me devez ma revanche, Nicholas.

La cavalcade se remit en marche, mais non plus au galop. On avait, Dieu merci, du temps de reste pour gagner Cabanil, situé à deux lieues de là, tout au plus. Au moment où l'on atteignait la montagne, le dernier courrier dépêché par milord les rejoignit. Il avait rencontré en route les trois compagnies commandées par Rouge-Dick, et il galopait pour l'acquit de sa conscience, sans trop d'espoir d'arriver jusqu'à Comin.

La dépêche de Sa Seigneurie fut ouverte et lue à la lueur d'une branche de pin. Elle portait : « Se saisir par tous moyens de mon ancien courrier mayor, Pedro ou Pedrille de Thomar, *alias* capitaine Louis, *alias* Urban Moreno, *alias* comte César de Chabaneil, etc. » Suivait la promesse de récompense.

Alias signifie autrement en latin de cuisine. Les Anglais parlent ce latin-là dans toutes leurs formules de procédure.

Comin resta les yeux fixés sur ces quatre noms, comme s'ils eussent contenu un charme, jusqu'à ce que la branche de pin s'éteignit.

Alors il releva la tête et répéta les termes de la dépêche à haute voix.

— J'ai mission, maintenant, messieurs, dit-il, et je déclare vous prendre sous mes ordres.

Puis la route se poursuivit en silence. Noir-Comin marchait en avant, plongé dans ses réflexions. Il n'avait pas tout deviné. La réunion de ces quatre noms l'éblouissait comme un coup de soleil.

Par derrière, le *little staff* méditait aussi, contre son habitude.

Vers dix heures du soir, toute notre expédition était attablée dans la salle à manger de ce pauvre Samuel da Costa. Les promesses de Comin s'accomplissaient à la lettre. La cave et la cuisine étaient au-dessus de tout éloge. La gaîté, cependant, fut longue à venir.

— Quand je songe, dit Browne, que j'ai aidé à sangler son cheval !

— Et que j'ai tenu l'étrille, ajouta Crabbe, ou que Dieu me damne !

— Et que j'ai servi d'échanson pour le portowine de cette bête damnée ! soupira Clinton.

— Le coquin nous traitait par-dessous la jambe !

— N'a-t-il pas eu l'audace de nous raconter lui-même l'histoire du capitaine Fantôme !

— De par Dieu ! il fera demain sa dernière apparition !

— Plus de ménagement, messieurs ! s'écria Dalhousie. Le premier qui le tiendra au bout de son pistolet lui fera sauter la cervelle. Est-ce dit ?

— C'est dit ! répliqua le chœur.

Il n'y avait à ne pas se plaindre que Noir-Comin, qui tressaillit et devint blême quand le lieutenant Crabbe l'apostropha, disant :

— Colonel, le drôle s'est aussi quelquefois moqué de vous ?

Noir-Comin, depuis qu'on était à table, faisait les honneurs avec une grande courtoisie. Chacun ici, il faut le dire, était frappé de la noble beauté de ses traits et de la dignité de sa conduite. La question de Crabbe amena une crispation sur ses lèvres ; ses yeux s'éteignirent et il y eut comme un nuage à son front.

Il déboucha une bouteille de genièvre de Hollande placée près de lui et s'en versa coup sur coup deux verres pleins.

Puis il promena son regard terne tout autour de la table.

— On vous a dit que j'étais fou, prononça-t-il entre ses dents serrées. Ne me traitez pas, cependant, comme un fou. Ceux qui se sont attaqués à moi sont morts.

Après le premier moment de surprise, quelques-uns voulurent protester. Il leur imposa silence du geste.

— J'avais averti Samuel da Costa, reprit-il. Peut-on empêcher un homme d'aller à son destin? Oui, celui que vous appelez le capitaine Fantôme s'est moqué de moi. Qu'importe cela, si je suis le dernier à rire? Je ne suis pas un comédien, moi, pour changer à chaque instant de costume et de visage... Pensez-vous vraiment que ce soit un fantôme?

Les jeunes officiers sourirent. Comin laissa tomber son poing fermé sur la table.

— Gentlemen, dit-il gravement, il y a des fantômes. J'en ai vu. J'en vois souvent... Mais celui-là n'est pas un fantôme. Ses os sont dans sa chair, puisque sa tombe est vide. Je l'ai poignardé une fois : j'ai manqué le cœur, voilà tout.

Il but son troisième verre plein. Les officiers du *little staff* échangèrent un regard.

— Je suis un homme et un soldat, poursuivit le laird, comme pour répondre à ce muet reproche. J'emploie les mots francs. J'ai ma claymore pour répondre à ceux qui diraient que j'ai mal fait... Je vous affirme sur l'honneur que celui-là n'est pas un fantôme J'ai touché sa main. C'est un historien habile. Il a deux chevaux tout pareils : aucun de vous n'eût deviné cela. Il avait deux serviteurs, rusés comme des démons : un enfant et une femme. A cette heure, il n'a plus que l'enfant, la femme est morte... On lui sert ses relais avec une précision bien plus étonnante encore que la rapidité de ses courses. Ce ne sont pas des miracles qu'il fait, entendez-vous, ce sont des tours de passe-passe.

Son œil s'éclaira soudain pendant qu'il emplissait son quatrième verre.

— Demain, reprit-il plus froidement, lui et moi nous jouerons notre dernière partie. Sur ma foi de gentlemen, je ne le crains pas et de bon cœur je donnerais mon pauvre domaine de Comin pour acheter l'occasion de le combattre seul à seul, l'épée d'une main, mort diable! et le skene-dhu de l'autre. Je n'ai peur que de sa fuite. Vous serez là pour l'empêcher de fuir. Vous l'avez dit, messieurs, pas de ménagements.

Faites une croix avec vos couteaux sur les balles de vos pistolets, car il se peut qu'il y ait un charme. Vous souriez? Voilà pourtant deux fois qu'il meurt! Moi, j'ai la balle d'argent fondue et bénite par le moine Bernardin de Tolède pour tuer Murat, qui, lui aussi, possède un charme. Elle m'a coûté dix fois son pesant d'or. Souriez, mais écoutez-moi, et surtout obéissez-moi quand nous serons sur le terrain. Je sais ce que vous ne savez pas ; je connais le pays et l'homme, l'homme surtout, ses habitudes, ses ressources, les lieux qu'il hante, les passages qu'il préfère. Un fou peut conduire la chasse au renard. Si je ne l'amène pas demain à la pointe de vos épées et à la gueule de vos pistolets, qu'on m'enferme à Bedlam, j'y consens : je l'aurai mérité.

Il se leva, salua d'un air hautain et railleur, puis se retira lentement.

— Quel diable d'homme est-ce là? demanda Browne quand il fut parti. C'est le plus beau cavalier de l'armée et son aspect me donne froid comme le contact d'une couleuvre.

— S'il voulait, répondit Clinton, il vous dirait votre mariage et votre mort, car il a double, triple et quadruple vue. C'est un lugubre compagnon, sur ma foi!

— Quel dommage que ce pauvre correo soit un coquin! soupira Crabbe. Dieu me damne, voilà un gaillard qui faisait passer une soirée!

— Buvons, gentlemen, conclut Dalhousie. Nous sommes dans les aventures jusqu'au cou et, la prochaine saison après la paix, nous en conterons à nos danseuses.

En quittant Monbeltran à la suite de ce saut de barrière qui l'avait fait passer par dessus la tête du roi des alcades, César de Chabaneil avait ralenti quelque peu l'allure de son cheval. Il prévoyait le temps d'arrêt que le *little staff* devait éprouver à l'entrée de la ville, et savait que désormais on n'essaierait plus de le gagner de vitesse. Ce n'était plus pour lui qu'une carrière à fournir, et certes, pour beaucoup de cavaliers des mieux montés, cette partie, la moins difficile de sa tâche, eût encore été trop lourde.

Mais Alazan et lui avaient dix fois fait leurs preuves. Si le maître, d'ailleurs, avait un nom et trois *alias,* comme on dit en Angleterre, le cheval, sous un seul nom, était double : Noir-Comin avait dit vrai.

Il était neuf heures et demie du soir environ quand il traversa le lieu de scène où a débuté notre récit : la fuente de San Julian. Dix minutes après, il passait sous la tour de Ferdinand-le-Catholique. Une solitude complète, un silence mortel régnaient dans ces gorges, où naguère la foule éclatait en cris furieux au milieu du fracas de la mousqueterie. Sous le balcon où Édouard Wellesley avait combattu, il y avait des mares de sang et trois cadavres en travers du chemin.

Les fenêtres du château étaient noires. En apparence, il ne contenait pas un seul être vivant.

César de Chabaneil passa son chemin sans ralentir le pas. Depuis qu'il était dans les gorges, il tenait le pistolet à la main.

A quelques centaines de toises de la tour, sur la droite et à l'angle d'un sentier qui rabattait sur le village en faisant le tour du château, une maison de chétive apparence se collait au rocher. C'était une ancienne venta qu'avaient tenue autrefois les deux sœurs du vieil Andrès, l'écuyer second. Elle était maintenant abandonnée.

Alazan s'arrêta de lui-même à la porte de la maison. César mit ses deux doigts arrondis dans la bouche et siffla.

— Déjà revenu, maître ? dit une voix grêle à une fenêtre de l'hôtellerie abandonnée.

— N'es-tu pas prêt, Lazarille ?

— Si fait... toujours prêt, seigneur.

— La tête crépue du Gibose disparut de la fenêtre et la porte ouverte donna passage à un cheval sellé et bridé qui avait la robe et la taille d'Alazan.

— Chéri est-il fatigué ? demanda Lazarille en donnant un baiser au beau cheval.

— Chéri est aussi frais qu'en partant, répondit César ;

c'est demain qu'il courra sa grande épreuve. Si j'étais sûr de trouver la route libre au retour, je me passerais la fantaisie de lui mettre cent lieues dans le ventre... Mais il me le faut tout dispos pour jouer la partie de barres à laquelle j'ai défié les gentlemen... Lilias n'a pas entendu mon coup de sifflet, je pense?

— Désormais, quand vous sifflerez dans la montagne, maître, répondit le Gibose, la doncella ne vous entendra plus.

— Serait-il arrivé un malheur! s'écria Chabaneil, qui sauta dans le sentier, la voix tremblante et la joue pâle.

— Non, répliqua le bossu. Un bonheur plutôt. La senorita a sa mère maintenant.

— Sa mère! répéta César.

Il resta pensif et la main sur la bride.

— Sa mère! dit-il encore après un long silence, c'est donc vrai qu'elle est la sœur de Blanche?

— Qui a révélé ce secret? demanda-t-il ensuite, secouant brusquement sa rêverie.

— Antioh-Amour.

— Dans quel but?

— La vengeance.

— S'est-elle vengée?

— Peut-être... mais non pas comme elle l'entendait : la mère et la fille sont heureuses.

— Comment s'est-elle vengée, alors?

— Je l'ai vue qui glissait un parchemin sous ses haillons.

— Et Joaquina?

— Elle pleure.

César se mit en selle.

— Tout s'est passé selon mes ordres? reprit-il.

— Tout, maître.

— Où est da Costa?

— Dans l'ancien repaire des gitanos, qui ont décampé ce soir. Dites seulement un mot, et je me charge de lui.

— Nous avons le droit de le tenir prisonnier pour l'empêcher de nuire : c'est tout. Nos amis sont au couvent?

— Ils attendent.

— Mon frère?...

— Parti avec ses quarante chasseurs-voltigeurs. Il voulait escorter la Cabanilla. On a été obligé de l'enlever... Un beau jeune homme, maître! et qui s'est battu bravement à l'attaque du château!

César sourit.

— Je le lui avais défendu! murmura-t-il.

Pajaro, le cheval frais qui remplaçait Alazan, battait du pied, impatient de partir.

— Tu vas en avoir à discrétion, toi, mon camarade! dit César.

Puis il ajouta :

— Avance à l'ordre, Gibose! Il faut que vous soyez tous en l'air demain au point du jour. Comin a de la cavalerie, maintenant. Nos dragons prendront le costume espagnol et veilleront de leur mieux. Toi, tu seras, midi sonnant, à Matilla sous Salamanque avec Alazan... Dormez la bonne nuit tous deux, en attendant.

— J'ai autre chose à faire que dormir, murmura Lazarille qui ajouta tout haut :

— Une bonne route, maître!

César galopait déjà dans le chemin pierreux qui descend aux plaines du Léon.

La lune se levait. La nuit était tranquille et splendide. César laissa sur sa droite le marais de Saint-François de Sor et traversa le champ où les grenadiers écossais étaient campés dans la matinée. Il suivit la rive gauche du Tormès, courant ainsi, jusqu'à Endrinal, entre la montagne et la rivière. Ce n'était plus Alazan, ni pour la merveilleuse correction de l'allure, ni pour la douceur des mouvements, ni pour l'inépuisable richesse du fond, mais c'était encore un noble coureur et, après Alazan, l'incomparable, bien peu de chevaux, en Espagne, eussent mérité, mieux que lui, le nom d'oiseau (Pajaro) qu'il portait.

La lune montait dans le ciel sans nuages; les heures de la nuit marchaient. Il n'y avait d'autre bruit que celui de la course dans le vaste silence des champs solitaires. César, moins confiant, était obligé de surveiller davantage sa monture.

Jusqu'à Endrinal, le chemin de traverse, inégal et coupé de fondrières, mit à l'épreuve son habileté de cavalier. A Endrinal, il commença de suivre la grande route de Badajoz à Salamanca. La rêverie le prit. De temps en temps quelques paroles détachées de la causerie intime qu'il entretenait avec lui-même arrivaient jusqu'à ses lèvres.

— Sa mère! disait-il; Mencia est sa mère!

Et, sans doute, dans cette nuit tranquille et suave, sous le regard du ciel qui semblait envelopper d'un voile lumineux le repos des campagnes, des images passaient, car il murmurait encore :

— La sœur de Blanche. Le même sourire avec plus de tendresse... J'ai retenu mon cœur qui s'élançait vers elle... Il me semblait que c'était encore aimer Blanche, et l'aimer davantage, plus belle et plus femme... plus ardente et plus dévouée... Je ne voulais pas... Je suis fiancé au malheur de Blanche... Et je ne veux pas encore !... aimer celle-là : ce serait trahir deux fois!

La lune voguait dans le bleu immense où les étoiles appâlies semblaient lui faire un cortége d'honneur. La dernière ombre des montagnes avait fui à l'horizon. La plaine apparaissait parfois à l'œil ébloui comme une nappe de neige. Matilla était dépassée; on devinait au lointain, sur la droite, les fiers clochers de Salamanque, la ville des docteurs. Le Tormès, après un long détour vers l'est, reparaissait plus large et tout étincelant de paillettes livides.

Pajaro fumait. César le menait à franc étrier. Il glissait comme une vision sur les grands peupliers de la rive. Les heures passaient.

La lune toucha le zénith, Pajaro courait encore. Ses flancs battaient; ses naseaux rendaient à la fraîcheur nocturne deux larges cônes de fumée. Valverdon et sa tour s'élancèrent en arrière, rejoignant au lointain les peupliers pointus, les oliviers, les chênes-liéges qui se mêlaient à perte de vue.

Il n'y avait que la lune pour courir aussi patiemment que Pajaro et aussi vite. Elle se mit à descendre vers l'ouest, parce qu'elle avait, comme Pajaro, accompli plus de la moitié de sa carrière. L'eau paresseuse, coulant maintenant à contre-jour, cessa de refléter le vif-argent de ses rayons, jusqu'à ce que le pont de Lédesma, franchi ventre à terre, remît la rivière entre la lune et nos coureurs de nuit.

Ce n'était plus Alazan. Hop! Pajaro! Toi qui frappais du pied, impatient de partir, hop! *Pobre amigo!* Voici la frontière du gouvernement de Salamanque! Nous entrons dans la province de Zamora. La lune incline vers l'horizon, sa couche, comme tu approches, toi, de ta litière. Alazan! Il n'y a qu'Alazan! Pajaro ne va plus, Pajaro demande grâce! Un dernier coup d'éperon sonne et l'enlève en un effort désespéré.

Dans une heure, Pajaro, tu pourras tomber pantelant, haletant, mourant, tu pourras exhaler en repos le dernier souffle qui brûlera tes bronches endolories : quand le but est atteint, un bon cheval a le droit de mourir. Mais le but est loin encore; ce n'est là-bas que Fromoselle, dans l'angle formé par le Tormès et le Douro qui se rejoignent pour border le Tras-os-Montès. Hop!

L'éperon est comme l'assassin, jusqu'alors débonnaire et qui, avant le premier coup porté, défaillait à la vue du sang. Une fois porté le premier coup, l'assassin et l'éperon s'enivrent. Qui a frappé frappera. L'éperon est rouge ; ce n'est pas lui qui saigne. Hop! Pajaro! pauvre oiseau blessé!

Voilà Cinaval, au nom déjà portugais. Atteindras-tu Cinaval? Cinaval est passé, mais tu trembles sur les tendons roidis de tes jarrets. Le Douro présente ce large coude qui regarde Torrefrades. Il faut doubler ce cap. Alazan, où es-tu? Le souffle de Pajaro râle dans son poitrail. Il n'y a qu'un remède : l'éperon impitoyable.

La lune est derrière les arbres, de l'autre côté du fleuve. A l'orient, un instant assombri, une ligne pâle se dessine et grandit. Le jour va naître, Pajaro, ton dernier jour. Il n'y a plus qu'un clocher pourtant avant Miranda, c'est Arganin, et Arganin dépassé fuit sur la droite.

L'air est glacé. La sueur bouillante de tes flancs fait un nuage qui marche, enveloppant cheval et cavalier : le cavalier immobile et droit sur la selle, le cheval défaillant et courant par une sorte d'élan mécanique qui va s'éteignant.

Hop! Pajaro! L'éperon est inutile : tu ne le sens plus. Regarde à l'horizon cette masse sombre : c'est l'armée française, fatiguée comme toi et qui dort. La cinquième heure sonne au clocher là-bas : c'est l'ancienne cathédrale de Miranda de Duero. Écoute! tu n'entendras plus cloche sonner. Hop! encore un pas. Le proverbe parle du premier pas, mais c'est le dernier qui coûte.

Hop! hop! te voilà tombé, hélas! le ventre et les naseaux dans le sable! Tu ressemblais à Alazan, mais tu n'étais pas Alazan. Ton cavalier s'attendait à ta chute, car il est sur ses pieds et il t'arrache ta selle. N'accuse pas ton cavalier ; il t'abandonne, mais il t'a donné un baiser en murmurant : Adieu, Pajaro, mon pauvre Pajaro!...

Le Gibose, resté seul dans l'hôtellerie abandonnée, commença par s'occuper d'Alazan, auquel il rendit en conscience tous les soins que César lui-même avait coutume de lui prodiguer. Quand il l'eut promené doucement, brossé, lavé, frictionné et massé, il le mit sur la litière fraîche, devant sa pitance exactement mesurée.

Après quoi il prit une pioche dans un coin de l'écurie et descendit la route de Léon sur les traces de son maître.

Mais il ne suivit pas longtemps le même chemin que César : au lieu de prendre à gauche des marais de Saint-François de Sor, il choisit le sentier de droite, conduisant aux ruines du couvent. Lui aussi était pensif. Quand l'outre de peau de bouc n'était pas à portée de sa lèvre, le Gibose réfléchissait volontiers. C'était un être bizarre et son esprit participait quelque peu de la difformité de son corps. Malgré l'attachement fidèle qu'il avait voué à César de Chabaneil, il était bien plus susceptible de haïr que d'aimer, et ses rancunes vieillissaient en lui profondément enracinées. Il vivait en bons termes avec les quatre dragons ses compagnons, mais il se sentait séparé d'eux par son infériorité physique et par la supériorité intellectuelle que libéralement il s'accordait. Les bossus ne sont pas modestes. Il avait deux haines implacables : Pharès et Samuel da Costa. Ces deux haines dataient de son enfance misérable et opprimée.

Après César, il aimait la Doncella, qui avait souffert autrefois en même temps que lui et de la même manière que lui. Il était néanmoins un peu jaloux de la voir tout à coup devenue grande dame. Après la Doncella, il n'aimait plus rien. Il désirait la mort de Jeanne et de Blanche, non point par cruauté, mais parce qu'il savait bien que leur existence était un bouclier au devant de Pharès et de Samuel.

Il allait, sa pioche sur le dos, à une besogne intéressante pour lui au double point de vue de sa curiosité d'enfant et de sa passion. Il avait entendu des cris deux fois dans le souterrain, et la seconde fois, les victimes enterrées vivantes lui avaient dit leurs noms. Depuis lors, la mine creusée par le laird avait joué tout près de la tour de Punition. Lazarille allait voir le résultat de la mine.

Six créatures humaines étaient là : le Gibose en savait le compte. Il n'avait rien dit à son maître, parce qu'il ignorait si ces créatures étaient vivantes ou mortes.

Il ne faut point l'accuser de retard. Il donnait à ce travail sa première heure libre.

Quand il arriva au bas de la montée, les ruines, éclairées vivement par la lune, comme la veille au soir, présentaient cet aspect de vaste cimetière que nous avons essayé de décrire. L'explosion de la mine avait à peine dérangé quelques pierres et quelques mottes de terre, ce qui ne changeait rien absolument à la physionomie générale. La seule différence un peu frappante qui existât entre le paysage d'aujourd'hui et celui d'hier, c'est qu'on ne voyait plus les deux colonnes de fumée jaillir des décombres.

Lazarille marcha droit au lieu où Noir-Comin avait fait remuer la terre pour établir sa mine. En approchant, il devenait facile d'apprécier les résultats extérieurs de l'explosion. Le sol s'était affaissé aux deux endroits qui présentaient les cavités souterraines les plus importantes, savoir : sous les broussailles mêmes où fumait naguère la marmite de nos dragons et dans tout le périmètre de la tour de Punition. Entre ces deux places restait une crevasse assez large, encombrée de pierres noircies, qui était le trou même de la mine.

Lazarille, après avoir essayé en vain de pénétrer dans le caveau, descendit au fond du trou de mine que les grenadiers écossais avaient déjà commencé à déblayer, quand l'annonce du danger de miss Ned les avait lancés vers le château de Cabanil. Quelques coups de pioche auraient désormais suffi pour retrouver la galerie servant de communication entre le caveau et les anciennes étuves, transformées en écurie.

Ce ne fut point de ce côté que travailla le Gibose. Après s'être orienté avec soin, il attaqua les décombres entassés dans la direction du cloître circulaire dont la tour de l'unition formait le centre. Il savait où trouver de l'aide, si ses forces ne suffisaient pas à son œuvre; mais sa tâche n'était pas à beaucoup près aussi lourde en réalité qu'en apparence. La mine avait travaillé pour lui, labourant la terre et descellant les pierres.

Après un quart d'heure de travail, son outil rencontra le vide. Il déblaya aisément l'ouverture et passa. Il ne vit rien d'abord, sinon une lueur qui semblait venir par une brèche pratiquée aux fondations mêmes de la tour. Il allait se diriger vers la lueur, quand une voix qui sortait du noir l'arrêta. La voix était bien faible, mais son accent gardait je ne sais quelle mâle douceur.

— Frère, demanda-t-elle, êtes-vous un Écossais?

— Non, répondit Lazarille, mais j'aime les Écossais autant que je hais les Anglais. Je vous sauverai si je peux, mon camarade... Êtes-vous seul?

— Nous étions quatre, les trois autres sont morts.

— N'avez-vous point entendu des voix de femmes près de vous?

— Il y a bien longtemps que je ne les entends plus.

— Elles vous avaient dit leurs noms?

— Jeanne de Chabaneil et Blanche de Cabanil.

— Où êtes-vous?

— Je suis où je resterai, frère. Je mourrai dès qu'on ôtera le poids qui écrase mes côtes. Je sais cela et surtout je le sens. C'est la pierre qui m'a tué qui retient encore le sang dans mes veines. Je vois que vous êtes un bon cœur. Avant d'essayer ce qui est à la fois ma seule chance de salut et ma mort, j'ai mon devoir à faire. Êtes-vous un chrétien et voulez-vous recevoir le testament de quatre chrétiens ?

— Je le veux, répondit Lazarille avec plus d'émotion qu'il n'en avait éprouvé peut-être jamais en sa vie. Mais vous avez la voix libre et bonne encore, mon camarade. Si j'essayais auparavant de soulever la pierre ?

— Avec la pierre, la vie s'en ira, je sais cela. Une fois, nous descendîmes dans la carrière de Mendayr, de l'autre côté des lacs, pour dégager des mineurs ensevelis. Il y en avait un qui était pris sous un bloc de houille. Il demandait un prêtre. Il avait la voix bonne et libre. Je crus bien faire et je soulevai le bloc. Il me dit : Soldat, je mourrai sans confession. Et il mourut.

— Je ferai selon votre volonté, mon camarade. Parlez, je vous écoute.

Le grenadier se recueillit un instant, puis, d'un accent net et ferme qui exprimait bien la parfaite résignation d'une âme vaillante, il reprit :

— Je meurs sans confession, il est vrai, mais je meurs chrétien, dans la foi de mon père, qui était de la religion catholique, apostolique et romaine. Qui que vous soyez, frère, je vous adjure d'aller vers le major Richard Mowbray, qu'on appelle Rouge-Dick, et de lui dire ceci :

Quatre grenadiers de son bataillon sont morts en pardonnant au laird de Comin qui les a tués : le caporal Grant, les soldats Blunt, Saunie et Mac-Pherson.

Le caporal Grant demande une pierre dans le cimetière de Lochow, afin que Mary Grant, sa femme, vienne prier pour celui qui l'aimait tant. Il avait vingt-huit ans et s'appelait Lewis de son nom de baptême.

Le soldat Blunt laisse deux petits enfants orphelins. Il faut leur dire que le pauvre Blunt était un chrétien et un Écossais. Ils vivaient de sa paie. Les grenadiers du 3e auront à leur donner du pain et à en faire des hommes. Ce n'est pas demander l'aumône. Blunt est mort à trente ans.

Le soldat Saunie a laissé une fiancée à Inverness. Elle a nom Ellen. On lui dira que Saunie Davy, son fiancé, est mort à vingt-deux ans, les lèvres sur la médaille de la vierge Marie qu'elle lui avait mise au cou la veille du départ.

Le soldat Mac-Pherson, — c'est moi qui suis Edouard Mac-Pherson, — mon frère, n'a plus au monde qu'une vieille femme, sa mère, qui n'avait plus que lui... Je l'ai laissé dans une pauvre maison, où il ne naît et ne meurt pourtant que des gentilshommes. La maison est sous le château de Lochiel. Qu'on aille, on trouvera la vieille femme au bas du sentier qui descend vers la route où elle va m'attendre tous les jours. Quand on lui dira que Ned, son dernier fils, est mort à vingt-quatre ans, elle n'aura plus besoin de rien. Qu'il y ait quelqu'un pour réciter une prière auprès de son lit et me remplacer derrière son cercueil quand on la portera à sa tombe!

La voix de Mac-Pherson s'était altérée en prononçant ces derniers mots. Le Gibose n'avait jamais pleuré. Il sentit une larme qui roulait sur sa joue.

— Frère, demanda le soldat, te souviendras-tu de tout cela?

— Je m'en souviendrai, mon pauvre camarade.

— Promets-tu de faire comme il a été dit?

— Je le jure.

— Alors donc, frère, acheva Mac-Pherson avec toute sa fermeté revenue, merci du fond de l'âme pour les autres et pour moi. Embrasse-moi, qui que tu sois, et soulève la pierre.

Lazarille l'embrassa en pleurant. La pierre était presque en équilibre sur un fragment de corniche brisée. Lazarille la souleva sans grand effort et l'entendit rouler dans le vide. Mac-Pherson prit sa respiration avec force et se mit sur son séant. Le Gibose l'entoura de ses bras, prêt à jeter un cri de joie. Mais le bon grenadier écossais rendit un second souffle, plus faible, et ce fut son dernier soupir.

Lazarille l'embrassa mort comme il l'avait embrassé vivant. Il se sentit horriblement seul dans ce sépulcre où il venait de perdre et de gagner un ami. Les amis étaient rares sur la route du Gibose. Il se dirigea lentement vers la brèche et la lueur. Il savait ce qu'il allait trouver de l'autre côté de la muraille.

La lueur, c'était la lune, dont les rayons se glissaient dans le cachot souterrain par le sol même du rez-de-chaussée de la tour que l'explosion avait largement crevassé.

Les rayons tombaient sur un groupe qui s'éclairait vivement au milieu de l'ombre environnante : c'étaient deux femmes couchées et qui étaient mortes en se tenant serrées l'une contre l'autre. La même pierre détachée de la voûte, les avait tuées. L'une des deux têtes resta ensevelie sous la pierre, l'autre se renversait, calme, douce et merveilleusement belle, dans les masses abondantes d'une chevelure bouclée aux reflets d'or bruni.

Celle-là était belle admirablement. Vous eussiez dit Lilias endormie et vue à travers les blanches transparences d'une gaze.

Le Gibose la contempla longtemps, immobile et muet.

Puis sa lèvre eut comme un sourire, et il pensa tout haut :

— Il n'y a plus rien entre César de Chabaneil et la vengeance !

V

Mère et fille.

A l'heure où César de Chabaneil rencontrait Noir-Comin et ses grenadiers écossais sur le chemin de Buenaventura, Ned Wellesley, à la tête d'un détachement de vingt hommes, cherchait une route praticable pour le carrosse de Cabanil, et descendait vers le Tage, afin de trouver la grande route d'Oropesa. Il était à cheval et marchait auprès de la portière ouverte.

Ned Wellesley aimait ardemment et obstinément, selon l'essence même de sa nature. C'était un enfant naïf et doux, mais c'était un chevalier. Il haïssait son rival, il voulait le haïr du moins, mais les événements le poussaient à chaque instant dans ses bras comme un ami. Hector de Chabaneil lui avait sauvé deux fois la vie sur la plate-forme de la tour de Ferdinand-le-Catholique, et lui, Ned, à ses risques et périls, venait de rendre la liberté à Hector de Chabaneil.

Ces deux enfants qui brûlaient de mesurer leurs épées ne

se rencontraient que pour joindre leurs mains loyales et, sous leur inimitié, profonde comme leur amour, il y avait des élans d'inexprimable tendresse.

Ned Wellesley avait résolu cependant de combattre à outrance. Il était bien sûr de n'avoir ni lâche faiblesse, ni pitié, le jour où se livrerait la bataille décisive. Quand Joaquina était devant ses yeux, il avait soif du sang d'Hector. Pour un sourire de Joaquina, il eût plongé sa claymore jusqu'à la garde dans la poitrine de ce frère ennemi.

Cela d'autant plus qu'Hector était heureux. Dans le bois de sapins, Ned avait surpris une partie du secret de deux amants et Joaquina elle-même avoua fièrement sa préférence. C'était devant Ned lui-même, en quelque sorte pris à témoin que Joaquina s'était fiancée.

Mais rien ne fait. Vous qui êtes jeunes, vous le savez; vous qui fûtes jeunes, vous vous en souvenez peut-être. Rien ne fait. Ces espoirs charmants vivent de l'impossible. Qu'importe l'évidence? L'amour est dieu.

Ned espérait, et, s'il faut le dire, sa position de vaincu le mettait à l'aise dans ses projets impitoyables. Vainqueur, il eût cédé aux clémences de son caractère.

Il était trop jeune et trop inexpérient pour voir la question sous toutes ses faces. Il faisait abstraction de Joaquina et de son choix : Joaquina qu'il adorait pourtant à deux genoux! L'amour est ainsi : la plus égoïste de toutes les passions, parce qu'elle est la plus vive.

L'erreur commune a calomnié le *moi*, qui est l'énergie même de tous nos sentiments. Le monde égoïste poursuit l'égoïsme avec la férocité des haines de famille. L'égoïsme est une qualité inhérente à l'espèce humaine, tantôt bonne, tantôt mauvaise, tantôt infâme et tantôt héroïque, comme tout ce qui appartient à l'homme.

Pour ne pas disserter, nous fournirons l'exemple tout de suite. L'amour est l'égoïsme à deux : qui donc proscrit l'amour? La famille est l'égoïsme à plusieurs : qui ne respecte la famille? La patrie est l'égoïsme à beaucoup : qui n'admire le patriotisme?

La charité chrétienne seule ou le dévouement pur à l'humanité n'est pas égoïste, parce qu'elle n'a pas de bornes et que l'égoïsme nécessairement suppose un antagonisme.

Depuis que l'univers existe, l'amant, cet esclave, ce chien, va tuer sans remords le bonheur de celle qu'il aime. Cela est reçu dans la fiction poétique comme dans la réalité bourgeoise. On dit de l'homme qui médite ce meurtre qu'il garde de l'espoir. Et par le fait, on aurait tort de choisir une expression plus farouche. Il ne faut pas assombrir notre horizon à tous, qui cercle tant de milliers de drames. Les cerfs aussi s'entre-tuent au printemps, et la clairière en est-elle moins souriante?

C'est la loi. L'amour est armé.

Il y eut, pendant ce voyage, une chose étrange. Les yeux de Joaquina parlèrent à Ned. Il y avait bien peu d'heures pourtant que Joaquina s'était déclarée en faveur d'Hector! Cela était, en effet, si extraordinaire, que Ned crut d'abord se tromper. Mais peut-on se tromper à la joie de son propre cœur? Joaquina le regardait à la dérobée; Joaquina semblait lui dire : Il faut trouver un moyen d'éluder la surveillance qui nous entoure. Ce que j'ai à vous confier ne doit être entendu que de vous seul.

Dès que Ned ne douta plus, il songea à Hector. Le croirait-on? ce Ned implacable! Il plaignit Hector et il l'aima.

Puis un monde de pensées s'agita en lui tumultueusement. Tous ses rêves d'hier l'assaillirent, en même temps que ses nouvelles espérances. Joaquina ne pouvait pas lui paraître plus belle, mais il l'adora dans un recueillement plus dévot. Il s'humilia devant son bonheur, réel ou illusoire. C'était le désespoir seul qui pouvait vaincre sa timidité. Il eut frayeur et comme remords d'être heureux.

A l'intérieur du carrosse, Lilias et la marquise étaient assises au fond, à côté l'une de l'autre. Joaquina l'avait voulu ainsi, car elle commandait encore.

Les mains de Lilias étaient dans celles de dona Mencia, qui les pressait doucement.

Dona Mencia gardait le silence et feignait un affaissement plus grand encore qu'elle ne l'éprouvait, sans doute pour éviter des explications douloureuses. Quand les yeux des deux jeunes filles se rencontraient, elles échangeaient un sourire.

Le sourire de Lilias semblait implorer un pardon, car son bonheur faisait la peine de Joaquina; mais celui de Joaquina repoussait la pitié; il applaudissait; il disait : Sœur, sois heureuse et ne t'inquiète pas de moi.

La nuit tombait quand le cortége entra dans Talavera-de-la-Reine. Il y avait un hôtel de Cabanil sur la place, mais le service des vivres l'occupait. Rien n'était préparé. Ned fit le maréchal des logis et installa ses protégées dans une maison de Maëstrazgo, de l'autre côté du couvent des Hiéronymites et non loin du Tage. Il fournit ses propres valets pour aider l'écuyer second. Depuis plusieurs jours déjà, ces dames étaient habituées à se passer de camèristes.

Ned se retirait, après avoir reçu les remercîments de dona Mencia; il avait déjà fait quelques pas dans la rue, quand il s'entendit rappeler au travers de la jalousie fermée du rez-de-chaussée. Il se retourna et vit une blanche main appuyée sur une des planchettes.

— Milord, lui dit une voix qu'il reconnut aux tressaillements de son cœur, on vous prie de revenir dans une heure... et d'attendre ici, au dehors.

La main disparut. Ned poursuivit sa marche, étourdi comme un homme ivre.

Dona Mencia et Lilias ne s'aperçurent même pas de la courte absence de Joaquina. Andrès, incapable d'oublier le solide, venait de servir la collation. Elles s'assirent toutes les trois autour de la table. Lilias essaya de la gaieté par le désir qu'elle avait de vaincre l'embarras de Joaquina. La marquise l'y aida. Elle alla jusqu'à dire, en appelant Joaquina pour lui mettre un baiser sur le front :

— Me voici comme autrefois, mes enfants chéris. Je n'ai pas perdu ma Joaquina bien aimée, et il semble que la bonté de Dieu ait voulu me rendre ma pauvre Blanche.

Une larme jaillit des yeux de la Cabanilla.

— Que Dieu vous la rende, en effet, madame, murmura-t-elle, vous aurez alors vos deux filles.

Dona Mencia l'attira contre son cœur.

— N'es-tu donc plus ma fille, toi, Joaquina? demanda-t-elle.

— Je ne sais, répondit la Cabanilla dont tout à coup le front se couvrit d'un nuage sombre; je ne sais qui je suis...
Elle hésita.

— Je ne sais où je vais... ajouta-t-elle.

Puis, riant et pleurant à la fois, elle acheva :

— Mais ce qui est certain, c'est que jusqu'à mon dernier soupir, je vous aimerai comme la plus aimée des mères!

Mencia couvrit ses joues de baisers.

A dater de cet instant, Joaquina parut consolée. On avait fait semblant de manger. Elle vint s'asseoir entre Mencia et Lilias, comblée de caresses par toutes deux. Mais soudain elle se leva et, brusquement, comme elle faisait toutes choses, elle dit :

— A demain, mère, à demain, petite sœur. Je me retire. J'ai besoin de repos.

Ceci ne pouvait étonner après les fatigues qu'elle avait endurées depuis plusieurs jours. Les baisers du soir furent échangés. Mencia et Lilias restèrent seules.

C'était la première fois, depuis les révélations de la Haute-Femme.

Elles ne l'eussent avoué ni l'une ni l'autre, certes, car elles avaient le même cœur; mais le départ de Joaquina fut un soulagement pour toutes deux. Devant Joaquina, il fallait mesurer les caresses. Joaquina, pauvre enfant, avait désormais tant de raisons d'être jalouse. Sa place était prise, quoi qu'on pût faire et dire. La tendresse qu'on lui prodiguait n'était plus qu'une aumône. Désormais, il fallait peser chaque parole et méditer chaque action, si indifférentes qu'elles pussent paraître. Tout devenait allusion. Celle qui entrait dépossédait celle qui, depuis son enfance, avait tenu toute la place; nulle précaution, nulle délicatesse, ne peuvent enlever aux événements leur signification. Rien n'est brutal comme un fait, a dit la langue politique qui, cette fois, a parlé profondément juste.

En dépit d'elles-mêmes Mencia et Lilias étaient donc destinées à blesser Joaquina de leur bonheur. Il fallait donc, autant que possible, modérer devant Joaquina les élans de ce bonheur. Elles étaient, la mère et la fille, comme deux amants qui attendent, pour s'épancher, l'heure de la solitude.

Mais combien plus charmantes et plus vives elles s'élancent hors de l'âme, ces confidences retenues, ces caresses qu'on fut obligé d'épargner! N'est-ce point là le secret de la fougue amoureuse, et le secret aussi du calme plat des ménages? La passion ne grandit et ne bouillonne que derrière une digue. Elle est comme ce beau fleuve, la Loire, impétueux à ses premiers pas, parce que mille obstacles contrarient son cours, puis tranquille et somnolent, malgré les puissances de sa masse, quand il va traversant la longue plaine qui le conduit sans efforts à son embouchure.

Elles se serrèrent l'une contre l'autre. Oh! c'était bien de l'amour! leurs mains frémissaient, leurs lèvres étaient pâles, leurs regards étaient ivres et se baignaient l'un en l'autre. Elles furent longtemps sans parler, elles qui avaient cru parler tant et si vite! Elles se voyaient, c'était assez; leurs cœurs se répondaient dans leurs yeux humides. Sainte et chère volupté! la seule véritablement céleste, puisqu'elle ne laisse que joie attendrie et pieuse au sévère creuset du souvenir!

Elles avaient raison. Il n'était pas bon de montrer cette grande allégresse à la pauvre Joaquina. Joaquina aurait trop bien vu que jamais ainsi on ne l'avait aimée.

Et voyez! que faisait-elle en ce moment, Joaquina? On ne s'en inquiétait point. Pleurait-elle? On ne savait pas. On se plongeait jusque par-dessus le cœur dans cet égoïsme du bonheur, profond comme une mer et qui nous enveloppe, et qui nous mure, et qui nous rend, je parle des meilleurs parmi nous, aveugles, insensibles, sourds.

Un poëte a dit : Le plaisir rend l'âme bonne. Il se peut. La chose est plus vraie encore pourtant pour la souffrance, chez les nobles cœurs. Mais le bonheur, qui est au-dessus du plaisir comme le soleil de Dieu est supérieur à un flambeau que l'homme alluma, le bonheur complet, l'efflorescence de l'amour, que cet amour soit la jeune ardeur des fiancés ou le torrent de passion qui coule du sein des mères, mais la volupté, puisqu'il faut lui donner son nom divin, est égoïste par essence, par nécessité, sous peine de n'être pas.

Ce fut dona Mencia qui dit la première :

— Je t'avais devinée. Je t'aimais comme ma Blanche. Comment m'aimes-tu ?

— Pas plus qu'hier aujourd'hui, ma mère, répondit Lilias. Quand je souffrais, autrefois, car j'ai bien souffert, je me consolais avec votre pensée...

— Me connaissais-tu donc ?

— Non, mais le bon Dieu a pitié des pauvres enfants martyrisés. Je rêvais vos caresses... Oh ! je ne me suis jamais endormie une seule fois sans avoir prié pour vous, ma mère... et aussi sans vous avoir implorée comme si vous eussiez été ma patronne dans le ciel.

La main de la marquise s'égarait parmi les boucles charmantes qui jouaient sur les tempes de Lilias.

— C'est si bien la chevelure de ma Blanche ! murmura-t-elle. Dans tous les portraits des filles de Cabanil, j'ai vu ces reflets riches et sombres.

— Joaquina est aussi une fille de Cabanil, ma mère.

— Joaquina ! répéta la marquise. C'est toi qui fus nommée ainsi au baptême, enfant, du nom de ton parrain, mon cousin, Joaquin Marta de Vasconcellos et Souza, comte de Castelmelhor... Mais ne fronce pas le sourcil, je lui laisserai ton nom... Tu sais bien que je l'aime... Nous l'aimerons toutes deux... et quand sa beauté qui n'est pas la nôtre me parlera du sang étranger qu'une impure alliance a fait couler dans ses veines, je songerai à toi, ma fille, ma vraie fille, et tes baisers me feront aimer ses caresses.

— Ce n'est pas assez, cela, ma mère, dit Lilias d'un accent de reproche.

— N'est-ce pas assez, ma Juanita ? Laisse-moi te nommer ainsi encore, puisque c'est sous ce nom que je t'ai aimée... N'est-ce pas assez ? De nous deux, tu es la meilleure. Comme tu as tout mon amour, tu pourras lui en donner selon la générosité de ton cœur.

Lilias reprit doucement :

— Il faut que tout soit égal entre nous deux, madame. Ne me dites pas que je suis la meilleure, je croirais que vous ne l'aimez plus. Si l'une des parts de tendresse devait être plus forte que l'autre, je voudrais que ce fût la sienne. Ma mère, cela se devrait. C'est celle qui doute de son droit, c'est elle qui est jalouse... et ce charmant esprit vacille parfois, vous le savez bien.., et cet excellent cœur a des fougues que la raison ne règle pas toujours. .Il serait bien facile de la tuer, madame.

Les yeux de dona Mencia se baissèrent.

— Cela, justement, n'est pas d'une Cabanil! pensa-t-elle tout haut. Ces soudaines fantaisies, ces étranges pétulances, cette versatilité d'enfant sauvage...

— Que Dieu me préserve de blesser ma mère en défendant ma sœur ! interrompit Lilias. Cela n'est pas de vous, c'est vrai, mais ce n'est pas votre sang qui est celui de Cabanil, et l'on m'a dit que la raison de mon respecté père...

Mencia l'interrompit à son tour. Ce fut par un baiser.

— On l'aimera, on l'aimera! murmura-t-elle. Peut-on ne pas aimer ce que tu aimes? Tu dis vrai: sans aller chercher les farouches caprices de son aïeule, cette terrible ennemie qui tout à l'heure jouait avec nos tortures, sans aller chercher même la noire folie de ce laird de Comin, son père, dont la pensée me fait peur, elle a pu hériter du marquis Blas les bizarres soubresauts de son intelligence. Serait-ce là pour moi un motif de l'aimer? Non. Mais ne plaide plus sa cause, Juanita chérie, elle est gagnée. Je ne veux pas perdre tous les baisers prodigués à son enfance et à sa jeunesse. Elle me manquerait, crois-moi, je suis si bien habituée à lui dire : « Ma fille ! » Je l'aime jusque dans les secousses imprévues de son pauvre cerveau, jusque dans l'étrangeté de ses rêves. Mais te voilà toute songeuse, Juanita.

— Je songe, en effet, madame, répondit la Doncella. Je songe à cet homme dont vous venez de parler : le laird de Comin, qui s'appelle Pharès chez les Rômes de l'anneau de fer. Celui-là n'est pas un fou, c'est un criminel qui fut hardi dans la conception de son plan et qui, dans l'exécution, est implacable. Je suis, malgré moi, la série de ses crimes : aucun ne se détourne du but. J'ai plaidé selon mon cœur et selon la justice la cause de ma sœur innocente, mais je ne veux pas qu'on laisse à l'assassin de mon frère et de mon autre sœur, au monstre qui poignarda par derrière César de Chabaneil, au démon enfin qui a fixé lui-même sa rédemption au prix du sang de toute notre race, je ne veux pas qu'on lui laisse l'excuse de la folie. Entre celui-là et tout ce qui porte le nom de Cabanil, c'est une guerre à mort !

— La guerre éternelle ! pensa tout haut Mencia ; et providentielle aussi ! la guerre du bâtard contre la famille ! Guerre violente, si le bâtard est lion ; cruelle, s'il est tigre... Mais à quoi bon parler de guerre, nous qui n'avons ni armes ni soldats ? Aimons-nous mieux, Juanita, mon ange chéri, si nous n'avons pas beaucoup de temps pour nous aimer. Dieu veille sur ceux qui sont faibles ; Dieu nous a réunies. Dieu nous protégera... Viens plus près; dis-moi tout bas, dis-moi bien vite ce grand secret qui est à ta mère comme à toi... Il a jailli hors de ton cœur quand tu voulais mourir. Tu aimes, et tu désespères ! Je te consolerai, car je sais une chose, moi qui peux ignorer tout le reste. Je te vois, ma fille, et je sais qu'il est impossible de ne point t'aimer.

Lilias mit sa tête sur le sein de sa mère.

— Jamais je ne serai la rivale de ma sœur, murmura-t-elle si bas que Mencia eut peine à l'entendre.

— J'avais donc bien compris ! fit Mencia dans un baiser. Ma pauvre enfant, mon intelligence vacille parfois... Parle-moi clairement, je te prie... C'était César de Chabaneil que ton cœur aimait ?

— C'est César de Chabaneil que j'aime.

La main de Mencia glissa sur son front comme si elle eût craint à son tour la folie qui était dans la maison comme une menace.

— Vous vous trompiez, tout à l'heure, ma mère, reprit Lilias, quand vous disiez : Nous n'avons plus de défenseur. Hier, ma bouche était scellée et j'aurais gardé le silence, même auprès de vous ; mais aujourd'hui, à l'heure où nous sommes, il n'y a plus de secret. César de Chabaneil vit et César de Chabaneil n'a jamais cessé de vous protéger.

— Où donc était-il?

— Tout près de vous, ma mère, puisque vous avez pu vivre dans cette retraite où tant de haines vous assiégeaient de toutes parts.

— Et Blanche? murmura dona Mencia, car à l'annonce d'un bonheur inespéré, tous les espoirs renaissent du même coup.

Les yeux de Lilias se baissèrent sur une larme qui brillait au bord de sa paupière.

— S'il n'eût fallu donner que ma vie pour lui rendre celle qu'il aime, dit-elle, je serais morte bien longtemps avant de vous appeler ma mère.

— Tu ne sais rien sur elle?

— Rien, sinon que César ne s'est jamais lassé de la chercher.

Mencia resta muette, les lèvres sur le front de Lilias.

— Toi, toi, chérie! reprit-elle. Pourquoi ne parlons-nous pas toujours de toi? J'ai deux anges au ciel: ton frère et ta sœur; je n'ai plus que toi sur la terre. Je t'aime pour eux, qui t'auraient tant aimée! Mon cœur, qui vous contenait tous trois, est rempli par toi seule. Dis-moi tout ce qui te regarde, je veux ressentir toutes tes souffrances dans le passé. Te voilà devant moi, mais où étais-tu hier? Comment as-tu grandi? C'est encore ma fille, cela, je veux toute ma fille!

Lilias releva ses beaux yeux souriants, mais humides.

— J'ai deviné plus que je n'ai appris, dit-elle. La certitude ne m'est venue qu'aujourd'hui même, quoique mon cœur me criât quand j'étais près de vous: Voilà ta mère... Ce dut être bien peu d'heures après ma naissance que Pharès m'enleva, car vous auriez découvert la supercherie, si seulement vous eussiez vu votre enfant une fois... J'ai vaguement souvenir d'avoir été avec les Gitanos... Mais là où je commence à retrouver un fait précis dans ma mémoire, c'est une nuit, dans la montagne...

L'homme qui vous a volé votre château, ma mère, Samuel

da Costa, me portait sur son dos dans une hotte. J'avais peur, parce que nous marchions au milieu des précipices et que l'ivresse le faisait chanceler. Il entra dans une maison isolée. Une enseigne, balancée par le vent, grinçait au-dessus de la porte. C'était une auberge. Samuel mit la hotte sur la table et dit :

— Voilà l'enfant.

Un homme et une femme étaient là. Ils m'examinèrent et me tâtèrent.

— Elle est moins forte que notre petite Lilias, dit la femme, dont les yeux louches avaient une expression de sauvage douleur.

L'homme ajouta :

— C'est du pain perdu jusqu'à l'âge où elle travaillera, mais il faut faire à la fantaisie de la patronne.

Il me semble que cette femme m'aima pendant les premiers temps. Je crois me souvenir de caresses qui me faisaient frayeur et dégoût. Je dus l'appeler ma mère, et mon impression est que je servais à tromper un farouche regret.

Ce da Costa était alors très-pauvre. Les Gitanos forment parfois des associations temporaires avec les étrangers. Da Costa vivait au camp des Gitanos, dont il fut chassé pour avoir volé la communauté. Il vint vivre dans la maison isolée. La femme était une Galicienne des frontières de Portugal. Ils se traitaient de cousins et se réunissaient pour opprimer le mari de la Galicienne, qui était petit, faible, poltron et méchant. C'était sur moi que le mari se vengeait.

Il y avait un pauvre petit malheureux qui était bossu et infirme, et qui servait les Gitanos pour son pain. C'était lui qui avait dénoncé le vol commis par Samuel da Costa. Samuel le guetta longtemps et finit par le surprendre. Il lui brûla les pieds et le pendit à un arbre, au dessus d'un précipice. L'enfant grimpa le long de la corde et se sauva. Samuel da Costa est bien riche maintenant, mais le pauvre petit bossu le guette à son tour et le tuera.

L'enseigne qui grinçait sur sa tige de fer à la porte avait une peinture qui représentait le piquage d'un taureau. L'auberge s'appelait le *Toro-Matado*. Il n'y venait pas assez de monde pour faire vivre les hôteliers, qui faisaient néanmoins bonne chère. On y assassinait les voyageurs égarés dans la montagne.

Je fus bien longtemps avant de découvrir cela. Quand je l'eus découvert, on ne me laissa plus sortir.

Comme je ne savais pas cacher l'horreur instinctive que m'inspirait la patronne, elle cessa bientôt de m'aimer. Je fus chargée des plus durs ouvrages et accablée de mauvais traitements. Quand la Galicienne était   qui arrivait au moins une fois chaque jour, elle me   ait ses bienfaits. Ces reproches m'apprirent que j'étais un enfant volé et que la Bohémienne qui m'avait enlevée à mes parents avait ordre de m'ôter la vie.

Je ne vous dirai pas, ma mère, ce qui se passait à l'auberge du Toro-Matado et quelle était la vie de ses habitants. Vos oreilles ne sont pas faites pour écouter de pareils récits. Da Costa nous quitta pour chercher fortune et fut remplacé par le bandit aragonnais Urban Moreno. La Galicienne devint jalouse de moi, parce qu'il me trouvait belle. Je ne craignais pas la mort, qui eût mis fin à mon intolérable supplice.

Il n'y avait aucun moyen de fuir. Le seigneur Munoz, le mari de la patronne, esclave de tout le monde à la maison, était mon maître et mon geôlier. Je dormais attachée. Quant à ceux qui venaient, à quoi bon les charger de mes plaintes ou de mes dénonciations? Ils entraient par quelque nuit d'orage, fatigués et n'ayant pas le choix du gîte. Jamais ils ne ressortaient.

J'avais essayé déjà d'en sauver plusieurs ou, pour mieux dire, j'avais essayé de les sauver tous, mais c'était l'enfer que ce coupe-gorge. Le breuvage qu'on y servait aux voyageurs contenait un narcotique et les livrait sans défense au couteau.

Un soir, un officier vint: un beau jeune homme. J'eus espoir: il avait ses pistolets et son épée. Je l'avertis: il se laissa désarmer comme les autres; mais, en soupant, il avait parlé d'un Français, égaré comme lui dans la montagne. Mon cœur battit. On dit que les races ont leur prédestination. Je

connais la légende des filles de Cabanil. Etait-ce le sang de
mes veines qui m'entraînait à mon sort?

Je suis Espagnole pourtant, ma mère, et je donnerais ma
vie pour le salut de l'Espagne; mais je sers un Français,
mais je l'aime, mais je n'ai pas d'autre volonté que la
sienne.

Quand je doutais encore, le croiriez-vous? cette destinée
était pour moi comme une lumière, et je me disais : Je suis
une Cabanil, puisque je l'aime.

Il vint; je le vis. Tout mon être s'élança vers lui : je me
regardais comme libre et sauvée, puisque je l'avais pour
soutien. La mort le menaçait, il est vrai; mais c'étaient des
Espagnols, tous ceux qu'ils tuaient comme un bétail qu'on
égorge. Celui-là était un Français.

Les assassins du Toro-Matado comprenaient la différence,
et ils tremblaient, quatre contre un qu'ils étaient, avec le
sommeil pour auxiliaire. On alla chercher les bandits subalternes qui obéissaient à Urban Moreno : ils auraient voulu
tous les poignards de la montagne pour attaquer un Français
endormi!

Ils avaient raison de trembler. Cette nuit fut leur dernière
à tous, et le lendemain j'étais sur la route de Madrid, entourant de mes bras mon noble sauveur.

Mon cœur battait, mais non le sien, ma mère. Il me dit
tout de suite : Lilias, vous serez ma petite sœur. Et jamais
je n'ai été que sa sœur.

Il allait à votre château de Guadalupe, dans l'Andalousie,
pour les noces de mon frère Ange avec sa sœur aînée, Jeanne
de Chabaneil. Il me parla de Blanche, et mon âme fut brisée.
Certes, j'ignorais ce que c'était qu'aimer; cependant j'aimais.
Je fus jalouse; je détestai de toutes les forces de mon cœur
celle qui occupait ainsi la pensée de César.

J'ignorais tout, excepté les formes extérieures d'une religion stupide et impie. Au Toro-Matado, en effet, on priait
Dieu et la Vierge d'envoyer des voyageurs à tuer. La Galicienne, ivre de vin et de sang, ne se couchait jamais qu'en
balbutiant son rosaire. La religion véritable, l'amour de
l'humanité en Dieu, me fut enseignée à Madrid, où je restai.

Je voulus faire des vœux, car je sentais la nécessité d'un abri contre la passion qui grandissait en moi : César s'y opposa. Il était mon tuteur, selon le titre qu'il s'était donné à lui-même. Dans la réalité il était mon maître, mon roi, mon dieu !

Je quittai le couvent à la suite de la première tentative faite par Pharès pour s'emparer de moi, et ce fut cette tentative même qui éveilla d'abord en moi l'idée que je pouvais appartenir à la maison de Cabanil. César m'avait dit que je ressemblais à Blanche, mais j'avais donné peu d'attention à cette parole : il me déplaisait de ressembler à Blanche.

Comme je savais l'histoire tragique des noces d'Ange et de Jeanne, comme je n'ignorais rien des soupçons qui pesaient sur Pharès et la Haute-Femme des Roumi de l'anneau de fer, je m'étonnai de me trouver englobée dans cette conspiration ourdie contre les héritiers de Cabanil. Pourquoi m'attaquait-on, moi, si pauvre fille ?

Je ressemblais à Blanche ; on voulait me faire partager le sort du comte Angel et de sa femme : celles qui n'ont point de parents cherchent sans cesse. Ce fut une porte ouverte à mes rêves.

Une seconde fois, Pharès m'attaqua ; c'était à Cabrera, où je m'étais rendue pour sauver César à mon tour. Pharès m'aurait tuée, cette nuit-là, sans da Costa, qui était le maître à bord de la felouque et qui avait peur. Ils abandonnèrent le navire à l'approche de César, et me laissèrent derrière eux comme on jette une proie pour amuser la poursuite du lion.

Ma mère, je vous ai dit qu'il était mon maître. Nous traversâmes l'Espagne entière pour venir à Cabanil, où vous étiez. Il voulait enlever Blanche, prisonnière des volontés de son père ; il voulait faire d'elle sa femme, et j'étais forcée de lui prêter mon aide. Forcée, entendez-vous ? Quelque chose de plus fort que moi me courbait à tous ses désirs et me défendait jusqu'à la plainte. César ignore encore que je l'aime.

Il sait que je suis à lui ; il croit que je suis sa sœur.

Je vous vis, ma mère. J'interrogeai avidement mon cœur. Oh ! mon cœur répondit, inondé de tendresse. Je vis Joaquina, je l'aimai de cette affection qui ne s'est jamais démentie. Je vis Blanche...

Ma mère, notre cœur c'est nous-mêmes, et nous sommes sujets à errer. Je me connais. Je suis de celles à qui l'épreuve n'a pas manqué. J'affirme que j'étais capable de me dévouer à Blanche, non pas seulement pour César, mais pour elle-même, qui était votre fille. Cependant mon cœur me trompa et me dit : Tu n'es point la sœur de celle-ci.

Je ne l'aimai pas; je la trouvai trop belle, et en même temps il me sembla qu'elle n'aimait pas César comme il faut l'aimer pour être digne de son amour.

Trop belle, je l'ai dit. Et se peut-il que je ressemble, même de loin, à une si parfaite image? Elle m'inspira une étrange admiration, et j'ai froid encore dans toutes mes veines quand je songe à elle...

Ma mère, son malheur m'a arraché des larmes de sang, — mais j'aime Joaquina.

Soudain tout changea autour de moi. Le désespoir de César fut comme une ivresse. Oh! que je voudrais inspirer le même amour au prix du même malheur! Il était fou. Un matin, il me para comme une idole : j'eus des dentelles et des diamants. Je scandalisai Madrid, qui tout entier apprit mon nom : la Doncella.

Je fus si brillante que les plus charitables en rougirent pour moi. Chacun me proclama sa maîtresse. Les femmes m'envièrent, les hommes essayèrent de s'atteler à mon char.

Qu'eussé-je fait, ma mère, s'il m'avait dit en effet : Je veux que tu sois ma maîtresse? J'espère que je serais morte.

Mais je ne sais.

Je n'étais pas sa maîtresse; j'étais le portrait de son adorée. Savez-vous, ma mère, savez-vous? Il s'agenouillait près de moi et m'appelait Blanche, et il me regardait en pleurant.

Lilias s'arrêta, suffoquée par un sanglot.

Mencia avait de la colère dans les yeux.

Si César s'était trop souvenu, elle oubliait trop, la pauvre mère, affolée par la présence de celle qui était désormais tout son cœur. Je ne sais si vous avez vu cela. Ne doutez pas à la légère. C'est triste et admirable, lâche et sublime. Dieu n'a pas voulu que le deuil fût vainqueur de la joie. Le présent l'emporte sur le passé; l'espérance dompte le regret; la vie a raison de la mort. Dona Mencia ne voulait pas que Lilias fût insultée, même par l'ombre mille fois chère qui avait eu nom Blanche, et qui pendant vingt ans avait possédé dans son âme un autel.

Dona Mencia était du parti de Lilias contre Blanche!

— Il t'aimera, dit-elle sans savoir qu'elle parlait, je veux qu'il t'aime!

Lilias lui baisa les mains et murmura :

— Jamais.

Puis elle reprit, racontant le duel de César avec un officier supérieur, son jugement, sa condamnation et la bizarre aventure qui en fut la suite.

— Maintenant, acheva-t-elle, sa tâche est accomplie. Il a ennobli en l'acceptant le rôle ténébreux qui lui était imposé. Seul, entouré d'ennemis et de dangers dont le dénombrement passerait toute vraisemblance, il a balancé le mauvais vouloir des populations espagnoles et l'habileté proverbiale de ces cohortes d'espions que le général anglais entretient à quarante lieues à la ronde; il a nourri, au milieu de la famine, le corps d'armée du général Victor; il a tenu les communications libres entre le roi et ses lieutenants; il a résolu un problème que les conseillers du roi déclaraient d'avance insoluble et devant lequel les dix plus braves régiments de l'armée française auraient échoué : c'est le capitaine Louis, le courrier mayor, Urban Moreno, deuxième du nom.

En même temps, par un don d'ubiquité qui donne raison à la légende, partout où l'on a combattu, on a vu le dragon mystérieux, voilé de noir et chargeant à la tête de ses cavaliers qu'il enlevait comme Jupiter lançait la foudre : c'est le capitaine Fantôme.

En même temps encore, il trouvait le loisir de s'occuper de vous, la mère de celle qu'il aime et qu'il cherche avec une inépuisable constance. A votre insu, il vous couvrait. Comme il ne pouvait pas se montrer à vous, il m'envoyait vers vous, il faisait venir pour vous du quartier général son jeune frère qui n'avait rien de son secret, mais que la voix du sang et les souvenirs d'enfance devaient armer en votre faveur, à défaut d'un sentiment plus tendre.

Il vous trouvait des soutiens jusque dans les rangs de vos ennemis : un Anglais vous a défendu au péril de sa vie, et c'est Noir-Comin lui-même, Pharès, le plus implacable de vos persécuteurs, qui, dompté par sa main puissante, a donné l'ordre d'épargner la femme et la fille de Cabanil, réfugiées maintenant, grâce à une escorte anglaise, dans une ville où flotte le pavillon anglais.

Lilias ne parlait plus, mais Mencia écoutait encore.

— Tu es plus belle quand tu as son nom sur les lèvres, murmura-t-elle.

Puis, après un silence, car Lilias rêvait, elle ajouta d'un accent plein de tristesse :

— Ah ! fille chérie, la mère n'a que la seconde place et tu l'aimes mieux que moi !

Lilias couvrait ses mains de baisers.

Tout à coup une larme vint dans les yeux de Mencia, qui dit :

— Elle l'aimait bien !... mais ce n'était pas le même amour...

Si Dieu faisait un miracle, s'interrompit-elle d'une voix altérée, si ma pauvre Blanche, ressuscitée, paraissait en ce moment à tes yeux et t'ouvrait ses deux bras en t'appelant : Ma sœur...

Elle n'acheva pas, et son regard exprimait une sorte de crainte.

Le beau sourire de Lilias précéda sa réponse.

— Ce serait ma prière de chaque jour exaucée, ma mère, dit-elle.

— Sais-tu bien toi-même ce qu'il y a dans ce cœur ?

— Il y a lui et vous, madame... Mais pensez-vous que j'aie souffert en vain ?

— Que ferais-tu, Juanita, que ferais-tu ? balbutia la marquise les mains dans les siennes et redressée de toute sa hauteur pour la mieux regarder.

Lilias, cette fois, cacha d'elle-même son front dans son sein.

— Il reste des maisons de Dieu en Espagne, murmura-t-elle. J'irais prier pour leur bonheur.

— Et ta mère serait seule! fit Mencia en une douce plainte.

Lilias voulut parler, mais ses larmes étouffèrent sa voix. Mencia les poursuivait de ses baisers.

Il y avait près de là, cependant, d'autres larmes qui coulaient, solitaires et silencieuses. Joaquina ne dormait pas.

Joaquina était debout auprès de sa lampe éteinte. La porte de sa chambre était entr'ouverte. Il n'y avait pas longtemps qu'elle écoutait, et ce n'était point pour surprendre le secret de ces épanchements qui la laissaient désormais à l'écart comme une étrangère.

Depuis le bonsoir donné à Mencia et à Lilias, elle était restée à genoux devant un crucifix cloué à la muraille. Cependant, elle n'avait point prié. Si elle s'était levée, c'est que l'heure avait sonné au clocher voisin, l'heure du rendez-vous.

Elle avait entr'ouvert sa porte pour s'assurer que nul ne l'épiait.

Hélas! nul ne l'épiait! nul ne songeait à elle! On l'avait oubliée. Les paroles qu'elle entendit lui brisèrent le cœur.

Elle n'avait point parlé de fuir, elle, Joaquina, et pourtant sa mère disait : Je serai seule!

Ses larmes jaillirent brûlantes, puis la colère les sécha. Elle eut la pensée de mourir pour se venger de celles-là qui, à son gré, la trahissaient. Mais elle se révolta bien vite contre sa propre faiblesse. Des projets, rapides comme l'éclair, passèrent en elle. Elle pressa son front à deux mains, parce que le tumulte de ses idées faisait éclater son cerveau.

Elle referma sa porte et ouvrit sa croisée qui donnait sur la rue. D'un bond, elle fut au dehors. Edouard Wellesley, cachant son uniforme sous un manteau, l'attendait.

— Conduisez-moi, conduisez-moi, dit-elle en s'appuyant défaillante à son bras, je veux le voir, je veux savoir!

Ned, qui la sentait trembler contre lui et chanceler, voulut la soutenir. Elle le repoussa. Elle se redressa forte et ferme, répétant d'une voix impérieuse :

— Conduisez-moi, vous dis-je!

— Où faut-il que je vous conduise, senora? demanda Ned, effrayé de sa pâleur.

— A la prison où est mon père. Je veux le voir, le voir sur-le-champ!

— Mais... objecta le jeune lieutenant.

— M'aimez-vous? l'interrompit-elle. Je vous dis que je le veux!

Ned eut la bouche fermée et se mit à marcher vers la prison.

La prison, attenant aux anciens bâtiments du Saint-Office, était située à l'autre bout de la ville, derrière la place Majeure. Ils ne parlèrent point tout le long du chemin. Ned entendait la respiration de sa compagne siffler dans sa poitrine.

Ils rencontrèrent des patrouilles; mais un officier anglais avec une belle senora sous le bras n'était pas chose rare dans les rues d'une ville espagnole. Les patrouilles riaient un gros rire et passaient sans leur adresser le qui-vive?

La prison dressa bientôt devant eux sa façade toute noire. Ned souleva le marteau de la porte et frappa résolûment. On vint le reconnaître au travers du guichet; il demanda d'une voix impérieuse le carcelero-mayor et dit son nom.

C'était un nom qui sonnait haut en Espagne. Les populations pouvaient ne point aimer sir Arthur Wellesley, mais les gens en place le redoutaient à l'égal du diable. Le geôlier en chef descendit en camisole de nuit et tête nue, avec ses lunettes d'argent sur son front chauve.

C'était un pauvre vieil employé, fort bien vu de l'administration et non sans justes motifs, car il était rude aux faibles et remarquablement doux aux forts. Que peuvent demander de plus les forts? Il se présenta, l'échine cassée en deux, et s'informa de ce qu'il y avait pour le service de Son Excellence. Il était si troublé qu'il prit de bonne foi le neveu pour l'oncle et le lieutenant pour le général en chef.

Edouard lui ordonna d'introduire la senora auprès du marquis Blas de Cabanil.

Le carcelero-mayor, en écoutant cet ordre, faillit se trouver mal. Il s'appuya au montant de la porte et murmura :

— Je suis le serviteur le plus dévoué de Votre Excellence, mais, à cette heure, la loi nous défend positivement... Je sais que Votre Excellence est au-dessus de la loi... et peut-être une entière franchise... Nos appointements ne sont pas payés régulièrement... L'occasion de gagner quelques réaux... car nous en sommes là, très-illustre seigneur... Un hidalgo, pourtant et de bonne race... Par mon père et par ma mère... don Scipion Bambox y Farfalla, pour baiser les deux mains de Votre Grandeur... Il n'y a aucun danger d'évasion, au moins... Mais le prisonnier n'est pas seul...

Le geôlier prononça ces derniers mots en tremblant et d'un ton si bas qu'ils tombèrent à moitié chemin de l'oreille de Ned.

— J'ai hâte, dit Joaquina.

— Faut-il vous répéter mes ordres? demanda Wellesley.

Don Scipion Bambox salua jusqu'à terre en signe de capitulation et prit à la main le trousseau d'énormes clefs qui décoraient sa ceinture. Il était, en effet, le maître Jacques du pénitencier et guichetier en même temps que directeur.

Ned fit un pas pour accompagner Joaquina, mais elle l'arrêta d'un geste et dit :

Je veux être seule, attendez-moi.

VI

La sorcellerie.

C'était un cachot assez vaste et très-haut voûté et qui, certes, avait dû avoir jadis une tout autre destination. Les murailles nues étaient en pierres de taille et gardaient des traces de peintures sous l'enduit grisâtre dont on les avait revêtues. Les rois de Castille possédaient un palais à Talavera-de-la-Reine ; pour bâtir la maison du Saint-Office et le pénitentiaire, on avait utilisé une partie de ses ruines.

Le cachot était triste comme tous les cachots, mais il avait un lit, une table et une chaise. Les prisons de l'Espagne sont les plus dures ou les plus douces du monde entier, selon que le captif a ou n'a pas ce qui s'appelle money en Angleterre, denaro en Italie et par tous pays, car la langue française, à cet égard, est universelle : *de l'argent.*

Les appointements du seigneur Bambox y Farfalla, directeur et guichetier, sont toujours en retard.

Il y avait aussi une lampe, luxe qui permettait à don Scipion de boire un flacon de rota chaque soir à son souper. L'Espagnol est sobre, mais don Scipion aimait le rota.

Un large abat-jour couvrait la lampe, dont la lumière intense se projetait sur la table, chargée de livres et de papiers. Les livres étaient pour la plupart des traités de chimie anciens et modernes, tous ouverts aux chapitres qui donnaient la composition des diverses sortes de poudre. Quelques ouvrages de fortifications et de mines se mêlaient aux livres de chimie.

Sur les murailles, qui restaient dans une sorte de pénombre, on voyait une multitude de bizarres dessins tracés au charbon. Cela ressemblait à des fleuves, ou mieux à des canaux, car les lignes étaient droites pour la plupart et les angles coupés carrément. Le cours de ces mystérieux canaux était échelonné par des lettres et par des chiffres. La lettre G, diversement numérotée, pointait toutes les embouchures.

Don Blas Guadalupe, marquis de Cabanil, s'asseyait devant la table, la tête entre ses mains et les deux coudes appuyés sur une carte déployée, qui était le plan du rocher de Gibraltar, dressé aux bureaux de l'Amirauté, à Londres. Ses yeux étaient fixés sur ce plan avec une prodigieuse intensité d'attention. Il ne bougeait pas; il respirait à peine. Son front, haut et couronné de rares cheveux blancs, reluisait sous l'abat-jour comme une ivoire antique.

C'était un beau vieillard, et Velasquez eût jeté avec amour sur la toile la maigreur noble de ces traits. On le devinait grand, malgré sa posture affaissée. On sentait la fière austérité de son regard à travers la double touffe de sourcils épais et blancs comme la neige qui faisait saillie au-dessus de son nez tranchant, plus hardi qu'un bec d'aigle.

Il n'y avait sur son visage ainsi vu de haut, en raccourci, que la profonde absorption du calcul; vous n'y eussiez découvert aucun symptôme d'abattement, de regret ou de tristesse. Cet homme ne songeait pas à sa famille absente qui, sans l'oublier complètement, n'avait pour lui, prisonnier, ni élans ni larmes. Il personnifiait l'idée fixe, ce morne délire, cette passion pétrifiée.

Vous avez vu sa physionomie de marbre dans les portraits vrais ou devinés de certains alchimistes : un rêve figé, une fantaisie prise par la gelée comme la cascade enchaînée une nuit d'hiver, et qui suspend ses flots immobiles au-dessus du vide.

Il faisait froid à voir. Il était fou, disait-on, mais on dit cela de tous ceux qui concentrent sur un seul point tous les rayons de leur intelligence, et le reflet d'un simple flambeau, traité ainsi, peut allumer un incendie. Il y a là des puissances inconnues. A supposer qu'un roc puisse avoir une âme, le rocher de Gibraltar, à la vue de cet homme, eût tressailli jusqu'en ses fondements.

Cet homme s'était dit : Je ferai sauter Gibraltar. Il ne savait pas que l'Espagne se débattait convulsivement sous l'étreinte de ses alliés et de ses ennemis. Il n'avait pas voulu voir, il n'avait pas vu.

Le temps pour lui n'avait pas marché. Le fracas de la guerre bourdonnait à son oreille comme un vain son. Il vivait dans son rêve; vous l'eussiez tué sans l'éveiller.

Il avait dit : Je ferai sauter Gibraltar, non pas pour Ferdinand VII, qui n'était que le factieux d'Aranjuez, mais pour Charles de Bourbon, son seul roi, son seul maître. L'idée qu'un Bonaparte pouvait porter aussi le titre de roi d'Espagne l'eût fait sourire. Il ne croyait pas aux féeries qui ne rentraient pas dans son propre rêve. Il travaillait pour Charles, roi, quoique le prince de la Paix, son favori, fût un méchant homme de roture. Son ambition politique était de renverser Godoy.

Il ignorait que Godoy n'était plus que le majordome bourgeoisement tracassier du ménage royal qui s'était laissé glisser en bas du trône.

Il avait étudié, il avait calculé. Que lui importait l'alliance de l'Angleterre avec la junte? Un boulet parti de Gibraltar avait tué le dernier Cabanil. Les murailles du château de Guadalupe étaient au ras du sol. Le malheur était pour lui, mais l'insulte allait droit à l'Espagne. En lui, le noble Espagnol se révoltait encore plus que le père. Il avait dit : Je ferai sauter Gibraltar.

Il savait ce qu'il entreprenait. Christophe Colomb visait bien plus loin par delà les bornes du possible. Et Christophe Colomb basait son calcul sur une hypothèse. Blas de Cabanil, lui, avait son but devant les yeux. Il s'agissait d'une somme de travail plus ou moins gigantesque.

Qu'est un travail humain, si colossal qu'on l'imagine ? De l'argent et du temps. Blas de Cabanil était le Riche-Homme, et il savait à qui léguer sa volonté.

On pouvait lui prendre ses immenses domaines : il avait le trésor de Cabanil; on pouvait le tuer : il avait un successeur.

Il était fou, soit. Il avait conçu ce plan insensé de creuser une galerie partant des souterrains de Guadalupe et gagnant Gibraltar; cette galerie, continuée sous le mont et prenant la forme même des ouvrages de la forteresse, s'avançait jusqu'à la mer; il y plaçait mille, dix mille fourneaux, ce qu'il fallait, il avait compté; il distribuait dans ces chambres des milliers de quintaux de poudre; il en savait la somme exacte. Puis, à l'heure fixée...

C'était extravagant ! A combien chiffrez-vous son devis ?

C'était barbare ! Mais Gibraltar est imprenable, les Anglais le proclament. Et que ne feriez-vous pas pour abattre le drapeau anglais, si, par absurde, le drapeau anglais flottait à Brest ou à Toulon ?

C'était impossible ! A combien évaluez-vous l'impossible ?

Le marquis Blas, après un calcul de deux années, avait fixé quatre ans et cent soixante millions de réaux, qui font quarante millions de francs.

Pour le temps, il avait un héritier tout jeune et la propre santé de son corps de fer. Pour l'argent, la légende portait au triple la valeur du trésor de Cabanil.

Il ne faut pas croire aux légendes. Mais cette tête était large et haute, cette tête de fou. Les petits livres d'éducation qui sont entre les mains de nos enfants nous montrent si souvent le genre humain au repentir d'avoir porté cette accusation de folie.

A bien lire l'histoire, on voit que Charenton et le Panthéon n'ont qu'une route pour deux. Sérieusement qu'y a-t-il entre la démence d'hier et le génie d'aujourd'hui, sinon un fait, qui se nomme, il est vrai, le succès?

Il y avait plus d'une heure qu'il faisait nuit, et le Riche-Homme n'avait pas bougé depuis que sa lampe était allumée. Un bruit se fit dans le corridor qui passait devant la porte de sa prison. Il releva la tête vivement, afin de prêter l'oreille, et montra sa grande figure pâle, aux traits profondément sculptés, et dont l'énergie extraordinaire semblait adoucie par un voile d'austère ascétisme. Une clef grinça dans la serrure. Don Blas de Cabanil plia le plan qu'il était en train d'examiner et le fit disparaître dans son sein.

La porte s'ouvrit. Quelques paroles furent échangées à voix basse, sur le seuil, entre deux personnages que l'ombre de l'abat-jour rendait invisibles, puis la porte se referma.

— Qui est là? demanda le marquis Blas.

On ne répondit point, mais le pas léger d'un pied nu s'étouffa sur les dalles de la prison. Une forme haute et majestueuse sortit lentement de l'ombre, drapée dans des plis flottants, comme la tragédie antique. Le vieillard resta immobile; néanmoins, vous eussiez deviné en lui des signes d'agitation et d'inquiétude.

Celle qui venait, car c'était une femme, s'arrêta non loin de la table. On voyait toute sa grande taille posée théâtralement et le bâton blanc qui soutenait son bras étendu, mais son visage restait dans l'ombre de l'abat-jour.

Le marquis Blas ne renouvela point sa question; il se mit sur ses jambes, qui chancelèrent, soit par l'effet de l'âge, soit parce qu'il était troublé profondément; il prit la lampe d'un geste roide et la leva : la longue figure d'Antioh-Amour s'éclaira sous les lambeaux de cachemire qui coiffaient ses cheveux gris.

Nous avons bien dit en parlant de tragédie : ce pied nu défiait les solennelles enjambées du cothurne; ces draperies, jetées selon je ne sais quel art sauvage, affectaient les larges dispositions du voile sculptural.

Ce visage enfin semblait fait tout exprès pour inspirer ou pour rendre les froids épouvantements des drames de la destinée. Cela était ainsi naturellement et aussi par suite de l'effort qui avait duré toute une vie. Celle-ci régnait sur un peuple de comédiens par l'emphase d'une éternelle mise en scène; elle vivait littéralement de ses majestueuses momeries, tout comme l'augure romain jadis ou le druide des forêts celtiques.

C'était une tragédienne complète et admirable, d'autant qu'elle ne craignait ni les larmes ni le sang. Elle avait les terribles et classiques beautés de Melpomène; rien ne lui manquait des lugubres jouets de la muse : ni le poison, ni le poignard, mais ce n'était pas Melpomène; ce marbre animé, en effet, cette vivante statue de la Terreur avait des talents qu'Euripide n'eût pas su chanter. Ses oracles valaient ceux de Delphes, mais les prêtresses d'Apollon...

Au fait, qui sait? Nous allions dire que les Pythonisses, au moins, se bornaient à recevoir le prix de la consultation et ne se payaient point dans la poche des crédules; mais l'antiquité elle-même ne semble pas avoir professé pour l'oracle une confiance absolue. Le vol au trépied existait peut-être, et c'est là le secret des convulsions de la sibylle.

Il nous a fallu, de nécessité, mettre cette clef nouvelle à la trompette de Thespis. Notre tragédienne, en effet, était la Haute-Femme des Roumi de l'anneau de fer et la plus habile voleuse qui fût dans toutes les Espagnes.

Le marquis Blas de Cabanil et Antioh-Amour se regardèrent un instant face à face, cherchant pareillement peut-être quelques vestiges du passé sous le masque de l'âge. Antioh avait été belle comme le sont parfois les filles de sa race, belle jusqu'à éblouir.

Ceux qui vivaient encore se souvenaient de la jeunesse de don Blas, le plus brillant cavalier de la cour de Charles III. Les passions du genre de celle qui avait rapproché le grand d'Espagne et la bohémienne prouvent leur force en franchissant l'abîme. Don Blas avait aimé follement.

Ils étaient beaux tous les deux encore, et si grande que fût la distance entre leurs vieillesses, on comprenait l'entraînement qui les avait unis. Il n'y avait point eu mélange ; chacun d'eux était resté ce que son origine le faisait.

Antioh avait vieilli Gitana comme don Blas grand d'Espagne. Ses vices étaient de la Gitana ; sa fierté était d'elle-même. Et des deux, en ce moment où ils se retrouvaient après tant d'années, du grand seigneur et de la bohémienne, ce n'était pas celle-ci qui portait le moins haut la tête.

Le marquis Blas baissa les yeux le premier. Un peu de sang avait teinté la pâleur de sa joue.

— Riche-Homme, prononça Antioh-Amour d'une voix lente et contenue, me reconnaissez-vous?

Don Blas reposa la lampe sur la table.

— Il n'est point ici-bas de conscience sans remords, murmura-t-il. J'ai pensé souvent que je vous reverrais quand ma dernière heure serait proche.

Il se rassit. Antioh le couvrait de son regard fixe et l'orgueil triomphait dans ses yeux.

Don Blas reprit :

— Vous venez m'annoncer ma fin. Je suis prêt. Est-ce le peuple qui a soif de mon sang? Est-ce l'Anglais qui a peur de ma haine? Ou bien est-ce la justice espagnole qui revendique le droit de m'assassiner?

— Tu n'as qu'une seule vie pour ces trois menaces de mort, Blas de Cabanil! répliqua la Haute-Femme avec un rire glacé.

Elle fit un pas et ajouta :

— Regarde-moi!

La paupière du vieillard resta baissée.

— Regarde-moi! répéta-t-elle en frappant la dalle de sa crosse. Tu ne m'as pas assez vue. Je me suis vengée. je ne te hais plus.

— Moi, je te hais, femme, s'écria don Blas comme malgré lui. Mon fils Angel était mon cœur, et j'aimais Jeanne de Chabaneil, sa femme, plus tendrement que mes propres filles.

— C'est pour cela que ma haine s'est éteinte, Riche-

Homme, prononça froidement la bohémienne. Je t'ai arraché le cœur.

Un éclair sombre s'échappa des yeux du vieillard. Antioh poursuivit:

— Ta première femme t'aimait. La nuit où elle mourut, la trace de mon pied nu était sous sa fenêtre. Je t'ai laissé Mencia qui ne t'aime pas. J'ai beau boire la vengeance, jamais je ne m'enivre... Don Blas, j'ai d'autres haines toutes jeunes qui me cachent mes vieilles haines. Je suis ici pour vous apporter la paix.

— Je vous accorde la paix, répondit le marquis avec effort. J'ai d'autres haines plus hautes. Retirez-vous et soyons morts l'un pour l'autre.

— Les conditions de cette paix, don Blas, repartit la Haute-Femme, ne sont pas à votre choix, mais au mien. Il me faut plus qu'une paix, il me faut une alliance. Non-seulement je ne cherche pas votre mort, mais j'ai besoin que vous viviez. Ecoutez-moi.

Elle laissa glisser ses mains sèches le long de son bâton blanc et s'accroupit, sans effort apparent, sur la dalle, dans la pose où toujours nous l'avons vue. Le marquis recula sa chaise et croisa ses bras sur sa poitrine.

Elle sourit, sûre du coup qu'elle allait porter.

— Ecoutez-moi, répéta-t-elle. Les Anglais ont massacré une partie de mon peuple, brûlé mes tentes et pillé mes chariots. Je veux me venger des Anglais.

Le regard de Blas glissa entre ses paupières demi-ouvertes.

— Il y a un vaste dessein sous ce front, continua-t-elle en pointant de son doigt aigu et long le crâne de Cabanil. Ce dessein sert ma vengeance. Pour que vous le puissiez exécuter, Riche-Homme, je vous ferai libre.

Elle attendait une réponse, cette fois, mais don Blas demeura muet. Elle eut peur d'avoir manqué le but, et les milles rides qui se croisaient sur sa joue comme un réseau marquèrent leurs sillons plus profonds. Elle mit alors toute son énergie dans sa prunelle et regarda si attentivement que l'éclair de son œil sembla percer l'enveloppe charnelle et pénétrer dans la pensée même du prisonnier. Elle vit bientôt qu'elle avait touché juste. La tempe du vieillard tressaillit et se couvrit d'une fugitive rougeur. Ses lèvres s'agitèrent sans produire aucun son. Quand il rouvrit les yeux, une étincelle jaillit sous sa paupière.

L'idée fixe, brusquement éveillé de son sommeil, travaillait en lui et le possédait comme un démon.

— Il est temps! dit-il enfin, essayant vainement de se contenir; — il est temps!... ces choses arrivent... et les projets qui plaisent à Dieu semblent toujours réussir par le hasard... Femme, tu n'es pas l'instrument que j'aurais choisi, mais la Providence nous doit-elle compte de ses voies?.. Il est temps; je suis prêt; le fruit est mûr... Parle! j'ai en effet de vastes desseins, et leur accomplissement vengerait tous ceux qui subissent l'oppression et l'injure de l'Angleterre.

Antioh-Amour retint le souffle vainqueur qui voulait s'échapper de sa poitrine. En apparence, elle gardait sa tranquillité glacée.

— As-tu bien pris tes mesures, Riche-Homme? demanda-t-elle. Es-tu bien sûr, bien sûr d'ébranler cette inébranlable masse?

Les yeux de Blas s'ouvrirent tout larges et sa haute taille sembla grandir. Un souffle puissant gonfla ses narines. Il prit un verre plein d'eau pure qui était sur la table et le tint au bout de son bras tendu.

— Comme je suis sûr de briser cela, si je veux! dit-il.

Puis, son enthousiasme faisant explosion, il s'écria:

— Archimède ne demandait qu'un point d'appui pour soulever le monde; il avait le levier; moi, pour écraser ce roc, j'ai la foudre; je demande l'étincelle qui l'allumera. C'est ma liberté, femme, qui sera l'étincelle. Si tu m'apportes ma liberté, tu entendras le coup de tonnerre qui dira à l'Europe effrayée: Ne touchez pas à l'Espagne!

Antioh redoubla de froideur devant cet élan et demanda:

— Où est ta foudre?

— La loi était: Ne touchez pas à la reine, poursuivit le vieillard au lieu de répondre, même pour la sauver! La loi était encore: Ne touchez pas à l'arche sainte, même pour la soutenir! L'Espagne est la reine des nations, l'Espagne est l'arche sainte des antiques croyances et de la noble foi des aïeux. Ne touchez pas à l'Espagne, même pour la défendre, Anglais maudits, hérétiques, renégats de Dieu, bourreaux de rois et de peuples, ne touchez pas à l'Espagne!

— Où est ta foudre? demanda pour la seconde fois Antioh. Peu m'importent ton Espagne, tes rois et ton Dieu. Je veux ma vengeance. Parlons sérieusement et clairement. Tu sais que je n'ignore rien de ce qui regarde ta maison. Est-ce le trésor de Cabanil que tu appelles ta foudre?

La flamme qui était dans les yeux du vieillard s'éteignit. Son visage prit soudain une expression de réserve. Antioh fit un geste de dédain.

— Je ne vous demande pas votre confiance, Riche-Homme, dit-elle, je n'en ai que faire. Ai-je besoin de questionner pour savoir? Je ne vous demande pas non plus si le trésor de Cabanil existe : les petits enfants connaissent l'histoire du trésor de Cabanil... Je vous demande si vous êtes bien certain d'être encore le maître de ce trésor, à l'heure où nous sommes?

Don Blas eut un orgueilleux sourire et, malgré lui, son regard se porta vers le coin de la prison où son manteau brun, son feutre et son épée étaient suspendus à la muraille depuis l'heure de son arrivée.

L'œil de la Haute-Femme, rapide comme la pensée, suivit ce regard. Ce fut l'affaire d'une seconde. Le temps de tourner la prunelle, ses traits avaient repris leur sévère immobilité.

— Vous ignorez peut-être ce qui s'est passé en votre absence? continua-t-elle.

— Non, répondit Blas. J'ai eu des nouvelles.

— Quand?

— Il y a trois jours.

— Les choses vont vite par le temps où nous sommes... Samuel da Costa a fait commencer les fouilles la nuit dernière.

— Il peut fouiller.

— Vous pensez qu'il ne trouvera point?

— Ni lui ni personne.

— N'avez-vous point dit votre secret à dona Mencia?

— Angel lui-même ne l'aurait eu qu'après ma mort... Ne s'est-il passé que cela?

— Votre château de Cabanil a été livré au pillage aujourd'hui même,

— Qui a pillé? les Français ou les Anglais?

— Les Espagnols.

— L'Espagne a le délire... Est-il arrivé du mal aux senoras?

— Les senoras ont été vaillamment défendues, puis sauvées.

— Par mes braves serviteurs?

— Vos braves serviteurs avaient les mains pleines de butin et criaient : « Mort à Cabanil ! »

— Par qui sauvées, alors?

— Par un officier de l'armée anglaise.

— Son nom, pour que je m'en souvienne?

— Il en a deux : un que vous lui avez acheté, un que je lui ai donné. Il s'appelle Munro, laird de Comin, et il s'appelle Pharès.

Les sourcils du vieillard se froncèrent violemment, mais il ne parla point. Ce fut Antioh-Amour qui reprit :

— Vous ne craignez rien de ce pillage, n'est-ce pas, Riche-Homme?

— Rien... du château de Cabanil, je ne regretterais que ses vieux murs, s'ils tombaient.

— Pourquoi ne craignez-vous rien? Vous gardez le silence... Ne vous souvenez-vous plus que vous tentiez vainement de me cacher votre pensée autrefois? Le corps seul a vieilli en moi. L'esprit, subtil comme une flamme est toujours jeune. Je vois en vous comme si votre conscience n'était fermée que par un verre.

Vous ne craignez rien, Riche-Homme, parce que vous croyez le trésor abrité, au fond de son labyrinthe inextricable, par la porte de fer, dont la serrure est invisible... Don Blas! vous tressaillez! C'est qu'il y a longtemps : toute une vie, don Blas! et que vous avez oublié... Vous ne craignez rien, parce qu'il faudrait le hasard ou un plan tracé par vous-même pour trouver la route qui s'égare trois fois, à différentes profondeurs de la terre...

— Femme! s'écria le marquis, dont la lèvre trembla, parles-tu à l'aventure?

— Je parle comme je vois... Tu ne crains rien parce que, eût-on trouvé la route, il faudrait conquérir encore le secret qui découvre la serrure et que, la serrure découverte, la clef manquerait encore, la clef unique qui fait jouer les dix pênes d'acier... Tu ne crains rien : ces choses d'autrefois étaient bien faites; ton trésor est caché et défendu comme il le faut.

Le plan du triple souterrain est dans ta tête et tu portes sans doute la clef suspendue à ton cou, entre ta chemise et ta peau, comme si c'était une médaille bénie par les prêtres... Eh bien! quelqu'un a surpris ton secret, quelqu'un a vu la main de bronze dans sa niche profonde, la colonne sur son socle et la dalle marquée d'une croix... Quelqu'un a soulevé le voile de fer qui recouvre la serrure...

Elle s'arrêta. Toute cette puissance d'investigation qui est la sorcellerie des devineresses travaillait en elle avec une énergie désespérée. Sous sa froideur de glace tous ses sens, toute son intelligence, étaient en éveil.

Elle suivait avec passion, mais avec réflexion, l'effet de chacune de ces paroles, lancées en avant comme les tentacules d'un mollusque, pour tâter, pour éprouver, pour chercher. Sur la physionomie bouleversée du vieillard, elle lisait mieux que dans un livre.

Mais il y avait trop de détresse en lui. L'œil ne plonge pas dans l'eau troublée. De tous les signes observés par la Haute-Femme, deux seulement avaient un sens précis : non pas, deux, plutôt, mais le même signe deux fois répété, sous des aspects différents.

Quand elle avait demandé : Êtes-vous bien sûr de rester maître de votre trésor? le regard de don Blas avait glissé vers le coin du cachot où étaient son manteau, son feutre et son épée.

Quand elle prononça ces mots : Tu portes sans doute la

clef suspendue à ton cou, l'œil de don Blas fit un mouvement instinctif sous sa paupière pour reprendre le même chemin, et ce fut un effort visible de sa volonté qui le tourna dans une autre direction.

La Haute-Femme ne s'arrêta point sur ces mots qui avaient porté. Elles cachent leurs découvertes avec le même soin que les sauvages mettent à dissimuler leurs pistes sur le sentier de la guerre. Si ce n'est pas la science occulte qu'elles ont, c'est à tout le moins un art diabolique.

Quiconque les interroge, j'entends celles qui sont des virtuoses sur leur instrument, est bien sûr d'avoir pour réponse sa propre pensée, escamotée au dedans de lui comme un escroc adroit pourrait lui voler sa bourse au fond de sa poche.

La Haute-Femme s'arrêta un peu plus tard et sur un autre *effet*, pour employer la langue des gens de théâtre, qui convient en parlant de cette effrontée comédie.

— Achève! balbutia don Blas, qui avait des gouttes de sueur aux tempes.

Antioh cherchait déjà un moyen pour s'approcher du manteau, du feutre et de l'épée.

— J'achèverai, dit-elle, Riche-Homme, car il faut que tu apprennes de nouveau ce dont tu as perdu la mémoire... quelqu'un a passé le seuil infranchissable, quelqu'un a vu le trésor de Cabanil.

— Et ce quelqu'un, c'est toi? prononça péniblement le vieillard, dont les mains convulsives se crispèrent comme s'il eût saisi un reptile glissant sous ses vêtements.

— C'est moi, répondit Antioh avec calme. Mais ne perds pas, ajouta-t-elle d'un accent ironique et dédaigneux, ne perds pas à te ruer sur moi pour m'étrangler le restant de vigueur que t'ont laissé tes vieux jours. Tu étranglerais dans ma gorge ta dernière espérance...

Rassure-toi, don Blas de Cabanil. J'ai vu tout cela seulement par les yeux de l'esprit, au fond du vase où le plomb fondu me parle dans les frémissements de l'eau pure.

Don Blas respira bruyamment et il y eut un long silence. Ce fut encore Antioh qui le rompit

— J'ai vu ton projet naître dans ton cerveau, reprit-elle,

car mon œil t'a suivi, te suit et te suivra. Ils disent que tu es un fou, ils ont raison : chez vous, tout ce qui étonne le vulgaire est folie. Ton projet réussira.

— Tu as fait l'épreuve? s'écria don Blas avec une énergie qui trahissait toute sa crédulité inattendue.

Antioh savait mentir imperturbablement. C'est l'A B C de l'art.

— J'ai fait l'épreuve, répondit-elle, mais je n'ai pas pu voir si ton projet sera exécuté par toi.

— Pourquoi n'as-tu pu voir cela?

— Parce qu'il fallait ta présence.

— Me voilà, dit Blas, qui releva la tête comme pour braver une fausse honte.

Antioh sourit orgueilleusement et murmura :

— Tout ce que j'avais prédit est donc arrivé, Riche-Homme, puisque tu as encore confiance en moi?

— Tout, répondit le vieillard sans hésiter.

Il ajouta :

— Femme, je ne t'interrogerais pas sur ma vie et sur ma mort, car peu importe... Mais il s'agit de ma vengeance : je veux savoir.

Une fois qu'un homme en est là, fort ou faible, et nous connaissons des forts qui en sont là, une fois que le vertigineux besoin de savoir a pris le dessus, on peut dire que les trois-quarts du chemin sont faits. La tache de la devineresse devient facile. Elle choisit ses moyens elle-même, elle règle souverainement sa mise en scène et fait élection des momeries et grimaces qui lui semblent les plus convenables pour atteindre son but. La devineresse a toujours un but, lors même qu'elle n'en voudrait qu'à votre bourse.

C'était bien le cas de la Haute-Femme, mais la bourse de Cabanil était une montagne d'or.

Elle n'avait là ni son oiseau suspendu, ni son foyer, ni son creuset rempli de plomb fondu, ni son vase plein d'eau pure. Il fallait chercher d'autres outils pour travailler la matière prophétique. L'homme invente de temps en temps des choses qui sont connues depuis le commencement du monde.

Ce n'était pas Mesmer qui avait appris à la Haute-Femme

la pratique du magnétisme ou tout au moins d'un procédé qui ressemblait comme deux gouttes d'eau au magnétisme. La connaissance d'un fluide transmissible appartenait aux colléges sacrés de l'Égypte, et les gitanos viennent du pays des pyramides, dont les hiéroglyphes eux-mêmes parlent des magnétisations antiques. Antioh-Amour se leva, recueillie comme une prêtresse, et imposa les mains au vieux seigneur, qui se laissa faire sans mot dire.

Depuis le commencement de l'entrevue, elle marchait à son but d'un pas lent, mais sûr. Elle était ici pour dérober la clef de la porte de fer et déjà elle avait conquis la certitude que cette clef se trouvait dans la prison. Un pillage donne à craindre pour tout objet laissé dans la maison pillée, et don Blas n'avait pas eu peur quand on lui avait parlé du pillage de son château.

Ce n'était pas par les yeux de l'esprit que la bohémienne connaissait le triple étage des souterrains de Cabanil. Sa description vague, mais exacte, n'avait rien de fantastique : elle avait vu avec les yeux de son corps. Le plan, laissé par Joaquina sur la table, au milieu du trouble de cette journée, dans la tour de Ferdinand-le-Catholique, n'avait pas été entre ses mains une lettre morte. Elle savait désormais, pour l'avoir parcourue tout entière, la route qui menait au trésor.

Don Blas avait-il la clef sur lui? ou ce regard, deux fois lancé dans la même direction, indiquait-il un dépôt fait, soit dans l'épaisseur de la muraille, soit sous l'une des dalles, soit même dans le vêtement suspendu?

Les pieds toujours nus et libres de la Haute-Femme possédaient une adresse singulière et une incroyable délicatesse de tact. En marchant et en parlant, elle avait interrogé déjà toutes les dalles qui entouraient le siége du marquis. Aucune n'avait répondu.

C'était ici un jeu de cache-cache, absolument pareil à celui qui nous divertissait, enfants. Seulement, la Haute-Femme n'avait personne pour lui dire : *Tu brûles,* au moment où le hasard l'amènerait près du but invisible.

Mais elle avait son instinct, son habileté, son *métier*. Il n'y a point de sorcières, nous croyons bien cela, mais il y a la subtilité naturelle ou acquise des sens, la ruse, développée par l'usage. En définitive, chacun de nous a vu des gens qui sont sorciers sur le piano, sur la rente ou sous le gobelet qui escamote les trois muscades : sorciers positivement.

Elle opéra une douzaine de passes avec toute la sérieuse componction qui se pouvait souhaiter. A la douzième, elle avait tâté en perfection toutes les parties du costume de don Blas : elle aurait pu dresser l'inventaire de ses poches.

La clef n'était pas là.

Elle saisit don Blas à bras le corps et darda vers le ciel son regard inspiré.

— Peut-être... murmura-t-elle.

Don Blas n'avait rien au cou. La clef ne pendait pas sur sa poitrine. Le magnétisme avait fait ce qu'il avait pu. La Haute-Femme abandonna son étreinte et ajouta :

— Je ne puis pas encore parler.

— Que vous faut-il pour parler? demanda don Blas.

Au lieu de répondre, elle sembla chercher autour d'elle.

Je ne sais pas m'orienter quand le firmament me manque, pensa-t-elle tout haut. Indiquez-moi les quatre points cardinaux du ciel.

Don Blas traça sur une feuille de papier blanc deux lignes croisées à angle droit. Antioh les examina et fit quatre marques aux murailles avec le bout pointu de son bâton. L'une de ces marques, celle qui désignait le nord, était tout auprès du manteau.

— L'amour est à l'orient, dit-elle, le bonheur au midi, la mort à l'occident... au nord, c'est le fer qui polarise l'aimant. On se venge avec le fer. Au nord, la vengeance !

Elle fit le tour de la table, marchant de son pas théâtral et lent qui ne l'empêchait point de tâter avec soin chaque dalle sur son passage. Arrivée au mur, elle y traça tout un système de bizarres figures qui le sondèrent dans tous les sens. Elle écarta le manteau : point de clef, point de traces de cachette.

Et son instinct, pourtant, lui criait : *Tu brûles!*

Elle avait vu, au moment où elle choisissait sa direction,

de l'inquiétude dans le regard de Cabanil. Quand elle se retourna, Cabanil l'observait attentivement: elle *brûlait*.

A l'aide de sa crosse, elle traça ce grand cercle qui ne manque à aucune conjuration de bon style, puis elle se mit à marcher circulairement, rétrécissant peu à peu le rayon de son manége. Son pied droit tressaillit. Une dalle venait de céder sous son poids, mais si légèrement! Cela suffisait; elle continua sa route et revint s'asseoir en avant de la dalle, le dos tourné vers Cabanil qui la guettait toujours.

Ses deux jambes se croisèrent, dans son attitude favorite, et ses deux mains s'appuyèrent à sa crosse, de façon à ce que le Riche-Homme pût les voir en pleine lumière.

Le Riche-Homme les voyait en effet et cela calmait en lui une vague inquiétude.

Mais il ne voyait pas les pieds. Les pieds d'Antioh-Amour, adroits comme des mains, travaillaient. L'ongle de son orteil descellait lentement et patiemment la dalle.

Les choses en étaient là quand, pour la seconde fois, la porte s'ouvrit, apportant une distraction qui devait hâter l'œuvre de la Haute-femme. Les yeux du marquis Blas se tournèrent en effet vers le seuil où le seigneur geôlier en chef se tenait courbé en deux pour saluer la Cabanilla avant de refermer la porte sur elle. C'en fut assez. Antioh-Amour avait glissé sa main sous la dalle, et ses doigts frémissaient déjà au contact d'une clef incrustée dans la terre.

Elle prit sous ses vêtements un étui de métal qui contenait de la cire, et, remettant ses mains à la hauteur de son visage, elle moula le tournant de la clef à loisir et sans cesser de tenir sa crosse.

Joaquina marcha droit à son père qui, troublé au milieu de sa fantaisie, l'accueillait d'un regard courroucé. Elle ne vit pas ce regard. Il ne lui eût point fait peur, car elle semblait portée par une résolution sombre qui lui donnait la hardiesse du désespoir. Elle était très-changée. Ses grands yeux noirs si mobiles, si brillants, si provoquants aussi, restaient fixes et comme voilés. A la voir aborder le Riche-Homme, on eût dit qu'elle avait oublié en chemin les motifs de sa venue.

— Autrefois, murmura don Blas avec humeur, Cabanil avait des valets qui défendaient sa porte quand il était en affaires.... Quel nouveau malheur venez-vous m'annoncer, dona Joaquina ?

— Un grand malheur, mon père, répondit la jeune fille avec abattement.

Mais il semblait, en vérité, qu'elle parlait au hasard.

— Voici deux fois que vous venez, depuis que je suis en captivité, Senora, reprit le vieillard d'un ton amer. La première fois, c'était pour m'arracher un secret ; la seconde...

— Je n'ai plus besoin de connaître vos secrets, seigneur, interrompit la Cabanilla, qui eut des larmes dans les yeux.

— Pourquoi vous toujours, et jamais dona Mencia ? interrogea don Blas, dont les sourcils froncés se rapprochèrent davantage.

— Dona Mencia ! répéta la jeune fille avec égarement Celle que je nommais ma mère !

Le vieux marquis changea de visage. L'idée lui vint que sa femme était morte. Il n'eut pas le temps de questionner : Joaquina était éveillée.

— Dona Mencia, reprit-elle tout à coup en redressant sa taille svelte et charmante. Elle est heureuse, elle a retrouvé sa fille.

— Blanche ? s'écria le vieillard, étonné des battements de son propre cœur.

— Non... l'autre... seigneur, vous avez des filles que vous ne connaissez pas.

Ceci fut dit à voix basse, mais d'un ton d'ironie aiguë.

Puis la Cabanilla passa ses deux mains sur son front pour en écarter toutes les boucles de ses cheveux noirs, et ajouta en laissant éclater sa voix :

— Seigneur marquis de Cabanil, mon père, je viens savoir auprès de vous si je suis la fille de votre femme ou la petite-fille d'une gitana.

Il n'y eut point de réponse, sinon un rire sardonique qui s'étouffa dans l'ombre, de l'autre côté de la table.

Don Blas tressaillit. La pâleur de ses traits devint livide. Il se tourna tout d'une pièce vers l'endroit où Antioh-Amour parachevait sa conjuration. Elle était toujours accroupie et ses deux mains immobiles s'appuyaient à la crosse blanche. Joaquina suivit ce regard. On l'avait avertie que le prisonnier n'était pas seul, et cependant elle fut étonnée, car les idées ne tenaient pas dans son esprit. Elle ne reconnut pas la femme, mais bien la crosse blanche, et poussa un cri en reculant de plusieurs pas.

— Près de vous ! balbutia-t-elle, avec vous ! celle-là !

La Haute-Femme ne se leva pas tout de suite. Son pied rétablissait le niveau de la dalle qui recouvrait de nouveau la clef, dont l'empreinte était maintenant au fond de sa petite boite de métal. Quand elle se leva, ses mains étaient vides. Elle revint vers la table et demanda :

— Dois-je parler devant cette jeune fille ?

Don Blas fixa sur elle son regard inquiet.

— Elle a le droit de savoir, répondit-il à voix basse, non pas l'avenir, mais le passé. Mon fils Angel et sa femme Jeanne ont emporté tout mon cœur. Cependant, quel que soit le nom de sa mère, cette enfant est à moi et je souffre à la voir souffrir. Dis-lui la vérité que j'ignore : es-tu chargée d'un crime de plus ?...

Et toi, jeune fille, ajouta-t-il en se tournant vers Joaquina, frisonnante près du seuil, dès que tu sauras, retire-toi. Quel que soit le nom de ta mère, tu m'appartiens, je l'ai dit, et tu seras riche. L'heure présente n'est pas à ma famille. Si j'ai péché, ce sera un compte entre Dieu et moi. Tu es de trop ici, va-t'en.

Il fit un geste de fatigue profonde et appuya sa tête contre sa main, ne regardant pas plus Joaquina désormais que s'il eût été étranger à la scène qui se préparait près de lui.

On peut mettre un voile sur la souffrance, un masque sur la crainte ; la colère elle-même se cache aisément derrière l'hypocrite sourire ; mais la joie veut éclater. Antioh avait grand'peine à dissimuler son sauvage triomphe. Elle fit le tour de la table et s'approcha de Joaquina, qui tremblait.

Joaquina recula encore. Toute sa terreur se lisait dans l'égarement de son regard.

— Je ne veux plus savoir! murmura-t-elle. Oh! ne me dites pas! Je ne veux plus savoir!

Les yeux de la Haute-Femme brûlaient comme deux flammes.

— Fille de mon fils, lui dit-elle quand elle fut tout proche, nous n'avons pas le cœur à la même place que les chrétiens.

La Cabanilla rendit un râle d'épouvante et d'horreur. Antior Amour la saisit dans ses bras et l'enleva, défaillante.

— Tu es la gazelle libre, égarée parmi le bétail esclave, reprit-elle. Si tu veux venir avec nous, tu seras reine. J'ai maintenant de quoi te faire un trône de diamants et d'or.

— Laissez-moi, gémit la Cabanilla, laissez-moi.

L'étreinte de la Haute-Femme se resserra. Elle dit encore, mais de façon à ce que le vieillard ne pût l'entendre:

— T'ai-je menti, Gitanita? Ton destin n'est-il pas venu d'Écosse? Ne porte-t-il pas le plaid et la claymore, celui qui est ton père et qui a creusé l'abîme de vengeance entre toi et les chrétiens? As-tu vu Mencia presser sa vraie fille sur sa poitrine, tandis qu'elle te faisait, à toi, l'aumône d'une dernière larme de pitié? Tes veines ont du sang fier. Tu es leur ennemie, enfant, et ton pied les écrasera quand il voudra. Viens avec nous, les vengeurs et les vainqueurs; viens hériter à la fois de toute leur richesse et de toute ma puissance!

Sa taille semblait grandie. Elle ne jouait plus un rôle. Dans les accents doux et terribles de sa voix, l'amour de la lionne-mère parlait.

— Laissez-moi! laissez-moi! répéta Joaquina, qui se débattait comme un pauvre oiseau captif et blessé.

— Aimes-tu donc encore ceux qui te dédaignent aujourd'hui et qui te chasseront demain?

— Oui, je les aime! répondit la Cabanilla, recouvrant son énergie en un de ces changements rapides qui caractérisaient si étrangement sa nature.

Elle repoussa la bohémienne par un effort désespéré.

— Je les aime! Je les aime! répéta-t-elle avec éclat. Tuez-moi comme vous les tuez! Je suis avec eux contre vous!

avec les nobles victimes contre les assassins lâches et féroces... Je les aime, oh! je les aime autant que je vous méprise, autant que je vous hais!

VII

Chevalerie anglaise.

Pendant toute cette scène, le vieux marquis Blas était resté impassible et morne. Il n'avait point souci d'écouter; sa pensée était ailleurs. Il fallait quelque soudaine et violente émotion pour donner un battement à ce cœur pétrifié. Encore, cela durait peu; le mouvement s'arrêtait de lui-même, comme l'oscillation qu'on imprime au balancier d'une pendule, après que le grand ressort en est brisé.

Au bout d'une minute, il était redescendu tout au fond de son rêve. Le dernier cri de la Cabanilla fit sur lui l'effet d'un bruit importun qui réveille. Comme elle venait à lui, baignée de larmes et cherchant un refuge, il quitta son siège froidement et se dirigea vers la porte en la tenant par la main. Il fit signe à la bohémienne de s'écarter et appela le geôlier à haute voix.

Quand la porte se rouvrit, il la montra du doigt à Joaquina, disant:

— Ne craignez jamais d'être pauvre. Cabanil n'abandonne jamais ses enfants.

Joaquina se couvrit le visage de ses mains et passa le seuil, étouffée qu'elle était par ses sanglots.

Don Blas ne lui accorda plus un regard et revint à sa place avant que la porte se refermât.

— Femme, dit-il, nous voilà seuls. Je ne crois qu'en Dieu tout-puissant à qui je confierai mon âme immortelle à la dernière heure. Mais l'Ancien-Testament et l'histoire profane avouent qu'en dehors de Dieu il est un ténébreux pouvoir. Je sais que vous êtes un agent de ce pouvoir, condamné par la Foi. Je commets un péché dont je promets de faire pénitence. Parlez, j'ai attendu trop longtemps; j'écoute.

— Ton Dieu tout-puissant ne peut donc rien contre moi qui suis son ennemie? répondit Antioh-Amour, qui était de nouveau debout auprès de la table. Qu'est votre âme immortelle, si vous perdez, même avant d'être couchés dans le cercueil, la lumière de votre raison et la chaleur de vos amours? Qu'est votre foi, si vous péchez sciemment, ajoutant à l'offense, par un raffinement de moquerie, la puérile promesse de l'excuse? La lourde pierre doit tomber, la fumée légère doit monter: telle est la Loi ou le Dieu, si tu veux, qui s'appelle la Nature, quand nos yeux peuvent voir et nos mains toucher, qui a nom le Destin, quand il s'agit des choses intangibles et invisibles. Interroge-moi, je répondrai.

— As-tu réussi?
— Je réussis toujours.
— Sais-tu mon avenir?
— Je le sais.
— Verrai-je l'accomplissement de mon œuvre?

Antioh sembla hésiter. Les yeux avides du vieillard dévoraient d'avance sa parole.

— Oui, dit-elle enfin, si tu as su garder ton arme jusqu'à l'heure où nous sommes.

Le regard de don Blas exprima un rapide soupçon; ses paupières battirent et se baissèrent. Quand il les releva, son œil était sanglant.

— Mon arme! répéta-t-il. Je jure Dieu qu'elle est encore en mon pouvoir.

En deux bonds et avec une agilité qu'on n'eût point attendue de son grand âge, il gagna le coin où son épée était suspendue, et dégaina d'un large mouvement.

— Car, acheva-t-il, menaçant et froid comme l'acier de sa lame, elle était encore ici quand tu es entrée. Si elle me manque à présent, c'est que tu l'as volée; si tu l'as volée, tu vas la rendre ou mourir.

Pas un pli ne bougea sur le visage sévère de la bohémienne.

Cela ne prouvait rien, et don Blas le savait.

Il garda son épée nue à la main et s'agenouilla sans cesser d'avoir les yeux sur la Haute-Femme, qui abaissait vers lui son regard dédaigneux. Ses doigts tremblants cherchèrent la jointure de la dalle; il la souleva. Quand il vit la clef à la place même où il l'avait mise, il jeta son épée et saisit la clef avec un fiévreux empressement.

— Elle ne me quittera plus ! murmura-t-il. Pour la mieux abriter, j'ouvrirai plutôt la chair de mon sein !

Les épaules de la Haute-Femme eurent un indescriptible mouvement.

— Riche-Homme, dit-elle, le sort est pour vous. Demain, vous serez libre.

Joaquina, cependant, avait pris sa course le long des corridors de la prison, précédant le seigneur Scipion Bambox y Farfalla, qui la suppliait en fort bons termes d'avoir égard à sa goutte. Elle arriva longtemps avant lui au guichet, et s'élança tête baissée au travers des rues, qu'elle ne reconnaissait point.

Ned Wellesley essayait en vain de l'atteindre; il entendait sa respiration pénible qui gémissait comme un sanglot; cela lui brisait le cœur.

Certes, il ne pouvait deviner la nature de la scène qui venait d'avoir lieu. Il disait :

— Senora, où allez-vous? Senora, est-il arrivé du mal au marquis de Cabanil, votre père?

Elle ne l'entendait pas.

Elle s'arrêta brusquement au coin des Arcades, devant une niche grillée où un lumignon éclairait la statue de la Vierge.

— Est-ce la route du fleuve? demanda-t-elle avec un accent qui mit un frisson dans les veines de miss Ned.

Puis, sans attendre la réponse et d'un ton de colère folle :

— Que me voulez-vous? Pourquoi me suivez-vous?

Ned la rejoignait en ce moment.

— Milord, dit-elle avec un calme soudain, aussi navrant que l'emportement de sa détresse, vous êtes bon et vous m'excuserez. Ma tête est un peu perdue; il vient de m'arriver un bien grand malheur.

— Ne puis-je rien?... commençait Ned.

— Je voudrais savoir, interrompit-elle en relevant la tête

tout à coup, où peut être à cette heure M. le comte Hector de Chabaneil.

— M. de Chabaneil doit avoir rejoint les lignes françaises, répondit Ned tristement.

— Je voudrais, reprit Joaquina, qui semblait chercher laborieusement ses paroles, oui, je voudrais...

Elle s'arrêta et pressa son front à deux mains.

— Sais-je ce que je voudrais, Seigneur mon Dieu! s'écria-t-elle, tandis que deux grosses larmes roulaient sur ses joues. Il ne m'aimera plus, quand il saura cela... Et qui donc m'aimerait?... Je suis perdue... perdue!

Sa main s'appuya aux barreaux de la niche, et sa tête, charmante au milieu de sa désolation, pendit sur sa poitrine.

Ned souffrait autant qu'elle. Il n'osait pas interroger.

— Milord, dit Joaquina après un court silence, soyez remercié du secours que vous m'avez accordé. Je vous prie de me prêter l'appui de votre bras, car je me sens bien faible. Mon désir est de rentrer chez ma mère.

Ce mot qui tombait de sa propre bouche la fit tressaillir de la tête aux pieds, comme un choc inattendu. Elle chancela si fort que Ned fut obligé de la soutenir.

— Ma mère... murmura-t-elle à voix basse, mais avec une expression d'angoisse déchirante; je veux dire dona Mencia de Cabanil.

Elle se mit à marcher d'un pas pénible et lent. Au bout d'une minute, Ned sentit qu'elle pesait moins sur son bras et que sa marche devenait plus facile. Ned était un pauvre enfant amoureux; il y avait bien de la joie dans sa tristesse. Le cœur de la Cabanilla, ce cœur adoré, battait tout près du sien. Oh! si la dernière goutte de son sang avait pu sécher cette larme qui brillait à la paupière de son idole!

Il l'entendit qui murmurait en se parlant à elle-même :

— C'est la vie qui est la souffrance...

— Au nom de Dieu, senora! s'écria-t-il en s'arrêtant, avez-vous donc la pensée de mourir?

— Sommes-nous loin encore? demanda-t-elle.

Puis elle ajouta doucement :

— Elle dort... je pourrai l'embrasser...

Ils ne marchaient plus. La rue où était située la maison de dona Mencia s'étendait devant eux. Ned se laissa glisser à deux genoux sur le pavé.

— Je ne sais rien, balbutia-t-il, — car sa timidité ne l'abandonnait point, même à cette heure d'émotion suprême, et il avait peine à parler, — je ne sais rien... Vous ne m'avez rien dit... Et quel droit aurais-je à votre confiance?... Je ne sais rien, sinon que vous souffrez cruellement et que je ne peux pas être le médecin de votre souffrance. Je ne vous dirai pas que je vous aime; ce n'est pas de l'amour qui est en moi, c'est de l'adoration.

Je n'espère rien, sinon mourir à force d'aimer. Ne vous offensez point, senora; il y a une chose plus forte encore que ma passion, c'est mon respect. Je vis à genoux devant votre pensée. S'il m'était donné de soulager votre peine au prix de ce que j'ai de plus cher au monde...

Il fut interrompu par un rire sec et strident. C'était la Cabanilla qui riait.

La parole se glaça sur les lèvres d'Édouard Wellesley.

— De l'amour, dit Joaquina avec une ironie terrible, cela se peut encore: je suis toute jeune et je suis très-belle... Mais du respect!...

Elle eut de nouveau ce rire qui déchirait le cœur de Ned.

— M'aimez-vous assez pour me tuer? demanda-t-elle à voix basse en se penchant sur lui tout à coup.

Il se leva d'un mouvement involontaire et comme si un ressort eût roidi ses jarrets.

— Vous tuer! répéta-t-il.

Elle cessa de rire, et d'un ton d'autorité :

— Il y a devant vous une belle vie, milord, prononça-t-elle lentement; celle que vous devez aimer est là-bas, à Londres, dans l'hôtel de ses nobles parents...

— Quelle plus noble alliance que celle de Cabanil?... commença Ned.

D'une main crispée elle lui ferma la bouche.

— Vous ne savez rien! prononça-t-elle entre ses dents serrées. Cabanil et moi, nous n'avons pas le cœur à la même place. Vous ne savez rien, vous l'avez dit. Moi-même, savais-je quelque chose hier? Hier, j'étais la Cabanilla. Vous avez raison, milord, il n'y a point de plus noble alliance que celle de Cabanil. Je ne regrette pas ma noblesse... Je regrette une mère mille fois chérie... Je n'ai plus de mère... Je suis la fille d'un assassin... Adieu!

Elle voulut suivre le chemin de sa maison, mais Ned lui barrait le passage.

— Je prends ce que vous dites pour vrai, senora, répliqua-t-il avec assurance cette fois. On ne joue pas avec de semblables paroles : vous êtes la fille d'un assassin.

Joaquina s'arrêta, étonnée; miss Ned poursuivit :

— Moi, je suis le fils de Richard Wellesley, marquis Wellesley, comte Mornington, vicomte Wellesley, vicomte Mornington, baron Mornington de Dungan-Castle, pair d'Angleterre, chevalier de la Jarretière et de Saint-Patrice, lord gouverneur général des Indes.

Il s'arrêta. Une forte aspiration emplit sa poitrine, et il reprit :

— Madame, à la mort de mon respecté père, que Dieu garde longtemps, j'aurai une partie de ses dignités et tous ses titres. Je suis majeur. Quel que soit votre nom nouveau, quel qu'il soit, dis-je, et fût-il souillé de plus d'infamies que vous n'avez de nobles vertus pour couronner l'innocence de votre cœur, quel que soit le crime de votre père et eût-il publiquement porté sa tête sur l'échafaud, je sollicite humblement votre main et je vous jure par Dieu qui nous écoute que vous serez une épouse bien-aimée à la maison, au dehors une femme respectée!

Joaquina resta un instant muette et comme stupéfiée. Le jeune nobleman était debout devant elle et découvert. Toute la loyale candeur de son âme était sur son front, toute la profonde passion de son cœur dans ses yeux.

Joaquina, par un mouvement si vif qu'il ne put être prévenu, s'empara de ses deux mains et y colla ses lèvres ardemment.

— Que faites-vous, senora! balbutia Ned en les retirant pleines de larmes.

— Merci! s'écria la jeune fille dans un élan d'enthousiaste reconnaissance. Oh! vous ne savez pas le baume que vous avez mis sur la blessure de mon cœur!

— Dois-je espérer?... commença miss Ned, que toute sa timidité reprenait.

Elle l'interrompit pour saisir ses mains de nouveau et les attirer contre sa poitrine.

— Rien, murmura-t-elle. Ecoutez... et pardonnez-moi, Ned, mon noble et cher frère... car je vous aimerai désormais comme un frère jusqu'à mon dernier soupir... Vous vous êtes mépris à ma joie. Je vous dis tout, Ned : encore une fois, pardonnez-moi Ma joie était pour un autre.

En vous écoutant, il m'a semblé que j'étais sauvée, puisque le plus noble des cœurs pouvait encore battre pour moi... Hector aussi est jeune, franc, généreux... Je pensais à Hector qui est mon fiancé... Je ne puis appartenir qu'à Hector.

Ned baissa la tête. Il porta la main de la Cabanilla jusqu'à ses lèvres qu'elle sentit glacées.

— Adieu, murmura-t-il d'une voix que l'angoisse brisait; je crois Hector de Chabaneil digne de vous... Mais cependant... avec les autres, je suis fier, milady; près de vous je ne sais qu'humblement adorer... cependant, disais-je, si votre espoir était trompé... si les préjugés français qui font retomber sur l'enfant la faute du père... en un mot, je vous en supplie à deux genoux, laissez-moi espérer que, si Hector ne savait plus apprécier son bonheur...

Il n'acheva pas. Joaquina le regardait, attendrie.

— Vous seriez là, toujours, n'est-ce pas? dit-elle les larmes aux yeux.

— Toujours, car je resterai seul à vous attendre. Que ce soit demain ou au bout de longues années, toujours, toujours, tant qu'il y aura un souffle dans ma poitrine.

Joaquina pesa sur sa main. Le front de Wellesley se pencha. Elle y mit un baiser.

— Jamais!... murmura-t-elle.

Puis, se redressant et avec une soudaine énergie :

— Je suis à lui, je ne serai qu'à lui. Adieu! milord. S'il me repousse, je mourrai.

VIII

Steeple-chase.

Midi sonnait aux horloges de Matilla, jolie ville du Léon, sur la grande route de Salamanque à Ciudad-Rodrigo En Espagne, quand midi sonne, il y a plus de dormeurs qu'à minuit. C'est l'heure classique de la sieste où pauvres et riches se réfugient dans le sommeil pour éviter les accablements de la chaleur.

Bien que Matilla fût actuellement en dehors du cercle des batailles et que ses barrières restassent ouvertes aux gens du dehors, on ne voyait personne dans ses rues étroites et pavées de poignards, personne encore sur la grande route qui traversait les campagnes silencieuses, personne même sur les bords de la petite rivière au lit profond, à demi desséché.

Tout dormait : les hommes à la maison, les moutons dans l'herbe brûlée, les oiseaux sur la branche, la brise dans l'atmosphère étouffante, l'eau parmi les glaïeuls tristes, inclinés comme une moisson sur laquelle l'ouragan a passé. Seul, le soleil veillait, frappant le sol ardent de ses rayons perpendiculaires.

Il n'y avait, pour tenir compagnie au soleil, que le pauvre petit Gibose qui venait de la montagne, juché sur son grand cheval gris et menant en bride le bel Alazan, impatient de l'allure tranquille qui lui était imposée. Lazarille arrivait le premier au rendez-vous, comme c'était son devoir. Il passa la rivière à gué au-dessous de Matilla et attendit sous le couvert d'un bouquet d'arbres qui commandait la plaine environnante. Il n'attendit pas longtemps.

Les cloches de Matilla vibraient encore qu'il apercevait déjà un petit nuage de poussière dans la direction de Rollan.

Le nuage marchait vite. Il en sortit bientôt un cavalier tout blanc de poudre, monté sur un cheval écumant.

— Quelles nouvelles? dit César en sautant sur l'herbe.

— Ils ont couché à la maison d'été de Cabanil, répliqua le Gibose. Il y a huit officiers en comptant Noir-Comin et toute une armée de volontaires.

— Nos hommes?

— Ils sont prêts tous les quatre... Ils disent seulement qu'en présence de soixante cavaliers d'élite et bien montés qui ont eu le loisir de distribuer leurs postes de chasse, c'est tenter Dieu que de vouloir forcer le passage.

César était debout près d'Alazan et lui faisait subir cette visite minutieusement attentive, qui précédait chacune de ses courses. La tête fine et charmante d'Alazan suivait tous ses mouvements et cherchait ses caresses.

— Ils feront de leur mieux, continua le Gibose; mais c'est maintenant une gageure. Les officiers de l'état-major anglais sont tous d'habiles coureurs, et Noir-Comin qui les conduit connaît aussi bien que vous la plaine et la montagne... Maître, je vous apporte l'avis de vos soldats dévoués, moi, votre serviteur fidèle : prenez la route de Plasencia, qui n'est pas encore interceptée. Vous êtes tout près du port : pourquoi risquer le naufrage?

— Il faut que je sois à Talavera-de-la-Reine avant la nuit, répondit César de Chabaneil.

Il frappa de la main sur une petite valise bouclée derrière la selle d'Alazan et demanda :

— Qu'as-tu mis là-dedans?

— Ce qu'il faut pour vous déguiser, maître, car vous aurez besoin aujourd'hui de toutes vos ressources.

Il tenait la bride du cheval que César venait de laisser fumant et couvert de poussière délayée par sa sueur.

— Pajaro doit être mort, murmura-t-il.

— Au champ d'honneur! répliqua César en essayant de sourire.

Mais la tristesse morne et inaccoutumée du Gibose agissait sur lui. Il avait le cœur serré sans savoir pourquoi. En mettant le pied à l'étrier, il dit avec une sorte de répugnance :

— Tu as quelque chose à m'apprendre, Lazarille?

Comme le Gibose gardait le silence, il se tourna vers lui et vit des larmes dans ses yeux. Son pied quitta l'étrier. Le nom de Blanche vint à ses lèvres.

Lazarille tira de son sein un objet enveloppé dans un lambeau d'étoffe de soie. César déplia l'étoffe, qui contenait une boucle de cheveux d'un blond sombre, où le soleil mit des reflets d'or bruni. Il devint si pâle que le Gibose s'élança pour le soutenir. Mais il repoussa son aide et porta les cheveux à ses lèvres.

— Te les a-t-elle donnés? murmura-t-il d'une voix étouffée.

— Je les ai pris, répondit Lazarille, qui baissa les yeux.

La tête de César s'inclina sur sa poitrine.

— Elles étaient tout près de nous, poursuivit le Gibose, toutes deux vivantes dans la même tombe. La mort ne les a point séparées. Il y a deux pauvres corps inanimés sous le sol de la tour de Punition, qui est au centre du cloître dans les ruines de Saint-François de Sor.

César se mit en selle sans prononcer une parole. Alazan hennit et partit comme un trait.

Là-bas, ces heures de la méridiane ont je ne sais quoi de lugubre dans leurs silencieux éblouissements. Ce n'est pas la nuit espagnole qui est en deuil, c'est le jour, chauffé à blanc par l'implacable lumière. Les nuits ont le mouvement et la vie sous leur couronne diamantée; le jour est morne à force de splendeur; son éclat vous poursuit et vous aveugle.

Chez nous ce sont les ténèbres qui apportent le découragement au voyageur; là-bas, c'est la clarté uniforme, monotone, immense comme une mer incendiée où vogue déjà la fièvre du mirage, où glissent les spectres lumineux du désert.

Alazan était parti plus rapide que le vent, et Matilla, noyé dans la brume étincelante de midi, fuyait déjà à perte de vue; mais au bout de peu d'instants son allure se ralentit. Il est, on n'en peut douter, un échange mystérieux entre le cavalier et le cheval.

L'ardeur du cavalier anime la monture sans le secours de la cravache ni des éperons, et la fièvre qui prend le coursier lancé à pleine vitesse réagit à son tour sur l'homme qu'elle enivre jusqu'à produire l'entousiasme et le transport. César avait la mort dans le cœur.

Alazan baissait la tête. Les admirateurs du *little staff* n'auraient pas reconnu son galop, languissant et fatigué. Il mit toute la moitié d'une heure à franchir les deux lieues qui séparent Matilla des Sept-Carrières. César ne le poussait pas. Il gardait à la main cette pauvre boucle de cheveux blonds et la pressait parfois contre ses lèvres.

Au delà des Sept-Carrières, César sembla s'éveiller de son accablement. Il serra les cheveux de Blanche dans un médaillon suspendu à son cou et qui renfermait le portrait de feu la comtesse de Chabaneil sa mère. Il s'affermit en selle et murmura d'une voix douce comme une plainte :

— Allez, chéri ! je veux lui dire un dernier adieu.

Alazan, obéissant, allongea ses jarrets flexibles et dévora les quatre lieues qui restaient pour atteindre Fuentenoble, où commence la montagne.

A quelques cents pas de Fuentenoble, un meunier, monté sur un robuste cheval et portant des sacs vides en croupe, se montra sur le chemin. César serra la bride. Sous la couche de farine qui couvrait comme un masque ce visage franc et hardi, il avait reconnu de loin le sourire madré de Petit-Eustache.

— Une pointe à gauche, capitaine, dit celui-ci en passant sans s'arrêter. Je vous rejoindrai sous bois.

César fit quelques pas encore et prit un sentier qui descendait vers la rivière de Tormès en traversant un maigre bouquet de sapins. Au bout de quelques pas, il entendit galoper derrière lui.

— Capitaine, dit la bonne voix du dragon de Saint-Malo, quand le diable serait dans le ventre d'Alazan, vous ne passerez pas, cette fois. J'ai fait le moine Fray Benito, ce matin, pour aller voir un peu tout cela. Le Comin est un démon, voyez-vous ! Depuis Endrinal jusqu'au delà d'Avila, toutes les gorges sont gardées. J'en ai détourné quelques-uns du côté de l'Est, mais pas trop, car j'espérais que Lazarille vous déterminerait à prendre le chemin de Plasencia. Il est temps encore, quoique vous ayez été reconnu déjà par un lieutenant de l'état-major et quatre volontaires qui sont maintenant sur vos derrières. Piquez hardiment sur Endrinal, tournez le coude de la Sierra et descendez sur la rive gauche du Mahon. Je réponds que vous serez demain à Talavera, si Alazan a toujours vingt-quatre heures de fond dans les jambes.

— C'est ce soir que je dois être à Talavera, répondit César.

— Que Dieu vous bénisse, capitaine! Vous essaierez bien quelque jour de prendre la lune avec les dents!... Si vous voulez absolument passer, mettez le cap sur Piedrahita, et vous descendrez de l'autre côté des sources de l'Alberche... Il n'y a là qu'un enseigne avec une demi-douzaine de volontaires.

— Le conseil est bon, dit César, mais j'ai affaire aux ruines de Saint-François de Sor.

— Bonté du ciel! s'écria Petit-Eustache; juste le centre de leurs opérations. Tout le *little staff* est de ce côté. Comin a fait prendre des chevaux partout. Ils ont deux relais sur la route entre l'étang et Talavera, et leur ligne d'affût s'étend sur la droite et sur la gauche, à plus de deux lieues.

— J'ai affaire, répéta César.

— Alors, déguisez-vous tout de suite et quittez Alazan, qui est connu comme le loup blanc. Voulez-vous mon cheval?

— Alazan seul est capable de me porter où je veux aller... Je me déguiserai s'il le faut et quand il le faudra... S'ils gardent quatre lieues de pays avec une soixantaine d'hommes, il y a de la marge, et Alazan sait courir les barres... Où est Jean Coutard?

— Il les suit en brave guerillero et ne parle que de sucer du sang français!

— Et Sarreluck? et Lafleur?

— Deux muletiers qui donnent au *little staff* les meilleurs renseignements qu'ils peuvent...

César prêta l'oreille tout à coup, et son geste commanda le silence. Un galop de chevaux se faisait entendre sur la route qu'ils venaient de quitter.

— Séparons-nous, dit-il. Selon l'apparence, je couperai la

sierra entre el Barco et Saint-Jean de Mengamunoz. Dirigez-vous de ce côté : je vais tout droit à Saint-François de Sor.

Il partit, suivant le sentier qui conduisait à la rivière. Un instant, le regard de Petit-Eustache l'accompagna.

— C'est sûr que le bon Dieu ne pourrait pas recommencer son pareil! pensa-t-il. C'est fin comme une goëlette, et ça tient la bande mieux qu'un brick. Si l'empereur le connaissait aussi bien que moi, il vous le ferait dès la première fois grand-maréchal des enfants perdus et casse-cou de France et de Navarre, quoi! et du royaume d'Italie et de la confédération germanique! Gare dessous! Je parie un franc qu'il passera!

— Je voudrais être à demain pour voir le soleil se mirer dans son sabre! s'interrompit-il avec un enthousiasme joyeux. Tonnerre de là-bas! Nous ne serons que cinq de plus dans l'armée française, mais ça pèsera son poids et, dans ces cinq-là, l'Anglais ne dira pas qu'il y a un manchot!

— Holà! meunier! lui cria adjudant Browne qui arrivait au galop, précédant d'une centaine de pas ses quatre volontaires, tu as dû rencontrer le courrier mayor du général en chef, hé?

— C'est un courrier mayor, ça? répondit Petit-Eustache, entrant dans l'esprit de son rôle. Un joli cheval andalous, Seigneurie! Est-ce que vous croyez le rattraper avec une bête comme la vôtre, hé?

— Par où a-t-il pris, rustre?

— Tout droit vers la venta de Banos, Excellence, où il va rafraîchir son cheval... C'est moi qui lui ai indiqué la route.

Adjudant Browne piqua des deux et disparut derrière les sapins avec sa suite, tandis que le meunier trottait vers la rivière. En sortant du bois de sapins, Browne parcourait des yeux la plaine découverte et ne vit rien, sinon quelques rares bestiaux éveillés çà et là et qui, conduits par des enfants hâves, descendaient boire au Tormès.

Le correo avait-il déjà gagné la venta de Banos, dont le toit rouge se montrait sur le premier gradin de la montagne? Browne et ses volontaires gravissaient bravement la rampe, quand l'un d'eux s'avisa de porter son regard au delà des saules qui bordaient la rivière. Quelque chose filait derrière ce rideau.

— Un homme à cheval, gentlemen! s'écria-t-il.

— C'est le bernus blanc du seigneur Pedrille? dit un autre.

— C'est la robe bronzée d'Alazan!

— Coquin de meunier! En avant! en avant!

Et les voilà redescendant à bride abattue.

César avait passé le Tormès à gué et suivait un sentier commode, aussi parfaitement uni que nos routes de chasse. Il n'avait point souci de ceux qui étaient derrière lui. Entre eux et lui la distance augmentait sans cesse. C'était en avant que le danger l'attendait. Ses yeux perçants interrogeaient la campagne, qui semblait au loin solitaire.

Deux heures sonnaient à l'église de Boboyo quand il enfila le vieux pont de pierre qui le ramena sur la rive droite du Tormès. Il laissa la ville sur sa gauche. C'était la rive droite du Tormès qui était gardée, car nul n'aurait pu prévoir qu'il prît le long détour de l'autre bord.

Deux cavaliers espagnols et trois dragons du prince de Galles sortirent d'une villa abandonnée qui dominait le gracieux paysage à mi-chemin des montagnes de l'ouest, sautèrent en selle et lui donnèrent la chasse à grands cris.

Les montagnes l'enrouraient maintenant de toutes parts, sauf vers le Nord d'où il venait, car il était entré dans ce feston profond, sorte de baie où la plaine Léonaise endente la Castille vieille, à l'abri des sierras de Gredos. Les sources du Tormès étaient proches désormais. Il arrivait aux lieux où se sont passées les principales scènes de notre drame.

Au devant de lui, c'était la dent du feston gardée par le château de Cabanil, dont les remparts invisibles se cachaient au fond de leur gorge; à sa droite, les monts pierreux et arides qui inclinent vers le nord pour se rejoindre, par un coude brusque, à la sierra de Gala et aux chaînes de l'Estremadure, à gauche, au delà des marais de Saint-François de Sor, la montagne encore, revenant sur elle-même pour encadrer ce bassin si remarquable, séparant les sources du Tormès et de l'Alberche, dont l'un va au Douro, l'autre au

Tage, dans des directions diamétralement opposées et formant cap sur la plaine de Léon à son tour endentée, pour se relier à la sierra d'Avila.

Cette baie terrestre, dont les rivages sont des pentes escarpées et bien souvent inaccessibles, est partout très-large, mais elle présente exactement la forme d'une poche. Une fois engagé au fond de ce sac immense, tout gibier devait être pris, et nos chasseurs le savaient bien, car ils n'avaient point fermé les passages d'Endrinal à Saint-François de Sor. Leur gibier le savait bien aussi, mais on avait souvent noué le filet autour de lui et toujours il en avait brisé les mailles.

C'était son métier, cela, et c'était son plaisir. En outre, il avait affaire dans les ruines, comme il disait, et quand Alazan galopait entre ses jambes, jamais aucun obstacle ne le détournait de son chemin.

Il distança du premier coup et sans effort le poste de la villa, bien monté pourtant et courant de tout cœur. Un mamelon où croissaient quelques oliviers lui cachait encore le marais de Sor et les ruines.

Aux cris des chasseurs, un groupe de paysans embusqués s'élança hors des oliviers; César inclina sur la droite qui était libre. Quelques espingoles firent du bruit et de la fumée. Alazan hennit joyeusement.

Les paysans, comme les chasseurs, étaient déjà hors de portée de la voix. César allait comme l'ombre des nuées que les vents turbulents d'avril font passer sur le soleil et qui courent par la campagne, plus véloces que le rêve. L'ancien camp de Noir-Comin était traversé; on voyait pleinement le coteau de Saint-François tout parsemé de ruines. Deux postes se démasquèrent à la fois: l'un à la queue de l'étang, l'autre au bas de la montée, à l'endroit où Comin avait éventré son cheval.

César tirait droit vers le passage de Cabanil; douze cavaliers s'élancèrent à la fois pour lui barrer le chemin. Clinton en menait cinq; lieutenant Crabbe, monté sur sa belle Polly, commandait l'autre moitié. Crabbe était le mieux posté. Au moment où il sautait en selle, on pouvait évaluer à un huitième de la distance l'avantage qu'il avait sur le courrier mayor.

Aussi s'écria-t-il dans le transport de sa joie :

— L'Angleterre pour toujours! sang de moi! corpsbac! terteifle! ventre saint-gris et mort du diable! me voilà capitaine avec deux cent cinquante livres *per annum!* Hardi, Polly, coquine!... Halloo! Clinton! Cent guinées pour moi contre un schelling! ou que Dieu me damne!

Polly avait du feu. Elle répondit à l'éperon et bondit à trente pas en avant des volontaires. César marchait toujours droit au col de Cabanil. La supériorité d'Alazan était si manifeste que Clinton jaloux cria par derrière :

— Halloo! Crabbe! votre jument a la goutte! Il vous gagne, de par le ciel! La prime sera pour le capitaine Dalhousie qui est né coiffé, sur ma parole!

Capitaine Dalhousie était posté avec quatre dragons derrière les premières roches du col de Cabanil. La fortune lui venait en dormant; il n'avait pas même besoin de se déranger pour cueillir sa proie.

Polly, éperonnée à outrance, fit un effort terrible, mais Alazan avait des ailes. Le passage était libre, à double portée de pistolet.

Certes, César de Chabaneil était trop loin du major Clinton pour avoir pu entendre son imprudent avertissement, mais il n'avait pas besoin d'être averti. Il jouait son jeu froidement. Ses adversaires avaient l'atout plein la main, mais il connaissait toutes leurs cartes.

Lieutenant Crabbe, distancé, avait changé sa diagonale et galopait droit à la montagne, pour forcer au moins Chabaneil à s'engager dans le col. Ses volontaires et Clinton le suivaient de près, gardant tous exactement la même ligne.

César les attira ainsi jusqu'au pied même de la chaîne, mais, au lieu de prendre les gorges de Cabanil, une volte rapide tourna la tête de son cheval vers l'ouest. Il y avait, dans cette direction, un sentier conduisant au village de Saint-Jacques-sous-Cabanil, et cette voie, presque impraticable, n'était pas gardée.

Il y eut une salve de blasphèmes parmi les Anglais, et l'un

des volontaires se détacha, sur l'ordre de Clinton, pour porter avis à Dalhousie et à Noir-Comin.

Ceux-ci occupant le col de Cabanil, devaient faire le tour du château et prendre à revers le petit passage de Saint-Jacques. César, on le voit, était loin d'avoir bataille gagnée.

La chasse était ainsi, pour le moment : Clinton et Crabbe, avec neuf volontaires, suivaient les traces même du fugitif et coupaient ses derrières. Vers le sud, les cinq cavaliers de la villa, avertis par le changement de direction, galopaient vers le col Saint-Jacques, où ils devaient arriver presque en même temps que César; enfin, au loin, à l'ouest de Boboyo, Browne et ses cavaliers apparaissaient dans un nuage de poussière.

Le coup d'œil de César appréciait la situation avec autant de calme que s'il eût été assis à une table d'échecs.

Des quatre partis engagés, celui qui l'inquiétait le plus était précisément ce groupe, perdu dans un nuage lointain. Il avait joué un coup hardi. Browne et ses cavaliers venaient déjouer la savante précision de son calcul.

Ceux-là risquaient désormais de gagner la partie à leur insu, et par cela même que leur retard dépassait toute prévision.

Les genoux de César parlèrent. Alazan dressa ses petites oreilles coniques, comme s'il eût dit : Maître, je suis tout attention.

— Chéri, murmura César, un coup de jarret, ou nous n'arriverons pas !

Les cavaliers de la villa débordaient vers l'ouest en avant de lui : en arrière, à portée de mousquet, les deux postes de Clinton et de Crabbe semblaient maintenant gagner du terrain. Une seconde fois, il tourna court et enleva son cheval, tête au parti de Browne, en inclinant un peu vers la montagne de l'ouest.

Une bruyante acclamation suivit ce mouvement qui, aux yeux des chasseurs, était la plus fausse de toutes les manœuvres.

— Ferme, enfants ! cria Clinton. Ce sont les abois du cerf.

— Hardi, Polly! misérable fille!

— Il a perdu la tête, c'est évident!

— Après tout, major, dit Crabbe, que la volte avait mis côte-à-côte avec Clinton, ce garçon-là ne vaut pas sa renommée, que Dieu me damne!... Son cheval, à la bonne heure! Voilà un bijou!

— Il y a des gens qui ont du bonheur! répondit Clinton tristement. Ce Browne est né coiffé, sur ma parole... Mais voyez comme ce coquin de Correo gagne en ce moment Crabbe! Si j'avais mille livres d'économies, je les parierais! Il doit avoir quelque diable d'idée en tête.

— Holà! fourrier Ralph! commanda-t-il à l'homme qui conduisait le poste de la villa et que la nouvelle direction suivie par la chasse avait naturellement rapproché, — appuyez à gauche, garçon, et côtoyez la montagne... N'y a-t-il point un passage de ce côté?

Tout le monde appuyait à gauche, du reste, c'est-à-dire vers les rampes du couchant. Il le fallait bien : César semblait courir à la montagne ; Browne et ses cavaliers, calculant leur course d'après celle de César, fermaient de plus en plus l'angle qui les rapprochait de la sierra.

Leur fortuné retard les mettait, en ce sens, tellement en avance, que toute la miraculeuse vitesse d'Alazan devait échouer à les vouloir gagner. Plus César allait désormais, mieux il enfonçait le coin qui le plantait entre deux feux.

Mais le major Clinton ne se trompait point. Il avait *une diable d'idée*. Quand il jugea les deux meutes suffisamment engagées vers l'ouest, il fit une troisième volte : complète, celle-là. La tête d'Alazan fut tournée en plein vers les ruines, maintenant dégarnies.

Entre les ruines et lui s'étendait le marais impraticable. Essayer de le tourner sur la droite, c'était tomber entre les mains de Clinton et de son parti, montant à onze hommes ; à gauche, c'était braver le feu des cinq carabines de Browne. Les cavaliers de la villa étaient perdus à l'ouest et hors de cause.

— Hop! chéri! Nous y sommes!

César ne prit ni à droite ni à gauche ; il lança son cheval

entre deux, de manière à attaquer franchement le marécage.

— A l'eau! le daim! à l'eau! cria Crabbe; ferme, Polly! ou que Dieu vous damne, mijaurée.

— Gentlemen! cria de son côté Clinton qui brandit, ma foi, son épée, il est à nous très-positivement! Gagnez au pied, par Dieu! Si nous ne l'avons cette fois, je veux passer pour le dernier des misérables!

Il était en tête, major Clinton! Le hasard qu'il calomniait naguère, lui apportait enfin sa dot et ses épaulettes. *Good God! good God!* pour le coup! Dieu! excellent Dieu! Le nez de Clinton et ses dents ne pouvaient plus rien contre son bonheur! C'étaient des dents de colonel, cieux cléments! c'était un nez de quatre mille guinées!

Cher Dieu! perle de Dieu! Clinton allait faire le cruel à son tour avec miss Mary et avec miss Barbara. Toutes et toutes, elles allaient volter comme Alazan : Elspeth, la prude, Lucy, la rieuse, Clary, la fantasque; — et Arabella, la fière, allait venir elle-même le demander en mariage!

Good God! si vous saviez comme il courait, major Clinton, sur les ailes de cet amour anglais qui a pour objet un demi-cent d'héritières!

Mais César murmurait doucement :

— Nous y sommes, chéri! hop! hop!

Alazan chéri avait des ailes aussi, plus légères que celles de l'amour anglais, divinité ventrue. Alazan rasait le sol comme l'oiseau de mer effleure en se jouant la floconneuse écume des lames.

Alazan se lança à pleine course sur l'ancienne chaussée de l'étang de Sor, qui, demi-perdue dans les glaïeuls, traversait le marécage. Il la connaissait bien, cette chaussée; déjà, la veille, avec Urban Moreno sur son dos, il en avait franchi tous les obstacles.

La meute hésita. Le front de Clinton se rembrunit.

— Hardi, Polly! effrontée! dit lieutenant Crabbe, avec prière à Dieu de le damner.

Ce Crabbe était un vaillant garçon. Il poussa résolûment sa bête pendant que Clinton soupirait, et bientôt tout le parti fut engagé sur la digue. Quand César entendit les piérres sonner sous les pieds des chevaux, il eut un sourire.

— Doucement, à présent, chéri, murmura-t-il.

Aux deux tiers de la chaussée était le déversoir de l'étang qui formait maintenant un canal bourbeux. On le passait sur deux madriers vermoulus. Le pied léger d'Alazan toucha à peine les planches. Il était sur l'autre bord.

César l'arrêta court, au grand étonnement de la meute.

Il mit pied à terre, saisit à plein bras les deux madriers, l'un après l'autre, les descella d'un double et puissant effort qui fit crier sa poitrine, et les jeta dans la fange profonde du canal.

Après quoi, sautant lestement en selle, il s'engagea, au petit trot, dans les ruines de Saint-François de Sor.

Sur l'autre rive, la meute dépensait en une seule fois tous les jurons des Trois-Royaumes.

— C'est un diable d'homme, après tout, gentlemen, dit Clinton avec mélancolie. Nous le tenions, voilà ce qui est certain... mais il avait son idée, très-positivement. La chance est pour Maxwell et Mackensie, à présent : un beau coup de tric-trac, sur mon honneur!... En arrière, gentlemen, s'il vous plaît; nous allons faire le tour de l'étang.

IX

Partie de barres à cheval.

Il est certain que si César de Chabaneil avait suivi, en gardant le galop, la marge orientale de l'étang de Sor et gagné le col de Cabanil, la supériorité d'Alazan l'aurait conduit au passage bien avant les Anglais engagés sur la digue.

Or, le col de Cabanil était dégarni, puisque Dalhousie et Noir-Comin, débusqués par un faux avis, couraient présentement vers le village de Saint-Jacques. Mais César de Chabaneil avait dit à Petit-Eustache qu'il avait affaire aux ruines. Tout ce qu'il venait d'oser était pour atteindre les ruines. Il était à son but; il s'y arrêta.

En accomplissant l'œuvre difficile de traverser de nouveau les marécages sur une chaussée qui s'effondrait sous les pieds de leurs chevaux, les Anglais ne perdaient point de vue leur gibier. La passion de la poursuite les tenait à un si haut degré désormais, que plus d'un parmi eux avaient essayé de franchir le canal à la nage; mais leurs montures, embourbées dès le premier pas, restèrent collées à la rive.

Ils virent avec stupéfaction le correo s'engager parmi les ruines d'un pas aussi tranquille que si l'Océan l'eût séparé de ses ennemis, mettre pied à terre et disparaître au milieu des décombres.

Alazan restait seul, avec la bride sur le cou. Il était si merveilleusement *entraîné*, pour employer la propre expression de ces messieurs, qu'en l'absence de son maître, il resta à la même place, immobile comme une pierre sculptée.

Ils firent le tour de l'étang. César de Chabaneil ne reparaissait pas.

— On prétend, dit Clinton, que, sous ces débris, il y a des souterrains qui vont à tous les diables. Il est peut-être maintenant de l'autre côté de la sierra.

— Il n'aurait pas abandonné Alazan, répliqua Crabbe. C'est un drôle de corps, sur ma foi !

Ils atteignirent la limite du marais et tournèrent la tête de leurs chevaux vers les ruines.

A ce moment, César reparut. Même à cette distance, on pouvait voir la pâleur mortelle qui recouvrait ses traits. Il se remit en selle et descendit le mamelon de Saint-François de Sor en se dirigeant vers le nord-est.

Les chevaux du parti poursuivant étaient las; Clinton, qui avait pris le commandement général, instruit par les précédentes manœuvres du courrier, adopta une tactique nouvelle. Comme la route du fugitif était barrée vers l'est par la montagne, Clinton s'appliqua seulement à couper son flanc gauche et ses derrières. En même temps, il dépêcha des exprès à Dalhousie et à Noir-Comin pour les ramener dans le rayon d'action.

Crabbe voulut voir de près le lieu si mystérieux visité par

le fugitif. Il n'y avait pas à se tromper : le pied impatient d'Alazan avait creusé une trace profonde dans la poussière à l'endroit où il s'était arrêté. Lieutenant Crabbe descendit sous le sol de la tour de Punition. Quand il remonta, il était aussi pâle que César lui-même.

Il avait vu deux mortes, dont l'une, belle et douce comme une sainte, avait le visage tout baigné de larmes récentes. Sur sa poitrine, il y avait un bouquet de ces pauvres fleurs demi-desséchées qui se fanaient parmi les ruines.

Lieutenant Crabbe était tout jeune. Pendant le reste de la poursuite, Polly, la capricieuse, ne sentit plus le piquant de l'éperon.

Mais assez d'autres restaient qui ne savaient pas ou qui n'avaient point le cœur si tendre. Major Clinton, à la tête de ses volontaires, avait déjà remis son cheval en train.

La chasse avait lieu maintenant entre la rive droite du Tormès et la chaine de l'est. César était à un millier de pas du parti de Clinton. Sur sa gauche, la poste de villa revenait après avoir passé la rivière à gué. Entre ce parti et Clinton, Browne galopait achevant de fermer toute issue vers l'ouest.

Les Anglais manœuvraient maintenant à coup sûr. Trois affûts s'échelonnaient, en effet, sur la route à suivre : Maxwell, Mackensie et l'adjudant Reille, des volontaires ; trois coureurs éprouvés, ayant chacun sous leurs ordres un nombre suffisant de cavaliers.

César ne poussait pas Alazan. Sa contenance avait changé. L'enthousiasme de son récent effort avait fait place à une morne tristesse. Il se bornait à maintenir les cavaliers de la villa en arrière de sa ligne, afin de rester maître de sa gauche. Il savait, en effet, aussi bien que les Anglais eux-mêmes, ce qui l'attendait sur la droite.

C'était cependant par la droite qu'il lui fallait trouver une issue, car, en ce moment, il tournait presque le dos aux lignes françaises. Mais nous savons qu'il avait marqué pour son passage le col d'El Barco. Il allait au col d'El Barco.

A quelques centaines de toises du petit village de Sor, situé au pied de la montagne, deux arrieros, montés sur de belles mules, lui barrèrent la route à l'improviste et il subit leur feu, en vue des trois partis qui le poursuivaient. Les deux muletiers avaient tirés de près; cependant, César n'entendit point les balles siffler à ses oreilles. Il leur lança un regard significatif en prononçant ce nom : El Barco.

— Les Anglais sont au presbytère de Sor, lui dit un des muletiers comme il les dépassait.

Sa cravache fit le moulinet autour de leurs oreilles, et ils s'enfuirent eu hurlant.

— Maladroits coquins! leur cria Clinton, ne pouviez-vous mieux viser?

Ils avaient de bonnes mules, ces deux arrieros; ils se mêlèrent à la poursuite.

Ici, nous sommes contraints d'avouer que capitaine-lieutenant Maxwell, des canonniers de Cambridge, avait trouvé une boîte de tric-trac au presbytère abandonné de Sor. Tout le reste avait été pillé par nos amis de l'Anneau de fer, mais ni la Lune, ni la Voleuse d'enfants, ni le Charmeur de poules, ni l'Amirante, ne connaissaient le prix d'une boîte de tric-trac. On l'avait dédaignée.

Or, si vous voulez le savoir, c'est un jeu du diable. Une fois qu'on a pris le goût de *remuer du bois*, selon l'expression technique, c'est pour toute la vie. Encore, le tric-trac abrégé des Anglais, ce *back-gammon* dégénéré, n'est-il pas, à beaucoup près, aussi susceptible que le nôtre de passionner les cœurs et les intelligences. Néanmoins, c'est encore un diable de jeu. Voici la vérité :

Maxwell était posté depuis le matin sur une route où il n'avait vu passer qu'une demi-douzaine de mendiants estropiés et trois ou quatre vieilles femmes. Mackensie éprouvait le même sort à une demi-lieue de là.

Maxwell avait été chercher Mackensie et l'avait conduit au presbytère, où ils faisaient leur septième partie au grand désespoir de Maxwell. Car Maxwell était le plus misérable des hommes quand il jouait au tric-trac, et il y voulait jouer toujours. Voilà ce que c'est que le tric-trac : un jeu du diable.

Pensez-vous que Mackensie fût plus heureux, lui qui gagnait sans cesse? Non, le tric-trac lui faisait horreur, et

Maxwell le tuait à petit feu en le forçant à gagner ses appointements et sa pension.

La boîte de tric-trac sauta au milieu de la septième partie, parce qu'on criait aux armes dans la cour. Diable de jeu ! Mackensie et Maxwell arrivèrent pour voir passer les derniers volontaires de Clinton. Ils se joignirent à la chasse.

Mais leurs volontaires avaient travaillé pour eux, et César de Chabaneil, pris en avant par ces deux troupes nouvelles, voyait son champ d'action rétréci à chaque instant.

Il était obligé de suivre une ligne oblique qui le rapprochait de la rivière. Les nouveaux poursuivants avaient des montures toutes fraîches, et c'étaient de rudes cavaliers.

Le danger évident et croissant éveilla enfin le fugitif qui, depuis sa station aux ruines, semblait engourdi sur son cheval. Il se retourna tout à coup sur sa selle, examinant chacun des partis l'un après l'autre et jugeant sa situation.

Sa situation avait subi deux changements également fâcheux. Chacun des partis qui le suivaient avait gagné du terrain, de telle sorte que Browne arrivait à portée de carabine, gardant l'avantage de son élan, et que les volontaires des deux derniers affûts le débordaient visiblement sur sa droite.

Il poussa un grand soupir comme s'il eût voulu chasser d'un seul coup sa douleur accablante et l'angoisse morale qui le paralysait. Sa taille gracieuse et robuste se redressa. Alazan tressaillit sous lui comme s'il eût ressenti le choc de cette transformation. César n'eut besoin ni d'agir ni de parler, Alazan allongea ses jarrets infatigables et prit son élan, qui ressemblait à un vol.

— Stop ! courrier ! lui criaient en ce moment les volontaires. Nos balles iront plus vite que vous, si vous vous entêtez à crever nos chevaux !

Et, de fait, ils étaient pleinement à portée. Mais ce ne fut qu'un instant. Quand ils voulurent exécuter leur menace, quelques secondes après, il n'était plus temps. César, dès qu'il eut repris son avantage, fit comme les marins qui naviguent au plus près, il serra le but, sinon le vent, et mit ainsi ceux qui le côtoyaient dans son sillage. Une fois doublé ce cap vivant, il poussa directement à la montagne.

Depuis quelque temps déjà, on ne voyait plus dans les rangs des Anglais les deux muletiers qui avaient déchargé leurs pistolets sur César. Ils s'étaient dirigés, eux aussi, vers la montagne, au moment où la course tendait à se rapprocher du Tormès, et l'on avait pu apercevoir les pompons rouges de leurs mules sur la droite dans les roches, au bas du col d'El Barco. César les avait suivis de l'œil, et leur disparition derrière les roches avait été comme le signal de son changement de manœuvre.

Le col d'El Barco est un des plus larges et des plus pratiqués de la sierra de Gredos. Il donne passage à la route qui va de l'Escurial à Ciudad-Rodrigo, et les paysans y peuvent mener des charrettes légères. Après le col d'El Barco, la sierra est tout d'une pièce jusqu'à la pointe de Piedrahita : trois grandes lieues d'Espagne.

Il fallait passer là ou renoncer, car la chaîne d'Avila, occupée militairement par les bandes du Tuerto (le Borgne) et de José Navalmarens, formait un mur nouveau et plus infranchissable.

A supposer que nul obstacle n'arrêtât la course de César de Chabaneil, il n'avait plus rien à craindre de ceux qui étaient derrière lui. Une sorte de promontoire rocheux, projeté fort avant dans la plaine, avait forcé en effet Clinton et sa suite à incliner leur direction vers l'est, et ils se trouvaient maintenant derrière les cavaliers de la villa, les trois corps de poursuivants continuant ainsi une seule et même ligne. La droite de César restait donc complétement libre, en ce qui regardait les chasseurs que nous avons vus s'engager successivement sur sa trace.

Mais il y avait d'autres chasseurs. Il était impossible qu'un plan de campagne, arrêté par Noir-Comin, laissât sans gardiens un des passages les plus importants de la sierra. Non-seulement César de Chabaneil n'était pas hors de peine, mais il arrivait à la crise. Jusqu'alors, en effet, à force d'adresse et grâce à l'admirable instrument qui servait son habileté de cavalier, il avait réussi à garder sa distance.

Or, entre toutes les conditions de cette prodigieuse gageure, c'était ici la plus importante. Il ne s'agissait pas de combattre : combattre est facile. Avec quelle joie Chabaneil, et son Alazan aussi, car il était de bataille, ce beau, ce vaillant cheval, avec quelle joie ivre Chabaneil et son Alazan auraient-ils chargé à cette heure où la fièvre les prenait enfin tous les deux !

La main de César se crispait sur la bride comme si c'eût été la poignée d'un sabre. Son bouillant courage le démangeait. Le vertige qui saisit le soldat au milieu des mêlées tournait autour de son cerveau. Beaumanoir n'avait que soif, sur la lande héroïque, quand ses compagnons lui crièrent : Bois ton sang ! César n'avait point de compagnon, et il lui fallait boire sa colère.

Combattre ! mais c'est le soulagement ! Il ne s'agissait pas de combattre. César était sur son cheval comme un hardi marin sur sa barque, parmi les brisants où l'a jeté la tempête. Le marin ne songe qu'à sa barque ; César ne songeait qu'à son cheval. Il lui fallait les jarrets sains et souples de son cheval ; il lui fallait son ardeur tout entière, et toute sa force et toute sa santé. Une goutte de son sang lui eût manqué, une seule goutte !

Alazan blessé, c'eût été la barque touchée et mordue par la dent du récif.

Il ne fallait pas qu'Alazan fût blessé. Il ne s'agissait pas de combattre.

Et pourtant, là-bas, à l'embouchure du col d'El Barco, il y avait des hommes armés : une demi-douzaine d'Espagnols, commandés par un guerillero, dont l'espingole brillait au soleil. Ceci n'était rien.

A gauche du col, derrière une ligne de halliers qui s'étendait vers le nord, le dernier affût des Anglais était posté ; on le voyait au travers des feuillages brûlés : l'adjudant Reille, des canonniers Irlandais, deux dragons du prince et deux gardes à cheval. Tous les cinq avaient la carabine à la main.

Le hasard de la course avait mis major Clinton à côté de Browne. Il avait les reins courbaturés et l'ardent soleil lui donnait la migraine.

— Ce ne sera pas même un de nos frères officiers du *little staff* qui aura la prime, dit-il avec mélancolie. Voici là-bas Reille, un Irlandais, pourtant, et un papiste par-dessus le marché! Devrait-on laisser de pareilles gens dans l'armée! Le destin est une bête malfaisante et stupide, Browne! Je me donne au diable de bon cœur si ce n'est pas la pure vérité!

— Que ce soit Reille ou un autre, s'écria Browne, un papiste, un mahométan, un païen, qu'il l'ait seulement, et je lui donne ma pipe d'écume en outre des quatre mille livres. Damnation! major, ce brigand m'a fait attraper un coup de soleil! Ma joue va peler, savez-vous, et le teint ne revient jamais comme il faut!

— Le pauvre Grey-Hood n'en peut plus! soupira Clinton. Oh! oh! gentlemen, voici Reille qui s'ébranle; élargissons notre front pour le cas où ce damné aurait l'idée de faire encore un crochet!

Les cinq partis réunis, au nombre de vingt-cinq à trente hommes, couraient maintenant à près de mille pas derrière le fugitif, dont le cheval avait pris un élan véritablement extraordinaire.

Reille et ses cavaliers avaient fait un mouvement, en effet, et venaient barrer la route en avant du col. Ce fut un instant solennel pour tous. Parmi les poursuivants, il n'y avait pas un cœur qui ne battît.

César allait droit à Reille, comme s'il eût espéré le culbuter par la miraculeuse vélocité de son élan. Il avait la main droite aux rênes et la gauche sur la hanche. Sa tête se portait haut; sa taille développait avec une sorte de coquetterie toute sa gracieuse fierté.

— Halte! lui cria Reille quand il fut à deux cents pas.

César ne répondit point; il avait les yeux fixés sur des roches bizarrement dentelées qui s'amoncelaient sur la gauche du col, juste au-dessus des Espagnols et à une quarantaine de toises des Anglais.

Trois têtes se montraient là parmi les festons de la pierre : deux titus noires coiffées de la résille et une tête blanchâtre qui semblait saupoudrée de farine.

Les gens de Reille ne pouvaient voir, puisqu'ils tournaient le dos, et le gros des poursuivants n'avait d'yeux que pour César.

D'ailleurs, c'est à peine si les têtes dépassaient le niveau des rochers.

— Hop! chéri! dit César, dont le pâle visage, tout inondé de sueur, eut un sourire.

— Halte! cria pour la seconde fois Reille.

— Sur ma parole! gronda Clinton, il les charge!

— Le poing sur la hanche et la main à la bride! ajouta Browne.

—Non pas! dit Maxwell; le voilà qui dégaîne sa cravache! Il est fou!

— Halte! ou vous êtes mort! ordonna Reille.

Les cinq carabines tombèrent en joue. César n'était plus qu'à cinquante pas, et, pour Alazan, cinquante pas c'était le temps de presser la détente, — juste!

César brandit sa cravache au-dessus de sa tête. Était-ce une suprême bravade?

Ou était-ce un signal? Trois canons de carabines brillaient maintenant sous le soleil au-devant des trois têtes, là-haut, parmi les roches dentelées. Reille n'eut pas le temps de commander le feu.

Trois éclairs d'un rouge sombre s'allumèrent, et la roche eut son sommet enveloppé de fumée. En même temps, l'espingole du guerillero partit.

Reille et deux de ses cavaliers roulèrent dans la poussière. Entre les deux autres, blessés tous deux et stupéfaits, Alazan passa comme un tourbillon. Ils se retournèrent et firent feu. Au même instant, les Espagnols postés à l'embouchure du col déchargeaient leurs armes en désordre.

Au milieu du nuage, on vit César de Chabaneil debout sur les étriers, la bride aux dents, un pistolet dans chaque main et courant sur eux ventre à terre. Le guerillero à l'espingole avait disparu.

Les Espagnols se lancèrent à droite et à gauche dans les halliers, emportés par une terreur panique. César remit ses pistolets chargés dans ses fontes et franchit le col au petit galop.

Il n'y avait plus rien au sommet de la roche dentelée.

X

Le dernier bond.

Il était trois heures après midi, et César de Chabaneil n'avait fait que la moitié de sa route : mais on peut dire que c'était la plus forte moitié, car il avait franchi la ligne des montagnes et laissait derrière lui les trois quarts de ses ennemis.

C'est dans le col d'El Barco, dans la pauvre venta, isolée sur le versant oriental de la montagne et qui, du sein des roches arides, regarde si tristement les riants peupliers de l'Alberche, que l'auteur de ce livre entendit parler pour la première fois du capitaine Fantôme. Nous étions deux voyageurs affamés devant un maigre repas.

Le maître de l'auberge, vieux guerillero qui avait combattu sous José Navalmarens du temps de l'Empire et sous Riego en 1820, prononçait le nom du *Cabanil de France,* car c'est ainsi qu'on nomme encore César de Chabaneil dans la sierra de Gredos, avec la même emphase qu'il eût mise à prononcer le nom du Cid. Il y a bien longtemps que la haine de l'Espagne contre la France est morte.

Diego Coy nous montra une estampe enfumée, représentant un dragon, masqué d'un voile noir et monté sur un cheval qui rendait le feu par ses naseaux. C'était le Cabanil français qui, à part ses autres mérites, avait, aux yeux de notre Diego, celui d'avoir mystifié les Anglais.

Car cette haine-là n'est pas morte, la haine de l'Espagnol contre l'Anglais. Elle vivra tant que Gibraltar, solennellement restitué comme une chose volée, n'aura pas baissé l'insolent outrage de son pavillon.

Ils sont innombrables les faits légendaires qu'on attribue là-bas au Cabanil français, au capitaine Fantôme; mais, parmi tous ses exploits, le plus populaire, sans contredit, est sa double course du camp de la Guadarrama à Miranda de Duero et de Miranda de Duero à Talavera-de-la-Reine, pour porter les dépêches du roi Joseph à Soult et rapporter les dépêches de Soult au roi Joseph. Sur cette odyssée équestre ils ne tarissent pas, et Alazan, le cheval vert de bronze, tient dans leurs récits autant de place que son maître.

César avait désormais le vaste horizon ouvert devant lui ; les plaines de la Vieille-Castille s'étendaient à perte de vue, en deçà et au delà de l'Alberche, dont le cours largement sinueux traçait de grandes courbes dans la campagne; mais cet horizon ouvert n'était pas sans lui montrer des dangers, et il ne pouvait pas encore choisir son chemin comme il voulait dans cette plaine découverte.

La route la plus courte et la plus rationnelle aurait été de suivre le cours de l'Alberche pour tourner la gauche des lignes anglo-espagnoles et gagner l'armée française qui, à l'heure présente, devait être en marche sur Talavera ; mais des corps armés, soit guérillas, soit troupes régulières de la junte, descendaient incessamment des montagnes d'Avila vers le Tage et lui barraient le chemin de ce côté.

Ce n'était pas pour lui, assurément, qu'elles tenaient la campagne: mais il savait que, la nuit précédente, Noir-Comin avait dépêché un courrier à Avila. Son signalement devait être donné, et il n'était plus temps de prendre comme un passe-port ce titre de correo mayor de sir Arthur Wellesley.

Il avait, il est vrai, un déguisement dans sa valise, de vastes champs couverts d'oliviers pour abriter sa toilette, et du loisir même, puisque la meute anglaise ne se montrait point encore au débouché castillan du col d'El Barco : mais chaque homme a sa gloriole, si véritablement fort qu'il soit.

Nous faisons tous plus ou moins de *l'histoire*, c'est-à-dire des choses qui se puissent un jour raconter. César, qui déjà marquait tant de points dans la partie commencée, tenait à honneur de gagner la gageure sous ce propre costume de courrier qui avait excité les premiers aboiements des limiers acharnés sur sa trace. D'ailleurs, comment déguiser Alazan?

César de Chabaneil avait un corps de fer. Tout les héros des légendes en sont là. Mais le fer s'use. Il ressentit la première atteinte sérieuse de fatigue quand il ralentit l'allure de son cheval en descendant la pente castillane de la montagne.

Ses reins le brûlèrent et ses jambes endolories cherchèrent une posture qui les pût délasser. Il y avait vingt heures qu'il courait depuis son départ de Talavera-de-la Reine, et, avant de se reposer à Talavera, il avait déjà, la veille, fourni une course de six heures. Alazan, lui, au moins, avait eu la nuit bonne.

Ce qui faisait souffrir le plus César, c'était une soif ardente. Il avait essayé de sa gourde déjà plusieurs fois, mais sa gourde ne contenait que de l'eau-de-vie et, par la chaleur étouffante qui était dans l'air, l'eau-de-vie attisait le feu de sa poitrine. Il ne pouvait s'approcher de l'Alberche, le long duquel marchaient, par escouades désordonnées, les troupes qui rejoignaient l'armée de Cuesta. Il avait beau chercher : pas une source, pas un ruisseau ne se présentait à sa vue.

Le pays où il voyageait compte parmi les moins arides de l'Espagne. On y peut néanmoins cheminer bien longtemps sans trouver une goutte d'eau. Il avait mis Alazan au grand galop de chasse, ce qui était du repos, comparativement à sa récente allure. Le bon cheval, cependant, flairait au vent et donnait des signes d'inquiétude.

— Tu es comme ton maître, chéri, lui dit César, tu as soif.

Alazan hennit doucement. Les chevaux parlent.

— Nous passerons donc, si tu veux, reprit César, à la venta de Gavilas, sous Monbeltran, au risque de rencontrer notre ami Noir-Comin et le restant de l'état-major de Sa Seigneurie... La route nous semblerait trop longue, n'est-ce pas, chéri, si nous n'étions pas un peu poursuivis?

Alazan encensa de la tête et souffla dans ses naseaux grands ouverts. César se retourna vivement sur sa selle. Il gravissait en ce moment le sommet d'une petite éminence qui dominait tout le pays.

Il vit, à une bonne demi-lieue derrière lui les officiers du *little staff* et les volontaires, réunis en un seul corps. Il se fit de la main une visière et regarda de tous ses yeux. L'absence de Comin lui donnait à penser. Il se disait :

— Tant que je n'aurai pas mis Noir-Comin derrière moi, nous ne serons pas hors d'affaire.

Il ne vit point Comin : il vit seulement que la meute poussait à grand'peine maintenant ses chevaux découragés.

— Tu es du pays du soleil, toi, chéri ! murmura-t-il en caressant l'encolure humide d'Alazan. La chaleur te donne du fond, et c'est à peine si cette atmosphère torride t'arrache une goutte de sueur...

Il s'interrompit en tressaillant et mit légèrement l'éperon sous le ventre d'Alazan, qui bondit, étonné. A cent pas de lui, sur la gauche, dans un petit champ d'oliviers, une trentaine de chevau-légers espagnols mangeaient leur pain sec sur l'herbe, tandis que leurs beaux chevaux, tous frais, broutaient les branches des oliviers

— Voilà un relais ! pensa Chabaneil. Nous allons revoir les gentlemen sur nos talons, chéri ; ne dormons pas !

Un Espagnol, mangeant un oignon cru avec son pain sec, ne se dérange pas plus volontiers qu'un coutelier de Birmingham attablé chez Véfour. Les chevau-légers examinèrent attentivement le courrier et le reconnurent, mais ils ne bougèrent pas.

Alazan montrait toujours des signes d'inquiétude, sans toutefois ralentir son pas. Il tourna la tête tout à coup comme l'âne de Balaam, et son mouvement fut aussi expressif que la parole même, car César l'arrêta court et sauta sur la poussière de la route.

Il faillit rouler sur le sol, tant ses pauvres jambes étaient roides.

Une écume abondante et sanguinolente bavait autour de la bouche d'Alazan, dont les grands yeux avaient des larmes.

— Tu te sens devenir fou, ami, murmura César. Nous allons te soulager, s'il plaît à Dieu, car voici là-bas un remède. Attends-moi et ne bouge pas.

Dans un champ de blé ravagé et qui n'avait pas même été coupé au temps de la moisson, une vache paissait, entourée de quelques mérinos. César la joignit sans peine : elle n'avait pas encore été courue par les maraudeurs. Il l'abattit d'un coup de pistolet dans la tempe et lui coupa sur le dos, à l'aide de son couteau catalan, une lanière de cuir à laquelle adhérait la chair chaude et saignante.

Il jeta sa bourse auprès d'elle et revint à la route. Il ouvrit la bouche d'Alazan et en retira le mors, qu'il emmaillotta dans le cuir, en ayant soin de laisser la chair au dehors. Les yeux du maître et ceux du cheval se rencontrèrent alors. Ceux d'Alazan remerciaient aussi clairement que s'il eût dit en pur espagnol : *Agradecimientos!* Cependant, César secoua la tête en pensant tout haut :

— Il nous faut mieux que cela, chéri. Nous nous tâterons le pouls à Gavilas.

Il le baisa et sauta en selle : mais avant de monter, il avait pu voir les officiers de l'état-major et leurs volontaires arrêtés comme lui sur la route, en face du champ d'oliviers. Ils changeaient de chevaux. La distance entre eux et lui était plutôt augmentée que diminuée; cependant il mit Alazan au galop de course, dès que celui-ci eut repris son élan.

Il côtoyait toujours l'extérieur de ce large feston, formé par la sierra de Gredos et à l'intérieur duquel il était naguère enfermé. Au milieu de l'atmosphère poudroyante, le clocher de Mombeltran se montrait devant lui.

Bientôt il allait entrer dans cette route où, la veille, il avait bravé si vaillamment la première poursuite du little staff, mais le meilleur des alcades ne pouvait plus rien pour lui. Son chemin passait à une demi-lieue de la ville, sur la gauche.

— Pourrais-tu seulement sauter la barrière, à l'heure qu'il est, pauvre ami? murmura-t-il.

Alazan allait un train d'enfer. Pas un de ces fils de preux à quatre pieds qui foulent les gazons d'Ascott ou de New-Market, illustrés de plus de quartiers qu'il n'en faut pour entrer chanoinesse aux chapitres allemands, pas un ne l'eût passé d'une demi-tête. Mais il était triste; les muscles de son encolure fléchissaient et ses jolies oreilles pendaient.

César aussi était triste. Hélas! hélas! il avait fallu toute l'ardeur d'Alazan, toute l'excitation de cette lutte entraînante, pour relever un instant son pauvre cœur abattu. L'image de Blanche endormie dans son suprême sourire passait bien souvent devant ses yeux.

Il fallait vaincre pourtant, dussent le cavalier et le cheval tomber en touchant le but!

Entre Monbeltran et le village de Gavilanes, s'élève un monticule aride, au sommet duquel deux ou trois chênes-liéges ont poussé à la grâce de Dieu, formant un maigre bouquet au-dessus du toit rouge et plat de la venta de Gavilas, masure assidûment fréquentée par les muletiers qui font le service d'Avila au pont de l'Arzobispo.

Au temps où se passe notre histoire, les maletiers chômaient et le seigneur Guttierez, souverain maître de la venta de Gavilas, n'avait que trop de loisirs. Il fumait sa cigarette sous les liéges malades, quand il aperçut le courrier mayor monté sur son Alazan.

— Holà! Catarine, cria-t-il. Deux flacons de vin portugais et un d'aguardiente! Voici le cheval qui boit comme un Anglais! Nous aurons nos étrennes aujourd'hui, grâce à la Trinité sainte!

Catarine se mit en mouvement aussitôt, car on savait que le seigneur Pedrillo n'aimait pas attendre. Il payait bien quand on le servait vite.

— Quatre flacons, Guttierez! ordonna César en arrivant au bas du mamelon, et sur ta vie, pas une seconde de perdue, l'homme!

En parlant, il examinait Guttierez. La figure satisfaite et respectueuse disait qu'on ne l'avait point encore averti. César gravit le mamelon au galop pendant que Guttierez, après l'avoir salué, disposait tout pour le recevoir.

— Quelles nouvelles, homme? demanda le courrier.

— Excellence, on dit que notre invincible armée a tué tous les Français sur la Guadarrama. Les habits rouges n'y sont pour rien. Venegas a fait le roi Joseph prisonnier et compte envoyer ses tripes au roi Ferdinand, sous le respect que je dois à Votre Grâce, salées dans un baril à mettre du lard.

— Voilà d'heureuses affaires, Guttierez... Le baquet devant la porte, l'ami !

Il avait mis pied à terre. Avant de commencer sa besogne, il jeta un regard derrière lui sur la route parcourue. Malgré leurs montures fraîches, les poursuivants restaient à bonne distance. Il avait le temps de ce côté.

Mais il regarda aussi à droite, à gauche et devant lui, car le mamelon dominait la contrée, et il n'était point de direction où il ne pût attendre un ennemi.

Devant lui, la route de l'Arzobispo était libre. A sa gauche, les corps de troupes continuaient leur mouvement de concentration sur Talavera-de-la-Reine : cela ne le regardait point, à moins qu'une poursuite de flanc droit ne le forçât à incliner vers l'est. Mais il n'y avait pas apparence. La droite aussi était libre en deçà et au delà de Monbeltran.

Noir-Comin avait manqué le joint, et peut-être attendait-il encore au défilé de Cabanil. Deux heures de jarret pour Alazan, et la course la plus étonnante que jamais homme de cheval eût accomplie allait avoir son dénoûment heureux.

Comme il songeait ainsi, et au moment où Guttierez lui annonçait que tout était prêt pour le service de Son Excellence, un cavalier passa la barrière de Monbeltran, puis deux, puis trois, — puis vingt. Le visage de César s'anima.

Dans le premier cavalier, et d'un seul coup d'œil, il avait reconnu la gigantesque stature de Noir-Comin. Par la morbleu ! c'étaient des éperons pour Alazan. Sans Noir-Comin, la fête n'eût pas été complète !

Noir-Comin venait droit à la venta, qui était bien pour lui dans la direction de Talavera-de-la-Reine.

— Mets le baquet à l'ombre, homme ! ordonna César, qui se glissa derrière la masure.

Le prétexte était bon. Quoique le soleil penchât vers l'ouest, il brûlait encore. La masure abritait César et son cheval non-seulement contre le soleil, mais aussi contre les regards de Comin.

Il y avait, sur une petite table dont le pied se fichait dans le sol, quatre flacons de porto et un d'aguardiente. A terre, un seau et un baquet, contenant de l'eau tous deux. Alazan soufflait chaud et tendait le cou vers le baquet, mais il n'était pas temps encore.

Le flacon d'aguardiente fut d'abord versé dans le seau jusqu'à la dernière goutte, et Alazan, débarrassé de tout son harnais en un clin d'œil, fut épongé de la tête aux pieds avec ce grog, qui ouvrait les narines de Guttierez et de Catarine. Le bon cheval hennissait de plaisir.

Quand César eut refait sa toilette avec soin, mais avec célérité, les quatre flacons de porto allèrent dans le baquet, où César avait laissé pareille quantité d'eau à peu près. Il se fit apporter une tasse, et l'on peut dire qu'Alazan et lui trinquèrent avec le même breuvage.

C'était, en effet, à la santé d'Alazan que César buvait du meilleur de son cœur.

Quand il se remit en selle, cinq minutes n'étaient pas écoulées. Il avait laissé sa bourse pour payer la vache tuée. Il jeta une bank-note sur la table, et Alazan, ressuscité, partit comme un trait. César aussi avait le cœur plus haut que jamais. Tout le little staff, Comin et les volontaires sur ses talons, c'était trop peu : cela ne valait pas mieux qu'un seul homme, en définitive. Il eût voulu, car le diable le reprenait au corps, un bouquet pour le feu d'artifice de sa course.

Il ne lui fallut qu'une douzaine de pas pour voir qu'il était servi à souhait, trop bien servi peut-être, car la nouvelle ardeur d'Alazan ne pouvait pas être de bien longue durée.

La meute, qui l'avait suivi par le col d'El Barco et qui était remontée à neuf, avait naturellement gagné beaucoup de terrain pendant sa station à la venta; elle n'était plus guère séparée de lui que par la largeur du mamelon, mais elle l'inquiétait peu.

Le danger ne venait pas de là; le danger venait de Noir-Comin, qui avait changé de route pendant que César, à l'ombre de la masure, échappait à sa vue, il est vrai, mais cessait aussi de le voir.

Comin avait l'œil perçant aussi. Comin l'avait peut-être

découvert et reconnu au sommet du monticule. Peut-être lui avait-il suffi de voir la direction suivie par la meute pour deviner le gibier.

Toujours est-il qu'au lieu de continuer son chemin vers la venta, où il ne pouvait arriver à temps pour saisir le fugitif, il avait tourné brusquement sur la droite, descendant au Tage de toute la vitesse de son cheval frais, acheté à Monbeltran.

Ses gens le suivaient, et la différence entre les capacités de leurs bêtes suffisait à les échelonner, de telle sorte qu'en démasquant le mamelon, César vit un rideau humain et vivant qui tendait à l'envelopper par le flanc droit, tandis que sa gauche était fermée par la marche des recrues d'Avila.

Rideau et recrues lui laissaient à la vérité, en apparence, une assez large voie, mais cette voie ne pouvait aboutir qu'à Talavera même ou au Tage, en dedans, beaucoup en dedans du pont de l'Arzobispo.

Comin le débordait de plus de mille pas, à une demi-lieue environ de la perpendiculaire que sa course abaissait maintenant sur le Tage. Comin semblait monté excellemment. Auprès du problème qui lui restait à résoudre, ses prouesses de la matinée étaient des jeux d'enfant.

Tout son sang lui monta au visage et son cœur battit violemment : ce fut d'enthousiasme. Il fallait cela pour chasser les torpeurs de la fatigue et du chagrin. Le taureau languissant a besoin d'aiguillon, mais quand le rouge est monté à ses yeux, il meurt dans une gloire de carnage, au milieu des chevaux éventrés et des cavaliers broyés. C'était l'aiguillon ; c'était l'ivresse surhumaine qui engendre le suprême effort. Le feu d'artifice allait avoir son bouquet, la mine chargée son explosion, le drame invraisemblable son dénoûment prodigieux.

Il semblait qu'Alazan connût cela, car il bondissait joyeux et orgueilleux comme le soldat pris par la folie de la poudre et qui se rue à l'assaut impossible.

Cette fièvre dura un instant, puis le cheval reprit son allure égale et légère, tandis que le cavalier examinait d'un œil perçant la dernière chance de sa partie.

Il n'y avait pas à se leurrer : les chances n'étaient pas même au nombre de deux. Il fallait désormais jouer le va-tout sur un seul dé.

Et le dé portait le plus bas de tous les points, et la chance unique était si faible qu'un condamné à mort n'eût pas voulu risquer sur elle les douze heures de la nuit qui précède le supplice.

Il fallait de toute nécessité doubler Comin et prendre sur lui la corde à tout prix, car Talavera c'était la potence, et le Tage, large et profond, présentait un obstacle absolument infranchissable.

— Hop! Alazan chéri! mets ton ventre fumant au ras du sable, allonge l'acier flexible de tes jarrets, ménage ton souffle, déploie tes ailes!

César appuya ses deux mains au pommeau de la selle et prit la pose du jockey en course. Alazan hennit avec une vigueur qui mit l'espoir dans l'âme de son cavalier; il y avait dans le merveilleux assemblage de ses muscles des ressources inépuisables.

Le vent frappa plus vif le visage de César. Le sol se mit à fuir avec une vertigineuse vélocité, qui augmenta pendant toute une minute. Alazan avait son galop de course, son galop de triomphe, son vol, son vol magique, qui fendait l'air comme un rayon perce les ténèbres.

La meute perdait à vue d'œil, à vue d'œil Alazan gagnait. C'était un admirable spectacle, et qui passionnait ceux-là mêmes qui tenaient contre lui l'enjeu de cette mortelle partie. Par derrière, Clinton, Browne. Maxvell et Mackensie criaient bravo malgré eux, et Crabbe, debout sur ses étriers, battait des mains avec l'enthousiasme irlandais.

Comin ne criait pas bravo; Comin ne battait pas des mains. Vous eussiez dit qu'il avait sur le visage un masque noir comme son nom. Malgré la vigueur de son cheval qui tenait à plus de cinq cents pas la tête de son parti, il se sentait gagné.

César avait atteint sa ligne, César la dépassait, César entamait son mouvement de conversion pour le mettre sur ses derrières, comme il avait fait si heureusement de l'autre côté de la sierra, avant d'atteindre le col d'El Barco.

Ce mouvement le rapprochait de Comin, qui préparait ses pistolets.

Le Tage était proche maintenant. On distinguait la ligne verte des peupliers de sa rive. Il n'y avait plus de recrues sur la gauche, car les positions de Cuesta étaient dépassées.

Sur la gauche, il n'y avait plus que les murailles grises de Talavera, précédées par leurs glacis semés d'oliviers et surmontées par les flèches gothiques des vieilles églises.

Alazan chéri! hop! hop! Encore un élan, et Comin dépassé fera feu inutilement de ses deux pistolets, et devant toi, ce sera l'espace libre.

Un bruit lointain, mais large et profond, se propagea dans l'atmosphère ébranlée. Ce n'était pas la voix du tonnerre, quoiqu'elle courût comme le tonnerre, cette grande voix, éveillant au loin les échos de la terre et du ciel. C'était le terrible concert, chanté par dix mille mousquets à la fois et dont le mugissement de cent pièces d'artillerie forme la basse.

Là-bas, sur la gauche, derrière les collines où tourbillonnait déjà la fumée, la bataille de Talavera-de-la-Reine venait de s'entamer par l'attaque du duc de Bellune contre l'aile gauche de l'armée espagnole.

Il y eut une grande acclamation et tous les Anglais se découvrirent, agitant leurs chapeaux ou brandissant leurs épées. Le courrier mayor était sauvé. Il ne s'agissait plus, en effet, de poursuivre un individu isolé, quel que fût le prix de sa capture. La voix du canon appelait ces soldats tous jeunes et tous braves.

Comin seul peut-être se fût obstiné à cette chasse vaine. Le mors blessa au même instant la bouche de tous les chevaux.

— L'Angleterre pour toujours! avaient crié en même temps Dalhousie sur la droite et major Clinton par derrière; gentlemen! à nos postes!

César était sauvé.

Mais c'est à ces heures que le destin semble jouer avec nous comme avec une proie, faisant de notre salut même le coup de massue qui nous achève.

César était perdu.

Nous l'avons dit : il était de bataille, ce noble, ce superbe Alazan, et la voix de la bataille l'appela bien plus énergiquement encore qu'elle n'appelait les Anglais. Au bruit aimé du canon, il renifla ét dressa l'oreille. Sa tête attentive se releva. Il huma l'air comme s'il eût aspiré l'odeur de la poudre.

— Hop! Alazan! hop! ami, dit César. Nous allons au feu par un autre chemin.

Mais Alazan n'entendait plus. Cette excitation nouvelle qui venait à la traverse de sa fièvre le rendait fou. Il résista pour la première fois à la main de son maître. Il tourna malgré la bride, et se dirigea d'une course furieuse vers l'est, d'où venait l'appel du canon.

César ne lutta contre lui qu'un instant. Ce fut trop encore, car les volontaires de Dalhousie, suivant leur élan, arrivèrent à sa rencontre, tandis que Comin, se retournant, rechargeait ses pistolets en prenant la nouvelle direction de la course.

En moins de temps qu'il ne nous en faut pour l'écrire, César fut cerné de trois côtés : à gauche par la meute qui coupait sa ligne à angle droit; derrière, par Dalhousie et ses gens; à droite, par Comin tout seul.

Il piqua des deux en rendant la bride, et Alazan prit de lui-même la seule route possible désormais : possible pour un instant seulement, car elle aboutissait aux remparts de la ville. Il gardait son feu après avoir perdu son instinct.

Jamais on ne l'avait vu gagner au pied si puissamment. Il allait dépasser encore une fois les volontaires, quand un coup de carabine partit au commandement furieux de Comin, qui ne cessait de crier :

— Feu! feu! gentlemen! Il nous échappera! la terre s'entr'ouvrira! Feu! sur votre honneur de militaires anglais!

Au coup de carabine, Alazan trébucha comme si son pied eût rencontré une pierre. Il ne s'arrêta point, mais César le sentit blessé avec autant de certitude que si la balle eût déchiré sa propre chair. Il le soutint en bride et donna de l'éperon une seconde fois. Alazan hennit faiblement. C'était comme un reproche.

— Hop! chéri! courage! courage!

A quoi bon, cependant? c'était le rempart.

Mais César voulait aller au rempart.

— Hop! Alazan! tu ne tomberas que roide mort!

Il tira violemment la bride en jouant de l'éperon pour la troisième fois. Alazan se cabra et ouvrit la bouche. César avait à la main sa gourde débouchée. Il se leva sur les étriers et entonna le contenu de sa gourde dans le gosier du noble animal.

— Hop! hop!

Alazan bondit encore, frémissant du garot à la croupe, et secouant sa crinière qui se hérissait sur son cou. Le dernier mouvement de César avait produit un temps d'arrêt de quelques secondes. Deux coups de pistolet retentirent.

C'était Comin qui arrivait, lancé comme une avalanche. Une balle siffla à l'oreille de César. Il n'entendit pas l'autre, mais Alazan rua en rendant une plainte.

César se retourna. Comin était à dix pas pointant sa claymore.

César ajusta le seul pistolet qu'il eût chargé. Comin tomba sous son cheval, qui fut percé d'une balle au milieu du front.

— Hop! Alazan chéri! hop!

— Alazan monta le glacis. Il y avait dans tout son corps une convulsion intérieure.

— Va-t-il sauter le rempart? demanda Browne en arrêtant son cheval.

Les autres se prirent à regarder, stupéfaits qu'ils étaient devant cet acte d'extravagant désespoir.

— Rendez-vous, seigneur courrier, rendez-vous! crièrent quelques voix.

Le fossé était comblé par les travaux de sir Arthur, lors de la reprise de Talavera. Alazan franchit le fossé. Il n'y avait plus à le suivre qu'une douzaine de volontaires qui criaient:

— Rendez-vous! rendez-vous!

Ils étaient, du reste, tout près de l'atteindre, car Alazan tremblait sur ses jarrets, et laissait derrière lui une double trace de sang.

Un coup d'éperon l'enleva jusque sur le rempart.

Personne ne l'y suivit et il se fit un grand silence, parmi lequel éclatait le tumulte lointain de la bataille.

— Hop! Alazan chéri! cria encore une fois la voix altérée du courrier. Il n'y a plus qu'un pas : c'est pour mourir!

Ses éperons tout entiers s'enfoncèrent dans les flancs du noble cheval, qui fit un bond convulsif et disparut avec son cavalier dans l'abîme qui était de l'autre côté du rempart.

XI

Martin Diego.

Ainsi finit la grande course du capitaine Fantôme. Les traditions du pays de Talavera y ajoutent des circonstances qui la rendent beaucoup plus merveilleuse et surtout plus invraisemblable. Une des versions, entre autres, affirme que le Cabanil de France fournit cette longue carrière le casque en tête et sous son uniforme de dragon.

Nous n'avons pas cru devoir l'adopter à cause de ce fait : au moment où il partit pour Miranda de Portugal, le correo mayor sortait du cabinet du général en chef et devait, par conséquent, porter le costume de son emploi.

Les soixante cavaliers qui avaient donné la chasse à César de Chabaneil tournèrent bride tristement devant cette péripétie inattendue et gagnèrent la porte de la ville. Comin y entra à pied. C'était le cinquième cheval qu'il tuait sous lui depuis quarante-huit heures.

La ville de Talavera présentait en ce moment un singulier aspect de solitude et d'abandon. Le général en chef avait quitté son quartier et la totalité des troupes anglaises avec lui, car le fort de la bataille était à l'aile gauche où le maréchal Victor attaquait le mamelon fortifié.

Les Espagnols étaient aux remparts du nord-est, qui

avaient vue sur le champ de carnage. Ceux qui ne s'étaient pas éloignés pour combattre ou pour voir se renfermaient, tremblants, dans leurs maisons.

Il n'y avait pas une âme dans les rues.

Nos cavaliers tournèrent ensemble le chemin de ronde qui suivait la ligne des remparts à l'intérieur. Arrivés à l'endroit où César de Chabaneil et son cheval avaient dû tomber, ils cherchèrent. Quelques-uns parmi eux s'attendaient à quelque diabolique surprise.

Comin découvrit le premier le cadavre d'Alazan. Le bon cheval s'était cassé les deux jambes de devant dans sa chute, mais ce n'était pas sa chute qui l'avait tué, car il avait la jugulaire tranchée d'un large trait de coutelas, et tout son sang qui coulait par cette énorme blessure formait une mare sous son poitrail.

Il n'y avait plus de pistolets dans les fontes de la selle, et la petite valise qu'il portait naguère en croupe avait disparu. Il dormait dans son triomphe, le bel Alazan; nul ne pouvait se vanter de l'avoir dépassé ou atteint; il dormait les deux yeux fermés comme si une main pieuse eût pris soin de clore ses paupières.

Comin et plusieurs volontaires se mirent en quête de César. Ils cherchèrent en conscience, Comin surtout, mais ils ne découvrirent point sa trace.

Comin avait dit: La terre s'entr'ouvrira...

Il fallait renoncer à expliquer autrement la disparition du capitaine Fantôme.

Non-seulement nos gentlemen étaient rendus de fatigue, mais la faim et la soif les tourmentaient. Avant de se séparer pour joindre leurs divers postes, ils entrèrent à un cabaret voisin qui portait pour enseigne une douzaine de têtes groupées en rond avec cette légende: *A la junte de Séville.*

Il n'y avait là qu'une vieille femme, surveillant le *puchero* ou pot-au feu de mouton, violemment relevé d'ail, et un hôte, attablé tout au fond de la salle commune, devant une de ces larges écuelles de faïence qui sont la gloire de Talavera.

La bonne femme s'agitait en boitant comme une bête fauve

dans sa cage; elle avait le rosaire au poignet, et chaque volée de canon lui arrachait un râle de passion enragée. Le chaland, fort luron à la poitrine débraillée sous la chemise brune des bateliers du Tage, dépêchait son écuelle de soupe et regardait avec complaisance la portion d'agneau bouilli qui était auprès de lui.

— Oui, oui, grondait la vieille Mariana, patronne du cabaret de la *Junte*, ceux qui seront les premiers sur le champ de bataille auront les bonnes aubaines. Les Anglais ont de la précaution, ils laissent leurs montres et leurs bijoux entre les mains du quartier-maître ; mais les Français sont de jolis cœurs : ils meurent la breloque au gousset! Quand ils se battirent, voilà quinze jours, là-bas, au bord de la rivière, j'avais mes jambes, par la grâce de la très-sainte Vierge et de sa mère bénie, qui veillent ensemble sur moi depuis le baptême...

Ecoutez-vous cela, homme!... Boum! boum! boum! chaque coup de canon fait du butin... Et que Dieu soit loué au plus haut du ciel, s'ils s'entre-hachent menus comme de la chair à pâté, les hérétiques maudits! Où en étais-je! J'avais donc mes deux jambes. Clément Jésus! il y avait quelque bonne chose à prendre dans tous les goussets! Je fis une journée passable pour une pauvre veuve... Va donc, le canon! et que Notre-Dame nous préserve de tout dommage!... Mais aujourd'hui le mal de l'âge me tient depuis la hanche ; je ne peux pas marcher. Non! justice de Dieu! je ne peux pas!

J'ai envoyé mes deux doncellas ; elles me doivent ce qu'elles trouveront, car j'ai payé leur temps : mais où sont maintenant les cœurs honnêtes? L'étranger a apporté la condamnation en Espagne. Les filles vont me voler sur le butin qu'elles feront, mon ami! suis-je là pour savoir ce qu'elles cacheront en route?... Mais qui êtes-vous et d'où êtes-vous, l'homme?... Je n'ai jamais vu votre figure autour de notre pot-au-feu, le soir.

Le batelier releva sa tête toute hérissée de cheveux noirs comme de la suie.

— Servez le vin, bonne femme, dit-il. Je suis Martin Diego

et je viens de Tolède en suivant le fil de l'eau. Nous étions comme cela douze bateaux de conserve, car il y aura de la besogne cette nuit pour achever les habits rouges et les Français, là-bas dans les oliviers.

Mariana jeta sur lui un regard d'envie.

— Vous êtes jeune et vigoureux, soupira-t-elle. Cherchez les officiers et ne ménagez pas votre couteau, l'homme. C'est le bon Dieu qui envoie cette moisson aux pauvres gens.

Elle mit le vin sur la table et ajouta en baisant furieusement son rosaire :

— Trinité sainte! faites un miracle! Guérissez-moi tout d'un coup, et je promets à l'église de l'Annonciade les cent premiers réaux que mon couteau me donnera!

— Holà : sorcière! cria Dalhousie sur le seuil, à boire! à manger! Mets sur la table tout ce que contient ta boutique!

— Et vite! ajouta Browne. Nos chevaux attendent dans la rue.

Major Clinton ajouta avec plus de courtoisie :

— Bonne femme, les officiers du *little staff* ne sont pas fiers. Ils vous invitent à manger le premier morceau et à boire le premier verre....

— Pour avoir quelque chance de n'être pas empoisonnés, interrompit Crabbe. Allons! la mère! ou que Dieu me damne.

Noir-Comin entrait en ce moment. Sous son front plissé, ses yeux avaient le regard fixe et morne des jours de crise.

— Eh bien! colonel? demanda-t-on de toutes parts.

— La terre s'est entr'ouverte, répondit le laird en tombant sur un siége.

— Ma foi! s'écria Crabbe, si le pauvre diable s'est échappé, il l'a gagné ou que Dieu me damne!

— A table! gentlemen, à table! ordonna Clinton. Le canon nous dit, en bon anglais, que notre souper ne doit pas durer plus de dix minutes.

On prit place autour du puchero fumant. Noir-Comin s'assit comme les autres, mais il ne mangea point; il demanda une bouteille de genièvre.

Mariana, la patronne, faisait de son mieux, mais ses jambes enflées par le mal de l'âge (la goutte sciatique) n'allaient ni ne venaient. L'état-major criait et jurait.

— Excellences! murmurait-elle, nobles seigneurs! généreux protecteurs de l'Espagne! ne vous fâchez pas! Voyez mon infirmité. Sans le triste état où je suis, vous n'auriez trouvé personne à la maison, car j'aurais été avec mes deux servantes...

— Où sont-elles, tes deux servantes, bonne femme?

— A soigner les blessés, s'il plaît à Dieu, illustres seigneurs. Ne faut-il pas s'entr'aider? Prenez, je vous en prie, un peu de patience...

— Et toi, l'homme! s'interrompit-elle avec colère en se tournant vers le batelier, qui jusqu'alors avait échappé aux regards des Anglais, es-tu un chrétien? Maintenant que tu as fini de manger ton potage, ne peux-tu venir au secours d'une pauvre veuve?

Tous les yeux se tournèrent vers le coin obscur où Martin Diego achevait sa soupe.

— Éclairez-nous, femme! commanda Noir-Comin.

Le batelier s'était levé. Aux dernières lueurs du jour qui baissait. On put le voir entonner un large verre de vin.

— La vieille, dit-il en marchant lourdement vers la table, et en promenant sur l'assemblée un regard de joyeuse effronterie, toute peine mérite récompense à Tolède. Si je sers tes Anglais, moi qui suis un Espagnol libre, je veux mon souper pour rien.

Ces paroles furent prononcées avec une jovialité brutale et d'un accent populaire si fortement nuancé, que Noir-Comin, dont les soupçons étaient éveillés déjà, reprit son verre à moitié vide et l'avala en paix.

— Vous aurez pour boire, l'ami, dit major Clinton. Un peu de vivacité seulement, s'il vous plaît.

— Les jambes sont roides et les bras aussi, seigneuries, repartit la grosse voix de Martin Diego, qui apportait lui-même deux jaunes chandelles de suif, fichées dans des ronds de liége, quand on a tiré sur l'aviron toute la sainte journée.

Il drapa sur sa chemise brune un lambeau de manteau qu'il avait et resta campé en pleine lumière, attendant les ordres des convives.

On le regarda. C'était un homme de quarante ans, hardiment taillé, avec un visage si bien hâlé par le soleil qu'on eût dit une face européenne recouverte de la peau d'un Malabar. Autour de ce visage, la barbe drue et les cheveux étrangement touffus se hérissaient comme une de ces grosses brosses sphériques qui servent à faire la chasse aux araignées.

— Un solide camarade! dit Crabbe.

Noir-Comin détourna les yeux de lui et vida une seconde fois son verre plein de gin.

Les officiers du *little staff* avaient repris en sous-œuvre l'éloge funèbre d'Alazan.

— Ici, femme! appela Comin.

Mariana s'avança en boitant.

— Connaissez-vous l'uniforme des courriers espagnols au service de l'état-major anglais? demanda le laird à demi-voix.

— Oui, seigneurie.

— Avez-vous vu passer un de ces courriers... j'entends depuis dix minutes... un quart-d'heure au plus... fatigué... blessé peut-être... en tout cas, couvert de poussière de la tête aux pieds?

— Non, seigneurie.

— Moi, je l'ai vu, dit Martin Diego, qui versait à boire à Clinton.

— Où cela?

— Comme j'entrais ici... Son bras pendait le long de son corps... il était tout blanc de poudre... Il marchait en se traînant.

— Vous a-t-il parlé?

— A moi, non; mais il a donné un billet de banque anglais au camarade qui était avec moi pour le conduire, en bateau, jusqu'au confluent de l'Alberche.

Comin réfléchit.

— Les Français sont là? demanda-t-il encore.

— Oui, seigneur, des deux côtés de la rivière.

— Le diable de garçon n'en a pas eu le démenti ! s'écria Crabbe. Il est à l'abri maintenant !

C'était probablement l'avis de Noir-Comin lui-même, car il rompit l'entretien avec un geste rude, et reprit, en s'adressant à l'hôtesse :

— Femme, avez-vous ouï dire que les senoras de Cabanil soient entrées à Talavera-de-la-Reine?

— Hier au soir, oui bien, excellence! sous escorte anglaise, encore, les francisées maudites !

— Ont-elles pu se loger à l'hôtel du Riche-Homme?

— Non pas. On leur a donné une maison de l'autre côté du quartier général, au bout de la calle Menor... et les Anglais n'ont-ils pas mis une garde à leur porte, ce matin, pour empêcher les vrais Espagnols de les traiter comme elles le méritent?... Mais la garde doit être loin maintenant, car il ne reste pas ici un seul Anglais, excepté vos seigneuries.

L'œil de Comin s'alluma sous ses épais sourcils. Une idée naissait en lui qui pouvait l'indemniser de la perte de sa journée.

Comme si elle eût reflété cet éclair, la prunelle du batelier Martin Diego lança une étincelle. Ce fut l'affaire d'une seconde, et quand le regard de Noir-Comin se releva sur lui par hasard, il avait repris son apparence de grossière insouciance.

— Hâtons-nous! hâtons-nous, gentlemen! dit cependant Clinton, à l'oreille de qui les dernières paroles de l'hôtesse avaient sonné comme un reproche.

C'était un commandement superflu. Les officiers du *little staff* dévoraient.

Au bout des dix minutes accordées, ils se levèrent tous à la fois et jetèrent leur écot sur la table, sans oublier le pourboire de Martin Diego. Puis ils reprirent leurs chevaux attachés aux barreaux des fenêtres et galopèrent, aux travers des rues désertes, vers la porte du nord qui donnait sortie sur le champ de bataille.

Maxwell était auprès de Mackensie et lui dit :

— S'il n'arrive rien à l'un de nous, lieutenant, c'est un

diable de jeu, mais cela défatigue; je vous donne rendez-vous au quartier général, si vous voulez, nous remuerons un peu de bois avant de nous coucher ce soir.

Au cabaret de la Junte de Séville, Noir-Comin restait seul avec Mariana, la patronne, et le batelier Martin Diego. La vieille, enchantée de sa recette, enlevait le couvert des gentlemen. Martin Diego était retourné dans son coin et achevait son bouilli de bon appétit. Comin méditait, la tête appuyée sur sa main.

Il se leva tout à coup et sortit sans mot dire. Martin Diego arrosa d'un dernier verre de vin sa dernière bouchée et le suivit.

Comin n'avait plus de cheval. Le batelier le vit déjà tout au bout de la rue. Il suivait à grands pas le chemin du quartier général

La nuit se faisait noire. Soit qu'il eût ou non trop pesé sur ses avirons aujourd'hui, Martin Diego avait dit vrai : ses jambes étaient roides, ses reins brisés; il marchait péniblement et paraissait accablé de fatigue. Comme il se hâtait de son mieux, une figure qui semblait toute blanche dans le noir sortit de l'ombre d'un portail. Diego s'arrêta et dit :

— C'est bien... Vous n'êtes pas seul?

— Nous sommes ici tous les quatre, répondit la figure blanche.

— Avec vos chevaux?

— Avec nos chevaux.

— C'est bien! répéta Martin Diego. Suivez-moi, mais de loin, et attendez.

L'échange de ces quelques paroles n'avait duré qu'un instant; néanmoins, Martin Diego fut obligé de faire un terrible effort pour regagner le terrain perdu. Comin allait vite. Il le rejoignit pourtant derrière le couvent des Hiéronymites et l'approcha de si près que Comin fit halte pour écouter le bruit de ses pas.

Martin Diego continua d'avancer. Comin se colla au mur du couvent; il avait reconnu le batelier du cabaret de la Junte. Quand celui-ci fut à portée, il le saisit au collet d'une main puissante et dit :

— L'homme, tu m'as suivi, que me veux-tu?

Son dirck dégaîné brillait dans sa main gauche.

Martin Diego n'opposa aucune résistance et répondit effrontément :

— Je vous ai suivi, Seigneurie, c'est vrai. Laissez là votre couteau : j'ai besoin de gagner ma vie.

— Tu vas gagner ta mort, si tu ne réponds pas droit et vite... Que me veux-tu?

— Seigneurie, répondit le batelier avec calme, la femme et les petits enfants sont à Tolède et je cherche leur pain. Si vous me tuez, ils n'en mourront de faim qu'un peu plus vite. Vous avez parlé de cet homme qui a pris le bateau de mon camarade pour remonter le fleuve. Je me connais en vengeance : vous voulez le sang de cet homme : je venais vous proposer mon bateau.

Noir-Comin hésita un instant, puis il lâcha prise.

— Passe ton chemin, dit-il, je n'ai pas besoin de ton bateau.

— Tant pis pour moi, Seigneurie! répliqua Martin Diego, qui ne bougea pas. Mais vous avez parlé ensuite de certaines dames... Je me connais en amour : vous voulez enlever l'une d'elles : je vous offre mon poignard et mon bras.

Noir-Comin hésita encore.

— Homme, dit-il enfin, tu t'es trompé deux fois. Il ne s'agit ni de vengeance ni d'amour. Je suis un officier anglais. Toute ma passion est de servir l'Angleterre. Le fugitif que ton camarade a mis dans son bateau est un espion des Français; c'est pour cela que je le poursuis.

Quant aux dames, l'espion français a une maîtresse, un espion femelle, aussi hardie que lui et aussi dangereuse. J'ai mes ordres : je suis ici pour m'emparer de cette femme.

Martin Diego releva les manches de sa chemise brune.

— Un officier anglais, murmura-t-il avec un sang-froid féroce, peut avoir répugnance à tuer une femme. Nous autres pauvres gens, nous sommes bons à tout.

— Non, répliqua Comin, plus froidement encore, je n'ai pas répugnance. Mais je suis seul et la maison peut être gardée. Tu auras dix pistoles, si tu veux me donner un coup de main avant d'entrer et faire sentinelle quand une fois je serai dans la maison.

— Je suis corps et âme aux ordres de Votre Seigneurie.

C'était pacte conclu. Comin poursuivit sa route et arriva bientôt devant la maison qu'on lui avait désignée. Portes et fenêtres étaient closes. Il s'attendait à cela.

Martin Diego fut posté contre le mur, afin qu'on ne pût l'apercevoir au travers des jalousies, et Comin, dans le même but, s'approcha tout près de la porte dont il agita le marteau par trois fois.

On entendit une fenêtre s'ouvrir et une voix demanda derrière la jalousie :

— Qui est là et que nous veut-on ?

— C'est moi, répondit Comin doucement et en contrefaisant sa voix. Ouvrez vite, je viens vous chercher...

— Qui, vous ?

— Ne me connaissez-vous pas ? Moi, César de Chabaneil.

Il y eut un long cri de joie à l'intérieur de la maison.

Martin Diego mit la main sur son cœur.

— Attention! lui commanda tout bas le laird.

La porte, solidement barricadée, s'ouvrit, et Joaquina parut sur le seuil, une lampe à la main. A la vue de Comin, elle repoussa le battant d'un effort convulsif, mais Martin Diego avait lancé son manteau qui empêcha le pêne de rentrer dans la serrure.

Comin s'introduisit, le pistolet à la main. Il repoussa Joaquina, qui, par la force et par la prière, essayait de l'arrêter. Comme elle s'attachait à ses vêtements, il la traîna jusqu'au seuil de la salle, où dona Mencia et Lilias étaient réunies, épouvantées déjà du bruit qui se faisait près d'elles.

Joaquina râlait dans le paroxysme de son angoisse :

— L'assassin d'Angel! l'assassin de Blanche! L'assassin! l'assassin! l'assassin!

Puis, avec un éclat de folie, elle cria, pendue au cou de Comin :

— Mon père ! vous qui êtes mon père ! pitié pour elle !

Le laird l'écarta sans lui donner un regard ; cependant il dit à voix basse :

— Oui, je suis ton père et je travaille pour toi.

Martin Diego était resté en dehors, où il faisait la garde.

Mencia et Lilias écoutaient : Mencia terrifiée, Lilias déjà debout et vaillante sous sa mortelle pâleur. En avant de la pièce où elles se trouvaient, il y avait une étroite antichambre ; c'était là que Joaquina tenait Comin arrêté. Il parvint à se dégager d'elle et gagna le seuil du salon, où il se tint debout.

— Lilias, sans nom de famille, dit-il en armant son pistolet, autrement dite la Doncella, autrement Juanita la Léonaise, autrement dona Joaquina de Cabanil, vous êtes condamnée à mort en qualité de complice du correo mayor. Partout où le soldat trouve le condamné de la justice militaire, il a le droit et le devoir de le tuer. Mais comme vous êtes la fille de don Blas de Cabanil, mon père, je vous donne une minute pour recommander votre âme à Dieu.

— Dieu voit mon âme, répondit Lilias avec fermeté. Depuis l'heure où j'ai connu vos desseins, je suis toujours prête à mourir.

Mencia rendit un long gémissement en essayant de se soulever sur la chaise longue où son mal la tenait clouée. Elle tendait ses deux bras suppliants ; elle balbutiait des prières qui n'avaient point de sens et qui eussent fait jaillir les larmes des yeux d'un bourreau.

Comin avait les yeux baissés, ou plutôt il regardait son pistolet, dont le canon bronzé brillait faiblement aux lueurs de la lampe. Quand la Cabanilla, restée derrière lui, vit qu'il levait le bras, elle se rua impétueusement sur lui et parvint à passer.

— C'est moi qui suis Joaquina ! cria-t-elle, couvrant Lilias de tout son pauvre corps frémissant ; c'est moi qui veux mourir ! Tirez ! voilà son cœur derrière le mien ! Ma mère ! ma mère adorée ! vous voyez bien que je ne suis pas avec eux ! Je meurs pour votre fille ; aimez-moi quand je serai morte !

— Écartez-vous! commanda Comin, dont la face de bronze n'eut pas un mouvement.

Joaquina étreignit plus fortement Lilias entre ses bras.

— Laisse-moi! laisse-moi! murmurait celle-ci, qui couvrait son front de baisers.

Et Mencia, ivre et folle :

— Oui, oui, tu es ma fille! Joaquina, je t'aimerai... je t'aime!... Meurs pour elle!

Comin leva les yeux lentement.

— Écartez-vous! répéta-t-il d'une voix si menaçante que dona Mencia retomba foudroyée. Le voile descend sur mes yeux... Je ne vous vois plus... Je ne vois que mon destin... Écartez-vous!

Il fallait la tuer, en effet, Joaquina, pour la séparer de Lilias. La folie était avec son cœur; elle avait la force d'un géant.

Le pistolet de Comin prit la direction horizontale. Mencia couvrit son visage de ses mains. Lilias dit tout haut :

— Seigneur Dieu, prenez nos âmes.

Le coup partit, mais la balle écorcha le plafond à six pieds au-dessus des deux charmantes et douces têtes de jeunes filles. Une main avait relevé par derrière le bras de Comin. La même main le saisit aux cheveux et l'attira violemment en arrière; la même main encore ferma la porte qui communiquait de l'antichambre au salon.

Comin, rugissant de rage, se releva, terrassé qu'il était. Deux autres mains lui saisirent les bras, tandis qu'on lui arrachait le pistolet qui lui restait et sa claymore.

Il voyait trouble.

— Laissez-lui son dirck, commanda une voix devant lui.

Il essaya de voir : il vit Martin Diego, le batelier, ou du moins un homme qui portait les haillons de Martin Diego; mais, au lieu de la chevelure hérissée du batelier, c'étaient des boucles de jais légères et flexibles couronnant un fier visage de jeune homme.

— César de Chabaneil! grinça-t-il au travers de l'écume qui séchait sur ses lèvres.

— Ne l'annonciez-vous pas tout à l'heure aux senoras? répliqua César avec un amer sarcasme.

Comin porta la main à son dirck, mais avant de le dégainer il se retourna.

Le meunier, les deux muletiers et le guerillero, en tout quatre dragons, étaient là qui le regardaient.

— Lâches! gronda-t-il en repoussant son poignard au fourreau : cinq contre un!

— Juste comme vous étiez quand vous avez combattu Hector de Chabaneil, répondit César.

— Nous l'avons épargné...

— Non pas toi, Comin, mais les nobles jeunes gens d'Écosse, qui rougiront jusqu'à leur dernier jour d'avoir servi sous tes ordres, assassin! misérable assassin!

— Tu m'épargneras pourtant, César de Chabaneil! s'écria le laird, dont le sang-froid renaissait. Non-seulement tu m'épargneras, mais tu me rendras ma liberté. Tu crois me tenir, et c'est moi qui ai la main serrée autour de ta gorge. Écoute! Depuis deux jours je te poursuis; depuis deux jours elles n'ont pas mangé... Tu sais de qui je parle... Dis à tes valets de me faire place ou elles vont mourir toutes deux dans les tortures de la faim!

— Nous sommes des soldats, rectifia Petit-Eustache tranquillement.

Le front de César s'était voilé d'un nuage.

— Tu as bien deviné qu'elles étaient ton égide, laird de Comin, prononça-t-il avec peine, car la colère mettait un frémissement à sa lèvre; mais ta garantie n'est plus, car elles sont mortes, mortes toutes deux, ma fiancée et ma sœur, mortes par toi, fou sanglant, qui, en voulant me tuer, as brisé ta dernière défense!

— On t'a trompé... commença le laird.

— A ton poignard, assassin! Je viens de les embrasser froides et déjà dans leur tombe. A ton poignard, te dis-je! Je choisis avec toi l'arme du meurtre, lâche! Tu seras tué comme tu as tué. Nous ne sommes pas cinq contre un : me voilà seul contre toi; ceux-ci seront spectateurs.

Et, comme les dragons murmuraient, il leur imposa silence, disant :

— Il le faut, je le veux !

La main de Comin remonta à la poignée de son dirck.

— Jures-tu qu'ils ne te défendront pas ?

— Je le jure.

— Le jurent-ils aussi ?

Les quatre soldats restèrent muets.

— Je le veux ! répéta César.

Ils jurèrent.

Le dirck de Comin jaillit hors du fourreau, et avant que César fût en garde, il lui porta un coup furieux au-dessus de l'épaule gauche, à la naissance des vertèbres. César fut renversé du choc, quoique le poignard, mal dirigé, eût dépassé le but, le tranchant seul ayant attaqué légèrement les chairs.

D'un bond de lion, César se releva. Sa fatigue n'était plus. L'acier de ses muscles se retrempait dans sa colère. Il ne dégaîna pas encore et saisit les deux poignets de Comin. Le géant fléchit les genoux.

— Pied contre pied ! dit-il dans sa rage impuissante.

César le lâcha et mit le couteau à la main. Comme le laird n'avait rien pour entourer son bras gauche, il déchira en deux son pauvre manteau de batelier et lui en jeta la moitié.

Pied contre pied, ils tombèrent en garde. Le dirck est en Ecosse une arme nationale, et Comin était passé maître au maniement de toutes armes. Sa garde fut celle des montagnards highlanders, le bras gauche en écharpe sur la poitrine, la main droite qui tient le dirck cachée derrière la cuisse.

César, au contraire, se posa à la façon espagnole, assis sur les jarrets, le manteau légèrement flottant, le couteau au genou. Comin le dominait ainsi des épaules et de toute la tête.

Ce n'était pas, pourtant, le combat de David enfant contre le géant Goliath. Le visage des quatre dragons exprimait plutôt la curiosité que l'inquiétude. Ceux-là connaissaient leur capitaine : un vrai diable! S'ils n'avaient pas connu leur capitaine, malgré l'obéissance jurée aujourd'hui et dès longtemps, rien n'aurait pu les empêcher de se mettre entre lui et cette bête fauve qui le déchirait du regard. Entre eux et leur capitaine, il y avait quelque chose, en effet, de plus fort que l'obéissance, c'était l'enthousiaste et tendre affection.

Comin attendait le premier coup, maintenant. César lui lança son couteau au visage, se découvrant ainsi tout entier. Comin para au moyen d'un simple mouvement de la tête et le poignarda en plein cœur, mais son dirck ne trouva devant sa pointe que les plis du manteau. Ce fut alors cette étrange et terrible confusion des combats corps à corps où il semble, pour le profane, que toute escrime est absente et que les coups sont portés au hasard d'une lutte aveugle et sauvage.

Un instant, les combattants furent enlacés comme deux tigres; leurs poitrines se heurtaient, leurs yeux se foudroyaient à bout portant, leurs bouches se brûlaient. Puis on vit tout à coup la haute tête de Comin attirée en avant comme ce front de bélier qui battait les murailles antiques. César se jeta de côté pour laisser passer sa chute et le géant roula lourdement sur la dalle. Le genou de César étouffait déjà sa gorge.

Ma foi! Petit-Eustache, Jean-Coutard, Lafleur et Sarreluck applaudirent comme s'ils eussent été à la salle d'armes du régiment.

Mais un brusque silence remplaça tout à coup leurs bravos. La tête de Comin avait donné en tombant contre la porte du salon. La porte s'ouvrit, et Joaquina s'agenouilla, toute pâle, devant César qui levait le couteau. Elle dit :

— C'est mon père.

César remit son arme à sa ceinture.

— Vous direz à Hector si je l'aime! murmura-t-il.

De suppliant qu'il était, le visage de la Cabanilla devint sévère.

— Je ne vous ai demandé que sa vie, dit-elle encore. Sa liberté serait la perte de ceux qui nous sont chers. Qu'il soit prisonnier. S'il le faut, je serai moi-même sa geôlière.

Un signe de César appela les dragons, qui eussent mieux

aimé sans doute casser la tête du laird à coups de crosse, mais qui se donnèrent au moins la satisfaction de le museler comme un loup qu'on mène à la ménagerie et de le ficeler mieux qu'une valise. Petit-Eustache savait faire les nœuds marins; il en fit tant que Noir-Comin avait l'air pris dans un filet.

Quand les membres furent liés solidement et en conscience, Sarreluck coupa en lanières le rideau de laine qui pendait devant la croisée, afin de *mastiquer* le tout, selon son expression, car il savait par le Gibose que Comin était un gitano, et personne n'ignore en Espagne que les gitanos ont un charme pour user les cordes et les chaînes.

Ce charme détruit tout ce qui est chanvre et tout ce qui est fer, comme s'il s'agissait de fils d'araignées.

Noir-Comin, ainsi arrangé en paquet et bâillonné comme il faut, fut chargé sur les épaules des quatre dragons, qui le portèrent dans la rue et le mirent en travers sur un cheval, tête de ci, jambes de là.

On poussa le cheval vers la rivière au-dessus du pont. Il y avait là quantité de bateaux amarrés; Petit-Eustache en choisit un bon au fond duquel Noir-Comin fut couché de son long. Depuis la fin de la lutte, il n'avait pas essayé un mouvement. Il était sans blessure, et cependant, on eût dit un mort.

César était entré au salon. Ses lèvres avaient touché la main de celle qui avait été la protectrice et l'amie de sa mère. Il ne parla point à Lilias, dont la vue le fit pâlir comme s'il eût retrouvé la vivante image de la morte.

Ce fut dona Mencia elle-même qui demanda à quitter la ville anglaise. On eût dit que la présence seule de son jeune défenseur lui avait rendu l'énergie. Elle descendit, appuyée sur son bras, vers le fleuve, et entra dans la barque avec ses deux filles.

Andrès, l'écuyer second, muni de quelques provisions pour les éventualités de famine, les suivit. Tout était désert le long de la rive; il n'y avait de sentinelle qu'à la tête du pont, d'où partait un lointain qui-vive? César répondit en anglais et tout fut dit.

La barque, poussée par quatre vigoureux nageurs, car nos dragons étaient des matelots, depuis l'aventure de Cabrera, remonta le fleuve aux premiers rayons de la lune et fut bientôt en vue des avant-postes français qui occupaient l'embouchure de l'Alberche. La bataille parlait toujours, mais bien loin vers le nord.

Pendant toute la route, Noir-Comin n'avait pas bougé.

On débarqua les dames d'abord, au moyen d'une planche jetée sur le rivage.

Quand ce fut au tour du prisonnier, les dragons le prirent à quatre comme ils avaient fait déjà.

— On dirait qu'il est froid! murmura Petit-Eustache.

— Son âme est peut-être déjà au fin fond de l'enfer, ajouta Jean Coutard. Il est roide comme un cadavre.

— Minute! s'écria Lafleur. Ses jambes sont déliées.

Et Sarreluck :

— Serrez ferme! Le charme de ces démons-là vous rongerait un câble. Ses mains sont libres. Serrez ferme! S'il est mort, ça ne lui fera pas de mal.

Ils serraient ferme. En passant la planche, une secousse soudaine et irrésistible du prétendu cadavre leur fit lâcher prise à tous les quatre à la fois. Noir-Comin tomba les reins sur la planche et rebondit dans l'eau où il disparut.

Nos dragons restèrent bouche béante. Ils durent penser d'abord que c'était une dernière convulsion, car, tout autour d'eux, l'eau restait calme, et rien ne troubla pendant un moment la tranquillité de son cours.

Mais bientôt, à plus de cinquante pas au-dessous du lieu de débarquement, un bouillonnement souleva la surface de l'eau et parmi des myriades d'étincelles, une masse sombre s'agita, tandis qu'un cri de sauvage triomphe rompait le silence de la nuit.

XII

High spirit.

Nos quatre dragons étaient déjà dans la barque et faisaient force de rames en descendant le fleuve. Mais l'enfance de Comin s'était passée au bord des grands lacs de l'Écosse septentrionale. On le vit reparaître trois fois à de longs intervalles, puis le défi de son cri se fit entendre sur la rive opposée. La garde anglaise du pont envoya une volée de coups de fusil à la barque qui fut obligée de remonter le fleuve.

Il était à ce moment neuf heures du soir. Neuf heures et demie sonnaient quand César entra dans la tente du roi Joseph pour lui remettre les dépêches du duc de Dalmatie. Il avait quitté le roi la veille, à une heure après-midi, sur la rive gauche de la Guadarrama. C'était une carrière de plus de cent vingt lieues, fournie, en plein pays ennemi, dans l'espace de trente-deux heures.

Le roi prit connaissance des dépêches du maréchal Soult qui contenaient en germe la retraite des Anglais et la magnifique victoire d'Ocana. Le roi dit :

— Commandant de Chabaneil, nous vous remercions, l'Empereur et moi. Je vous prie de revêtir l'uniforme et de rejoindre le troisième dragons de Latour-Maubourg, qui est désormais votre régiment.

Le roi en outre lui tendit la main et lui donna un sabre.

Le roi ne savait pas toutes les affaires que César de Chabaneil avait menées de front avec celles de l'armée française.

La bataille de Talavera-de-la-Reine eut deux journées. La première commença vers quatre heures du soir et se termina vers onze heures de nuit, laissant les deux armées dans leurs positions respectives.

Il était une heure après minuit. Le silence avait partout remplacé les bruits de la mêlée. Dans le champ de carnage, il n'y avait plus que des oiseaux de proie et quelques bandes de ces animaux plus féroces portant figure humaine, qui grouillaient partout dans le sang de la guerre espagnole.

Tout l'effort de la première journée s'était porté sur le mamelon qui, attaqué avec furie, mais fermement défendu par des forces trois fois supérieures, était resté, en définitive, au pouvoir des Anglais. Sir Arthur Wellesley était venu là en personne, laissant la position de Talavera, plus facile à défendre, à la garde des régiments de Cuesta, qui n'avaient pas même donné.

Sir Robert Wilson et ses Lusitaniens n'avaient eu, de leur côté, à soutenir qu'une fausse attaque opérée sur le centre pour favoriser le mouvement principal, dirigé contre la gauche de l'armée anglaise.

A cinq cents pas des avant-postes portugais, une grand'-garde était posée derrière ses sentinelles perdues, précédant un bivouac où nos chasseurs-voltigeurs entouraient la gamelle. La gamelle n'était pas riche.

Pour se refaire des fatigues d'une longue marche, couronnée par sept heures de combat nocturne, nos braves avaient pour tout potage une marmite de fèves bouillies au milieu desquelles se perdait un petit morceau de lard. Ils avaient été lancés en tirailleurs, tant que le jour avait duré, sur la gauche du fameux mamelon; la nuit venue, on les avait massés et, par deux fois, leur régiment avait atteint le point culminant des lignes anglaises, d'où une division entière les avait délogés à grand'peine.

On ne savait pas le compte des morts dans le régiment. Le colonel, le lieutenant-colonel et deux chefs de bataillon étaient hors de combat. Ceux qui restaient debout étaient blessés pour la plupart.

Mais on mangeait les fèves dures que la faim assaisonnait, mais on buvait l'eau saumâtre, purifiée par un filet d'eau-de-vie, mais on causait, mais on jugeait naïvement les fautes des généraux, mais on exaltait les braves, mais on riait, — oui, l'on riait.

Entre deux batailles, il faut se tenir le cœur en joie. *High spirit*, disent les Anglais : l'esprit haut!

Et c'est ce qu'ils estiment le plus, les Anglais. Ne le voit-on pas par le bonheur même de l'expression qu'ils ont trouvée? Aucun mot de notre langue, à nous, ne dit si bien *High spirit!* Cela fait image et c'est superbe! Mais le proverbe dit qu'on ne peut tout avoir. Nos soldats leur laissent le mot et gardent la chose!

Toulousain avait une estafilade au travers du front; Pont-Neuf pouvait montrer deux blessures, plus une balle morte qui avait contusionné la plaque de son shako. Toulousain préférait son estafilade, mais Pont-Neuf aimait mieux ses deux blessures.

L'Aimable-Auguste tenait sa pipe de la main gauche, parce que son bras droit pendait en écharpe. Quant au sergent Morin, on venait de le rapporter sur une civière et il n'en savait pas long, selon la façon de dire de Propre-à-Rien, qui boitait des deux jambes. Propre-à-Rien avait gagné ses éperons : il avait un prisonnier plus haut que lui de six pouces anglais.

— N'empêche, dit Toulousain avec son redoutable accent gascon, que l'enflé qui l'a faite, ma balafre, n'ira pas la conter à Rome... Eh donc! Parisien, as-tu tué les tiens, toi?

— Paris est plus grand que Toulouse, répondit Pont-Neuf, et plus connu aussi dans l'univers. Il est célèbre par son Louvre, le Palais-Royal, centre des rendez-vous divers, les pâtés de Lesage, la Courtille et autres, sans pareils chez tous les peuples. J'ai fait de mon mieux, l'ancien...

— C'est bête tout de même, la position du manchot, interrompit l'Aimable-Auguste. En cas de rencontre de deux beautés, on ne peut présenter qu'un bras.

— C'est moi qui voudrais qu'on serait à demain pour recommencer! éjacula Propre-à-Rien. Le prisonnier que j'ai fait sera-t-il mis dans le *Moniteur?*

— Ça chauffera demain, ça chauffera!

— Propre-à-Rien, fainéant! appela Morin d'une voix faible.

Tout le monde se tourna vers lui.

— Ça va-t-il un petit peu, sergent?

— Allume-m'en une, conscrit, ma pauvre vieille... Ça revient tout doucement, merci, chasseurs... Y avait un tantinet trop d'ail, là-dedans, comme disait le Marseillais... et sans le petit lieutenant, j'avais mon plein... Est-il revenu, le lieutenant Chabaneil ?

— — Oui bien ! frais comme l'œil, sergent !

— Tant mieux ! Voilà un blanc-bec qui joue de l'Anglais agréablement !... Toulousain, ma chatte, un peu de bouillon de fèves, sans vous commander : l'estomac creuse...

— Et du lard, sergent ? On le gardait pour vous.

— Et du lard, puisque vous en avez eu la politesse... En vous remerciant, les enfants... Si on vous demande ce que c'est que le lieutenant, vous répondrez que c'est un crâne, entendez-vous ?... Nous en avons bien vu, moi et le Marseillais... Mais celui-là... Je ne dis que ça... Un peu à boire.

— Où donc avez-vous été, sergent ? demanda l'Aimable-Auguste.

Ça se pourrait que tu serais fait caporal demain, toi, joli cœur, répondit Morin. Le capitaine t'a remarqué..! C'est vrai qu'il est tombé par après au champ d'honneur, s'interrompit-il en touchant son schako ; mais je serai le témoin de ses propres paroles ; il a dit : Voilà un vilain singe pour qui je ferai quelque chose.

L'Aimable-Auguste rougit jusqu'au bout des yeux.

— Sergent, dit-il, ça ne pouvait pas être de moi qu'il parlait.

— Ne te fâche pas ; j'ôterai le vilain singe dans mon ranport et je mettrai un amour à la place...

Le sergent se souleva sur son coude et soupira.

— N'y a rien au monde de si vexant, reprit-il en caressant pour la première fois sa moustache qui tombait à la grâce de Dieu, — rien de rien, entendez-vous, que d'être piétiné à fond par toute une division anglaise. On dit que les chevaux ça ne marche pas sur les hommes : je t'en souhaite ! Ils m'ont dansé dessus qu'il faut que j'aie les côtes en bon bois pour en réchapper comme j'y suis en train de le faire... car ça va mieux, les petits... Allume, Propre-à-Rien. Je te rendrai la pareille dès que tu seras général de brigade.

— J'ai fait un prisonnier, sergent !...

— Et tu as été caporal de route... Ça commence à se savoir

dans les rangs... Où que j'ai été, que vous me demandez, chasseurs ?... Toujours tout droit avec le lieutenant, le capitaine et une douzaine de bons garçons qui y sont restés... Va bien! Le Marseillais aurait dit cela plus souvent que son tour... C'est pas l'embarras, moi et lui nous en avons vu des tremblements dans l'époque... Mais il est mort au champ d'honneur, — il toucha son schako, — avant d'avoir été piétiné par une division de cavalerie. J'ai ça de plus que lui... pas peur!...

Il y a donc que quand la colonne a reculé devant les dragons du prince... de beaux hommes... le capitaine a continué d'avancer. Le lieutenant m'a dit : Ne laissons pas le capitaine; j'ai dit à ceux qui me suivaient : Ne laissons pas les officiers... et voilà, de fil en aiguille, nous avons traversé le mamelon de bout en bout... que si l'armée en avait fait autant... je ne dis que ça... pas d'affront... je crois qu'ils m'ont volé ma blague, les pas-grand-chose!

Il fouilla ses poches avec une véritable inquiétude.

— Sergent, dit l'Aimable-Auguste qui cherchait une vengeance, vous l'avez à votre boutonnière.

— Merci, amour des dames. C'est la place où nous souhaitons à tous la croix d'honneur. J'en étais donc au haut du mamelon, pas vrai? Il faisait noir heureusement. Nous avions des Anglais à droite, à gauche, par devant, par derrière; je n'aurais jamais cru qu'il y avait tant d'Anglais que ça en Angleterre. Ça ne fait rien. Le capitaine allait devant, le lieutenant suivait, nous ensuite... Personne ne nous disait rien, mais attendez voir!

La division du général Ruffin gravissait le mamelon au pas de charge du côté opposé. *Go on! Go on!* Ça veut dire : En avant! j'ai soupçonné ça tout de suite. Nous voilà entraînés par une charge de fusiliers irlandais qui font dix pas en avant vingt en arrière, et qui nous mettent entre deux feux.

— Plat ventre! commanda le capitaine.

Va bien! c'est facile. Ce n'est pas les dindes truffées que nous mangeons qui nous l'arrondissent, la bedaine! Nous étions quatorze à ce moment-là. Le capitaine tombe sur le dos au lieu de s'étendre sur le ventre ; je crois qu'il a fait erreur ; pas du tout : c'est un biscayen qui lui casse la tête. Une batterie s'est démasquée : une volée de mitraille nous siffle par dessus.

Pas peur ! Le général Ruffin bat en retraite. Les Anglais s'ébranlent là-haut.

— Debout ! commande le lieutenant.

Facile, tant qu'on a des jambes. Le Marseillais aurait ri. Mais, pour le coup, je ne sais à quel régiment appartenaient les habits rouges qui nous tombent dessus comme la grêle.

— Volte-face !

Le lieutenant charge tête baissée ; nous passons au travers à la baïonnette, et nous nous trouvons parmi les traînards ennemis, qui s'amusent à nous piquer pour dire qu'ils n'ont pas perdu leur temps. Ah ! les gueux ! c'est là que le lieutenant m'a dégagé deux fois avec sa petite épée. Et qu'il me disait : Courage, vieux ! les Français vont revenir.

C'est pas l'embarras ! les Français revinrent, mais nous n'étions plus que six et le lieutenant seul se tenait sur ses jarrets, frais comme une rose !

— Couchez-vous, mon lieutenant, que je lui dis, et faisons les morts.

— C'est tricher, cela, me répondit-il.

Hein, Marseillais ? il aurait été content d'entendre cela, le tron de l'air ! J'observe que j'avais déjà deux coups de feu dans la cuisse droite, sans lequel empêchement légitime j'aurais suivi mon officier, comme de juste.

Je l'ai vu, je peux bien le dire. Il y avait un bataillon anglais arrêté pour lâcher son feu. Le lieutenant en a pris deux au collet et les a jetés en arrière, puis deux autres, puis deux autres encore, parce qu'ils étaient sur trois de profondeur, et il a passé tête haute en dégainant son épée. Nous avons entendu son cri de : Vive l'empereur ! de l'autre côté des Anglais refermés, mais il y a eu une décharge à tout casser et nous ne l'avons plus aperçu. C'est pour ça que je vous demandais s'il était revenu.

Le sergent s'arrêta et but une lampée d'eau. Il se tenait droit maintenant et tâtait les contusions de ses membres avec une sorte de plaisir.

On acclama de bon cœur la conduite du petit lieutenant.

— J'ai mieux que cela, reprit Morin... Les enfants, j'ai idée que j'en reviendrai encore cette fois-ci. Pas peur! Bien malade qui en meurt! Ah! le Marseillais! Je pense toujours à lui quand il y a quelque chose de cocasse... Nous voilà donc, nous six, tous blessés, au milieu d'un tas d'Anglais morts, car nous leur avions rendu leurs politesses.

Godinot... souvenez-vous que sa masse est pour sa mère, car il a eu la tête cassée d'un coup de pied de cheval aussi net que si c'eût été un boulet de quatre. Godinot me dit :

— Sergent, voici la cavalerie. — Au diable que je fis. La cavalerie sur une pente pareille!.... Mais la terre tremblait.

Au moment où la division Ruffin arrivait pour la troisième fois, une tempête d'Anglais! quatre régiments d'un coup! Hourah! hourah! Gallope! gallope! patatras! la misère! Cinquante cathédrales sur la tête! Aïe! le bras! aïe! la cuisse! à l'aide! Passez de côté, coquins! vous cassez mon bâton de maréchal dans ma giberne! Gallope! gallope! hourah! hourah! Quand ils furent passés, j'étais tout seul...

Morin s'essuya le front avant de secouer les cendres de sa pipe.

— Ça doit être tout de même taquinant, cette position-là, dit Pont-Neuf avec conviction.

— Le Marseillais aurait dit quelque chose, reprit le sergent. Moi pas. J'avais ma part. Je ne bougeais plus. Je pensais encore, car ça m'étonnait de ne pas entendre Godinot, qui était bavard censément comme une pie, sans faire tort à sa mémoire. Je voulus regarder : l'effort que je fis me désossa de bout en bout. Ah! les gredins! regarder quoi? J'avais une taie sur chaque œil, large comme une pièce de cinquante-cinq sous.

Quand la langue y fut, j'appelai Godinot : pas de Godinot! J'appelai les autres : néant. Ça me serra. On n'aime pas à être seul à l'hôpital. Le Marseillais disait ça. Il était natif d'Amiens en Picardie, vous savez. Pourquoi l'appelait-on le Marseillais? Parce qu'il avait fait ses études à Toulon comme rémouleur. Il en avait pris l'accent et les mœurs. C'était celui-là qui avait le mot pour rire! Va bien : nous sommes tous mortels...

Voilà donc un habit-rouge qui se réveille dans le tas, à trois pieds de moi. Il y a gros à parier que c'était moi qui lui avais donné son compte. *Brandy! brandy!* Il essayait de prendre sa gourde. Facile, pas vrai? Oui, mais il n'avait plus de bras. La chose me remua de voir un homme qui possède la goutte à proximité et qui ne peut pas la boire. Je me tortillai si bien que j'attrapai son flacon, dont je mis le goulot entre ses dents. Il mourut en buvant, et j'héritai du reste.

Je n'ai pas idée que jamais une goutte m'ait été si droit au cœur. Du vrai cognac! ça me rendit la vue, là! car il faisait un clair de lune à lire la gazette. Je vis derrière moi, en haut du mamelon, les canonniers goddams qui montaient une batterie, et par-devant les quatre régiments de dragons qui revenaient plus vite qu'ils n'étaient partis. Pas peur! Je mis l'Anglais à la gourde sur Godinot et moi tout contre : ça me fit un mur.

Le gros des Angliches passa de côté. Ils ne criaient plus : Galloppe! galloppe! Pas besoin! Ils avaient quelqu'un derrière eux pour les éperonner. En avant! en avant! C'est du français, ça! Ah! bigre de bigre! Poussez, les vieux! Allez, les sabres! Passez sur moi plutôt, si ça vous abrège la route! En avant, nos dragons! Hardi! Vivadiou! Tiens bon! Mords-là! mords-là! mords-là!...

Fais-moi l'amitié d'une gorgée, conscrit, je l'ai sèche. Nom d'un cœur! Je vous ai promis quelque chose de drôle, c'était drôle. Pas d'affront! La cavalerie anglaise ramenait des prisonniers de la garde espagnole qui étaient obligés de courir dans les rangs et qui criaient grâce.

Le second régiment qui passa emportait trois drapeaux français. Ils en faisaient une fête! On dirait toujours que ça les étonne de marquer un pauvre petit point avant de perdre la partie.

C'était drôle. Devinez qui les poursuivait? Nos deux divisions de dragons réunies? Non pas. Une des deux? Non.

Une brigade, au moins? Du tout. Alors, un régiment? Pas même...

— Il n'y avait peut-être qu'un dragon? interrompit ici l'Aimable-Auguste.

— Jolicœur, répliqua sévèrement le vieux sergent, vous avez l'esprit grêlé comme la beauté. Quand le Marseillais rencontrait des paroissiens de votre espèce, il disait : Merci! je sors d'en prendre... va bien! Ne te fâche pas, chasseur, ou tu auras deux peines pour toi seul.

Sa voix changea et prit un accent presque solennel.

— Il y avait un escadron, les enfants, dit-il, mais c'était un mâle! Et je soutiens que c'est drôle de voir quatre mille cavaliers courir devant trois cents, car l'escadron avait déjà fait de l'usage. Il n'avait que son commandant pour le mener. Pas un seul officier ne restait. Son commandant portait les épaulettes de capitaine.

Je ne veux pas faire tort aux officiers de notre cavalerie, mais s'il y en a un pareil, qu'on me le montre! Devinez-vous? Le Marseillais aurait déjà deviné!...

— Nous le connaissons donc? murmura Toulousain.

— Si c'était le capitaine Fantôme... risqua Pont-Neuf.

— Toi, Parisien, tu as de l'atout! lui dit Morin avec un sourire hautement approbateur. Ça dépend parfois du pays qui nous a vus naître. C'était le capitaine Fantôme, les petits, aussi vrai comme le Marseillais nous contemple du haut du ciel des braves, morts pour la patrie!

Il toucha son shako d'un geste noble, et le cercle curieux se resserra.

— Comment savez-vous que c'était le capitaine Fantôme? demanda cependant l'Aimable-Auguste.

— Je l'ai vu deux fois, Jolicœur : une fois à San Juan de Dios, dans la montagne de Tolède, une fois dans le camp des grenadiers écossais. Ce n'est pas vieux, dis donc. Tu étais là pour voir briller son sabre quand il a abattu le drapeau.

— Il avait un masque sur la figure, objecta le chasseur.

— Pas peur! mets trois masques l'un sur l'autre, et je reconnaîtrai ta langue... Celui-là parle avec son sabre.

Entre mille, je ne m'y tromperais pas ! en raison de quoi, la paix dans les rangs, pour que je termine mon anecdote... Il n'avait pas de masque, ce soir, et la lune me le montrait comme je vous vois.

Il ressemble à notre petit lieutenant, comme un lion à un lionceau. Il a des éclairs dans les yeux. Ça me faisait l'effet que sa tête brillait dans la nuit et que son escadron tenait à lui comme une voiture suit le cheval qui la traîne. Il emportait ses hommes, quoi ! Vous souvenez-vous de l'Espagnol qui chantait la chanson, l'autre nuit :

>   Quand il commandait : En avant,
>   Sabre au vent...

Ecoutez ! je n'aurais pas pu faire un pas, mais je galopais derrière lui, ventre à terre. Il me donnait la fièvre et je lui tendais mes deux bras en criant : En avant ! en avant ! C'était la même voix, les enfants, et la chanson tourbillonnait autour de mes oreilles :

>   Quand les dragons sans officier,
>   Vont charger,
>   Ils ont son ombre qui les mène...

En atteignant le sommet du mamelon, les régiments anglais s'ouvrirent, démasquant la batterie qui s'embrasa, vomissant son feu, sa fumée et sa mitraille. Il fait bon être fantôme, dans ces cas-là, hé ? On ne tue pas les fantômes. En avant ! en avant ! sabre au vent ! pas peur ! nom d'un cœur !

L'escadron se plongea dans la fumée. Quand la fumée se dissipa, les canonniers anglais étaient sabrés sur leurs pièces et l'escadron revenait avec les trois drapeaux reconquis.

S'il y avait eu là seulement six bataillons de ligne pour prendre position, le mamelon était à nous. Mais deux divisions d'infanterie anglaise arrivaient du centre, pendant que les quatre régiments de cavalerie se reformaient. C'était trop, dites donc ?

L'escadron descendit la montée sans se presser, et moi je me traînai parmi les blessés et les morts, sans être inquiété, car les Anglais, qui avaient là-haut toute une armée, n'osaient plus sortir de leurs lignes.

Et maintenant, voulez-vous savoir? Il n'y a plus de capitaine Fantôme. Les dragons qui m'ont ramené sur une civière m'ont raconté toute l'histoire. C'était une frime pour amuser les Anglais.

Le capitaine Fantôme est maintenant un commandant fait par le roi lui-même, et dont nous avons l'honneur d'être les subordonnés de son propre frère germain de père et de mère, le lieutenant Hector de Chabaneil, encore blanc-bec en apparence, mais du bois dont on fait les lapins. Va bien, nom d'un chien!

A l'instant même où le sergent ponctuait ainsi sa narration, la sentinelle perdue qui touchait aux abatis d'oliviers cria: Qui vive? En un clin d'œil, tout le monde fut aux faisceaux et le sergent lui-même parvint à se lever sur un genou, la crosse de son fusil en terre.

On écouta. La sentinelle parlementait. Morin ordonna une reconnaissance. Pont-Neuf et quatre chasseurs se dirigèrent vers les oliviers, appuyés à cinquante pas en arrière par une seconde escouade de même force.

Au bout de quelques minutes, Pont-Neuf cria :

— Parlementaire écossais!

— Les enfants, commanda aussitôt Morin, en proie à une vive agitation, cachez la marmite! Mettez la cruche de côté! Émiettez le pain, comme si vous en aviez de trop! Pas peur! Nous aurons demain leur cuisine. Posez tous les verres en rang d'oignons; le goddam ne pourra pas savoir ce qu'il y a eu dedans. Allumez vos pipes comme un tas de pachas. Et vite!

Vous eussiez dit une ménagère bourgeoise, surprise par une visite à l'heure d'un dîner trop maigre.

— Défendu de faire pitié à l'ennemi! reprit Morin. Jolicœur, il reste toujours quelque chose dans ta gourde. Je te paie un franc la goutte que tu vas offrir au goddam... Et de la tenue, mes brebis, le voilà!

Un grenadier highlander, conduit par Pont-Neuf et ses hommes, entrait en effet dans le cercle de lumière produit par le feu du bivouac. Chacun put le reconnaître. C'était un des soldats du détachement de Noir-Comin.

Morin essuya sa moustache du revers de sa main comme s'il venait de boire une bonne lampée.

— Grenadier, dit-il à l'Écossais, — toujours comme l'effrontée ménagère, — si vous étiez arrivé un instant plus tôt, vous nous auriez fait l'amitié de souper avec nous. Va bien!

Il se fourra un brin de paille dans les dents et reprit, enflé comme un gourmand qui renonce :

— Les volailles de Talavera-de-la-Reine ne sont pas piquées aux vers, et notre cordon-bleu de caporal de soupe accommode le mouton à la sauce-ministre, qu'on ne sait pas si c'est des cailles rôties qu'on mange avec du boudin blanc, des béchamelles de morue et de la financière au céleri panaché, ma parole!

Vous nous avez crânement traités hier, grenadier, à la mode anglaise; vous auriez pu faire la différence... Un coup de bienvenue, gentlemen : toutes nos gourdes sont garnies, Dieu merci! comme toujours.

Pas d'affront! Vive la joie! J'aime à faire bombance un petit peu avant le rigodon du canon.

L'Écossais et lui échangèrent une cordiale poignée de main. L'Aimable-Auguste vida le restant de sa gourde dans un verre. Les autres se versèrent rasade à la cruche en tapinois, et l'on trinqua, morbleu! comme si la tonne d'Heidelberg eût été à la cantine.

Après quoi l'Écossais tira de sa ceinture un pli qui était, dit-il, adressé par l'honorable Édouard Wellesley, lieutenant au troisième highlanders, au comte Hector de Chabaneil, et qui demandait réponse immédiate.

XIII

Édouard Wellesley.

Hector de Chabaneil dormait dans son manteau à l'abri d'un buisson. Pont-Neuf l'éveilla pour lui remettre la dépêche de son rival. C'était une lettre assez longue, écrite à tête reposée, en caractères calmes et distincts. Hector la lut; elle était ainsi conçue :

« Du bivouac de Talavera-de-la-Reine,
le 28 juin   une heure du matin.

» Monsieur le comte,

» Le hasard m'ayant appris que nous étions immédiatement voisins, j'ai eu tout d'abord la pensée de solliciter près de vous une entrevue, mais la situation de mon esprit, qui est triste jusqu'au découragement, rendrait peut-être dangereux un entretien oral. Je pourrais prendre en mauvaise part quelque parole où l'intention méchante ne serait point. Ceux qui souffrent sont sujets à s'irriter, tandis que mon seul désir est d'obtenir de vous une explication pacifique.

» Je commence par vous informer que dona J. de C. et sa mère ont quitté leur maison de Talavera hier au soir entre huit et neuf heures. Aucun des serviteurs que j'avais mis près d'elles n'était présent malheureusement. Je n'ai point trouvé dans le salon où elles se tenaient de traces de violence. Un poignard d'ordonnance (dirck) appartenant à notre propre régiment était dans l'antichambre. Sa lame avait du sang.

» Je vous dois ces détails. Aucun autre vestige de sang ne s'est présenté ni dans les appartements ni sur le pavé de la rue. Les portes avaient été ouvertes sans effraction. Je crois à une fuite plutôt qu'à un enlèvement, bien que je ne devine pas les motifs de cette fuite après les égards dont les senoras ont été l'objet de la part du général en chef.

» La garde du pont a signalé un bateau remontant vers vos lignes à neuf heures et, une demi-heure après, un homme qui est rentré dans la ville, à la nage, sans qu'on ait pu le saisir ni le reconnaître.

» Je vous prie de me rassurer, si cela est en votre pouvoir.

» Mais tel n'est point l'objet principal de ma lettre. J'y arrive avec la crainte de dire trop ou trop peu, et je vous supplie de mettre à me comprendre toute la bonne volonté de votre intelligence et aussi toute la droiture de votre cœur.

» Une circonstance m'a rendu le dépositaire d'un secret appartenant à dona J. de C. Je suis d'un pays dont les calomniateurs prétendent que la pauvreté y est une honte. J'affirme, moi, du moins, que certains grands malheurs, frappant une tête innocente, n'y passent point pour une note d'infamie. Nous autres Anglais, nous n'admettons qu'au prêche la loi du péché originel. En pleine connaissance de cause, j'ai offert mon cœur et ma main à dona J. de C., qui m'a refusé parce qu'elle vous aime.

» Je ne viens pas me mêler de vos affaires, monsieur le comte ; encore moins puis-je penser à prendre en main la défense d'une jeune dame que je respecte et que j'aime par-dessus tout ici-bas, mais qui m'a nettement repoussé. C'est de moi seul que je vous parle, et j'établis ainsi ma situation : devant le bonheur de dona J. de C..., je trouve la force de m'abstenir. Bien plus, il me semble que je pourrais aimer l'homme qui la ferait heureuse.

» Mais, devant son malheur, je reprends tous mes droits.

» Si, dans les mœurs françaises, que je connais mal peut-être, il n'est pas permis à un gentilhomme de donner son nom à une jeune fille, pure comme les anges, mais née d'un *criminel* qui est lui même le fils illégitime d'une *criminelle*, — et ces deux mots soulignés ne sont pas pris au figuré et ils ne s'appliquent pas à ces forfaits tragiques que le monde absout dans sa terreur ; ils couvrent les deux crimes vulgaires dont le châtiment n'est point la foudre de Jupiter, mais la corde du bourreau : le meurtre et le vol, — si, dis-je, vous, comte Hector de Chabaneil, vous ne voulez ou ne pouvez couvrir cette tache de votre nom et de votre épée, vous êtes soldat, soyez franc, répondez sans détours.

» Nous sommes placés vis-à-vis l'un de l'autre. La première attaque nous mettra en présence. Ce ne sera même pas un duel, car chacun de nous doit le sang de l'autre à la cause de sa patrie.

» LIEUT. ÉDOUARD WELLESLEY. »

Au-dessous de la signature, il y avait deux autres lignes :

« *P.-S.* — Je relis ma lettre et je n'y trouve pas exprimé assez clairement le vrai désir de mon cœur. Ce que je souhaite, c'est qu'elle soit heureuse. Ce ne serait pas assez pour moi de ne point combattre l'homme qui lui donnerait le bonheur. Cet homme-là serait sacré pour moi et je risquerais ma vie pour le défendre. »

Hector resta si longtemps pensif et les yeux fixés sur cette lettre, que Pont-Neuf, qui lui tenait la lanterne, finit par dire :

— Mon lieutenant, le bariolé est là, qui attend.

Hector déchira une page blanche de son portefeuille et écrivit au crayon :

« Bivouac de Talavera, 28 juin 1809,
trois heures du matin.

» Milord,

» Ma cousine dona J... de C... est en sûreté sous la protection de notre réserve. Je ne crois pas humilier ma dignité de soldat en vous affirmant sur ma parole d'honneur qu'elle sera ma femme dès que les circonstances de la guerre le permettront. Mon épée se détournerait d'elle-même de votre cher et généreux cœur. Ne me cherchez point pendant la bataille., sinon pour toucher ma main. Je vous admire et je vous aime.

» LIEUT. HECTOR DE CHABANEIL. »

On trouva une seconde gourde pour verser le coup du départ à l'Écossais, et Morin regretta vivement qu'il ne pût demeurer pour prendre sa part d'un bon punch au madère. Mais ce devait être pour une autre fois.

L'Écossais partit avec sa missive. Miss Ned l'attendait. Il prit la lettre et n'osa pas la lire. Quand il l'eut enfin parcourue, sa pauvre tête pâle se cacha entre ses mains et il pleura.

Cette lettre donnait le coup de grâce à son dernier espoir.

Au point du jour, on demanda des volontaires pour défendre le mamelon. Ned s'inscrivit le premier. Il remit une bague à son chiffre et sa montre au quartier-maître du régiment. Les deux objets étaient adressés, en cas de mort, au comte Hector de Chabaneil, mais sur l'enveloppe de la bague il y avait en outre : *pour elle*.

Nous ne voulons point, balbutiant ici le langage de la stratégie, dessiner la série de mouvements militaires qui fut la bataille de Talavera. On y vit, dit-on, comme en beaucoup d'autres batailles, l'admirable élan du soldat réparer les fautes des généraux.

Wellington, non content de mettre en ligne deux fois plus de troupes que le roi Joseph, avait pris beaucoup de peine pour se donner la position d'une armée assiégée. Il étouffait dans ses précautions exagérées comme un poltron qui mettrait l'une sur l'autre trois ou quatre cuirasses.

Les écrivains espagnols, étonnés de cette excessive prudence, vont jusqu'à l'accuser d'avoir arraché le triomphe aux mains du vieux Grégoire de la Cuesta. Les écrivains anglais répondent en chantant deux ou trois couplets de leur éternelle vanterie. Les écrivains français sont absolument divisés (il y en a tant!), selon qu'ils ont pris les almanachs du Parlement, ceux de la junte ou ceux du *Moniteur*.

Des parties un peu discordantes de ce concert historique il ressort pourtant, comme toujours, un thème dominant qui doit être la vérité. Dans toutes les versions, on voit l'armée française deux fois victorieuse, puisque deux fois elle entama les lignes d'un ennemi qui se laissait assiéger.

Sebastiani et Dessoles, avec les dragons de la division Milhaud, culbutèrent le centre, commandé par sir Robert Willson, et le fameux mamelon lui-même fut un instant couronné de troupes françaises. Mais les régiments frais manquèrent partout pour soutenir les avantages obtenus, et vingt mille hommes tombèrent de part et d'autre. Vingt mille braves, pour jouer un coup nul où chaque adversaire démarqua lui-même ses points après la partie.

Soit par suite de sa trop grande infériorité numérique, soit en conséquence du déplorable défaut d'entente parmi les chefs, qui était la maladie mortelle de notre armée en Espagne, Joseph ne garda aucune des positions conquises. Il y eut des faits d'armes admirables : ce fut tout.

A la suite d'une journée qui finissait en victoire, puisque nos lignes restaient intactes et que le centre anglais bivouaquait en arrière des siennes, le maréchal duc de Bellune plia bagages et se retira sur l'Alberche, sans dire gare! Le quatrième corps, se trouvant à découvert par suite de ce mouvement, se replia sur la réserve, et le roi Joseph revint vers Madrid.

Les historiens qui savent tout, comme le solitaire, expliquent mal le départ sournois du maréchal Victor ; les historiens qui savent seulement ce qu'ils ont appris avouent que le maréchal Victor ne leur a point confié les motifs de cette bizarre conduite.

Ce n'était pas là, du reste, un fait isolé. En Espagne, nos généraux, trop éloignés de l'œil du maître, firent périr des milliers de soldats dans les tournois de leurs jalousies orgueilleuses.

De son côté, Wellington se retirait aussi, passant le Tage au pont de l'Arzobispo, gagnant d'un temps les frontières de Portugal en laissant dans les plaines de Castille le champ libre pour la bataille d'Ocana, décisive, celle-là, où la grande-armée espagnole, complétement détruite, laissa vingt-cinq mille prisonniers aux mains de ses vainqueurs.

Ce fut pourtant pour cette journée où quatre-vingt mille hommes, fortement retranchés, s'étaient laissé entamer par quarante mille assiégeants, et pour cette retraite qui ne fut inquiétée par âme qui vive, que Sir Arthur Wellesley fut créé lord Wellington.

Il faut bien avouer qu'en fait de gloire la France et l'Angleterre sont loin d'avoir des exigences pareilles. On se trompe d'un côté comme de l'autre, sans doute, et la juste mesure doit se trouver entre deux. La France demande toujours; elle ne dit jamais : C'est assez. Cueille-t-on toutes les branches d'un laurier, elle s'écrie : Vous ne me rapportez pas le tronc !

Trop souvent on a vu son gouvernement et ses peuples malmener le triomphateur au sein même de son triomphe. C'est Rome, trop habituée à vaincre, qui plaçait des insulteurs derrière le char des ovations.

L'Angleterre, au contraire, dirait-on, n'a rien à espérer. Toute dépêche qui n'annonce pas un désastre l'étonne et l'enchante. Elle se contente de peu; ses joies sont modestes comme celle du bon père de famille, achetant de ses deniers un magnifique volume à l'enfant qui n'a remporté qu'un humble accessit au collége, mais qui a fait ce qu'il a pu.

Ses héros sont à elle, car elle les fait, et leur renommée domestique ne s'étend pas toujours hors des limites de la maison. Elle fouette, il est vrai, ses généraux battus, mais il faut qu'ils soient bien battus ; s'ils ne sont battus qu'à moitié, elle les empaille comme des oiseaux rares et précieux.

De là il résulte que le moindre accessit a plus de valeur en Angleterre qu'en France le premier prix d'honneur. Et cela est vrai non pas seulement pour les récompenses militaires, cela est vrai en toutes choses. La France, trop heureuse mère, est blasée sur ce bonheur de couronner ses enfants.

Tellement blasée qu'elle *dormite*, dit-on, comme ce bon Homère faisait, et que parfois ses couronnes égarées coiffent des fronts... Mais que ne dit-on pas ?

Le canon s'éveilla au point du jour. A cinq heures du matin, le roi Joseph et son major général étaient à cheval, examinant la position de l'ennemi. Sir Arthur avait passé la nuit à établir au sommet du mamelon de nouveaux et formidables ouvrages. C'était maintenant une forteresse, défendue par trente mille hommes.

L'attaque, cependant, recommença de ce côté, car les environs immédiats de la ville présentaient des obstacles infranchissables. Les divisions Ruffin et Barrois furent lancées en avant, et les dragons Latour-Maubourg rentrèrent en ligne.

César de Chabaneil était à la tête de son escadron avec ses quatre maréchaux des logis Petit-Eustache, Jean Coutard, Sarluck et Lafleur : de beaux soldats tous quatre et que nous n'avons jamais vus si contents de moitié, même le soir mémorable où leur marmite bouillit aux dépens du garde-manger de Bohême. Lors de la suspension d'armes qui eut lieu pendant la méridienne, après sept heures de combat acharné, le roi dit à César en style d'empereur.

— Colonel, je suis content de vous.

César était entré à cheval dans les retranchements qui couronnaient le mamelon et Petit-Eustache rapportait le guidon des canonniers de Cambridge.

Après la suspension d'armes, pendant laquelle les deux partis avaient relevé leurs blessés, eut lieu cette terrible aventure du 23e dragons-légers anglais, pris entre les divisions Ruffin et Villate. De quinze cents officiers et soldats, trois simples dragons restèrent seuls en vie.

Morin était au mamelon avec Pont-Neuf, Toulousain, l'Aimable-Auguste et même Propre-à-Rien, qui se battait comme un diable. Il ne manquait là que le Marseillais. Ces braves avaient fait connaissance désormais avec leur petit lieutenant et ne l'auraient pas cédé pour une vieille moustache. Quand les ténèbres vinrent de nouveau arrêter le combat, le mamelon était presque tourné.

— Pas peur, bien malade qui en meurt! dit Morin en se couchant à plat ventre. Je te donne ma blague, Parisien : elle venait du Marseillais. Mes enfants, à l'avantage! Quand on vous demandera de mes nouvelles, vous direz : Mort au champ d'honneur.

On voulut l'emporter, mais sa pauvre vaillante âme venait de partir par quinze blessures qu'il avait. Va bien! Il ne pouvait pas s'en aller autrement, et le Marseillais l'attendait.

Il faisait nuit, mais la lune versait à flots sa livide lumière sur le champ de bataille, qui présentait un aspect effrayant. Aux flancs du mamelon surtout, la terre disparaissait littéralement sous les cadavres.

Les morts éclairés dans leurs poses terribles, semblaient vivre ; le sang murmurait en longs ruisseaux, car la terre rassasiée ne buvait plus ; les blessés gémissaient et, par dessus leurs plaintes, on entendait parfois le râle profond qui termine une agonie.

Çà et là des ombres glissaient parmi les désolations de cette scène. Il y en avait de différentes sortes : c'étaient d'abord des Anglais et des Français, cherchant au milieu de ce carnage un chef, un ami, un frère... Il y avait ensuite des rôdeurs espagnols, race de chacals qui venaient piller et même égorger.

Ceux-là formaient la majorité. Toute la populace de Talavera était là rassemblée et ce n'était pas tout. D'autres venaient de plus loin. Nous eussions retrouvé là des figures connues : les gitanos de Saint-François de Sor et les émeutiers du château de Cabanil.

La lune et la voleuse d'enfants se coulaient parmi les corps morts et chargeaient du butin conquis le chevalier d'Alcantara et l'Amirante, leurs cavaliers. Il y avait d'horribles querelles. Domingo, Brigide, Susan la veuve et cent autres se disputaient les dépouilles le poignard à la main. A dix lieues à la ronde, ils avaient flairé la boucherie et tous ils s'étaient abattus sur la chair humaine comme une volée d'impurs corbeaux.

Ned Wellesley n'avait pas reparu à la table commune. C'était le favori. Tous les officiers du 3e highlanders, éparpillés aux flancs du mamelon, cherchaient, Rouge-Dick en tête. Rouge-Dick cherchait mal, parce qu'il avait les yeux aveuglés par ses larmes. Il sentit qu'une main prenait la sienne et il vit devant lui un officier français.

— Venez, lui dit Hector de Chabaneil, je l'ai vu tomber et je suis ici pour lui.

Rouge-Dick s'appuya sur son bras sans mot dire et le suivit.

Au sommet du mamelon, en avant du retranchement, le pauvre enfant, Miss Ned, était couché vis-à-vis de deux grenadiers français dont les baïonnettes avaient largement ouvert sa poitrine. La lumière tombait d'aplomb sur son visage blanc et doux qui avait la gracieuse beauté d'un visage de femme.

Hector de Chabaneil et Richard Mowbray s'agenouillèrent à ses côtés. Ils n'osaient pas lui tâter le cœur. Rouge-Dick balbutiait en pleurant et sans savoir qu'il parlait :

— Celui-là était la plus brave, la plus noble, la plus chère créature de Dieu !

— Il respire encore ! s'écria Chabaneil.

Mowbray sauta sur ses pieds.

— Que le Ciel vous récompense ! s'écria-t-il. Je sais où est le docteur Cockerill. Ne l'abandonnez pas ! je vais revenir.

Et il s'enfuit.

Edouard Wellesley rouvrit les yeux, parce que Chabaneil le réchauffait en le pressant contre son cœur. Il reconnut son rival et ses traits eurent un pâle sourire.

— Merci, frère, murmura-t-il. Dieu est bon. Qu'avais-je à faire ici-bas désormais ?

Une lanterne brilla au bas du mamelon. C'était un chirurgien français qui passait avec ses aides.

— Vous ne mourrez pas ! s'écria Hector. Voici du secours. Oh ! vous vivrez pour nous aimer !

Il déposa le blessé avec précaution et descendit en courant la montagne.

Il y avait des ombres à l'affût derrière un abattis.

Dès que le blessé fut seul, les ombres rampèrent vers lui.

La première ombre, qui était le charmeur de poules, prit la chaîne d'or de Ned et passa. Brigide, la seconde, emporta la bourse. La troisième s'arrêta.

Quelque chose brillait dans sa main aux rayons de la lune, qui éclaira les traits hâves et les yeux creux de Susan la veuve.

Susan ne prit rien, mais elle se pencha sur le blessé qui rendit une plainte faible.

Puis elle passa comme les autres, et sa face avait un sourire d'idiote férocité.

Hector revint avec le chirurgien qui dit :

— Cet homme n'était pas blessé mortellement, mais on vient de l'égorger.

Hector se pencha au-dessus d'Edouard et mit un baiser

sur ses lèvres, qui rendirent avec le dernier soupir une dernière parole : le nom de Joaquina.

XIV

La statue de fer.

Nous n'avons pas voulu scinder notre récit pour rapporter les événements contemporains de la bataille. Noir-Comin n'avait point paru à son poste. Noir-Comin était maintenant un déserteur. Son plan était changé ; ses devoirs de soldat ne servaient plus l'accomplissement de son idée fixe. Avec les armes qu'il avait, il était vaincu ; il lui fallait d'autres armes pour terrasser l'ennemi dont l'étoile était plus haute que la sienne dans son ciel.

Il nous reste à raconter l'histoire de sa dernière campagne avec les faits et gestes du Gibose, qui fut aussi son unique adversaire.

Noir-Comin rentra dans la ville après avoir échappé aux mains des quatre dragons. Il était sans autres armes que le couteau de poche qui lui avait servi à trancher ses liens. Sans prendre le temps de changer son uniforme mouillé, il se rendit droit à la prison, dont il obtint l'entrée, grâce aux insignes de son grade. Don Scipion Gambox le conduisit jusqu'au cachot de don Blas de Cabanil.

Le vieillard attendait, confiant dans la promesse de la Haute-Femme qui, bien entendu, ne devait jamais être accomplie. Il avait tout préparé pour son départ ; Comin, en entrant, lui dit :

— Je suis Pharès, votre fils.

Blas de Cabanil leva sur lui son regard pétrifié.

— Je ne souhaitais point vous voir, répondit-il froidement. J'ai fait en votre faveur tout ce qu'on peut faire pour un fruit du péché. Vous vous êtes vengé sur des innocents. Mais je n'ai pas de colère, parce que mon cœur est mort. Si vous venez de la part d'Antioh-Amour pour me rendre la liberté, vous serez récompensé comme elle.

— Je ne viens pas de la part d'Antioh-Amour, et je ne veux pas de récompense, répondit Noir-Comin avec cette fierté sauvage qui était sa vraie nature. Je n'ai jamais rien demandé à mon père. Je me suis vengé, selon mon droit, sur ceux qui avaient mon héritage. Il me plaît de mettre mon père en liberté. Au seuil de cette prison, je le quitterai pour toujours ou jusqu'à ce qu'il ait besoin de moi une seconde fois. Je n'ai que faire même de sa reconnaissance.

Don Blas leva sur lui un regard défiant. Noir-Comin était debout, déployant toute la hauteur de sa taille presque gigantesque. Ses traits véritablement nobles et beaux ne trahissaient rien, sinon l'orgueil de l'acte qu'il accomplissait.

Don Blas dit :

— Il y a de mon sang dans vos veines.

Puis il ajouta :

— Je suis prêt. Marchez, je vous suivrai.

Il avait d'avance son manteau, son feutre et son épée.

Comin se dirigea aussitôt vers la porte. Don Scipion objecta sa responsabilité, mais Comin parlait haut et parlait au nom du général en chef. La terreur inspirée par les Anglais était grande. Don Scipion protesta et céda.

Noir-Comin fit exactement comme il avait dit, rien de plus, rien de moins. Il accompagna don Blas en silence jusqu'à la porte de l'Ouest qui s'ouvrait sur la route de Monbeltran. Quand la porte fut franchie, il s'inclina devant son père et revint sur ses pas. Le vieillard poursuivit sa route.

A ce moment, il pouvait être onze heures du soir. La première attaque des Français s'achevait. Dans sa prison, don Blas avait entendu le bruit de la bataille, mais il n'y avait prêté aucune attention. Ses calculs l'absorbaient comme un sommeil dont on ne s'éveille plus. Rien n'était capable de le distraire.

Il marcha lentement, mais il marcha toute la nuit. Ses jambes roidies demandaient grâce ; il ne s'arrêta pas une seule fois.

Sur la route, il rencontra des bandes de pillards, attirés par la voix du canon. Il ne leur parla point. A mesure qu'il avançait, les rencontres devenaient de plus en plus rares : le pays avait versé sa population entière sur Talavera. Au delà de Montbeltran, le chemin se fit désert.

Il était petit jour quand il arriva devant la fontaine Saint-Julien, au bas des gorges de Cabanil. Depuis une lieue, il n'avait pas croisé un vivant sur la route. Il se retourna pour voir ce qu'il n'avait pas vu depuis longtemps : le lever de l'aurore dans la plaine.

Il vit en effet l'aurore qui se levait, de l'autre côté des collines qu'il avait montées et descendues sur la route de Talavera, mais il vit aussi sur le chemin désert une ombre immobile, arrêtée à cinq cents pas derrière lui. Pour ses yeux affaiblis par l'âge, cela ressemblait à la silhouette de son fils Pharès.

Que lui importait son fils Pharès ?

Il s'enfonça dans les gorges solitaires.

Silence et solitude, le pays n'était plus que cela.

Il n'y avait personne au vieux château depuis que les senoras étaient parties, personne à la maison d'été depuis la mésaventure de Samuel da Costa, personne au village de Saint-Jacques, dont la population entière courait vers Talavera.

Les Ecossais étaient partis, les Gitanos eux-mêmes, chassés de leur repaire, avaient cherché un autre asile. A part les enfants à la mamelle et les vieillards impotents, il n'y avait de vivants que deux hommes dans la sierra de Gredos : Samuel da Costa, prisonnier, et son geôlier Lazarille.

Lazarille était, de fait, maître et seigneur de la contrée. Il pouvait aller et venir sans contrôle ami ou ennemi. Pour le présent, sa fantaisie était d'errer dans les escaliers du vieux château de Cabanil, car don Blas entendit un bruit de pas furtifs quand il poussa la poterne de la tour de Ferdinand-le-Catholique, et ce pas était celui du Gibose, qui s'éloigna à son approche.

Don Blas monta droit à son ancien cabinet de travail. Il poussa un long soupir de soulagement en prenant place dans son fauteuil qui n'avait point été dérangé. Les traces de l'assaut étaient là partout ; il y avait du rouge sur les dalles, et l'on voyait le jour naissant dans la galerie intérieure à travers la porte désemparée de la chambre-alcôve. Don Blas donna un regard distrait à tout cela et détourna les yeux.

Le même pas furtif se fit entendre dans l'escalier qui menait à la poterne et aux souterrains.

Ce n'était pas pour se reposer que don Blas était venu de si loin et à pied dans sa maison de Cabanil. La fatigue seule, en arrivant, l'avait cloué à son fauteuil.

Dès qu'il put se lever, il ouvrit sa bibliothèque et y prit le volume où il avait déposé le plan des souterrains, destiné à Angel, son fils et son héritier. Nous savons que le plan n'y était plus. Don Blas laissa tomber le volume et resta un instant effrayé ; mais un sourire passa sur ses lèvres flétries, qui murmurèrent cette étrange parole :

La statue de fer...

Comme il avait longtemps vécu tout seul dans sa tour, il y possédait les objets de première nécessité. Il prit une bougie et l'alluma d'un air pensif, après avoir tâté sa poitrine pour se bien assurer qu'il n'avait point oublié dans sa prison cette clef qui avait fait osciller la dalle sous le pied nu d'Antioh-Amour.

Le flambeau à la main, il se dirigea vers l'escalier et en descendit les marches.

Le Gibose était là, caché dans l'embrasure d'une porte de cave. Don Blas passa si près de lui qu'il aurait pu sentir le vent de son haleine, mais il ne le vit point.

Quand il fut passé, le Gibose ne bougea pas. Il attendait encore.

Les gonds de la poterne grincèrent dans le silence. Le Gibose eut un sourire de démon.

Le bruit presque imperceptible d'un pied nu se fit entendre sur les dalles de l'escalier. Le Gibose retint son souffle. Une grande ombre descendit lentement et le pan d'un manteau l'effleura. Il avait reconnu Pharès.

Il prit sa poitrine à deux mains et releva sa taille, qui sembla grandir presque à la hauteur d'un homme. Ses prunelles étincelèrent dans la nuit. Il descendit à son tour.

Mais que faisait-il là, le Gibose, si loin du cachot de son prisonnier? C'était, en effet, dans les ruines de Saint-François-de-Sor qu'on avait enfermé Samuel da Costa. Que faisait là le Gibose?

Nous ne donnons pas le Gibose pour un saint. C'était un gnôme qui pouvait se montrer bienfaisant par hasard, mais dont la nature était vindicative et cruelle. Le Gibose avait fait, cette nuit, du bien et du mal. En quittant César de Chabaneil à Matilla, il était revenu tranquillement vers les ruines, où le garde-manger des bohémiens lui fournissait des provisions abondantes, puis il avait pansé avec soin les deux chevaux, ce qui était son devoir de chaque jour.

Son maître lui avait ordonné de ne point tuer Samuel da Costa, et il se serait bien gardé de désobéir à son maître, mais ce n'était pas l'envie qui lui manquait. La solitude est mauvaise conseillère. Lazarille n'avait plus ses quatre dragons qu'il avait fini par aimer. Il était seul. Que faire en une cave, sinon boire?

Lazarille avait une outre entamée. Il se mit à la carresser.

Le vin lui semblait amer, parce que la cave était trop grande, maintenant qu'il n'entendait plus les quatre beaux dragons ronfler ou causer. Il se souvenait malgré lui de toutes les tortures qu'il avait subies en son enfance. Les figures de ses deux bourreaux dansaient devant lui: Samuel et Pharès.

Il avait Samuel sans défense, là, à dix pas de lui. Quelque jour, il comptait bien avoir Pharès.

Son maître savait que Blanche était morte et il n'avait point parlé de vengeance. Le Gibose avait bien consenti à attendre, mais il fallait que la vengeance vînt.

Il alla écouter à la porte du cachot de Samuel. Samuel dormait. Cela le mit en fureur. Le cachot de Samuel était l'ancien *in pace* du couvent, situé au delà de la crypte. C'était là que la Haute-Femme se retirait, quand elle quittait les marches de l'autel. Il n'y avait point d'évasion possible. La porte eût défié le bélier et les murs avaient six pieds d'épaisseur.

Etait-il possible que ce scélérat de Samuel pût dormir! Le Gibose l'éveilla en criant:

— As-tu faim, Samuel?

— Oui, répondit le prisonnier.

Le Gibose approcha sa bouche de la serrure et dit :

C'est bien, Samuel. Te souviens-tu du Toro Matado? Tu ne mangeras plus, l'homme, jamais, jamais, jamais!

Ayant ainsi mis du baume sur les souffrances de son captif, le Gibose s'éloigna en sifflant et alla de ce pas creuser une tombe où il déposa les quatre Ecossais. Il fit cela pieusement.

Plus pieusement encore il rendit les derniers devoirs à Blanche et à Jeanne. La douce beauté de ces victimes remuait quelque chose dans son cœur. C'était Pharès qui avait tué tous ceux et toutes celles qui étaient dans les fosses; c'était Pharès qu'il eût voulu maintenant.

Patience! le tour de chacun vient pour qui sait attendre. Le Gibose avait chaud; il retourna vers l'outre et la caressa plus longtemps que la première fois. Et tout en buvant, il ne pouvait penser à rien, sinon à ces deux assassins, Pharès et Samuel da Costa, tous deux forts et puissants, tandis que lui était si faible!

Il essaya de songer à la bataille qui devait se livrer maintenant, mais que lui importait la bataille? La bataille avait ce qu'il lui fallait : tous les soldats pour la lutte, tous les chakals pour la curée. Il n'était pas de bataille, lui, le misérable enfant, trop petit pour manier un mousquet, trop débile pour tenir une épée, mais il était le maître et le gardien de Samuel da Costa, qui lui avait fait tant de mal!

Et, après l'outre qui verse le vin andalous et la cruche où brûle l'aguardiente, ce qui l'affriandait le plus ici-bas, c'était la vengeance. Que César de Chabaneil ne voulût point se venger, c'était son droit : mais pourquoi César prenait-il sa vengeance, à lui, Lazarille? Sa cervelle se montait. Il se sentait seul et souverain arbitre de ses actions.

— Assez bu ! murmura-t-il en s'éloignant de l'outre. Le maître ne veut pas qu'on touche un cheveu de sa tête... Je ne toucherai ni son poil ni sa peau, car je ne sais pas désobéir au maître... Mais à mourir de faim il serait bien du temps... et le temps peut apporter du secours...

Il se leva. Sous ses grands cheveux hérissés, sa longue figure avait un sourire sinistre.

Il prit dans un coin une cruche d'aguardiente à demi vide, et, marchant sur la pointe des pieds, il revint au cachot de Samuel. Il écouta.

Le Portugais ronflait encore. Il ne l'éveilla point, cette fois. Avec une adresse de chat, il glissa la clef dans la serrure et ouvrit la porte sans produire aucun bruit. A l'intérieur du cachot, c'était une nuit profonde. Il se sentit trembler, car Samuel l'eût broyé avec deux doigts de sa main gauche. Mais Samuel ronflait.

Lazarille mit auprès de lui la cruche d'eau-de-vie, puis il tira son couteau de sa ceinture et le déposa près de la cruche.

Cela fait, il sortit et referma la porte violemment. Il écouta. Le prisonnier, éveillé en sursaut, cria :

— Qui est là?

— C'est moi, Samuel, répondit Lazarille doucement. Tu as eu ta liberté près de toi. Adieu ! Samuel. Tu n'entendras plus voix d'homme ici-bas, jamais, jamais, jamais. Je t'ai laissé de l'eau-de-vie et mon couteau : tu peux mourir gaiement et vite.

Il s'éloigna une seconde fois, mais non plus pour retourner à l'outre. Il sortit et descendit jusqu'au bord de l'étang où il jeta la clef du cachot au loin et dans l'endroit le plus profond. Il suivit les glaïeuls jusqu'à la route et la route jusqu'au col de Cabanil. Sa grosse tête, penchée sous le poids de sa méditation, semblait écraser son petit corps.

Ce n'était plus à Samuel da Costa qu'il songeait. Il en avait fini avec celui-là, sans toucher un cheveu de sa tête. Cette funèbre mystification, appropriée à sa nature bizarre, le mettait en goût de vengeance. Il songeait à Pharès ; c'était Pharès qu'il voulait ; il sentait venir Pharès.

Il se disait tout le long du chemin :

— Maintenant que la place est libre, Pharès va revenir au trésor.

Il y avait bien pour Noir-Comin son devoir de soldat et la bataille, mais le Gibose ne raisonnait pas, il sentait.

Comme il arrivait devant le château de Cabanil, l'aube blanchissait le sommet des tours. Il s'arrêta. Tout autour de lui c'était un silence complet. Il s'assit sur le seuil de la poterne. Au bout de quelques minutes, il entendit marcher au bas de la montée.

— Pharès! murmura-t-il, éveillé en sursaut de l'assoupissement qui le prenait.

Il se glissa dans l'étroit escalier et attendit.

Ce n'était pas encore Pharès, pourtant, c'était don Blas de Cabanil qui rentrait dans la maison de ses aïeux.

Mais l'instinct du Gibose ne le trompait point. Noir-Comin arrivait aussi, malgré son devoir de soldat et malgré la bataille. Depuis Talavera, Noir-Comin suivait le Riche-Homme à trois ou quatre cents pas de distance. Il s'arrêta au coin du rempart et se déchaussa.

En se relevant, il jeta autour de lui son regard sombre et reconnut ce coin formé par la rencontre des murailles et de la roche. C'était là qu'il avait poignardé César de Chabaneil avant d'enlever Blanche de Cabanil. D'ordinaire, il évitait ce lieu. Aujourd'hui rien ne lui faisait peur.

Il acheva de gravir le sentier, pieds nus, et franchit le uil de la poterne.

L'escalier était éclairé par le reflet d'une lumière qu'on ne voyait point et qui venait d'en bas. Noir-Comin descendit sans bruit les marches tournantes et suivit la lumière.

Le Gibose suivit Noir-Comin.

Le Riche-Homme qui allait le premier n'entendait point les pieds nus de Noir-Comin. Noir-Comin n'entendait pas le Gibose qui marchait sur des semelles de corde.

Parvenu à la salle de forme ronde qui était comme le vestibule des souterrains, don Blas de Cabanil s'arrêta étonné. Une des quatre portes était ouverte. Il abaissa son flambeau et s'inclina vers le sol. Du premier coup d'œil il reconnut la trace récente d'un pas.

Devant lui comme derrière lui, c'étaient des pieds nus qui marchaient. Il s'agenouilla pour examiner mieux l'empreinte. Les quatre doigts et l'orteil étaient sculptés dans la terre humide.

— Elle n'est pas prophétesse, pensa-t-il tout haut, si elle n'a pas su deviner son sort.

Il se releva et continua sa route.

La niche était ouverte comme la porte. La marque des pieds nus continuait tout le long de l'escalier qui conduisait au second étage du souterrain, vaste carrière au centre de laquelle était la colonne avec l'inscription latine : *Indè castrum* (de là est sorti le château).

La dalle était soulevée et le petit escalier en spirale montrait ses premières marches à la lueur du flambeau.

Le Riche-Homme ne se demandait plus ce qu'était devenu le plan testamentaire, déposé dans sa bibliothèque, pour le comte Ange de Cabanil, à son défaut pour dona Maria Blanca et pour dona Maria Joaquina de Cabanil, à leur défaut pour Charles de Bourbon, roi d'Espagne et des Indes.

Il continua de descendre. Le petit escalier le conduisit au labyrinthe bas-voûté qui formait le troisième et dernier étage des souterrains. Les traces de pieds nus allèrent devant lui tout le long du labyrinthe et ne s'égarèrent pas une seule fois.

Ce ne devait pas être la première visite que la Haute-Femme faisait au souterrain.

Au bout du labyrinthe, au lieu de ce mur de métal qui avait arrêté Joaquina et Lilias, il y avait un large passage voûté, avec deux portes grandes ouvertes, une en dedans, l'autre en dehors.

Le Riche-Homme s'arrêta pour la seconde fois et dit :

— La statue de fer a fait son office.

Au delà de la seconde porte, celle dont la serrure portait l'inscription espagnole : *Mientras mi vida, ninguno fuera de mi* (pendant ma vie, nul excepté moi), s'ouvrait un rond en forme de puits.

Quant à la statue de fer, dont le Riche-Homme avait parlé deux fois, on n'en voyait nulle apparence.

Don Blas se pencha sur le puits : noir abîme qui présentait l'image du vide. En se retournant, il saisit à deux mains l'épais battant de la porte avec l'intention de la refermer; mais il se ravisa et murmura :

— Non... non... je ne veux pas la voir morte.

Il entra. Son flambeau éclaira une longue galerie, flanquée de caves latérales, disposées comme les chapelles d'une cathédrale. Chacune de ces chapelles contenait le trésor amassé par l'un des Riches-Hommes pendant sa vie mortelle.

Les amas d'or étaient à découvert. Au fond des niches, il y avait des tables de marbre, en forme d'autels, où se voyaient les parures et joyaux des marquises de Cabanil.

Au fronton de chaque caveau latéral était inscrit en lettres d'or gothiques le nom du Riche-Homme, qui avait amassé le trésor particulier qui s'y trouvait contenu.

Les monceaux d'argent et d'or n'étaient point d'égale valeur, quoique tous fussent considérables, la maison de Cabanil ayant possédé depuis trois cents ans des domaines immenses, outre les intérêts qu'elle avait dans les mines du Nouveau-Monde.

Deux chapelles, entre autres, étaient pleines à hauteur d'homme. Elles portaient les noms de Juan II et de Juan III de Guadalupe, cinquième et sixième marquis de Cabanil qui, tous deux, avaient gouverné les possessions espagnoles au Pérou.

Il en était une pourtant qui restait vide. Elle portait le nom de Rodrigue de Guadalupe, quatrième marquis de Cabanil. Sur l'autel, où nul joyau ne brillait, on lisait cette inscription :

« Don Rodrigue amassa de quoi acheter de la Majesté de notre Seigneur Philippe II d'Autriche, roi d'Espagne et des Indes, la statue de fer qui gardait le trésor des rois maures à l'Alcazar de Séville. »

Mais de statue, point de trace.
Où donc était cette statue de fer qui valait tout un amas d'or ?

La statue de fer du château de Cabanil avait sa légende ou son histoire.

Au temps des grandes civilisations orientales, au temps où les magnificences moresques rivalisaient avec les merveilles impériales de Constantinople, le calife Abdérame, maître de l'Espagne et de la côte africaine, avait commandé au Grec Chrysée, qui savait faire rugir les lions d'airain et voltiger les ciseaux d'or dans les bosquets enchantés des palais byzantins, un automate d'acier, ayant la taille et la forme d'un guerrier sarrazin, pour en faire le gardien de son trésor privé. Chrysée se mit à l'œuvre et travailla sept ans dans la forge qu'il avait montée à Cordoue. Au bout de sept ans, il livra son Sarrazin de fer, qui fut ajusté en dedans de la porte unique du trésor d'Abdérame.

Le Sarrazin de Chrysée avait six pieds de haut de la semelle de ses sandales à l'aigrette de son turban, et c'était un gardien aussi fidèle que terrible, quoiqu'il n'eût point d'armes. Il était posé au-dessus d'un puits rempli d'eau. A l'aide d'un mécanisme, il communiquait avec la pierre du seuil qui était en équilibre sur un ressort. Aussitôt qu'un pied touchait cette pierre, les bras d'acier du monstre s'ouvraient, saisissaient le téméraire et se refermaient.

Ce poids nouveau, rompant l'équilibre, faisait descendre l'automate, qui entraînait sa proie au fond de l'eau.

La seule action de refermer la porte le faisait remonter des profondeurs du puits avec son noyé dans ses bras.

L'automate, après avoir passé de main en main, selon le caprice des révolutions sarrazines, avait été trouvé en dernier lieu, avec les cinq lampes du Reschid, dans la salle des bannières, à l'alcazar de Séville.

La légende de Cabanil disait que don Rodrigue avait éprouvé par lui-même l'excellence de son acquisition. Ayant négligé une fois de se reculer en ouvrant la porte du trésor, il avait été saisi par cet esclave aveugle et sourd qui lui coûtait ses épargnes de toute sa vie et noyé sans miséricorde au fond de son propre puits.

Telle était la statue de fer de Cabanil.

Nous ne pouvons plus nous étonner de ne la point voir, puisqu'elle restait cachée dans les profondeurs du puits, tant que la porte n'était pas refermée.

Don Blas savait qu'elle ne descendait jamais que par le poids de la créature humaine qu'elle emportait dans ses bras. C'était pour ne point se trouver face à face avec le pâle cadavre de la Haute-Femme qu'il n'avait point refermé la porte.

Ceux qui le suivaient ne le savaient pas.

Il entra, mais avant de parcourir la galerie, il regarda la serrure où était la clef toute neuve. Il prit dans son sein sa clef à lui et la jeta dans le puits en disant :

— Il n'en faut qu'une.

L'eau rendit un bruit sinistre et lointain.

Don Blas visita l'une après l'autre toutes les chapelles de ce temple de l'or. Il suivait son rêve et arrivait à une sorte d'extase qui lui montrait les entailles ouvertes du rocher de Gibraltar.

Pendant qu'il avait le dos tourné, Noir-Comin entra et se cacha derrière la porte.

Le Gibose était resté au dehors.

Comin aussi avait son extase. La vue de ces richesses amoncelées attisait jusqu'au délire le feu de sa fièvre sombre. Il était là de par la loi de sa destinée, intervertissant seulement les termes de l'oracle. Il prenait l'or avant le sang, parce que l'or devait abattre la barrière qui le séparait du sang.

Entre lui et l'or, il y avait, il est vrai, la vie d'un homme, et cet homme était son père. Mais Comin ne courba la tête qu'un instant devant cette pensée. Il se redressa bientôt et s'élança, désarmé qu'il était, hors de sa cachette.

Le Riche-Homme l'entendit venir : il mit l'épée à la main résolûment et posa son flambeau à terre. Comin, agile comme un tigre, passa sous le fer qui le visait en plein cœur et noua ses deux bras autour des reins du vieillard, qui craquèrent.

Blas de Cabanil lâcha son arme; Comin la saisit : ses cheveux se dressèrent sur son crâne, mais il frappa, et le Riche-Homme tomba en poussant un seul gémissement.

Un aigre éclat de rire retentit vers la porte ouverte. Dans l'ombre qui entourait le seuil, l'étrange figure du Gibose apparut vaguement. Puis la porte roula sur ses gonds et se referma avec un bruit de tonnerre qui alla roulant jusqu'à l'extrémité des voûtes.

Comin saisit le flambeau et se précipita vers la porte ; comme il essayait de l'ouvrir, un bruit inexplicable se fit derrière lui. Il se retourna terrifié, croyant que c'était son père.

C'était sa mère. La statue de fer sortait du puits lentement avec la noyée dans ses bras.

Il tomba la face contre terre et le flambeau s'éteignit.

Il fut quatre jours entiers à mourir. Le Gibose allait boire et manger au dehors, puis il revenait écouter l'agonie. Le matin du cinquième jour seulement, les cris de Noir-Comin cessèrent. Le Gibose ouvrit la porte et dirigea l'âme de sa lanterne à l'intérieur, sans entrer. Il vit au loin le Riche-Homme couché dans son manteau ; en face de lui, entre les bras de la statue, pendait le corps livide d'Antioh-Amour, mais le cadavre du parricide n'était pas là...

Quand le Gibose alla vers Rouge-Dick, jusqu'à la frontière de Portugal, pour accomplir la dernière volonté des quatre grenadiers écossais, il raconta la fin terrible de Noir-Comin, en taisant la part qu'il y avait prise. Aucun des braves highlanders ne voulut admettre que le maudit fût tombé dans le puits. A quoi bon le puits ? Satan avait emporté ce qui lui appartenait.

La mort du Riche-Homme, d'Antioh-Amour et de Pharès, jetait un voile épais sur le passé. Six mois après les événements que nous avons racontés, quand la victoire d'Ocana eut remis les deux Castilles sous la domination française, la solitude du vieux château de Cabanil s'anima encore une fois, et l'honnête écuyer second Andrès, chargé de rétablir les logements de la famille, put revoir le théâtre de ses exploits.

Lilias ou dona Maria de Cabanil, comme on l'appelait maintenant, était déjà comtesse de Chabaneil depuis plusieurs semaines ; on préparait les fêtes du mariage de dona Joaquina avec le capitaine Hector, mariage qui avait été retardé jusqu'alors par l'état de santé de la fiancée.

Les quatre dragons furent des noces, Toulousain aussi,

aussi Pont-Neuf, l'Aimable-Auguste et Propre-à-Rien : quatre caporaux. Seul, le pauvre sergent Morin n'était pas là pour avouer que le Marseillais lui-même n'avait jamais vu les pareilles de Joaquina et de Lilias.

Cette contre-partie de la noce qui avait lieu à l'office fut peut-être plus gaie que la fête silencieuse et grave des salons. Il y avait là-haut de la tristesse encore parmi le bonheur.

Est-il besoin d'ajouter que le trésor de Cabanil ne resta pas enfoui sous son triple étage de galeries souterraines ? Le Gibose avait remis la clef fidèlement. Il est à l'heure où nous écrivons une famille illustre et toute française désormais dont l'immense fortune a cette romanesque origine.

Changez les noms qu'il ne nous était pas permis de dire, et vous trouverez aux plus hauts sommets du bonheur parisien trois opulentes et nobles maisons ayant pour chefs le fils et les deux filles que Lilias et Joaquina donnèrent aux deux généraux de... Chabaneil.

FIN

TABLE

DEUXIÈME PARTIE

LES FILLES DE CABANIL

	Pages.
I. La chambre octogone.	1
II. Deux señoritas.	13
III. Mientras mi vida, ninguno fuera de mi.	24
IV. Le rêve.	38
V. L'anneau de fer.	47
VI. Les sorts de plomb.	59
VII. El Verdugo.	73
VIII. Lettre close.	87
IX. Le pacte.	105
X. Don Pedro de Thomar.	123
XI. Aventures souterraines.	133
XII. Au lieu du bal.	154
XIII. L'escarmouche.	167
XIV. La sommation.	182
XV. La mine.	194
XVI. La lie.	213
XVII. La première femme du Riche-Homme.	228
XVIII. La Cabanilla.	238
XIX. L'assaut.	259
XX. Da Costa et ses projets.	272
XXI. La torture maternelle.	277

TROISIÈME PARTIE

TALAVERA-DE-LA-REINE

		Pages.
I.	*Little staff*	289
II.	Rudes nouvelles	302
III.	Le lancé	327
IV.	L'effet de la mine	344
V.	Mère et fille	361
VI.	La sorcellerie	380
VII.	Chevalerie anglaise	400
VIII.	Steeple-chase	407
IX.	Partie de barres à cheval	419
X.	Le dernier bond	428
XI.	Martin Diego	441
XII.	*High spirit*	458
XIII.	Édouard Wellesley	470
XIV.	La statue de fer	479

POISSY. — TYP. ET STER. DE A. BOURET.

www.ingramcontent.com/pod-product-compliance
Lightning Source LLC
Chambersburg PA
CBHW060221230426
43664CB00011B/1505